（攝影／陳田稻）

為前進而戰

盧修一的國會身影

藍麗娟 著

推薦序

與臺灣歷史交錯而過

陳芳明

我以黑名單身分回到臺灣，並且擔任民進黨文宣部主任。那時在民進黨黨部，偶爾與盧修一擦肩而過，到今天仍然讓我難忘。他燦爛的笑容，總是讓我覺得他非常可親。遠在海外時期，我就已經閱讀他完成的《日據時代臺灣共產黨史：1928-1932》，而我那時也正投入《謝雪紅評傳》的撰寫。返臺之前，我有東京之行，特別去拜訪史明先生。在池袋車站西口對面的巷子裡，史明經營一家中華料理。我在那裡投宿三天，到達的那天晚上，史明邀我與他坐在榻榻米上，告訴我許多未曾知道的事。他說：「盧修一也曾經來東京住在他的住處，蒐集有關臺共的資料。」在民進黨黨部與盧修一相見時，我特別提起史明，他微笑說：「我們是同門師兄弟。」那時他已經歷過「前田光枝案」，他竟能夠如此以平淡坦然的態度面對。在那時刻，我才更加感受他個人的樂觀與寬厚。

當年在海外，我曾參加許信良創辦的《美麗島》週報，適逢前田光枝案發生。許信良說，盧修一與他是政治大學政治系同學。那段時期，我們特地在《美麗島週報》推出專輯，隔海聲援盧修一。有很多人物與事件曾經是那麼遙遠，卻不知道在神祕的時間與空間交錯中，有著神祕的聯繫。縱然與他互不認識，卻因為經過這個案件才覺得他是如此接近。藍麗娟的這部傳記，便是從盧修一於一九八三年被捕寫起。他受到逮捕的時候，完全不知道出於什麼原因或什麼理由。在獄中，他一直被逼問到底與史明是什麼關係。在戒嚴時代，由於史明是一位左派政治運動者，一直被極右派的國民黨視為假想敵。一九八〇年我在洛杉磯參加《美麗島週報》的編輯，就已經與史明認識，那時他帶來剛剛完成不久的《臺灣人四百年史》。那部厚達七百餘頁的史書，正是我臺灣歷史啟蒙的起點。

如果我也身在臺灣，命運大概與盧修一一樣。這部傳記特別提到，調查局一直逼問他與史明的關係。那種不分日夜、以強光照射的審問，顯然是有意使他的人格分裂。盧修一也知道，洛杉磯的《美麗島週報》與史明組成「臺灣民族聯盟」。閱讀這段記憶時，我更加明白自己為什麼會變成黑名單。如今讀這段歷史，已經是事件的四十年後，卻讓我感到一身冷汗。我在海外閱讀他的《獄中沉思錄》之際，確實是不寒而慄。這部傳記把盧修一的文字融入書寫之中，讀來特別讓人驚心動魄。四十年後的今天，回望當年發生的一切，才察覺自己也在走鋼索。我比盧修一幸運的地方，便是身處國民黨的魔掌之外。在這部傳記的文字之間遊走，不僅看見他的命運，也看見了整個臺灣人的命運。

那是驚濤駭浪的年代，沒有人能夠決定自己的命運。直到一九八六年，盧修一才被釋放出來。他的心境與情緒已經澈底遭到改造，彷彿生活秩序必須重新整頓。身為盧修一的妻子陳郁秀，似乎接回了一名陌生人。他們共同面臨人生最大的折磨，一切必須重新開始。盧修一無法立刻適應家庭生活，有時在半夜驅車奔馳於北宜公路。這部傳記寫到這些細微處，閱讀時也讓人感到心痛。戒嚴體制隨時可以逮捕一個人，對善良百姓的生命與生活，進行澈底的破壞，甚至到了毀滅的地步。這正是國民黨邪惡之處，只要人間有一點點幸福，掌權者就予以毀掉。這不是普通的邪惡，而是最極致的陷阱與陷害。

那是一個瘋狂而失常的年代，整個臺灣的住民，都在尋找一條道路，讓每個人都恢復為正常的人。生而為人，都必然有自己的故鄉。國民黨的法律卻製造許多黑名單，使海外的流亡者無法回到臺灣。那是一種親情的割裂，也是一種人格的謀殺。盧修一從獄中出來時，才知道海外流亡人士陸續回到臺灣。這是國民黨統治的最高手段，凡是異議人士在國內就關在監獄，在海外就禁止返臺。這種雙重的隔離，正意味著國民黨的危機感。那樣的高壓統治，竟然沒有使臺灣人馴服，同時刺激了更深刻的反彈。頗具正義感的盧修一，又具有左派思想的訓練，自然無法接受右派法西斯的統治。

藍麗娟在撰寫這部傳記時，不僅閱讀過盧修一的私人書信，也接觸了民進黨內相關人士。而最重要的是，盧修一的妻子陳郁秀從旁提供她豐富的資料。面對那麼龐大的歷史，也面對錯綜複雜的政治運動，她有條不紊地梳理各種事件脈絡，容許讀者再重新走過一次。除了書信之外，她也訪談許多相關人士，並閱讀相當龐大的報紙雜誌。她相當有秩序地引導讀者重新走過歷史，那種撥雲見日的筆法，彷彿讓真實的歷史重新再現一次。非常令人動容的文字，出現在一九八九年四月的鄭南榕事件。為了爭取百分之百的言論自由，鄭南榕創辦的《自由時代》雜誌，澈底衝破國民黨所設下的言論鐵絲網。他以合理的文字，面對一個不合理的體制，凡是臺灣社會的事實，以及政治運動的各種思考，他都願意在雜誌裡公開發表。鄭南榕已經成為那個時代永恆的象徵，只要認識他的事蹟，就大約知道那個時代的精神。

鄭南榕把自己關在《自由時代》雜誌的辦公室，以汽油桶放在他座椅四周。一九八九年四月六日清晨，現任新北市長的侯友宜，當時是臺北市中山分局的刑事組長，率領鎮暴警察包圍辦公室。他們破門而入時，鄭南榕立刻引爆汽油自焚。那種慘烈的事件，發生在臺灣解嚴以後，構成了極大的反諷。書中在描述這個場景時，讀來讓人心痛。盧修一當時就在現場，他深深記得鄭南榕留下的一句話：「接下來就是你們的事了。」這句話衝擊了他的心靈，也衝擊了一個世代的臺灣人。

當選立委的盧修一，他的抗爭力道較諸過去還要具有批判性。他參與了國民大會、立法院逼退萬年代表的行動，他所表現出來的批判精神，就是典型的左翼知識分子榜樣。在那幾年，縱然臺灣已經解嚴，但是國民黨仍然固守著戒嚴時代的制度。沒有戒嚴體制的存在，國民黨好像不知道如何活下去。當時我還在海外，總是隔著海洋遠遠瞭望臺灣，看到盧修一衝鋒陷陣的身影，充滿了敬意，也充滿了羨慕。盧修一被形容為「政治頑童」，其實那是由無法命名的勇氣與精神而塑造出來。他的思考一直帶著機智，他的行動也充滿了靈感，總是在恰當的場合扮演恰當的角色。他完全不只是一名頑童，而是以他的精神與實踐，也以他的智慧與思考，才有可能在那個時代做出許多政治人物所做不到的事。

我第一次與盧修一見面，是在一九八八年美國南部的奧克拉荷馬州。我們都受邀參加美南臺灣同鄉的夏令營，那是最初的見面，他看到我時，以一種幽默的語氣說：「我們是同門兄弟。」這句話只有他懂我懂，畢竟我所寫的《謝雪紅評傳》，許多史料都是來自東京的史明先生。看到他在現場受到許多同鄉的歡迎，我也感受了他釋放出來的魅力。我第一次看到一位毫無架子的政治人物，也第一次看到他在演說時多麼充滿親和力。那次離開夏令營時，他特地鼓勵我一定要回到臺灣。這是一個充滿溫暖的召喚，讓我在夏令營的夜晚輾轉難側。我也告訴自己，必須以他為榜樣勇敢回到臺灣。

回臺後，我立刻參加民進黨，擔任文宣部主任。那時他在黨部看到我，特地拍著我的肩頭，輕輕對我說：「現在我們是黨的同志了。」這樣一位和藹可親的朋友，我一直不敢相信他在立法院裡面的衝撞。身為文宣部主任，必須每天都注視臺灣政壇的變化。盧修一的名字，總是在報紙占了最大版面。即使已經解除黨禁、報禁，國民黨的報紙仍然以負面態度形容他。他在立法院的強悍態度，以及在私底下的友善表現，簡直是兩種截然不同的人格。無論在公私兩面的差異有多大，我內心仍然把他看得很高，深深尊敬著他。

二〇〇四年冬天，盧修一的妻子陳郁秀邀請我去看他的三芝故鄉。走過蜿蜒的小路，寒風中傳來濃厚的溼氣，才到達那古典的三合院住宅。紅磚黑瓦的建築，看來是那樣謙遜，那樣淳樸。我內心告訴自己，他的族人恐怕不知道，日後這座瓦屋會誕生一個令人驚心動魄的人格。如今捧讀這部傳記《為前進而戰：盧修一的國會身影》，他的容顏，他的魂魄，又再次生動地浮現在我眼前。他當年在蘇貞昌競選立委的演講臺上，驟然驚天一跪的鏡頭，也歷歷在目。他是充滿真性情的政治人物，也是充滿機智的政治頑童。他為我們這個時代，留下了最真實、最具感情的身影。讀完這本傳記時，恍惚覺得盧修一就在我眼前。

藍麗娟撰寫這部傳記時，已經涉獵所有相關的報紙與立法院公報，甚至閱讀了許多黨外雜誌；盧修一與陳郁秀之間的書信，她也看得非常明白；許多黨外運動未曾看見的內幕，傳記裡也有清楚的交代。身為盧修一的後輩，在傳記的文字裡遊走時，又重新認識了臺灣民主運動史的稀有人格。這不只是個人的傳記，也是臺灣歷史從戒嚴到解嚴的縮影。我有幸與盧修一生在同一個時代，他只大我六歲，但他創造出來的格局卻非常開闊。凡是不熟悉黨外運動、或是不清楚戒嚴時代的人，讀完這部傳記就等於走過了一次完整的歷史場景。

二〇二〇年九月　政大臺文所

（本文作者為政治大學臺文所講座教授）

推薦序

臺灣人精神史上光潔（kng-kiat）的存在

周婉窈

約四十年前，我在臺大讀研究所撰寫碩士論文，當時住在汀州路的一棟公寓。有一天，一位學長帶盧修一直接敲門來找我。當時研究日本時代的臺灣史的人非常少，盧修一聽說我在研究議會請願運動，特地來找我，我記得他提到他寫了臺灣共產黨的博論。當時絕大多數人沒聽過「臺共」，就算聽過概念也非常模糊。

這是我第一次也是唯一一次見到盧修一。哪一年的事情呢？由於沒記日記，根據各種線索推斷可能是一九八一年，帶他來的人記得是朱高正，但實在不敢確定。

盧修一原本是個熱血黨國青年，留學歐洲改變了他的一生。他極端熱情、浪漫，又有超強行動力。一九六八年盧修一到比利時魯汶大學留學，讀政治學。一九七〇年與在比利時的臺灣人共同發起「比利時臺灣同鄉會互助會」（全歐洲第一個臺灣同鄉會），翌年發行《鄉訊》，擔任主編。一九七一年保釣運動之後，他的臺灣意識徹底覺醒，確立獨立建國路線。他受到臺獨左派史明「臺灣民族民主革命」論述的啟發，該年年底開始與史明通信。

盧修一確立政治路線時，已修完課程，理當開始撰寫論文，但他特立獨行，揚言對抗文憑主義，不寫論文了，要回臺灣展開革命行動。一九七二年春天，返臺前同志張維嘉要他到巴黎走走，他原預定停留兩星期，結果遇到陳郁秀，人生的路途又多了一個轉折。如果你知道盧修一在巴黎如何追求陳郁秀，一定會驚訝於盧修一的超級浪漫，浪漫到不可思議。他對陳郁秀一見鍾情，然後猛追，真的就是猛追。

一九七二年四月十六日那天，盧修一在劉重次的家裡第一次見到陳郁秀。沒想到才開始吃飯沒多久，盧修一就對陳郁秀「瘋言瘋語」，「妳很有名欸，可是都看不到妳！」「我們兩個有夫妻緣喔！妳就是我心目中的牽手！」①

後來還開始叫她「太太！太太！」他的瘋狂表現惹怒了出身書香家庭、端莊自持的陳郁秀，最後導致她拂袖而去。第二天一大早盧修一就到陳郁秀的宿舍，展開全天候的等待和追求。五月一日法國勞動節，他參加一整天祕密組織的會議②，會後好不容易買到一束鈴蘭，趕去送給陳郁秀，終於贏得年輕鋼琴家的心。

為了陳郁秀，盧修一改變返臺的計畫，留下來就讀巴黎第十大學。一九七四年九月他和陳郁秀在巴黎公證結婚，他們的愛情和婚姻沒獲得陳郁秀的父親前輩畫家陳慧坤教授的祝福，不過，後來翁婿相處愉快。

修完博士課程，盧修一決定以「臺灣共產黨」作為博士論文題目，就他自己確立的政治路線，選擇這個課題無疑很合適。一九七五年四月五日蔣介石過世，眼看世局可能翻新，盧修一放下博論，和陳郁秀返臺。返臺後，他在中國文化學院獲得副教授的教職，也擔任行政工作。一九七九年九月，他返回巴黎撰寫論文，十二月臺灣發生美麗島事件，隔年二月林家血案，那年十二月盧修一取得博士學位。他來找我時，應該就是一九八一年某月某日，我於該年陳文成事件後的九月到美國留學。一九八三年遠在美國的我，不知道我們的革命志士遭逢厄運。

如果讀者要看意氣風發的青年盧修一和浪漫得不得了的愛情故事，那麼，在這本書是看不到的，因為這本書主要是寫：作為國會議員的盧修一用生命在打拚什麼。這也是他生命的最後階段。

---

① 陳郁秀編著，《盧修一與他的時代》（臺北：白鷺鷥文教基金會、遠流出版公司，二〇一八），頁六八。附記：本序文關於盧修一留學歐洲至返國任教的敘述，主要根據《盧修一與他的時代》一書。

② 張維嘉成立的祕密團體「臺灣協志會」，成員有盧修一和劉重次，見〈張維嘉先生訪問紀錄〉，陳儀深訪問，簡佳慧、周維朋、鄭毓嫻、林東璟、潘彥蓉、吳佩謙記錄，《海外臺獨運動相關人物口述史》（臺北：中央研究院近代史研究所，二〇〇九），頁五六四至五六五。同書何康美的訪問紀錄，也有不少地方提及盧修一，可供參考。

這本名為《為前進而戰：盧修一的國會身影》的書，以「驚天一跪」為序曲，本事則是從一九八三年一月八日盧修一被捕寫起。盧修一被逮捕，對母親和陳郁秀而言簡直是晴天霹靂，這時他已經是三個小孩的爸爸。關於救援、探監、坐牢等磨難，本書作者藍麗娟有非常真切的描述，在此不多贅述。最讓我注意且痛感特深的是，盧修一出獄後的遭遇。盧修一和陳郁秀因愛而成夫妻，他們的愛情經得起黑牢的考驗，但一九八六年三月三日盧修一出獄後，面臨許許多多政治犯前輩陷入的「絕境」——找不到工作。盧修一本來是大學教授，有博士學位，出獄後卻找不到教職，情緒緊繃，脾氣變得很不好。這在在讓我想起熟悉的政治犯故事：出獄後，每找到一份工作，不到一個月就又失去工作。盧修一有理念相同、感情至深的妻子支持，加上社會資源也相對豐富，但無法找到正職都讓他那麼難以承受了，那些家人不支持、貧困窮乏的政治犯，不知實際有多慘！

陳郁秀害怕政治，原以為盧修一可以回到學界，不過，兩年過去了，仍然找不到教職。歐洲同志何康美看在眼裡，建議陳郁秀讓盧修一走政治的路。陳郁秀終於點頭，但很難和朋友解釋，她說：「我很難說出口的理由是，如果不讓修一得到發揮的空間，我們夫妻之中可能有一個人會瘋掉，或無法避免走向離婚。」（頁八七）讀到此，真的令人椎心。一九九二年臺灣自由民主化以後，離戒嚴時期愈來愈遠，「白色恐怖」只是「一個名詞」，人們對此無感；對於政治犯如何以「人」脆弱的身和心直接被黨國機器碾壓的苦痛，無法感同身受。政治犯出獄之後往往痛感落入更大的監獄。在藍麗娟的刻畫下，盧修一出獄後的挫折及其反過來對家人的衝擊，提供我們了解政治犯處境的具體例子。八〇年代相對不嚴重的案例都這樣了，五、六〇年代想必艱辛到不可想像。

斷念學界，盧修一終於找到自己的位置。他先從事民主進步黨（民進黨）的黨務工作（一九八八），黨部徵召他參選立法委員，連續三次高票當選（一九八九、一九九二、一九九五）。如果天假以年，他應該是臺北縣下一屆民進黨籍市長！作為政治人物的盧修一，和那個熱情浪漫的旅歐青年盧修一，不一樣嗎？不，我認為其實一樣。只要他認定這是「愛的對象」的話，就會全力以赴，愛得淋漓盡致——這是本書提到的「法式浪漫」吧？臺灣，如同陳郁秀，是他的愛的對象，他是拚著命在當國會議員啊。要說熱情和浪漫，真的就是一樣。

這本書的第二章、第三章以盧修一在立法院推動議案為主軸。在立法院如何提案、如何折衝，過程非常細瑣，很不容易寫。在這裡，我們必須先了解盧修一擔任立法委員時的臺灣與國會。

臺灣的歷史，大部分的臺灣人都不清楚，即使才二十多年前的事情，也不甚了了。現在普遍有一種看法，以為一九八七年解嚴，臺灣就一切ＯＫ，甚至以為就自由民主化了。這是非常錯誤的，臺灣真正開始走向自由化、民主化的路程，是在一九九二年。這一年的諸多重大變革才奠定了今天臺灣的基本格局。

民進黨是在解嚴前一年一九八六年九月成立，當時參與的人抱著被逮捕的決心。第二年一九八七年七月十五日中華民國以總統令宣布解除戒嚴，前後三十八年又五十六天（一九四九年五月二十日至一九八七年七月十四日）。解嚴不是統治者施予人民的恩惠，而是人民激烈抗爭迫使統治當局不得不考慮解除戒嚴；光是訴求解嚴的「五一九綠色行動」就連著兩年在一九八六、一九八七年五月十九日舉行，見證了群眾抗爭的慘烈以及軍警鎮壓的強度。不要忘記，突破四十年禁忌的第一場「紀念二二八和平日四十週年」遊行，就是在解嚴前五個月的二月十五日在臺南舉行！解除戒嚴之後，固然有很多改變，比如平民不再送軍法審判。但是，臺灣省戒嚴令之外，讓白色恐怖之所以恐怖的三大惡法都還在，即《動員戡亂時期臨時條款》、《懲治叛亂條例》、《戡亂時期檢肅匪諜條例》，就算不送軍法審判，叛亂罪（如主張臺灣獨立）仍適用《懲治叛亂條例》，如果用該條例的「二條一」起訴，若成立，就是「唯一死刑」。

所以，解嚴後臺灣就OK了嗎？當然不是。你只要口頭主張——口頭喔——臺灣獨立，就觸犯叛亂罪。一九八七年八月三十日，也就是解嚴一個半月後，一百四十二位前政治犯齊聚國賓飯店，成立「臺灣政治受難者聯誼總會」，許曹德是首任會長，他提案將「臺灣應該獨立」列入組織章程；當晚會議主持人蔡有全在演講中公開聲明他主張臺灣獨立。十月蔡有全、許曹德被以「叛亂罪」收押，震驚海內外，引發社會激烈的抗議。隔年一月十六日，臺灣高等法院宣判蔡有全有期徒刑十一年、許曹德十年！法院這樣重判，就是要告訴臺灣社會：解嚴不代表就可以主張臺灣獨立。請注意：「主張」而已喔！

如果解嚴就OK了，那麼，請問鄭南榕為何自焚？他用生命在抗議什麼？一九八八年十二月，鄭南榕在他的雜誌刊登許世楷的《臺灣共和國憲法草案》，隔年一月二十一日他接到臺灣高等法院檢察署簽發的「鄭南榕涉嫌叛亂」的法院傳票。一月二十七日鄭南榕決心以生命捍衛言論自由，捍衛主張臺灣獨立的自由，他把自己關在雜誌社內，並準備汽油，表示：「國民黨不能逮捕到我，只能夠抓到我的屍體。」在自囚的第七十一天，警方強硬攻堅，鄭南榕點燃汽油，自焚而死，當時四十一歲。今天的年輕人應無法想像刊登個《臺灣共和國憲法草案》就「涉嫌叛亂」吧？但那就是「解嚴」後的真實情況。接下來還有「獨立臺灣會案」（獨臺會案），該案涉案的人都是年輕人。一九九一年五月九日，調查局幹員進入清華大學逮捕研究所學生廖偉程，同日逮捕陳正然（臺大碩士畢業生）、王秀惠（社運參與者）、林銀福（傳道士）二人，後來又逮捕文宣張貼者安正光，共五人，理由是他們加入旅日臺獨運動家史明資助的「獨立臺灣會」。前四人被以《懲治叛亂條例》「二條一」唯一死刑，移送法辦。逮捕行動激發社會強烈的反彈，抗議活動如火如荼，全國抗議此案的學生在臺北火車站靜坐，滿坑滿谷都是人。③

我們必要了解從一九八七年解嚴後到一九九二年的臺灣，才能將盧修一擺到歷史的位

③ 以上關於「臺灣獨立案」、鄭南榕自焚、「獨立臺灣會案」，引述自周婉窈，《轉型正義之路：島嶼的過去與未來》（臺北：國家人權博物館，二〇一九），頁一四九至一五二。

置上。如前所述，盧修一經過兩年求職碰壁以後，於一九八九年到民進黨黨部工作，該年年底參選立法委員，以第一高票當選，並於第二年二月一日就職。請注意，盧修一選上的仍然是中華民國第一屆立法委員。第一屆？從什麼時候算起？第一屆立法委員在一九四八年一月二十一日至二十三日選出，到一九九〇年還是第一屆！這中間「老立委」及其遞補者之外，有新加入的「增補選」（終身）和「增額」（一任三年）立委，比例很低。總之，這是黨國時代民主憲政有名無實「嚴重變形變質」[④]的臺灣特殊「光景」，當時總統、副總統由國民代表大會的代表選出，第一屆國民代表從一九四七年十一月二十一至二十三日選出，也是一直當啊，所以蔣介石當選五任總統（一九四八、一九五四、一九六〇、一九六六、一九七二），他的兒子蔣經國接著當選兩任總統（一九七八、一九八四），都是由同一屆、也就是第一屆國民代表大會選出的。世界上有相隔三十六年的總統都是由同一屆代表選出的嗎？而且還是父子檔總統。這要說有多荒謬，就有多荒謬，只是在荒謬中長大的人（被教成）將荒謬看成正常罷了。在臺灣，小至日常細節，大至國家，無法正常化，是不是和這以四十年起跳的黨國教育打造出來的深層結構有關呢？

讓我們把鏡頭拉回盧修一。盧修一選上的是第一屆立法委員中的增額立委，當時增額立委只有一〇一名，僑選立委二九名，老立委一五三名。那麼，民進黨立委有幾位呢？才二十一席！即使加上少數無黨籍立委，真的是小蝦米vs.大鯨魚。

擔任立委，是進到體制內從事改革。這個階段臺灣最需要大力改革的體制是什麼呢？

解嚴之後，臺灣歷經激烈的政治社會抗爭，一直要到一九九二年才民主化、自由化。民主化主要以「萬年國會」解散為指標，自由化則始於三大惡法廢除以及《刑法》一百條的修正。盧修一在一九九〇年二月進入立法院，三月發生「野百合學運」，該運動提出四大訴求：解散萬年國會、廢除臨時條款、召開國是會議、訂定政經改革時間表。萬年國會的成員是不用改選、「一屆到底」的老立法委員、國民大會代表，以及監察委員。

野百合學運是民間力量從「外部」給政府施壓，事實上，萬年國會本身就是個龐大無比的建制性力量，要廢談何容易？盧修一在立法院和同志承擔起從「內部」廢起的責任。但以至小搏至大，過程很慘烈，「打架」不可避免；當時才解嚴不久，立法院駐衛警還是黨國機制的延伸，盧修一曾四度被十餘名警察毆打、架離會場，第四次被打到昏倒在地，送醫住院，他的草根兄弟農民團體立委戴振耀傷得比他重，兩人同擠一間病房。這是一九九一年「四一二事件」，現在的年輕人人概很難想像立法委員會被國會警察圍毆到昏迷吧？

在立法院，極少數的民進黨立委加上跨黨派人士申請釋憲；國民黨則動員要修憲予以反制，這些體制內的奮鬥，配合民間力量，終於導致萬年國會於一九九一年年底解散。

---

④引自李鴻禧，〈中華民國憲法的病理病癥——半世紀之歷史淺述〉，《新世紀智庫論壇》第十二期（二〇〇〇年十二月三十日），頁六二。

第二年，中華民國的國會才進入「第二屆」，才開始定期選舉，所以說，萬年國會的解散是臺灣民主化的起步。

臺灣在一九九二年以前沒有思想自由，因為一九三五年中華民國在中國訂定的《刑法》戰後就直接搬來臺灣用——請注意：一九三五年臺灣還是日本在統治啊。這套《刑法》第一百條的普通內亂罪，規定非常模糊，第一項曰：「意圖破壞國體，竊據國土，或以非法之方法變更國憲，顛覆政府，而著手實行者，處七年以上有期徒刑，首謀者處無期徒刑。」也就是說「意圖」——你腦子裡在想，然後做點什麼，如講出來啦，就有罪。這是適用於一般人，但一九四九年六月二十一日統治當局公布的《懲治叛亂條例》第二條第一項將《刑法》一百條「上綱」到原本七年以上和無期徒刑都變成死刑，這也就是人人聞之變色的「二條一唯一死刑」。我們前面提到，戰後臺灣歷史其實很荒謬，試問：一、在臺灣還是日本統治下，在中國訂定的《刑法》，歷史脈絡、地理空間毫無干涉的法律，為何可以直接搬來臺灣用？二、《懲治叛亂條例》固然在一九四九年六月由中華民國立法院三讀通過，但那是誰的立法院？誰的表決部隊？有經過臺灣人同意嗎？這不有點像「港版國安法」突然從空而降掐住香港人嗎？《動員戡亂時期臨時條款》、《懲治叛亂條例》，以及《戡亂時期檢肅匪諜條例》分別在一九九一年五月一日、五月二十二日、六月三日廢止。《懲治叛亂條例》的廢止可以說是臺灣社會大力聲援「獨立臺灣會案」的結果；廢止之後，人民犯普通內亂罪就不會判處死刑，但是《刑法》一百條還在，雖然是處七年以上和無期徒刑，它還是掐住人民的思想自由。以李鎮源院士為核心的「一〇〇行動聯盟」訴求廢除《刑法》一百條，但後來在一九九二年五月十六日以修正作結，將原本的「而著手實行者」改為「而以強暴或脅迫著手實行者」，也就是你怎麼想、怎麼說、怎麼做，都沒關係，只要不要「以強暴或脅迫」的手段進行就可以。以此，臺灣才有了最基本的思想自由的保障。《刑法》一百條修正後，「獨立臺灣會案」發回更審，全案改判免訴，真的保障了人民的思想自由。

「一〇〇行動聯盟」是民間力量的集結，不少學者參與；盧修一等立委則在國會力推廢止《刑法》一百條。也就是說，身在國會的盧修一，在臺灣民主化和自由化的過程中，每天卯足力氣、運用學養，拚命從體制內促進臺灣的自由民主化。[5]這是盧修一第一任立法委員最費力，也最有貢獻的所在。

盧修一在一九九二年年底第二次參選立委選舉，這一屆就是一九四八年以來中華民國第二屆立法委員！在盧修一的第二任立委任內，他致力於廢除甲等特考，在這個議題上，他和國民黨籍的考選部王作榮部長合作，最後終於廢除甲等特考。這個特考被認為是「黑官漂白」，為黨國權貴子弟或黨國培養的菁英量身訂作，王作榮曾公開說

⑤關於一九八七年解嚴到一九九二年臺灣自由民主化的過程，詳見周婉窈，《轉型正義之路：島嶼的過去與未來》第七章〈從自由民主化到落實轉型正義〉，頁一四一至一六二。

「歷屆甲等特考，沒有一年不舞弊。」（頁四一四）甲等特考及格的名單落落長，在這裡只舉讀者可能還熟悉的名字：錢復、徐立德、宋楚瑜、章孝嚴、黃大洲、廖正豪、馬英九、李慶中、毛治國、李慶珠、李大維……。

甲等特考的廢除，非常不容易，強大的阻力還來自林金生，他當時是考試院副院長暨甲等特考審查召集人。一九九四年十二月二十九日，《公務人員考試法》修正條文三讀通過，「甲等特考」終於走入歷史。

盧修一在第三任立委致力於「陽光法案」，容不多述，請讀者細讀正文。在這裡，我特別想向讀者說的是，立法院的提案、折衝、討論、爭辯等，其實不容易寫，不過，本書作者藍麗娟女士寫作技巧嫻熟，寫得非常引人入勝，在生動的敘述中不知不覺就會讀進去。過去我比較注意民間的抗爭，讀了盧修一八年與同志在國會的拚搏，方知在黨國體制內拚搏的艱辛，尤其在那似乎將「萬年萬萬年」的第一屆立法委員任期內。

這本書讓我更深入了解盧修一，敬佩之餘還是敬佩，但閱讀的過程也有相當感傷的時刻。為什麼呢？因為在盧修一最後十年和他有過交接的濟濟民主運動前輩（含學者）都已經離開我們了。我隨手摘記下這本書提到的人士（應有缺漏），以離開人世先後為序，他們是：陳翠玉、鄭南榕、王康陸、張忠楝、黃信介、江鵬堅、李鎮源、陳定南、林山田、柏楊、林二、蔡同榮、蔡有全、戴振耀、楊國樞、黃爾璇、高俊明、史明、陳定信等人士。親愛的讀者，您認得幾位呢？本書沒提到的民主前輩在這段期間過世的，還有很多，如魏廷朝、周治維（文治）、田朝明、黃昭堂、張炎憲、黃晴美、周烒明、許曹德、謝聰敏、宋重陽（宗像隆幸）等人。這是過去二、三十年間的事情，離當代並不遠，但是，現在很多年輕人大都不知道他們的貢獻，甚至連名字都沒聽過。臺灣的自由民主化不是天降下來的，更不是黨國統治者恩賜給人民的；如果你了解戰後的臺灣歷史，就會知道這是歷經三、四代人犧牲奮鬥所獲致的。但願這些為臺灣打拚，甚至捨棄生命的人能成為我們集體記憶中的人物。這是我們回報他們的微薄方式。

臺灣的轉型正義，延遲那麼久才開始以國家的力量來落實，有令人難過的地方。比如，這一年來因為監控檔案出土，我們才知道東吳大學政治系黃爾璇教授無預警被解聘，是國民黨和政府一起運作（名副其實的「黨國」），情治單位還將「協調東吳大學停聘黃爾璇」列入重要工作成果。[6]此一報告出來時，距離黃爾璇教授逝世兩個多月，如果黃教授生前能知道此事，才真的能還他一個公道吧？遲來的正義，在怎樣的意義上仍然是正義？這是我們必須嚴肅思考的問題。

某年某日，陳郁秀教授有事來我研究室小坐，她沒有提過一個「愛」字，但從她的談話內容、眼神、表情，我深切感受到她對盧修一的愛。有一次她來臺大演講，談臺灣的

---

⑥〈促轉會查「東吳政治系事件」 國民黨「春風會報」主導迫害〉，《自由時報》電子報，二〇一九年四月二十日，網路連結：https://news.ltn.com.tw/news/politics/breakingnews/2764932（2020/07/06點閱）。

代表顏色，臺下的我深切感受到她對臺灣的愛。她和盧修一彼此的愛，以及兩人對臺灣的愛，好像就是一件事的兩面，很難分清楚。

盧修一離開我們已經二十二年了。在他短短的五十七年的人生，他用生命最後的八年為臺灣拚搏，這是陳郁秀無法忘懷的，也是臺灣人集體記憶中的瑰寶。

李喬老師曾經要我寫「臺灣人精神史」，我自份無此準備，也沒能力。不過，因著前輩的提點，我經常會將臺灣歷史上的人物放到這個光譜上來看。盧修一有白鷺鷥的形象，若更抽象來說，他是臺灣人精神史上kng-kiat（光潔）的存在，是光亮的、潔白的，引領我們走向光的所在。

二〇二〇年七月十日完稿

（本文作者為臺灣大學歷史學系教授）

推薦序

修身救國，捨己愛人，最愛臺灣，始終如一

楊斯棓

經典科幻電影《鐘點戰》裡，人人手臂上顯示一組倒數中的數字，那代表餘命長度。倒數至零，人就殞命。

作家藍麗娟用三年黃金歲月完成了《李遠哲傳》這本磅礴巨作後，繼續奉獻三年完成《為前進而戰：盧修一的國會身影》，讓世人完整認識他浪漫任真的人格特質。

李筱峰教授有部著作名為《臺灣要衝決網羅》。衝決網羅，挑戰體制，屢屢寫下新猷，正是盧修一前輩一生的寫照。

一九八八年，我年方十歲，導師林正佑一向教學認真，要求嚴格。有一次他在課堂上不經意地感嘆了一句：「立法院裡，只有十幾個臺灣人，面對幾百個山東、遼北的代表，每次表決，代表臺灣人的聲音怎麼會被重視？」

那時的我，似乎接受到一個難以理解又似乎很重要的訊息。在我幼小的心靈中，師長

埋下了我關心政治的第一顆種子。

一九八九年，十一歲的我，初聞盧修一。家父當時定期跟對街書店（老闆的父親叫陳萬源）買黨外雜誌，雜誌裡的選舉戰況揭示著那位披著「一號盧修一」彩帶的法國巴黎大學博士，那位昔日的落難英雄，即將風雲再起。那次參選，他既是籤王，也是北縣票王，囊括九萬多票。

那一年除了增額立委選舉，也適逢縣市長大選。林俊義博士挑戰臺中市長。有一天放學後聽家母說她參與了一場演講，原來是林博士來到臺中市小兒科名醫呂醫師診所演講，暢談治理城市的理念給呂醫師夫人邀請來的二十位朋友聽。

林博士的對手有一張綿密人脈網，由黨政軍警農漁會信合社交織而成，還有七成教育界人士跟九成建商相挺。但林博士自始至終奮進不懈，不斷奔走於熱情支持者的客廳間及競選晚會，宣揚自己的政治理念。「客廳會」行動的啟蒙，是我內心的第二顆民主種子。多年後意外讀到縱橫各大文學獎的奇人王定國筆下的九〇年代，林俊義苦戰拚搏的身影，當年幸有王定國之筆做見證⑦。

自美返臺的清水人，競選臺中縣長的楊嘉猷（其叔公是聞人楊肇嘉），選前在臺中縣掃街，經過潭子街（前臺中縣長、監察院副院長陳孟鈴即居住於此）拜票時，家父暫時停下手邊工作，興奮地帶著我到門口熱情向楊嘉猷揮手，我不解地問父親：「為什麼我們要幫他們加油？」

「他們代表我們臺灣人站出來跟國民黨挑戰，承擔了很多苦難跟危險，我們要感同身受。」

對於撲火飛蛾的楊嘉猷，父親感同身受地說，就此埋下我心中第三顆民主種子。

開票後第一個上學日，我跟好友劉威廷（他父親是豐原婦產科開業醫劉金源）在校門口掃地，邊聊著選舉結果。我說那個穿皮夾克的德國海德堡大學的尤清博士選上臺北縣長了，威廷說省議員蘇貞昌也選上屏東縣長了。學校的修女們總擔心我們不夠明白聖經故事的教誨，但較之聖經跟點心，我們對臺灣的脈動更加關心。

一九八九年的盧修一，抽到籤王，贏得票王，萬丈光芒，誰能想像不過六年多前，竟是他的人生谷底。他遭國民黨羅織罪狀指控叛亂，鋃鐺入獄，拘禁在土城的仁愛教育實驗所，接受三年的感化教育。

試問誰有資格「教育」一位堂堂法國巴黎大學的博士？回頭來看，那段經歷對盧修一來說，堪稱龍困淺灘遭蝦戲，而在那個荒謬年代，遭蝦戲的，又豈止是盧修一？

盧身陷地獄，沒有被摧毀意志，出獄後也不受聲色所惑，雖一時有志難伸而忿忿。牢獄歲月鞭笞著他的心靈，在他內心深處，一股救萬民於水火的雄心壯志也就此迸發，於

⑦詳見《企業家，沒有家：一個臺灣商人的愛與恨》、《憂國：臺灣巨變一百天》。

是他決定踏足政壇，白鷺展翅。此時，應還無人能預料他日後將成功推動幾項攸關臺灣未來的重大改革。

盧修一在第一屆增額立委任內對抗的最大巨獸，自然是不具民意基礎，四十年未曾改選的萬年國會。他在動用警察權的立法院院長梁肅戎，以及對立委動輒暴力相向的警察面前，毫不懼怕。他曾數度遭警察圍毆，若非摯友戴振耀立委機警救人，可能早就隕命於立院。醫師背景的彰化無黨籍立委黃明和當時也看不下去，「建議立法院成立超黨派調查小組，調查盧修一與戴振耀受傷送醫的原因與真相，並檢討警察權動用的範疇。」

無怪乎，盧修一遭國會警察暴力相向的十年後，國民黨籍立委參選人姚高橋高舉「國會警察」大纛，卻以落選畫下句點。國民黨總是與時代脫節，這僅是其中一例。

多年來，我不能理解為什麼國家需要耗費鉅額公帑才能送走這些萬年代表，直到讀了《鄭玉麗女士訪談錄》之後，這才恍然大悟。

鄭女士是臺灣新竹人，一九二一年生，一九四八年當選第一屆國大至一九九一年辦理退職。

她受訪時談到：「平常我常勸告老代表，全世界只有我們中華民國的國大代表和立委、監委長達四十多年沒有改選，我們的確應該退下這個舞臺了，況且政府對我們不薄，除了早期補助我們在大湖山莊及中央新村購置房屋外，現在還給我們每人退職金五百三十餘萬元，並享有臺灣銀行一分八釐的優惠利率，生活無虞，實在沒有不退職的道理。」

鄭女士說：「我退職後，便將退職金全數捐出，因為我不想被別人冠上『老賊』的封號。」

自報端開始以老賊一詞稱呼萬年國會成員，老代表即一分為二，一派恥於老賊標籤，一派寧可被稱賊也不想退。

屋舍、退職金的發放後，有些代表相對不那麼貪婪，拿了就該退的聲音，也漸成聲浪，來自內部的壓力，讓過往團結的「他們」逐步裂解。

盧修一同時在第一屆立委任內，奔走營救廖偉程等人，結合林山田、李鎮源、陳師孟、瞿海源等教授，在街頭、在國會分進合擊爭取廢除《刑法》一百條，最終奔走結果得以修正該條內容，保障了人民的思想自由，讓獨臺會案五人最終獲判無罪。

一九九二年，國會全面改選，盧修一超越自己得票紀錄，以逼近十二萬票蟬聯立委。

盧在第二屆立委任內，致力推動廢除甲等特考，一九九四年底，終於成功。時任考選部長王作榮曾公開說「歷屆甲等特考，沒有一年不舞弊」，王部長為了健全國家的文官制度而有此堅持，盧則偕同立院盟友著手修改法令，貫徹理想。

當時的社會背景是：「每年高考、普考報考人數眾多，錄取率卻極低；而『不定期，視需要舉辦』的甲等特考則常有超高錄取率，被批為因人設事。」

不公平的事，當然不為社會見容。得以參與甲等特考者，多是黨國之後，他們當中有些人抄捷徑，走「藉甲等特考出任簡任第十等高官」之路，而有人在這不公平的考試中，還以抄襲他人論文來通過此等考試，真可謂等而下之。

十餘年前，時任臺大加護病房主任的柯文哲醫師，接受媒體訪問時曾說他任職實習醫師時，有個部長級官員到臺大急診室說著自己症狀，一旁的住院醫師冷回「去排隊」，官員理虧，乖乖排隊。電視臺後來訪問了這位前部長，原來是李煥。

李煥覺得人家請他排隊有理，讚臺大有風骨。

李煥也據此自我標榜：「自己的作為同民眾生活一樣，這是我們向經國先生學習的。」媒體更順勢美化，稱之：「李煥即便痛到不行，（排隊）也（是他）恪守分際的證明。」

住院醫師那聲「去排隊」，猶如王作榮、盧修一攜手廢除甲等特考，不允黑官漂白，踐踏文官制度。

但李煥一家子的平日作為，真的同民眾一樣嗎？

李煥四子中，有兩人涉及甲考弊案（因論文抄襲或不及格，卻違法藉由重新審查放水通過），還有一人「利用人頭向立法院詐領助理補助款五百三十二萬元」，而今逃亡。經國先生地下有知，絕對難容李家。

盧修一在第三屆立委任內，推動《公職人員財產申報法》，俗稱陽光法案。提到陽光法案，讓我想起瑞典。

二〇〇三年時，瑞典公投否決使用歐元，堅持以克朗為其法定貨幣。當時法國總統席哈克寫信給瑞典總理佩爾松（G. Persson），批評否決使用歐元的人「冥頑不靈」。瑞典報紙刊登了這封信。席哈克盛怒之下，寫了第二封信，抱怨佩爾松把他的信外洩給媒體。結果這封信再度出現在瑞典媒體上。瑞典在十八世紀就通過「新聞自由法」，連總理請客的菜單都是公開資訊。

陽光法案的通過，有好幾層意義。

我們得以知道公職人員有多少錢。他如果是富翁，選舉時小額募款無妨，若假意哭窮，一下就被人揭穿識破。

如果公職人員資產累積速度異常，我們也較能早一步調查是否涉及不當利益輸送。

我們甚至還可以據此研究不同世代、不同類別的公職人員資產配置。我看過的財產申報資料中，以陸委會前主委王郁琦的投資標的選擇最具國際水準，他買了很多先鋒集團（Vanguard）基金產品，也買了波克夏B股和元大臺灣50。這種買法就是花最少的手續費買入臺灣、美國、世界的上市公司領先群，假以時日，王前主委一定會成為億萬富翁。

本書既寫盧修一的俠骨柔情，也聚焦在盧修一推動的重大改革上，把那驚心動魄、折衝樽俎的細緻幽微處一一道盡。

這絕對是二〇二一年，最值得細細咀嚼的一本書。

（本文作者為方寸管顧首席顧問、《人生路引》作者）

推薦序

衝突・前進・盧修一

陳郁秀

臺灣政治的發展淵源流長，在長達四百年的歷史長廊中，因政權的更迭，於每個時期都留下反抗運動的記載。自一八九五年以來，經由日本殖民統治、國民黨執政三十八年戒嚴、一九八七年的解嚴、解嚴後百花齊放的社運、農運、工運和學生運動，以至日臻成熟的民主雛形，累積出具多樣性生態、多元文化的主體特色，至二十一世紀，奠定「自由、民主臺灣」的國際品牌。由研究臺灣的歷史切入、參與抗爭、放下身段、衝撞體制到立法前進的盧修一，無疑是腳踏實地的忠實實踐者之一。

五十八歲的生命史，充滿傳奇的波折與追求自由民主的履跡，我都參與其中；但對他，尤其在立法院勇於衝撞不當體制、善於協調前進的身影背後所呈現的實質內容及過程，我一直無法譜成清晰的生命地圖。在他離開人世後，我愈發覺得必須把他生命最後所實踐的民主工程記錄下來，因為這是能完整呈現他思索、衝撞、協商、前進、樂觀自在、大氣自信的人生態度的最後一塊拼圖。

出生於終戰前的盧修一，曾經在國民黨政權的號召下，加入其組織；然而，在一九六八年前往歐洲比利時魯汶留學之際，受歐洲自由風氣影響，了解專制的謊言，迅速投入「爭取臺灣主體民主價值」的行列，開始專研「臺灣政治、社會史」的來龍去脈，並以《日據時代臺灣共產黨史：1928-1932》為其博士論文的專題，開始傳奇的人生。這種對民主臺灣全心的投入、由研究了解真相、回臺實踐革命情懷、坐「政治牢」所成就的民主學習，到經由選舉民主過程成為國會的一員，立法建立治國綱本的經歷，是他後半生的寫照。

一九九〇年代，臺灣正處於解嚴後的大環境下，自由思想崛起，經濟繁榮，藝文創作多元精采，而彼此間又能相互激盪，是個人才輩出的美好時代。當時各領域菁英輩出，大家彼此合作，由街頭運動、體制外抗爭到立法院體制內實踐，過程艱辛深刻，令人動容。而本書即是記錄盧修一當時的立法委員生涯，一方面參與體制外抗爭，一方面在立法院體制內工作「內外呼應」，以及全民同心爭取寶貴「人性價值」的實踐。它不是一本易讀的書，但絕對是本具有意義的書。

要感謝的人太多；在這漫長三年多的時間中，首先要感謝為此書付出心血、時間，在立法院資料室中爬梳院會及各委員會的紀錄，分析、有條理地陳述盧修一曾參與過的其中幾個重要法案立法過程的作家藍麗娟女士，她付出寶貴的三年歲月，完成此一巨大工程，實屬珍貴；再者，要感謝與藍麗娟密切合作，常年在國會的民主堅實幫手詹守忠主任的協助；盧委員早期助理廖江憲檢察官、立委鍾佳濱及其立院辦公室同仁、前公視執副謝翠玉，以及受訪的五十多位官員、學者、專家的參與，才能成就今天呈現的內容，讓這個掛在我心中二十多年的願望得以實現。過程中，陳芳明教授、周婉窈教授和作家向陽的指導，在白鷺鷥聯盟成員、以及白鷺鷥聯誼會全體會員的全力支持下，得以圓夢。大女兒佳慧在過程中不斷與好友藍麗娟討論，互相打氣，佳君、佳德也給予支持，還有遠流出版社王榮文董事長的長期協助，感恩再感恩！

願本書能扮演真實記錄的角色，也提供我自己及大家了解在那美好關鍵的時代，共同打造夢想、團結努力的重要性。

最後敬祝大家，生命充實，人生圓滿。

（本文作者為公廣集團董事長、白鷺鷥文教基金會榮譽董事長）

目錄 Contents

序曲

驚天一跪

一九九七年十一月三十日

那一千多天的憂傷與淚水亦步亦趨，彷彿吸附在她厚重的大衣下襬；歷經十六個小時飛航，從中正國際機場（今桃園國際機場）入境時，她從反射的機場玻璃窗瞥見自己的蓬髮與倦容。

這趟赴法國舉辦鋼琴演奏會的既定行程，她儘管全神貫注於曲目與演奏，思念卻不時鑽進心的縫隙——正在與肺腺癌對抗的丈夫，病情好轉些了嗎？先前她想取消演出，但丈夫要她照常；她明白，他希望她藉此出國散心，抒解這段日子對病況的憂煩。

「陳郁秀教授嗎？」護照查驗官員查驗她的護照。

「我是。你好。」

自從丈夫在一九八九年當選立法委員，常在新聞媒體上曝光以來，在國內以鋼琴家聞名的師範大學藝術學院院長陳郁秀，最常聽見對她的尊稱已不再是「陳教授」，而是「盧委員夫人」。

官員蓋上戳章，將護照遞還時，慎重地說：「陳教授，您的先生好了不起！」

「謝謝！」

這些年來，每聽人盛讚盧修一，她總是引以為榮，她知道丈夫如何為腳下的這片土地付出全心全意，真心真意。

暖暖冬陽普照著大地，一如青春燦爛的一九七五年。

昔日，巴黎音樂學院鋼琴暨室內樂第一獎畢業的鋼琴家陳郁秀，與巴黎第十大學政治學博士盧修一，不顧許多人反對，決意從留學多年的法國回到臺灣，至此已二十二載。但造化卻讓一家五口同乘一輛雲霄飛車般，穿越大時代與生命的驚滔駭浪；他們品嘗過甜蜜，卻有更多隱伏的痛楚，屢屢擊打著心志。

車行高速公路上，不一會兒，臺北縣（今新北市）進入她的視線範圍。望向窗外，還高懸著幾位縣長候選人的戶外競選看板：國民黨候選人謝深山、從國民黨脫黨參選的林志嘉、民進黨候選人蘇貞昌，以及其他幾位候選人。

一個個琳瑯滿目的偌大看板使她心如刀割，兩行淚自臉頰汩汩流淌，「那原本是修一的理想啊！」

陳郁秀稍早在法國登機時，已得知家鄉臺灣甫落幕的第十三屆縣市長大選開票結果，返抵國門之際已是開票日次日，大選已成定局。

車抵住家公寓前，陳郁秀看到許多人守候在騎樓，心裡一涼，直覺頗不尋常。「盧委員夫人！」有些媒體記者看到她出現，隨即喊她，「我們要採訪盧委員，能不能請您上去幫我們跟盧委員說？」

「盧委員怎麼了？」

「啊？夫人不知道嗎？」

「我去法國舉行音樂會，剛回國。是發生什麼事了？」陳郁秀急了。

有記者還沒開口，就紅了眼睛，斗大的眼淚滾下來。「盧委員在蘇貞昌的選前之夜突然下跪，現場群眾都哭了。」

陳郁秀茫然了，「盧委員應該在和信醫院做化療啊。」

「他前天做化療嗎？」幾位記者追問。

「是啊。」陳郁秀幾乎要恍神了。

幾位記者激動地說：「造勢晚會之後，電視臺一直重播，我每看一次哭一次。」「開票後，蘇貞昌贏過對手將近兩萬票當選臺北縣長，民進黨在全國還拿下十二個縣市長過半席次。長官要我們一定要採訪到盧委員。」「拜託夫人！」

「怪不得，方才機場的護照查驗官員跟我說那句話！」陳郁秀恍然大悟，內疚隨即湧上心頭。

「剛打完化療，身體是最脆弱的，萬一感染怎麼辦？如果我在臺灣，絕對不會讓他出院。」

她衝進家門，客廳未開燈，盧修一獨坐。

「為什麼不見見記者呢？他們等很久了。」她問。

他抬頭看著她，語氣斬釘截鐵：「不行，我一接受訪問，別人為這場選舉做的所有努力就會被忘記，好像只有這一跪就當選了。」

陳郁秀不語，執起電視遙控器，光影在電視螢幕中躍動，幾個頻道正在播出選後相關報導。她的手指忽焉靜止不動，瞪大眼睛。

畫面上，身穿白色夾克那熟悉而孱弱的身影在臺上講述著，忽然前傾跪地，晚會氣氛瞬間凝凍，一片哀戚。

她心痛如絞，眼淚奪眶而出，轉身欲擁抱身邊的盧修一。怎知，盧修一那一夜撐著化療後的虛弱身體上臺，體力已更加孱弱，眼下寧願躲進房間嘔吐，也不願讓愛妻看見。

螢幕上繼續重播那夜群眾如潮湧的淚水。

嘔吐的聲音依稀從房間傳來，陳郁秀只能在客廳獨坐，靜靜流淚。她回想盧修一對抗病魔的這些日子裡，「他在我面前從不喊痛，還講笑話逗我開心。只有他的國會助理詹守忠知道他有多痛，有多辛苦……」

待她睜開濡溼的雙眼，瞥見牆上高懸的那幅書法「最愛台灣」，她記憶猶新，多年前長女盧佳慧讀中學時眼見盧修一寫下這幅字，曾心酸喃喃：「爸爸，原來你最愛的是臺灣，不是我們……」

拭淚，嘆息。

雖僅一牆之隔，體憐對方的心，卻更近了。

一九九七年十一月二十八日，上午

十一月底了，陽光和煦，五十六歲，高大卻清瘦的盧修一由助理詹守忠攙扶，緩步下車，來到臺北關渡平原上的和信治癌中心醫院。

這季暖冬，似是上天送給盧修一的禮物。儘管如此，剛打完化療藥劑的他，身軀仍不住顫抖，詹守忠趕緊替他穿上白色夾克。

靜靜休養的盧修一視線望穿醫院玻璃窗，遙遙望見甫營運不久的捷運淡水線忠義站。

曾經，這裡是北淡線鐵路的忠義車站，雖是小站，火車總不忘開門停等旅客。他從未多想，從青春到白髮，他驚滔駭浪的一生中，忠義站一直是重要的停駐站。

一九四一年在淡水三芝出生成長的盧修一，求學的年少，常捧書悠遊於白鷺鷥紛飛的水田與淡水河畔。初入建中時，他總是在淡水火車站跳上一節車廂，白臉紅顏、俊挺而高大的身形杵在車廂內，搖搖晃晃地往臺北開動。當火車經過成片的河灘地，一望無際的蘆葦叢兀自彎腰，青春大男孩頑皮地往窗外探頭，向蘆葦群微笑打招呼。「盧仔」是好友為他起的暱稱，既因他的姓，也因家鄉河灘地隨處可見「柔軟卻折不斷的蘆葦」。

在這裡，他度過懵懂的青春；也是在這片土地，遭國民黨威權體制凌虐出白髮的他，選擇為人民打拚；更是在這裡，他正在為生命搏鬥，要繼續活出該有的價值。

一列捷運車廂滑進車站，軌道兀自延伸到看不見的盡頭。

在他的生命中，有沒有一列從不需到站的車呢？

一行人離開醫院，司機阿賢將座車轉往大度路，在紅燈前暫停。路邊的金黃稻穗垂墜，為尚未收割的二期稻作下了注腳。

幾隻白鷺鷥飛來，盧修一摸摸自己的白髮，輪廓掩映於車窗與白鷺鷥，剎那間，他的輪廓與白鷺鷥影像交疊。

身邊的人喜歡用白鷺鷥來比喻他，說那白羽有如那頭坐黑牢而一夜花白的髮；他們還說，白鷺鷥是田間益鳥，正直、清白、勤勞，就像他為這片土地主持公道，還原土地充滿生機的美好。

「盧委員，今天醫院新換了這種化療藥，您現在感覺怎麼樣？」助理詹守忠轉身關切。

「差不多，再觀察看看。」

「如果不舒服，請隨時跟我們講。」詹守忠叮嚀。

盧修一點點頭。

隨著車行，向後飛逝的建築物逐一遮掩淡水河景，盧修一陷入沉思，座車接近住家公寓時，他出聲了：「你晚上有空否？」

「有。」詹守忠回答。

「咱們暗時來去昌仔的場子。」盧修一說。

「可是，盧委員，您剛打完化療藥，應該好好休息，不能吹到風，會感染的……」詹守忠勸阻。

盧修一沒有答腔。空氣彷彿凝止了。

詹守忠和阿賢沒有再出聲。他們替盧修一工作多年，深知他凡是下決心就不改變的個性。詹守忠暗嘆，想著：「要是陳老師沒有出國就好了，她一定會守著盧委員，不會讓他出門。」

一九九七年十一月二十八日，晚間

阿賢握著方向盤，沿著板橋文化路走走停停，車陣堵塞了一陣子。晚上八點鐘，終於來到板橋火車站附近的空地（今板橋新站廣場），民進黨臺北縣長候選人蘇貞昌選前之夜的所在地。

「阿賢，盧委員上去大概只講十分鐘，你半小時之後來接我們。」詹守忠叮嚀。

座車在文化路邊暫停，詹守忠見盧修一仍畏寒，趕緊為他穿上夾克。

盧修一身材高大，白髮白夾克現身在黑壓壓人群中分外醒目。儘管由詹守忠攙扶，盧修一的腳步仍不穩，身軀不時顫抖著，這時，行經的《中時晚報》記者張寒青看見，擠過來扶著盧修一的另一隻臂膀。就這樣，盧修一在兩人的扶持下，穿過人牆，緩緩往燈光四射的舞臺移動。

舞臺前方，主持人高亢地喊著。

盧修一和詹守忠走入後臺，坐到舞臺後方深處靜候。尚未到場的候選人蘇貞昌，正由人氣政治明星臺北市長陳水扁陪同，連趕中和逾兩萬人與三重逾三萬人的造勢晚會，最後欲一鼓作氣由車隊掃街，趕來板橋這場十萬人的壓軸場。

盧修一坐定，轉身向詹守忠說：「我還是先不走。」

詹守忠頗感酸楚，並未答話，只是思忖著：「離蘇貞昌來至少還要一個多小時，盧委員坐在臺上吹風，群眾很多，很容易感染……」

盧修一見詹守忠沒有動作，再度強調：「我還是等昌仔來了以後才走。」

詹守忠長嘆了一口氣，只能拿起手機致電阿賢：「老闆要坐到蘇貞昌來，我們會到十點半才能走。」

這片土地年輕的民主，競選活動有如嘉年華，群眾愈夜愈聚集；選民口耳相流傳，造勢晚會的壓軸在晚上九點半以後，八點鐘到九點半之間則有輪番上臺的助講群和樂團炒熱氣氛。但是，這一晚，人山人海的群眾並不知道，高票當選了三屆臺北縣立委，因病而放棄參選縣長的盧修一早已坐在舞臺深處。

雄渾的音樂響起，當主持人宣布「神祕來賓」，群眾定睛一看，原該專心養病，白衣白髮如白鷺鷥化身的盧修一已由人攙扶來到臺前。

盧修一站定，就撐起招牌笑容向臺下選民致敬。他還沒說話，群眾已經不住鼓掌。誰能想到，盧修一竟然不顧病體，來到選前之夜？

麥克風傳來主持人的聲音，臺北縣立委盧修一登場了！

如雷貫耳的掌聲立時迴響場內。

強光照射下，緩步行至舞臺中央的盧修一說話之際，也欲細讀臺下選民的每一張臉孔，卻是徒勞。同黨同志站在盧修一兩側並扶持著，他打起精神，將心裡的話真實地，緩緩地，一字一句地說了出來。

「……為了咱們臺北縣的發展，我在這裡誠心誠意要跪下向大家拜託……」盧修一說著說著，交握的雙手舉在臉孔前方，忽地，就這麼跪了下來。

氣氛備極哀戚，群眾泣不成聲，助選喇叭聲一陣陣嗚叫，媒體與攝影機一股腦圍過來，鎂光燈閃爍不止。

「拜託拜託，支持蘇貞昌……拜託……」盧修一跪地喃喃，突如其來的舉止經電視臺SNG衛星直播全國。群眾眼見立法院的「白髮頑童」此舉，不禁悲鳴了。

「盧修一突然下跪時，整個夜晚都激動熾熱了起來，」站在盧修一後方，主跑國會新聞多年的《自由時報》記者何榮幸目睹此景，深知這一跪有多麼不容易。

「盧修一（新潮流系）和蘇貞昌（福利國系）在民進黨內是不同派系。我們從來沒有看過政治人物為不同派系的人下跪。第二，他頻繁出入醫院做化療，身體健康因素已經難以助選，這是人人都認知到的。還有，臺北縣本來是他要出來選，他對臺北縣有很深的使命感；但是，當他知道這個江山不是他的，他的使命感竟然會強烈到讓他下跪，拜託原本的支持者去挺蘇貞昌，沒有不甘願與不甘心……」何榮幸分析。

現場的悲戚蔓延到電視機前，觀眾都動容了。

「盧修一第一是克服了派系之爭，第二，他克服了病情，第三，他克服了人性的挑戰；是這三點，才讓盧修一這一跪有這麼大的感染力。」何榮幸歸納。

當盧修一被扶持著緩緩步行回到舞臺深處的座位區，群眾仍頻頻拭淚。

「伴隨著臺下支持者不捨的淚水，餘溫在夜空中久久無法散去，也為臺灣選舉史上留下最動人的印記。」佇立舞臺的何榮幸，以一枝筆見證歷史。

同一時刻，正在車隊上鑼鼓喧騰的掃街，蘇貞昌接到幕僚來電也呀然了。

「我接到電話說盧仔突然出現在臺上，顫抖著為我跪下求票，還磕頭。阿扁和我事前完全不知道盧仔會出現、下跪，我們大吃一驚，沒命地往板橋奔去。」蘇貞昌坦言。

盧修一這一跪，令身邊人驚訝萬分、心疼糾結。

「盧委員下跪以後，阿扁、蘇貞昌來臺上講什麼我都不知道。我一直還在意外他怎麼會下跪。」詹守忠說。

待蘇貞昌趕到晚會，臺上向盧修一致意之後，才由現場糾察隊開道，由詹守忠攙扶盧修一往文化路與實踐路交叉口疏散。

然而，短短的行進距離，盧修一卻走得異常緩慢。

化療後的虛弱、舞臺久坐使他弱不禁風，雙腿顫抖。而一個個紅著眼睛的人們爭相上前握手，在在拖延了疏散時間。盧修一看進選民的雙眼，一一回握，口中喃喃：「拜託拜託……」

在電視螢幕前看到這一幕，盧修一的子弟兵之一，新莊服務處主任陳文治騎摩托車趕來現場，擠進人群中只為了看他一面。「盧老師！我們在新莊助選剛結束，在電視上看到您，很不忍心就跑來了！」陳文治噙著淚水。

早在蘇貞昌確定代表民進黨出戰臺北縣長，盧修一一聲令下，要求他在臺北縣各地的服務處同仁、提攜過的子弟兵等，都必須為蘇貞昌助選。於是，省議員林錫耀、國大代表李文忠、國大代表賴勁麟、三重市長陳景峻、臺北縣議員蕭貫譽、臺北縣議員陳世榮，以及參選臺北縣議員的陳文治等「白鷺鷥連線」成員，都卯足全力為蘇貞昌助選。盧修一自己還曾牽著太太陳郁秀的手，相偕出席蘇貞昌募款餐會獻唱「愛拚才會贏」；儘管後來病情急轉直下，他仍惦念著蘇貞昌的選情。

座車在文化路的人潮與車潮中走走停停，出奇緩慢。

盧修一眼見詹守忠一反常態的安靜，只好打破沉默。

「我知道你一向對選舉下跪這種選風很不屑。但是，我真的想幫昌仔，如果我上臺只講一下子就走掉了，等於沒有幫。」「這是我唯一想到能幫忙的方法。」「如果我講完就走，意義不大。」

「聽到他在車上這麼說，我真是很不忍心。」詹守忠木然無視眼前的街景，說不出口的感受只能擱在心裡：「盧委員知道我對下跪是很不屑的，我覺得為自己求票是不好的，我看不起，覺得那是作秀。但是，盧委員下跪不是為了自己。」

一九九七年十一月二十九日，凌晨

法定競選時間早已結束，但是，從子夜到翌日凌晨，有線電視的新聞頻道卻宛如仍在競選。重播的新聞報導中，候選人與助選員在全國各縣市聲嘶力竭造勢，其中，那白衣身影跪地的畫面尤其觸動許多選民，難以成眠。

「為自己的對手下跪，這種心胸，我做不到。」曾與盧修一共事的多位立委坦言。

「可以為民主，做出這樣的動作，真的很震撼！」與盧修一同屬民進黨新潮流系的立委林濁水說。

「他不為己謀，這一點，民進黨沒有人能出其右。」曾在立法院與盧修一並肩作戰的李慶雄律師說。

「啊！這穩贏了！」國民黨籍立法委員黃主文從助選活動返家，看到螢光幕上熟悉的立法院同事跪地身影時不禁驚呼，瞬間溼了雙眼。

國民黨由黨主席李登輝傾全力為黨提名的候選人謝深山在臺北縣助選，雖然林志嘉脫黨參選分走不少國民黨支持者的票，國民黨內在選前做的民調仍估計能贏民進黨的蘇貞昌約四萬票。但是，盧修一出乎意外跪票，國民黨高層卻也不禁緊張了。

是夜，盧修一的子弟兵尤其輾轉難眠。

盧修一拖著病體的驚天一跪，是民進黨首度拿下縣市長過半席次的關鍵因素。
右上圖攙扶盧修一者為時任臺北縣長尤清。（攝影／中國時報黃子明）

「盧委員拖著將死的身軀，用生命向社會，向這塊土地辭別時，還不忘為他的黨籍同志，在選戰那麼辛苦的時候不忘拉一把，這是很了不起的。政治人物要做到這種無私、只求奉獻的，沒有去想到自己大位或自己未來計畫的，我認為他是第一位，也是唯一的一位。」學生時期曾受教於盧修一，臺北縣三重市長陳景峻認為。

「前幾天去醫院看他，他說他要來助選，我們勸他不要來。沒想到他竟然來了，還下跪了。」曾任盧修一國會助理的臺北縣議員陳世榮，哽咽難語。

「一般政治人物為了爭取權位會講權術，但是，盧委員有一般政治人物比較少的一點，就是真，真情的流露。他真的就是為了臺北縣，為了臺灣這塊土地，希望有一個好的行政首長來帶領臺北縣。他連任三屆立委受臺北縣民的支持與肯定，希望推薦一個好的縣長人選來報答縣民過去對他的支持，雖然他沒辦法參選。所以他真情向臺北縣民拜託，推薦蘇貞昌。」陳世榮很感慨。

輾轉難眠的夜，詹守忠還接到昔日同學來電：「我在電視上看到你了，你怎麼哭成那樣？」

「沒辦法，盧委員下跪，我太意外了，腦筋一片空白。」詹守忠嘆息。

一九九七年十一月二十九日，傍晚

大選投票結束，各地的投票所大多成了開票所，計票開始。

當各縣市的票匭一一開出，在臺北縣，原本在民調中遙遙領先的國民黨謝深山的選情有些震盪，相較之下，民進黨蘇貞昌的票卻微幅成長。約當同時，詹守忠頻頻接到記者來電。

「守忠，我們找不到盧委員，他的大哥大關機了……盧委員要下跪你知道嗎？」記者問。

「我不知道！」詹守忠答。

「這一跪是事先計畫的嗎？」記者又問。

「那不是事先計畫的！我一直到他下跪還很意外！」詹守忠說。「我拜託你們不要寫。你們不是不知道盧委員的作風，他不居功的，也不會希望外界一直強調這件事。」詹守忠拜託記者。

選舉結果底定，在臺北縣選區，蘇貞昌以五十七萬一千六百五十八票當選新任縣長。

「我們黨內選前民調以為謝深山會贏對手蘇貞昌四萬票，沒想到倒輸兩萬票。」國民黨臺北縣黨部一位高層人士扼腕。

而且，統計全國版圖，民進黨候選人囊括十二個縣市，是民進黨成立十一年以來首度拿下過半縣市首長。

挾著執政佳績且聲勢如日中天的臺北市長陳水扁，選前組成「寶島助選團」在全國各縣市戮力助選，光是在臺北縣就為蘇貞昌掃街拜票多達十二次。儘管如此，陳水扁也認為：「盧仔為蘇貞昌的最後一跪，是民進黨贏得十二個縣市長過半席次的關鍵因素。」[1]

一九九八年八月六日

清晨，從淡水開來的臺北捷運列車，緩緩停駐於忠義站。

一隻白鷺鷥騰空，在和信治癌中心醫院上端，畫了個美麗的弧。

此後，再沒有一列捷運車廂能得到盧修一的眼神停駐。

淡水線軌道兀自延伸到看不見的盡頭，最愛臺灣的他，五十七歲的短暫生命中，畢竟從未出現一列從不需到站的車。

立法委員何其多，盧修一在九年的國會生涯立下了什麼典範，扭轉了一整個時代，影響深遠？

也許該問，盧修一是什麼樣的人？能使臺灣人在白鷺鷥遠去逾二十年後，仍深深緬懷？

第一章 穿越民主的黑水溝

第一節　黑牢

大逮捕　一九八三年一月八日

低雲籠罩著大地，蒙昧的陽光彷彿置身事外。

上午，文化大學政治系主任盧修一如常騎腳踏車載四歲的次女盧佳君去北師附幼上學，異於平日的是，他感覺似乎有人跟蹤。他索性繞進東門市場，鑽出市場時，還是有可疑人物跟著。踏板踩得愈來愈快，他趕緊騎回臺北市麗水街的住家。

九點鐘，師範大學音樂系副教授陳郁秀正準備出門上班之際，電鈴聲響瞬間大作。門外傳來聲音：「我們是盧老師的學生，要找盧老師。」

她沒有猜疑，甫開門，忽然衝入兩名彪形大漢，眨眼間掀開客廳所有的窗簾，亮晃晃刺目的日光下，十幾個人都站上來，盧修一和她都愣住了。

兩名大漢在盧修一面前將一張紙晃了晃，就要將他架走，他急喊：「你們要幹什麼？」

「總要讓我太太看一下紙張，讓她知道是怎麼一回事？」

「以後就會知道！」兩位彪形大漢說。

陳郁秀趨近，隱約看見「〇〇總司令」幾個字。

盧修一的母親盧葉蜜在後陽臺晾衣服，對此渾然不覺。

「讓我向我媽媽說一聲總可以吧？」盧修一被架到陽臺，幾分鐘後就被帶回。

「你什麼時候回來？」陳郁秀急問。但是，他還沒開口，就被帶走了。

電鈴聲響個不停，但是，陳郁秀被禁止開門、打電話、走動；孩子們及盧葉蜜的行動自由也被限制了。這群人四處翻箱倒櫃，甚至撬開掛畫的釘孔、畫框的內緣等，室內陳設遭破壞殆盡。這樣還不夠，他們還打電話找更多人來加入搜索。

陳郁秀氣得發抖，猜測：「莫非，他們是警備總部或調查局的人？」

「不用怕！」其中有人對她說。

陳郁秀努力鎮定：「我不是怕。只是擔心你們不知道要加擺什麼東西在裡頭害我們！」

孩子們飢腸轆轆，毫無心思煮飯的陳郁秀想到巷口去買，卻被禁止了；最後，她提議：「我去買，你們可以陪在旁邊。」但仍遭拒絕。這些人表明願代買，但陳郁秀堅拒，擔心：「他們會不會下毒？」雙方僵持到最後，他們派人跟在陳郁秀身邊去巷口購買，才解決了盧家人進食的問題。

下午四點鐘左右，這群人帶走五大箱盧修一的書籍、剪報、雜誌、教科書、教學資料、朋友的名片與通訊錄、鐵箱資料櫃、信件文稿、茶碗紀念品、照相機和錄音機等影音設備。[2]

這群人臨走前，陳郁秀鼓起勇氣追問：「請問你們的名字和住址？」

其中一人留了一個電話號碼給她，並警告：「不要張揚，否則反而壞事！」

陳郁秀好不容易熬到這群人離開，卻赫然發現，還有兩個人守在大門外。

她關上門，環顧凌亂的室內，婆婆盧葉蜜受驚呆坐著。這下，欲哭無淚的陳郁秀抱著飢餓驚駭的三個孩子，心裡盤算：「修一的爸爸早逝，也沒有兄弟，我沒有任何可以商量的人，我該怎麼辦呢？」

她依照那個電話號碼打去找盧修一，接電話的人卻冷冷回答：「沒有這個人。」

夜裡，一座駐警崗哨矗立在麗水街九巷巷口，此後日夜監視盧家人，任何人造訪盧家都必須登記身分證才能放行。這些令人驚恐的措施令鄰居噤聲，友人也怯步了，僅餘少數信念堅定的好友、學生與家長願意挺直腰桿，伸出溫暖的雙手，成為這個受迫害家庭的精神支柱。

盧家人並無法預見，這警哨的監管措施將持續逾三年，他們的身心也從此蒙上巨大陰影，終生難卸。

唯一死刑？一九八三年二月十二日

記憶中，除夕夜從未如此淒清。

「爸爸、爸爸、爸爸呢？」才剛滿周歲的盧佳德骨碌碌轉動著眼睛，喃喃喊著。陳郁秀的一顆心隱隱作痛。

該睡了，六歲的盧佳慧與四歲的盧佳君回到房間，用暱稱「洞洞被」的棉被蓋住小小的身子，但是，幾秒鐘後卻大哭了起來。陳郁秀連忙衝進房，哄了很久，兩姊妹才慢慢睡著。

陳郁秀當晚提筆寫信給盧修一，頻頻拭淚。

「一個多月來，我不曾在孩子面前落淚，但是他們小小心靈中一直希望爸爸回來過年。事實上，在失望中，他們也怕我傷心，只好躲在洞洞被中大哭。佳慧堅持要寫一封信給她親愛的爸爸，佳君也不落人後畫了一張圖。看到孩子如此可愛，我心中就是一陣陣的絞痛，今年的年不知如何過。

以前在法國，我們也能快樂的過年，今年卻是有生以來最淒涼的一個年，外公外婆也沒心情，連年菜都懶得準備了。外婆說，如果修一在我們該多快樂。你自己千萬要保重，我雖不在你身旁，但我的心永遠伴著你，你永遠不會孤獨的，請你堅強度過難關，讓我們全家早日團圓……」

自從盧修一被帶走，逾一個月來，情勢逐漸明朗。

陳郁秀一一蒐羅報章雜誌上的報導，勉強拼湊出事件輪廓：一九八二年十二月底，日籍女子前田光枝入境臺灣，將居住日本的「獨立臺灣會」創辦人史明所託付的資料交給盧修一。但是，長期以來，情治單位認定史明為「附匪的臺獨分子，涉嫌叛亂並顛覆政府」，是以情治單位於一九八三年一月三日逮捕了前田光枝，並於一月八日以「涉嫌叛亂」名義搜索並拘留盧修一與柯泗濱，並審訊其他疑似涉案的大學教授。

這一個多月，陳郁秀透過直接、間接管道的營救從未停止。

在國際上，她第一時間去電法國的季葉瑪[3]教授、旅居巴黎的畫家侯錦郎夫婦、任職比利時魯汶大學的何康美。

由於一九八〇年與一九八一年臺灣接連發生「林宅滅門血案」和「陳文成事件」，巴黎與魯汶的好友們擔心盧家人受害，安排旅歐鋼琴家林英姬天天打越洋電話給陳郁秀。何康美更發動歐洲同鄉好友組織救援團隊，欲以國際力量施壓臺灣政府不得對盧修一刑求逼供，確保人身安全。

一月十三日，國際特赦組織倫敦總部發出「緊急行動」，通知全球分會全面救援，成千上萬的傳真與關切信件寄到國安局局長汪敬煦、警備總司令部總司令陳守山、立法院、外交部駐外單位等，要求重視被羈押者的基本人權，不得刑求逼供。法國總統密特朗

（François Mitterrand）的夫人丹妮爾・密特朗（Danielle Mitterrand）並以法國人權總會會長身分致函總統蔣經國。

海內外的臺灣人社團也群起聲援，諸如比利時臺灣同鄉會、旅法臺灣同鄉會、全歐同鄉會致聯名信函給我國政府，力陳盧修一的清白。比利時魯汶大學校長去信外交部駐外單位，人權團體與黨外雜誌也主動聲援與報導。一月二十五日，美國洛杉磯國際機場更有臺灣人示威遊行要求釋放盧修一。

在國內，僅少數親友和陳郁秀的父親——師大美術系教授陳慧坤與母親陳莊金枝伸出援手。陳郁秀甚至透過間接管道去拜訪國民黨黨政要員如副總統謝東閔、團結自強協會祕書長沈君山等，也央求了中國人權協會會長杭立武、黨外公職人員如國大代表許榮淑等人。

到處奔走，心力交瘁之餘，陳郁秀還拜訪了政治異議作家柏楊。

「這個難逃『二條一』。」曾因言論遭國民黨下獄九年的柏楊搖頭說。

「什麼是『二條一』？」陳郁秀追問。

柏楊很訝異：「就是唯一死刑啊！」

陳郁秀臉色瞬變，一臉茫然。

柏楊又說：「怎麼一個政治犯會娶一個政治白痴呢？」

盧修一才於 1983 年 1 月拍攝全家福，隨即於 1 月 8 日入獄，與家人別離逾三年之久。

何謂「二條一」？

《動員戡亂時期懲治叛亂條例》第二條第一項：凡觸犯刑法第一百條至第一〇四條者，處唯一死刑。

何謂《刑法》一百條？

《刑法》第一百條：

意圖破壞國體，竊據國土或以非法方式變更國憲、顛覆政府，而著手實行者，處七年以上有期徒刑；首謀者，處無期徒刑。（第一項）

預備或陰謀犯前項之罪者，處六月以上、七年以下有期徒刑。（第二項）

陳郁秀查詢《六法全書》後恍

悟，國民黨政權以「動員戡亂時期」為理由，用《動員戡亂時期懲治叛亂條例》這個特別法，把《刑法》一百條的刑度加強為死刑，以整肅異己、壓制言論與思想自由，白色恐怖的許多冤案由此而起。

她擔心得驚慌失措：「他們會用『二條一』來對付修一嗎？」

深烙的陰影　一九八三年一月二十四日

「驚恐、憤怒、哀傷，以及屈辱感充塞在我心裡。」

陳郁秀逐字閱讀報紙上的報導，難以置信，這段日子以來跋涉請託疲於奔命，受託人總是肯定保證，要她放心。

怎料，煎熬等待四十餘天才從報上看到官方調查結果，盧修一被控收受前田光枝轉交的史明信函，閱讀史明提供的臺獨言論雜誌等「罪狀」，遭警備總部軍事檢察官以「預備顛覆政府」罪嫌，聲請交付感化教育。

軍事檢察官聲請之後，尚須軍事法庭裁定，但她明白，盧修一短期內很難回家團圓了。

「妳先生怎麼了？」有人問她。

「他只是生錯了地方。」她抬頭挺胸，言簡意賅地回答。

她心想，「不是嗎？如果他出生在法國、英國、美國或其他民主國家，他有充分自由提出各種政治主張而不至於發生問題。可悲！可恨！修一竟為了臺獨思想而喪失自由，被判感化。」

這段日子以來，除了少數雪中送炭的朋友，許多曾頻繁往來的人走避了。盧家人彷彿「瘟神」。

盧葉蜜帶盧佳慧去看小兒科，醫師匆匆看診後叮囑：「您老人家來取藥就好了，不要再帶孫子來看病了！」

陳郁秀忙於救援與工作，分身乏術，再也無力擔起全天養育三個孩子的重負。而且，隱藏在她內心深處的恐懼，就是避免林宅滅門血案事件重演。

她忍痛將長女盧佳慧送回娘家，託雙親陳慧坤與陳莊金枝養育。次女盧佳君則交由一位學生的家長——張經理夫婦照顧；不料，張氏的鄰居懼於警察長期監視而頻頻抗議，幸虧張家仍堅持幫忙，雪中送炭之情使陳郁秀安下心來。幼子盧佳德則由陳郁秀與婆婆盧葉蜜共同照顧。每到週末，再把盧佳慧與盧佳君兩姊妹帶回家重溫母女之情，時間一到，只能在淚眼婆娑中離別。

但是，一家人不能團圓，骨肉之親的孩子如何能忍受？

「媽媽，妳看，我可以照顧妳，妳不要把我送走，好不好？」浴室洗手檯前，年僅四歲的盧佳君將一小團牙膏擠上陳郁秀的牙刷，甚至鋪好了棉被。

陳郁秀眼見盧佳君抽噎懇求的小小身子，一顆心痛徹到最深處。最終，理性取代感性，她向孩子搖搖頭。

陳郁秀並不知道，自從一月八日那一天，盧佳君由爸爸騎車護送上學，但放學後就見不到爸爸了，從此在心裡烙下巨大陰影，擔憂心愛的人消失無蹤，極度缺乏安全感。

陳郁秀也不知道，長女盧佳慧也很想家。

才六歲就被送到外公外婆家的盧佳慧，雖然甚受疼惜，卻常在房間偷偷哭泣。「我很想念爸爸和媽媽，也好想回去跟媽媽住，但是我知道，我年紀最大，必須要有責任感，如果我也要求搬回去跟媽媽住，媽媽一定忙不過來；而且我有蕁麻疹，一發作就很難照顧……」盧佳慧噙著淚說。

諸事如麻，人情冷暖與親子之情使陳郁秀體悟益深；夜深人靜，她不禁仰首問天，「為什麼會讓我們遇上這種事呢？」

遲到的軍法裁定書　一九八三年三月七日晚

郁秀：

下午三點多鐘收到裁定書：交付感化三年。

我心裡很平靜，有一段時間自己重新反省、調整，對於以後要走的人生旅途，只有裨益。不過，在我回來與妳重聚、與家人團圓以前，苦了妳了！我萬分慚愧，唯有期待以後的補償了，請相信我，等待我。

對阿母來說，我一直是個不聽話、不孝順的「寵兒」，我常苦於自責的矛盾痛苦中。對於三個孩子，我何嘗善盡父職？「切勿憚敗」，唯有期諸來日了。我會盡我最大努力，縮短我們分離的日子。爭取早日團聚的可能。

愛妳的修一

盧修一的裁定書，早在三月四日就由警備總司令部普通審判處發出，但是，身為當事人的他，卻遲至三月七日才收到。裁定書主文是：「盧修一交付感化三年，獲案之『臺灣社會主義革命黨綱領草案』等物（詳如清冊）均沒收……」。

兩個月煎熬，峰迴路轉，盧修一免遭依「二條一」判死刑，而是被裁定感化，依據的法律如下：「懲治叛亂條例第十條後段，戡亂時期檢肅匪諜條例第一條、第八條第一項第二款，戡亂時期匪諜交付感化辦法第二條，刑法第卅八條第一項第一款、第二款、第二項、第三項[4]」。

檢視這些法條，多適用於「匪諜」，不禁使人疑惑，盧修一與「獨立臺灣會」創辦人史明聯繫，何以會被控為「匪諜」呢？

自從一月八日盧修一遭調查局逮捕，調查員就一直逼問他與史明的關係。

盧修一被問得毫無頭緒，被關進一間房間，一天三班戒護，一班八小時。盧修一不願回答問題，但是，好幾位調查員輪番審問，有時用燈光照他的眼睛，有時強逼他聊天，軟硬兼施，門口甚至就站著一名「相撲摔角的好手」嚴刑逼供。這樣每天二十四小時毫無人道地反覆詰問之下，在大學教憲法、政治學的他，尊嚴、人格、人權早已被抹除殆盡，遑論任何反擊之力。

審訊的調查員告訴他：「史明是共產黨的人。」

他反駁：「這是不可能的！我認識史明和他建立關係之前，就已經看了很多他的刊物；我從一九七三年開始到一九七五年回臺灣，前後三次路過東京，最後兩次都住在他在池袋車站附近開的小飯館裡，和他有很深的交談，也得到很多他的指教。他提倡臺灣民族，這樣主張的人怎麼可能受共產黨利用，拿石頭砸自己的腳？」[5]

盧修一事後回憶：「在我被捕以前，家人包括太太都不知道我和史明的關係。一九八〇年我和史明約定採取單線聯絡，他會定期派人來臺灣跟我聯絡；我回臺灣後，史明前後兩次派前田光枝來臺，這只是一般性的聯絡，並沒有什麼特殊任務。一九八二年，前田光枝來臺被調查局逮捕，其實調查局很早就查出我和史明的關係，並暗中注意我的行動。一九八二年史明到美國跟許信良會面，要合組『臺灣民族聯盟』，調查局採取行動，一九八三年元月八日來家裡逮捕我，事前史明曾打電話暗示我趕快跑路，已經來不及了，事實上也無路可跑。」[6]

審訊中，調查員還向盧修一說：「想把你養大都養不大。」意思是，「盧修一沒有發展組織的能力，搞了半天還是自己一個人。」盧修一聽了只能苦笑，暗忖「他們的確很厲害，竟能查得出我和史明的關係。」[7]

欲加之罪，何患無辭？

一九八三年三月十八日，盧修一被移送到臺北縣土城鄉（今新北市土城區）的臺灣仁愛教育實驗所，正式「交付感化」，學員編號：一A〇〇一。

咫尺天涯　一九八三年三月二十日，下午五點

週日，思夫心切的陳郁秀牽著次女盧佳君，來到土城的仁愛教育實驗所（又名：仁愛莊）。她原以為，盧修一被移送來此之後的第一個星期天，她能有機會與盧修一會面。不料，盧修一卻被禁止會客。

她央求許久，最後只能將水果、相片與五百元轉交所方。忍著淚，牽著不知情的盧佳君轉身離開。

一陣風吹來，吹得陳郁秀心灰意冷。如果不是牽著女兒，她可能會在這座高牆外崩潰痛哭，但是她挺住了，招來一輛姍姍而至的計程車，用力一關，隨即將冷峻寒風關在車外。

當盧修一終於獲准會客並被警衛押出來時，她們已經走遠了，斯人徒惆悵。

郁秀：

今天下午三點鐘，站在路口遠遠看著妳的背影，看著妳帶阿君離去，為之惆悵久久不已。古人說：「咫尺天涯」，今天我是真的體會到了。還好，下個星期天，我們就可以正正當當面對面詳談了。要先告訴妳的是，我沒有變，我仍然深愛著妳。

郭訓導說妳帶老二來，但我遠遠看去，白色衣褲綠色外套，蓬蓬的頭髮，像是阿慧，兩個多月不見，難道阿君又長高長大了？阿慧沒來，是不是身體不舒服？我來仁愛莊後心情一直很平靜，只有在想家、想你們時，才會掀起不小的心海漣漪，但願不論在內的我、在外的你們，都能順順利利平平安安度過這三年。我會珍惜自己，也會珍惜我們共同的未來。代我親親三個小孩，並向長輩問候，向親友致意。Bises。

修一

又及：五百元、三張相片以及水果等都收到了。下週來時幫我帶1單人床單。2中型旅行袋。3運動衣一套。4雨傘。5茶葉一罐。

一夜白頭　一九八三年六月十七日

……小女來看我時，最常問的問題是：爸爸你為什麼不回家？每次我都詞窮難對。她們太小，還無法認識了解一些複雜的問題，但是她們也注意到爸爸在這裡讀書很特別、很不同，小學生放學就回家了，而這裡是不可以的……

一九八三年六月十七日星期五，獄中沉思錄[8]

盧修一剛寫完「作業」，停筆，嘆息。

受感化教育的人，都被稱做「新生」。每個星期，盧修一這些「新生」被規定各寫一篇「讀訓心得」與「自反自勉」，由政工出身、負責管理的訓導人員詳細批閱、摘要，作為每個人思想考核的安全資料。大多人東抄西抄、應付了事，但是盧修一不願浪費時間，而是以生活題材來發抒心情，寫出規定的作業。

臺灣仁愛教育實驗所隸屬於警備總部，凡是判決「感化教育」、以「叛亂」定罪者之刑期末兩年都會移送至此，接受強制的「感化教育」。科目包括：三民主義、領袖思想、國父思想、民族文選、中國歷史、公民等。須撰寫指定題目的報告，繳交每週的規定作業。

「感訓教育，美其名為仁愛教育，其實就是一種與時代脫節的、落伍的、法西斯的思想灌輸。……事實上，沒有任何一個被關坐牢的人會心甘情願接受這種強迫教育，因此，它的效果如何，不言可喻。」[9]盧修一深刻體會。

陳郁秀猶記第一次獲准探監時，看到盧修一成了滿頭白髮，幾乎驚叫失聲，「原來，以前讀書時，書上有『伍子胥過關，青絲一夜變白頭』的故事，竟然是真的。」那一次探監，盧修一擔心會被重判，勸她慎重考慮離婚，才不致耽誤青春；但她不假思索脫口：「我不要。一個丈夫已經夠了！」

每個星期，陳郁秀都會帶孩子坐來回逾三小時的車去探監。

「爸爸，我們每個星期天都到你家來看你，你什麼時候到『我們』家玩呢？」幼子盧佳德以稚嫩的嗓音問。

唰！盧修一聞言，兩行清淚滾落，張開雙臂緊抱妻兒。

陳郁秀哽咽說：「『我們家』就是爸爸的家啦！」

盧佳德臉上浮現困惑。

盧佳慧也曾問：「爸爸，你不是修完博士學位了嗎？為什麼還要上課呢？」

盧修一百感交集，「我一時難過地說不出話來。」[10]

「爸爸在讀博士後課程，過不了多久就可以回家了。」陳郁秀解圍。

盧家暫失男主人，陳郁秀獨力扛起家庭。

她盡量不在孩子面前哭泣，但是每每面對父親陳慧坤，就偽裝不了。她問父親：「為什麼我們年紀輕輕就碰上這種驚天動地的事？」

「眼光放遠點，好在你們年紀還輕，如果已經五、六十歲了，修一出來哪有精神和體力東山再起？」陳慧坤安慰她。

陳郁秀看著父親，心情萬分複雜。

回想一九七四年，陳郁秀與盧修一在法國決定結婚時，陳慧坤曾極力反對，不僅斷絕父女關係，連生活費也不再提供，種種舉措仍阻止不了這對戀人的決心。後來兩人回國，盧修一的言行感動了陳慧坤，這位女婿也終於獲得兩老認可；長女盧佳慧出生之後，三代關係終能融洽。如今，盧修一入獄，兩老不斷支持、安慰、鼓舞著她。「天下父母心，我卻曾經那樣傷了父母的心啊。」陳郁秀內疚不已。

「對啊！我才三十出頭，修一也才四十二歲，三年之後感化結訓，我們可以重新開始……不，我要從今天開始加倍努力。是的，現在就開始，不必等到三年之後。」

她下定決心，以此刻的苦澀作為分水嶺，她要走向幸福。

我心迷茫　一九八四年一月八日

一年前，整整一年前，我從家門前被帶走，在妳焦慮不安惶恐莫知所措的注視下，離開了我們共同修築的溫馨的家。三百六十五個日子裡，我多少次回想這一天是怎麼過來的，我多少次心裡茫茫，不敢去觸摸這段牽動萬千情懷的歷程，這段歷程有太多太深太複雜的事物關係需要梳理，也有重要珍貴難忘的意義需要闡述，我一直在等待適當的時機，至少也是要向妳呈現告白，因為妳是我一生唯一的妻，我摯愛的伴侶，我的一切都要與妳相共，甚至於沒有妳，我的一切都會成空，或者失去光輝意義……

盧修一寫著寫著，百感交集。

他知道，這封寫給陳郁秀的信，會遭到情治人員攔截審查，因此，千言萬語，也只能點到為止。

還有兩年兩個月才能出獄，他只能心存感激，隨遇而安，與人為善地活下去。

愚不可及的獨裁政權　一九八四年二月六日

今年是個特別的年：「一九八四年」，歐威爾的暢銷預言小說，寫於一九四八年，指出極權高壓統治下，人民沒有自由，人民變成被操作的機器。他的小說印證於共產國家，獨裁專權之所為已不再是文字上的遊戲，早有事實可以佐證，已經成為現代人的夢魘。

甲子年，六十年輪迴的開始，風水輪流轉，好的壞的都成過去，樂與人同，天地回春，億人同春，一切的努力計畫可以抱持美好的成功希望……

一九八四年二月六日星期一，獄中沉思錄11

盧修一想起陳郁秀，既愧疚又自責。

上次她來探視，曾興奮地說：「修一，你在仁教所的指導老師跟我說，你的表現良好，可以申請假釋出去了！」

盧修一臉色驟變。

「我不申請。妳如果幫我申請假釋，我就跟妳離婚！」

「我要坐滿三年的牢，這樣以後出獄後罵國民黨可以罵大聲一點！」

他發了這頓脾氣，殃及無辜，原本全家同聚的好心情都被他搞砸了。

陳郁秀拗不過盧修一擇善固執的脾氣，眼眶又紅了。

他也想起異議作家柏楊。

就在幾天前，警衛押著他去與陳郁秀會客。他遠遠看見一張久違卻熟悉的面孔，那是甫出獄不久的柏楊。

柏楊穿過鐵門，剛通過崗哨，正要入內跟其他受刑人會面。盧修一大喊：「柏楊！」霎時，柏楊全身僵直，如驚弓之鳥。

「在那種詭異陰森，一片死寂，連空氣都會凝結的地方，那句呼叫使我大駭，只有失去過法律保護的人，才了解，鳥，為什麼驚弓。」[12]柏楊急轉身，才發現是盧修一叫他。

「剎那間，我怒不可遏，非常非常生氣，當然不是生氣盧修一，而是生氣天下怎麼會有這麼一撮愚不可及的統治者，竟然認為，用他們那套使人噴飯的幼稚教條，就可以『感化』像盧修一先生這樣有智慧、有能力的高級知識分子。」柏楊既憤怒又感慨：「『惡』可原諒，『壞』可寬恕，惟『蠢』絕不可原諒，絕不可寬恕。『蠢』，尤其是『蠢而好自用』，實在使人難以忍受。」[13]

既然命運安排盧修一坐進這座黑牢，那麼，他們就要見證這獨裁政權愚不可及的本質，也算是對歐威爾經典名著《一九八四》的一種印證。

隱微的不安　一九八五年九月三日

郁秀愛妻：

新學年開始後，孩子紛紛升級上學，希望妳的負擔會減輕一些。看著他們一天天長大懂事，止不住心裡的高興，而這得歸功於妳的悉心照顧，不是嗎？

禮拜天阿德得意地告訴我說他要中班了，阿慧阿君也分別升上四年級、二年級，她們近來常說到我快要回家的事，阿君還夢見『我回家了』。可想而知，爸爸回家一定是最近的話題。我雖然不像有些同學一樣每天計算剩餘的日子，但是大約還有多久的概念也是有的。

事情過去了，時間過去了，總覺得是很快的，很容易的；慢的，難的，卻是未來。勇氣，不僅是拿來面對眼前的，更是用來面對以後，這是人生的一種體驗……

修一親上　九月三日

入獄兩年半，盧修一送別許多難友離開，也逐漸體會到出獄之後的未知，才是真正考驗人、令人徬徨的。「勇氣，不僅是拿來面對眼前的，更是用來面對以後。」盧修一提起毛筆寫信給陳郁秀時，難道已隱隱感覺命運敲響不安的琴鍵？

鎖鏈的自由　一九八六年一月三十一日

愈是接近離開的日子，感觸愈是良多。……法儒盧梭說：「人生而自由，惟處處在鎖鏈之中。」（《社約論》開宗明義第一句話），追求自由是人的天性，也是合理制度所保障的基本權利。只有失去過自由的人，才體會出自由的珍貴與可愛。望著加高的圍牆，望著往來交接的崗哨，望著白雲藍天，望著遠山後未曾去過的世界，望著南往北迴的候鳥，禁不住會在心深處喊叫出來：總有一天我要離開這裡！我嚮往牆外的自由天地！

一九八六年一月三十一日星期五，獄中沉思錄[14]

再一個多月就要離開了，不能說離情依依，但盧修一卻是感觸甚深。

在這裡，他認識三百多個背景立場相異的「同學」，從統獨光譜的極左與極右兩端，都能被國民黨政府安上「叛亂」罪名而失去自由。有偷偷「錢進中國」的經商者、有難忍思鄉之情而偷渡中國探親的退伍老兵、臺獨倡議者、美麗島事件受難者、被莫名誣陷為匪諜的人士……每個人的生命故事都被命運的鎖鏈鎖進這座牢獄。

誰能想得到，盧修一被關進這封閉的圍牆內，反而因此「眼界大開」？

忍　一九八六年二月中旬

再兩個星期就要出獄了，回家後會不會適應不良？盧修一愈來愈能體會，為何難友們在出獄前總是坐立難安。

這天，盧修一提起大楷，寫了個大大的忍字；再提起小楷，汩汩流洩他的擔憂與愛意。

忍

相愛永不渝
郁秀愛妻：
三年離家
日夜思家
一旦回家
難免適應不佳
妳忍我讓
萬事大佳
聖人說愛就是忍耐
愛就是寬容
我有過錯
請妳原諒
給我有更愛妳的機會
一九八六年二月中旬，修一書於清水[15]

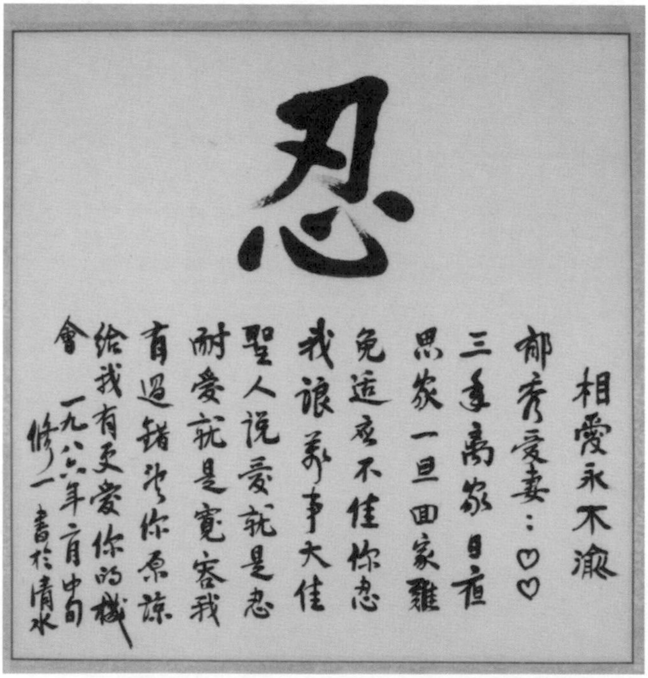

盧修一出獄前所寫，後仍因懷才不遇，與家人多有衝突，也差點導致原本幸福的家庭破碎。

心靈的鎖鏈　一九八六年三月三日

四十六歲的盧修一拿著「結訓證明書」，邁步跨出「仁愛莊」。

從一九八三年一月八日至一九八六年三月三日，盧修一失去自由的日子，共計一一一六天，歷經四個失去自由的農曆春節。

這三個寒暑，原本是盧修一在學術研究上最精華的青年時期。

他盯著結訓書的最後一行，讀來尤其意味深長：「恢復國民應盡義務及應享權利與正當職業。」

「只是生錯了地方」，逃過「二條一」死劫的他，悠悠然注意到土城路邊隨處可見的蘆葦。一如三芝老家河灘地上的蘆葦，柔軟搖曳著，卻怎麼折也折不斷；這片土地再艱苦，都看得見這壓不扁的蘆葦。

柔軟而堅韌的蘆葦，敢是盧修一的寫照？

白雲忽忽飄飛天際，一時半刻，低雲不會再籠罩著大地了，日光靜好。

盧修一返來了，緊擁著陳郁秀。

三年黑牢曾吞下的苦澀，能不能化作夢境，就此從頭來過？

第二節

心牢

夜半，盧修一蹣跚返家，雙眼布滿血絲。

「你去哪裡了，我很擔心……」陳郁秀愁容滿面。

「我去北宜公路啦，車開得那麼快，怎麼就沒被撞死！」盧修一回嗆。

陳郁秀的眼淚倏地迸落。

電扇兀自轉動，吹著滯悶的臥房；良久，兩人不發一語。

她醒來時，才接觸到他乞諒的眼神。

一九八六年三月三日，盧修一重回久違的溫暖家庭；然而，兩家三代所盼來難得的重聚，卻非想像中的無縫接軌。

剛開始，他向文化大學申請復職。在家裡，他欣然接送孩子、教導功課，本以為是暫時的，但時間一久，申請復職的希望渺茫，盧修一頂著堂堂巴黎第十大學的博士資歷與文化大學多年任教與行政經驗，卻面對一波波求職無著的打擊。夜半，當年入獄時的駭然陰影不時偷襲，盧修一總是從夢中驚醒，猛地在床上坐起，無眠的夜，他乾脆穿上衣服走出家門。

「你要去哪裡？」陳郁秀被吵醒了。

「不知道！」盧修一丟下三個字，氣沖沖摔門而去。

失魂落魄的飄盪心靈，宛如孤身飄浮的太空人，被吸進深不可測的「黑洞」，自信佚失、自尊坍塌。

盧修一好不容易走出有牆有形的黑牢，等在高牆外的，卻是威權黨國鋪天蓋地打造的隱形黑牢，可謂一座心牢！

陳郁秀摸索著書信夾，找出盧修一在出獄前手書的那首詩〈忍〉，讀著讀著，嘆服盧修一深具洞見，卻也為預言成真不住落淚。

她猶原記得，盧修一是位幽默的浪漫紳士，並非眼前這陰晴不定的抑鬱莽生；孩子們也仍記得溫暖風趣的「把鼻」，而非喜怒無常的嚴父。

「爸爸剛出獄時，我上古亭國小音樂班三年級，爸爸每天早上都會送我們去學校，放學後也是爸爸看我們做功課，如果我們功課沒做好，他會罵得很凶，有時候會覺得滿害怕的。爸爸很討厭人家遲到，所以我們每天上學都要很準時，可是他遲到的時候，我們卻不能說什麼，如果我們說他什麼，他就會很生氣。」盧佳君說。

盧修一出獄後有志不得伸，「在家裡就像一個不定時炸彈，全家都怕他，我又嘴巴很硬，常跟他起衝突。」長女盧佳慧形容。

「他待業的那段日子，是我們夫妻關係最危險的日子，也是我倆內心最痛苦的時間，比坐牢那三年還難捱，因為看不到這種日子何時會結束，也不敢想未來。」陳郁秀自承。

言語衝突頻生，眼看全家人流的淚愈多，盧修一對妻兒的愧疚也更多，卻仍無從抵擋心牢如「黑洞」般的強大吸力。

懷才不遇，走投無路的苦澀，是尋常人難以體會的枷鎖。多年前曾在歐洲許下豪情壯志，盧修一如今卻躑躅了。

所幸，仍有一些師長雪中送炭。

在仁教所三年，逐月赴所內與盧修一談話一次的政大新聞系教授王洪鈞，在他出獄後寫信給教育部長李煥，替他申請回復文化大學職位。「他對我很了解，對我很有好感，可能認為我這個人才流落太可惜。」[16]

「不要洩氣，你要好好利用時間和家人、小孩享受天倫之樂，以後可能就沒有這個機會了。」王洪鈞一再提醒他。

盧修一深受感動，將此一勉勵放在心上。

「所以我常陪小孩子玩，學腳踏車、游泳、帶小孩上山葉音樂班……他的提示，給了我苦難中歡笑的時間。」[17]

「爸爸剛出來那幾年脾氣不太好，大概是因為他整天都待在家裡面。但我知道他其實很想對我們好，常常帶我們到處去玩，留下許多好玩的回憶。」盧佳君印象深刻。

時光如流水，在苦澀之流沉浮之際，一絲微光在心牢外閃現。

一九八七年初，盧修一經昔日的魯汶大學好友，臺大政治系教授蔡政文引介，到政大國際關係研究中心擔任特約研究員，一年只需要寫一篇研究論文，無須上下班。雖然待遇不錯，研究論文主題《法國第五共和的左派》也是他的專長，只是，國關中心是國民黨來臺後成立的機構，被國民黨黑牢糟蹋的盧修一仍難抑胸中怒火。

你還是那個「富貴不能淫，貧賤不能移，威武不能屈」的盧修一嗎？他不時苛評自己。

直到有一天，國關中心主任邵玉銘「召見」他，自尊炸彈的引信點燃了。

邵玉銘說道：「提醒你，規規矩矩做研究的事，否則，我也沒辦法保你。」

盧修一也不高興了，回答：「我如果要做別的事情前，會先辭掉研究員，請你放心。」[18]

盧修一挺直腰桿，工作滿一年就離開國關中心。

一九八七年七月十五日，總統蔣經國宣布解除戒嚴令，此乃禁錮臺灣人民長達三十八年又五十六天之峻法。

心牢的中心點以南，八十公里之距的新竹，一道曙光初升。

新竹清華大學聘盧修一擔任共同科兼任副教授，主講「中華民國憲法」。

這淵源與黑牢有關。

盧修一被捕時，陳郁秀多方拜託人營救，透過《自立晚報》發行人吳三連引介熟悉國民黨高層的清大教授沈君山，之後，沈君山代陳郁秀進入看守所探視盧修一。「我從獄中出來後，也透過沈君山出面保證，清大才聘我。」[19]盧修一說。

這冷門的通識科目，盧修一只教一班（B班），原本學生人數很少，但在他任教之後卻躍居清大的熱門課程。問他為什麼會受學生歡迎？

「可能我很『古錐』吧！」盧修一閃現促狹的表情說：「口才好，資料實在，把現實政治的一些問題融入課程……講的都是一些實際的問題。我不是攻擊國民黨，而是就事論事，不是光講條文、光講學理，因此吸引很多學生來選課或旁聽。」[20]

其實，盧修一受難前在文化大學任教，就以年輕化、洋派、不八股、不嚴肅的講課方式廣受學生喜愛。

赴清大任教是適才適所，儘管往返臺北新竹耗費竟日，他卻甘之如飴。

然而，清大教學畢竟是每週一次的兼任職務，待在家時，盧修一往往與母親盧葉蜜一言不合就大聲爭吵、奪門而出。

耶誕節前後，天光照拂這座心牢，盧修一已然有了決斷。

一九八七年底，盧修一參加「臺灣關懷中心」舉辦的耶誕節晚會，邀請者是民進黨第二任黨主席，也是甫出獄不久的美麗島事件受難者姚嘉文律師。

「這是我東山再起的第一個活動。」[21]盧修一自承。

姚嘉文是因邱義仁引介他。而盧修一認識邱義仁，又因魯汶好友蔡政文。

「我擔任文化政治系主任時，學校所有憲法、政治學相關課程都由政治系安排。有一天蔡政文打電話給我，他研究所指導的碩士論文學生邱義仁去美國芝加哥大學讀博士，論文還未完成先回來，問我能不能給他在文化安排課程。我一口答應，就安排他在新聞系教政治學，我就這樣認識了邱義仁。」[22]盧修一說。

一九八八年初，盧修一的魯汶好友何康美返國，與久違多年的盧修一夫婦相見。何康美是「黑名單」[23]人士，遭國民黨禁止返鄉，能夠祕密回臺，圈內人都相當振奮。約見當晚，民進黨第一、二任主席江鵬堅、姚嘉文、新潮流系創辦人邱義仁都跟來了。

然而，何康美見到盧修一，萬分感慨。「原本一個樂觀、正直、調皮的人，現在竟然看起來如此消沉，但是我沒有多問，怕觸到他的傷處。」

一九六八年時，盧修一前往比利時自費申請魯汶大學博士班，接機者就是何康美。

何康美見證過盧修一的思想轉變。他從「忠黨愛國」的國民黨員，赴歐後受法國學生運動洗禮，了解國際局勢，才從黨國馴化教育解脫，揚棄國民黨「三民主義統一中國」的妄想，洞見臺灣前途必須建立在臺灣人民主自決的基礎上。一九七〇年四月，何康美、吳榮義與盧修一等留歐學生創辦了歐洲第一個臺灣同鄉互助會（後改名為比利時臺灣同鄉會）、一九七一年還創辦臺灣留學生刊物《鄉訊》（第四期之後改為全歐同鄉會機關報），盧修一編報並撰寫代發刊詞。後來，全歐同鄉會在德國法蘭克福成立，盧修一也前往參加。一九七二年盧修一轉學到巴黎，何康美與盧修一仍有深厚交情；盧修一夫婦在一九七五年返臺，他們也有聯繫。

何康美觀察盧修一，難以想像國民黨黑牢對他的殘忍欺凌。

「當他因前田光枝案被捕的消息出來之後，我馬上通知歐洲各地的臺灣同鄉會，在兩天之內，包括我們學校校長、美國地區世臺會等，所有人的抗議書都連署好了，我看過的案件中沒有像這件案子這麼快的，盧修一所獲得的朋友情誼及關懷令我感動。」何康美說，之所以迅速連署搶救，「我想是因為盧仔和每個人的感情都很好，儘管白色恐怖讓大家還是很恐懼，但在海外發動搶救盧仔時沒有一位不立刻簽名，可見『盧仔』平時對朋友的付出和真情。」

何康美和盧修一夫婦敘舊之際，暗忖，「他們夫妻這麼久以來最痛苦的時候，應該就是他出獄後的這段時間，沒有一個屬於他的位置。」

最後，何康美向陳郁秀商量，「既然回學術界的路不可行，我想他唯有走上政治這條路。」

陳郁秀有口難言。

其實，盧修一初出獄時，民進黨曾邀請他入黨工作，但是陳郁秀對政治有所畏懼，要求他重回學術界，遠離政治。「我原本單純以為，只要他找到能學以致用的學術工作，一觸即發的緊張關係就能轉趨順遂。」

只是，兩年過去了，心牢卻仍緊緊束縛著他。陳郁秀百轉千迴，決定改變她的原則，放手讓他走想走的路。

當下，她讓何康美幫忙推薦盧修一進民進黨工作。

「妳得到的教訓還不夠嗎？不能再讓先生踏入政治。」陳郁秀的朋友聞言呀然，頻頻追問她。

「我很難說出口的理由是，如果不讓修一得到發揮的空間，我們夫妻之中可能有一個人會瘋掉，或無法避免走向離婚。」[24]她說。

一九八八年一月十三日，何康美引介盧修一到民進黨擔任政策部副主任。這一天，恰是蔣經國逝世之日。

儘管已經解嚴了，蔣經國也已離世，但在國民黨統治之下，臺獨仍被列為「非法」思想，「二條一」惡法仍是黨國枷鎖，蔣氏政權的鷹犬仍遍布。

人生路就要轉轍，一九八八年二月二日，年近四十七歲的盧修一宣誓加入民進黨。

第三節

愛拚才會贏

每天，盧修一都興致勃勃地前往臺北市建國北路上，衝破黨禁創立不及兩年、僅二、三十名工作人員的民進黨黨部上班。

踏進兩坪大的辦公室，幾張桌子圍攏、擠在一起工作的同志清一色是政治犯：黃華、李逸洋，和盧修一背景相仿、相濡以沫，捲起袖子為臺灣前途打拚，特別有幹勁。

一九八八年四月，盧修一轉任民進黨外交部（後更名為國際事務部）主任，負責國際事務。轉任新職仍坐在同一間辦公室，三個政治犯依舊無話不談。

民進黨為什麼會相中盧修一的國際事務長才？

關鍵人物是民進黨第二任主席姚嘉文。

「民進黨有外交部，有幹事，可是沒有主任。在黨部工作的邱義仁建議找盧修一來當外交部主任。」姚嘉文回顧，「盧修一留學國外，通外語，完全能勝任外交部主任，他有這個觀念。而我當民進黨主席時主推的議題是臺灣的主權、臺灣的國際地位、臺灣的安全。我們就去找盧修一談。」

姚嘉文與邱義仁特地到盧修一的住家拜訪。

「盧修一剛關出來時有一點depressed、有一點挫折。我們見面，談了以後覺得很適合，就邀請他來當外交部主任。」姚嘉文回憶。

但盧修一有顧慮，「當初被抓的時候有很多自白，自白如果講出來不是很好。」姚嘉文不曉得盧修一口中自白書的內容是什麼，但感覺他似乎耿耿於懷。

「我也有自白書啊，美麗島的案子比你的更複雜，如果掀出來大家都不好看。」姚嘉文安慰盧修一，「不會啦，第一，不會被掀出來啦。」[25]

風趣盧仔，民進黨的「外交官」

人稱「盧仔」或「盧教授」的盧修一，個性風趣、人緣佳，天生就是外交事務人才。「他很容易就能交到朋友，而且他對朋友非常好，很重義氣，把朋友當自己的兄弟姊妹；可能因為他是獨生子，小時候父親就過世的關係。」陳郁秀分析。

留學國外，外語流利，只是做好政黨外交工作的必要條件之一。盧修一能勝任民進黨外交部的重任，還與他留學比、法兩國長達八年，曾共同創辦第一個臺灣同鄉會、創刊《鄉訊》，以及在歐陸就矢志回國打拚臺灣前途有關；而巴黎第十大學政治系博士的學歷、曾任文化大學政治系主任的教職與行政歷練，都是加分。

光是一九八八年，盧修一就挑起三項重大的政黨外交活動：一是代表民進黨前往菲律賓參加「新興民主國家會議」；二是籌辦「世界臺灣同鄉會聯合會」（簡稱「世臺會」，會員是各國的臺灣同鄉會）第十五屆年會；三是組成歐洲訪問團赴義大利比薩參加「國際自由聯盟」大會，並訪問歐洲幾個重要國家的主要政黨。

菲律賓之行，可謂盧修一初試啼聲。

一九八八年六月，民進黨與海外的「臺灣獨立建國聯盟」合作，合組臺灣代表團，赴菲律賓首都馬尼拉參加「新興民主國家會議」。民進黨由姚嘉文、盧修一等人代表出席。值得一提的是，這場會議，國民黨被明確排除在外。

盧修一在會中結識國際友人，說明民進黨對臺灣前途的主張，討論與會各國追求民主、自決的理念，分析國際局勢、交換意見，風度翩翩，頗有外交家風範。

白天會議緊湊，與各國政治工作者交流，準備資料繁多，步調緊張。深夜回到下榻的旅館，盧修一儘管因黨內預算拮据而與姚嘉文同擠一房，仍不失幽默。

入睡前，姚嘉文梳洗完畢，接著換盧修一。只是，盧修一浴後嬉笑怒罵地向姚嘉文抱怨：「換下來的內衣褲放在浴室，也不順便洗起來！」

姚嘉文一時不知該如何回答，卻見盧修一笑嘻嘻地說：「我幫你洗起來了啦！」就這樣，兩人的衣服都晾了起來，整整齊齊。

這段趣事讓姚嘉文對盧修一留下極鮮明的印象。「他很風趣、愛開玩笑。而且，他很有潔癖。」姚嘉文笑著說。

破除「黑名單」，力爭返鄉權

世臺會第十五屆年會遷臺舉辦，盧修一擔任總幹事，使命與壓力非比尋常。

為什麼？這與世臺會的歷史及「黑名單」有關。

往年，世臺會各屆年會在世界各國舉辦，是海外臺灣人一年一度歡聚的日子，廣受各國歡迎。

比如一九八七年，世臺會第十四屆年會於加拿大多倫多舉行，由時任多倫多臺灣同鄉會會長羅益世籌備。會中，加國總理派代表致詞，加國文化部長、多倫多市長拍電報祝賀，加國政府還補助年會四千多加幣。就在該屆年會，加拿大臺灣同鄉會會長李憲榮當選世臺會新任會長。理事會進一步討論：「下一屆（第十五屆）年會該在哪裡舉行？」

「回臺灣舉行！」羅益世建議。

這項提議獲得不少理事支持，遂決議一九八八年的第十五屆年會首度「返鄉」舉行。

以往受各國歡迎的各屆年會，在決定將第十五屆年會遷臺舉辦後，卻受到國民黨政府百般刁難。癥結就是：「黑名單」。

什麼是「黑名單」？

長久以來，國民黨政府以「可出境，但無法獲得入境簽證」的方式，限制或禁止政治異議人士回臺灣。簡而言之，被國民黨政權限制或禁止入境，就是被列為「黑名單」。

「黑名單」人士禁止入境，國民黨在技術上如何做到？

「國民黨政權藉以限制人民入境的法寶，就是回臺加簽。在每本在臺申請的護照上，都有一小欄註明回臺加簽的號碼，並註明其效期與護照效期相同。也就是說，每個持中華民國護照的國民，在申請入境的同時，還必須申請回臺加簽，**如果回臺加簽未獲核准，就形同被判流放海外之刑。**」[26]「黑名單」人士陳婉真指出。

誰會被列入「黑名單」？

就是國民黨不歡迎的政治異議人士，從支持臺灣獨立自決、反對國民黨威權統治、批評蔣氏政權、主張共產主義、支持社會主義；各政治光譜皆有。

「就我所知，凡是關心臺灣、疼惜臺灣，希望臺灣是一個有人權、有自由、有國格的獨立國家的人，而且這些人也敢為這個信念付出金錢、力量與行動的人，一定攏是黑名單的人。」[27]臺灣獨立建國聯盟盟員蔡正隆更指出，許多留學生只因參加了臺灣同鄉會，或稍微批評時政，就被國民黨的職業學生打小報告，遭列「黑名單」。

有人會問，一國政府阻絕政治異議人士返鄉有何不對？

《世界人權宣言》第十三條第二款：「任何人有權利返回他出生的故鄉。」

宣稱民主治國的國民黨雖簽署了這項宣言，但「黑名單」公然違反這項宣言。

世臺會第十五屆年會返臺舉辦能否順利？變數極大。

世臺會的成員就是各國的臺灣同鄉會。細數海外的臺灣人組織，臺灣同鄉會尚且是包容性最廣泛的，國民黨卻仍抱著高度的戒心。

盧修一早在一九七〇年創辦比利時臺灣同鄉會時，就遭國民黨嚴厲批判與反對；不少成員後來都被國民黨列入「黑名單」；其他國家的同鄉會亦然。

也就是說，要在一九八八年返鄉參加第十五屆年會的世臺會成員，正是公然挑戰「黑名單」的「一群撲火的飛蛾」，意在力爭「返鄉權」。

事實上，年會遷臺舉辦，深具海外臺灣人組織挑戰國民黨威權統治的策略意義；因為早在一九八七年，許世楷當選臺灣獨立建國聯盟總本部主席，即提出四大工作重點，前兩大重點就是：島內獨立運動公開化，海外返鄉運動普遍化[28]。而一九八七年李憲榮競選世臺會會長的重要政見就是「返鄉運動」[29]；當選世臺會會長之後更提出「返鄉權」，任內做出第十五屆年會返鄉舉辦之決議，也有呼應許世楷之意。

是以，盧修一身為民進黨外交部主任，且身兼世臺會第十五屆年會總幹事，正是抵擋國民黨威權統治大火，不讓飛蛾遭吞噬的關鍵人物。

1988 年 7 月 7 日，民進黨中央黨部舉辦「反革命群眾大會」，盧修一上臺演講。（攝影／邱萬興）

兩個 Stella 的返鄉路

「黑名單」讓不少人難以取得回臺簽證，這場年會預定在一九八八年八月十九日於臺北縣新店召開。但是，到底有多少人能回臺參加？人數無法預知，影響盧修一的籌辦。

「無論是場地租借、節目排定，還有主辦地聯絡等事宜，都遠較在他國舉辦困難好幾倍；對參加的同鄉而言，所花費的時間、精力、金錢，也都遠較在全世界任何一地舉行多出無數倍。所有一九八八年以前參加過世臺會的同鄉，都深有同感：這個海外臺灣人大家庭一年一度的聚會，無論在歐洲、北美各國，或在日本、

盧修一於 1988 年任職於民進黨中央黨部，先後出任政策部副主任和外交部主任。（攝影／邱萬興）

巴西等地舉辦時，總是喜氣洋溢，主辦國的政要名流也都會前去參與或祝賀，唯獨自一九八八年起，回到自己故鄉召開時卻飽受刁難，幾乎每個參加者都要歷經波折，才能取得回鄉簽證。[30]」自加拿大回臺參與籌備的羅益世指出。

為此，早在一九八八年五月底，世臺會就致函李登輝，要求這位甫因蔣經國逝世而繼任的臺籍總統，澄清世臺會的政治立場；並要求政府准許世臺會成員辦理入境簽證。[31]

盧修一等人的籌辦工作備嘗艱辛，這時，兩位「黑名單人士」Stella Chen的遙遙返鄉路，喚起了社會關注。

第一位Stella Chen，是曾任記者，與臺大陳鼓應教授發表聲明批判國民黨而遭開除黨籍，於一九七五年赴美後無法再返鄉的陳婉真。[32]

她離臺期間，父親、小弟、外婆、姑媽、外公相繼過世，她希望回臺奔喪，屢屢申請回臺加簽，都遭拒絕。直到一九八八年，她下定決心，既然以合法方式申請都無法返鄉，只能嘗試闖關了。

一九八八年七月二十二日（洛杉磯晚間），陳婉真先持妹妹的護照在洛杉磯機場辦理登機，隨後持自己的護照搭機，於二十四日清晨抵達臺灣桃園機場。闊別家鄉十三年的她激動不已，一下飛機就拔腿奔向入境口。卻因動線不熟悉，眼看入境口近在咫尺，航警卻圍了上來。

事件發生時，民進黨國大代表洪奇昌也搭同一班機返臺，不少記者在機場守候多時，準備採訪，碰巧都見證陳婉真闖關。來為洪奇昌接機的民進黨人見狀都為陳婉真加油打氣，也代向航警局協調。

陳婉真義正詞嚴地向記者說：「是他們（國民黨）非法不准我入境，我不過是行使我的權利而已。返鄉是人民的權利，任何人都無權剝奪這項權利。國民黨對此應該只能選擇：有罪逮捕歸案或無罪放行入關，二選一。」

但航警局在偵訊並製作筆錄時，卻暗中調集鎮暴部隊與大批警力。待偵訊結束之際，大批警力粗暴地將她四腳朝天如扛豬公般搬往登機門，丟回機艙。「當飛機駛離臺灣上空時，我看著底下的稻田、公路，忍不住掉下淚來。」[33] 她於七月二十六日上午回到洛杉磯。闖關返鄉之路回到原點。

陳婉真闖關失敗，但在新聞媒體報導之後，意外地讓社會大眾了解「黑名單」與即將舉行的世臺會第十五屆年會，對「黑名單」人士寄予同情。

與此同時，不少世臺會成員謹慎、巧妙地以合法、偷渡、變換護照等管道回到臺灣。

上街頭怒吼，人民有權利返鄉

另一位Stella Chen，是護理師出身，二戰後在臺任職於聯合國戰後救濟總署，一九四七年得知遭列入二二八事件槍斃名單，因而逃往加拿大的陳翠玉。

睽違臺灣多年的陳翠玉，構思了一個環球返鄉計畫，就是前往我國駐外的辦事處申請回臺簽證[34]。為此，她於一九八八年七月十五日離開美國轉往他國，後來，果然成功騙過駐外人員，順利取得回臺簽證。但是，這場環球飛行導致她過度勞累，返回朝思暮想的臺灣之後，病況不樂觀而住院。美麗島事件受難者陳菊等同志得知，紛紛到臺大醫院為她加油打氣，盼能早日康復。

盧修一原以為陳翠玉能如期參加八月十九日開幕的年會。孰知，八月十八日，臺大醫院傳來噩耗，陳翠玉竟長逝於家鄉臺灣。

陳翠玉是許多美國臺灣同鄉敬愛的長輩，她艱苦奔波返鄉而逝於故鄉之噩耗，使許多世臺會成員和同志椎心痛楚。同鄉原欲在臺灣正大光明的團聚，轉瞬間天地也黯淡無光。

翌日，年會如期在新店舉行。

年會總幹事盧修一以悲戚肅穆的心，成功主持完這場年會。

兩個 Stella Chen 化為世臺會年會最可歌可泣的事蹟，也成為臺灣人爭取返鄉權的傳奇。這一次年會，仍有不少成員祕密返鄉參加，對國民黨的「黑名單」政策帶來強大的衝擊。

美中不足的是，一九八七年做成決議返鄉舉辦的世臺會會長李憲榮等多位理事都無法回臺，只能委託代理人出席。

比如，李憲榮委由羅益世擔任「第一代理人」回臺。羅益世先到美國紐約申請簽證遭拒，乃以英文名並更換護照轉赴芝加哥申請，因承辦人員疏忽而取得簽證回臺。時任臺灣獨立建國聯盟美國本部主席的張燦鍙改由夫人張丁蘭「闖關」出席、臺灣獨立建國聯盟機關報《公論報》發行人羅福全由夫人毛清芬「闖關」參加、臺灣獨立建國聯盟中央委員蔡正隆則由夫人葉明霞以合法簽證代表出席。

盧修一見證許多同鄉有家歸不得，遂由民進黨中央上街頭向大眾發聲。一九八八年八月二十一日，民進黨在臺北市發動一場「臺灣人返鄉運動」大遊行，包括羅益世、張丁蘭、毛清芬、葉明霞等第十五屆年會的參與者都齊聚遊行現場。在「中正廟」（指中正紀念堂，現已更名為自由廣場）前，盧修一等人高舉「臺灣人有返鄉的權利」布條，激越聲援「黑名單」人士，抗議政府限制臺灣人返鄉。

經過逐月推波助瀾，「黑名單」與「返鄉權」議題受到社會同情。

不料，一九八八年八月二十三日，盧修一翻開報紙，一則報導令他氣結。報導指出，「由於張丁蘭、毛清芬、葉明霞在臺期間參加世臺會，有關單位認為發表不當言論，最高治安當局決定將他們驅逐出境。」[35]而葉明霞原本能持有效簽證合法回臺，至此，她也和夫婿蔡正隆一樣，成為「黑名單」人士。

國民黨祭出鐵腕，世臺會也沒在怕，決議第十六屆年會繼續在臺灣舉辦，要鍥而不捨突破國民黨的「黑名單」政策，凸顯「返鄉權」議題。

幫民進黨交朋友，愛拚才會贏

盧修一扛下世臺會年會大任之時，也忙於為民進黨在國際上交朋友。一九八八年九月，盧修一籌畫、組成民進黨歐洲訪問團，這是民進黨第一個有規模登上國際舞臺進行政黨外交與國際宣傳的訪問團。

歐洲訪問團團長由姚嘉文擔任。為節省經費，盧修一擔任領隊兼導遊。訪問團的首要目的是赴義大利比薩參加「國際自由聯盟」大會，民進黨希望成為該聯盟的觀察員。原本，民進黨黨綱的外語版本只有英文版，盧修一為此準備了法文版，還將「四一七主權獨立決議文[36]」翻譯為義大利文與法文，分發給與會各國代表。

「參加年會的代表大多是第一次認識民進黨，了解到民進黨的臺獨主張，以及反對中共對臺灣的主張。」[37]盧修一強調。

在「國際自由聯盟」大會上，國民黨和民進黨都受邀派團參加，這是國民黨與成立僅兩年的民進黨，在國際舞臺上首度同臺較勁。

姚嘉文在「國際自由聯盟」大會後趕回臺灣，參加九月二十八日的民進黨黨慶。而先前無法回臺參加世臺會第十五屆年會的世臺會會長李憲榮，則特別從加拿大趕往訪問團，向盧修一致意。

盧修一於是繼續帶領民進黨歐洲訪問團，奔赴另一個重大使命：強化政黨外交。

盧修一事先透過各國的臺灣同鄉與人脈，主動聯繫義大利、奧地利、德國、比利時、荷蘭、西班牙、法國等七個國家主要的十二個政黨。而比利時、西班牙等主要政黨，就是由盧修一的魯汶好友何康美牽線。

在參訪中，盧修一以超強的親和力、歐陸文化嫻熟度，卯足全力讓歐洲國家認識民進黨。不過，他也實際感受到國際上對臺灣的陌生。

比如，訪問團拜訪法國的共產黨時，他向該黨的亞洲科主任說明，「臺灣的國民黨反對共產黨而採取高壓統治，不准成立第二個政黨；因此民進黨在一九八六年衝破黨禁，於九月成立政黨，十二月國會改選（增額立委席次一百位）時……當選了十二個席次立法委員。」

不料，法國共產黨亞洲科主任卻說：「『那也就是說，在臺灣每一百人當中就有十二個是共產黨囉！』」

「這讓我們啼笑皆非，但也更加體認到要加強對外的宣傳。」[38]盧修一說。

訪問團極耗心神，一些團員趁坐車時補眠，卻不時聽見盧修朗朗不斷的歌聲：

「一時失志不免怨嘆，一時落魄不免膽寒，那通失去希望每天醉茫茫，無魂有體親像稻草人，人生可比是海上的波浪，有時起有時落，好運歹運，總嘛愛照起工來行，三分天注定，七分靠打拚，愛拚才會贏！」

「不要睡！大家打起精神，一起來唱『愛拚才會贏』！葉啟田的新歌，大街小巷都在唱，代表我們臺灣人的精神！」盧修一吆喝著。

不少團員猛打哈欠，「在車上，盧修一都不讓我們睡，一次次逼我們練唱。」

法式浪漫，臺人少有

團員朝夕相處，對盧修一的法式浪漫可謂親眼目睹。

美麗島事件受難者周平德與夫人也參加了這個歐洲訪問團。

訪問團抵達巴黎時，多達三十幾位巴黎留學生特別前往機場歡迎盧修一。當下，一位女留學生抱著盧修一親吻。

「我太太是澎湖鄉下人，一直皺眉頭說盧修一是『不死鬼』啊！還有男生也親了下去，公共場合怎麼這樣親來親去。她還以為盧修一被關了那麼多年備受煎熬，所以留學生很熱情。」周平德說。

幾天之後，陳郁秀飛到巴黎與盧修一會合。

「看到盧修一跟陳郁秀在機場親來親去，我太太說，啊！他們夫妻『同症頭』（症狀相同）啦！」周平德哈哈笑說。

驚世駭俗也好，旁若無人也罷，殊不知，盧修一留學歐洲八年，與陳郁秀留學、相愛、結婚於歐洲，舉手投足早已深深融入法式風情與歐洲禮儀。

盧修一在歐洲參訪團也有念念不忘的趣事。

在法國，盧修一和陳郁秀特地為次女盧佳君買了一把小提琴。來到西班牙時，旅館卻表示無法保險，旅客必須自行辦理保險或隨身攜帶。「因為小提琴是花不少錢買的，只好每次離開旅館時就隨身攜帶。」盧修一無奈地說。

有一天的行程是看鬥牛，盧修一攜帶小提琴入鬥牛場，不分臺灣人或當地人都露出奇怪的表情。一位團員問盧修一：「你是要來『對牛彈琴』囉？」

赴美盡顯大將之風

一九八九年，盧修一擔任民進黨外交部主任第二年，赴美國宣揚民進黨的理念。

一九八九年三月，盧修一赴美國華盛頓參加亞洲學會第四十一屆年會。他受邀在「臺灣通向民主之路——批判性的評估」研討會中，提出一篇關鍵性的論文：「反對黨與臺灣的政治變遷[39]」。

這篇論文擲地有聲，讓與會人士對臺灣的政治發展瞬間有了具體的認識，立體而清晰，也對民進黨帶領的臺灣未來前途感到好奇。

盧修一在研討會中發表論文時，盡顯法國巴黎第十大學政治學博士的學術底蘊、對臺灣政治歷史文化的深厚研究，還融合他任教文大、清大深入淺出的講演風格，及一年多來為民進黨拚搏國際外交、奔走草根街頭的實務經驗。

他在論文開頭的摘要即指出：「臺灣人透過臺灣這個島國的發展，而發展出認同臺灣為其祖國的意識。這種認同轉變成對抗統治臺灣的任何外力之政治訴求。近幾年來，民主化藉著反對運動而發跡，統治當局也被迫改變其政治策略。」

他強調，「臺灣獨立的發展是歷史自然的結果，人民意志的決定也是根據此發展的結果，自然而然地產生。」

這趟訪美之行，盧修一和已卸任黨主席的姚嘉文律師共同前往，他會見了長年同情臺灣人處境的美國參議院外交委員會主席派爾（Claiborne Pell）等美國國會議員和民主黨人士，轉交第三任民進黨主席黃信介的親筆信給國會議員。他也說明臺灣內部的反對運動發展近況，並闡釋民進黨的黨綱與主張。

此行，盧修一等人還拜會海外許多長期反抗國民黨政權、被列入「黑名單」的民主前輩，如彭明敏教授、林哲夫、陳唐山、張燦鍙等人。盧修一和姚嘉文並在東岸的紐約與西岸的加州等地，舉行有關臺灣前途的演講會。

姚嘉文印象深刻的是，與盧修一同赴美國某大學演講臺灣前途時，一位中國留學生舉手發問：「前不久，一位主張中國民主化的中國學者來跟我們演講，很多人聽得很感動，甚至都哭了。但是，你們來這裡演講，怎麼講得那麼冷靜？」

當時，他們兩人以譬喻搭配回答。

「媽媽帶小孩子看病，一邊講一邊哭，那是在訴說痛苦。就像醫生看病分為病狀、病因、開處方三個階段。您說的那位中國學者還像病人一樣在訴說中國的病狀。我們臺灣不同。慶幸的是，臺灣已經走過悲哀、黑暗的第一階段，進步到找處方的階段。」

「我們要冷靜，而且我們要專家，盧修一是政治學博士，我是法律人，我們知道臺灣關鍵問題，我們在開處方單。」姚嘉文強調，「臺灣的處方就是：正名制憲、解除戒嚴、國會全面改選等。」

檢驗這三個處方：一九八七年七月已經解嚴，至於國會全面改選和正名制憲，民進黨仍持續在街頭運動上、立法院內爭取民眾的認同，期許能盡快形成民意，改變體制。

在打拚臺灣前途的差旅中，盧修一也不忘妻女。

訪問華府時，民進黨籍國大代表洪奇昌與盧修一同住一室。洪奇昌笑著說，「不管有多晚、多累，盧修一每天一定都會寫家書寄回臺灣給他太太。」

盧修一熱切地燃燒生命，拚命工作著，為民進黨的國際外交和國際宣傳打下重要基礎。

「政黨外交方面：主動與民主國家主要政黨建立友誼，並與第三世界反獨裁運動成功的政黨取得聯繫，交換經驗。外交政策方面：積極向國際社會宣揚『臺灣人民有自決權』，民進黨才是臺灣人民真正的代表；申明『臺灣主權獨立』立場，打破國民黨『中國只有一個，臺灣是中國一部分』的虛偽神話，並駁斥中共『解放臺灣，完成統一』的侵略野心！」[40]

心牢解放

一九八八年進入民進黨工作，盧修一在一年半之間，專業學養、能力、工作實績與魅力有目共睹。

「盧修一對黨，對我幫忙很大，因為那時候我們在推動臺灣主權獨立。」姚嘉文指出。「盧修一的貢獻很大。他透過歐洲的關係，我透過美國的關係，幫助將四一七主權獨立的理論傳出去。特別是美國，還有一種『臺灣主權未定』的理論在散播。」姚嘉文強調，「盧修一的政治理念跟我很近，很容易溝通。所以我跟他在臺獨運動相處很愉快。」

回溯來看，如果不是在美國的臺灣獨立建國聯盟、何康美、邱義仁引介給姚嘉文，盧修一不會加入民進黨一起打拚，改變這片土地的命運。

加入民進黨，更逆轉了盧修一與家人的境遇。

「爸爸剛加入民進黨的時候，只覺得他似乎工作得滿愉快，我也因此感覺還不錯。」盧佳君說。

「我覺得媽媽讓爸爸從政，應該是放她自己一條生路，也是放我們一條生路。」盧佳慧說。

那個「失蹤」多年的幽默、柔情、有智慧的盧修一，熬過光怪陸離的暗黑折磨，重回陳郁秀身邊。

1988 年世界臺灣同鄉會第十五屆年會在臺北縣舉行，盧修一高舉世臺會會旗，歡迎海外鄉親回臺。

1988 年 8 月 19 日，盧修一參加「新國家運動大遊行」。（左起）蔡正隆、葉菊蘭、姚嘉文、李憲榮、羅益世、盧修一、張溫鷹。

那座「心牢」彷彿解放了，全家人都鬆了一口氣。

直朗朗的歌聲傳來，望向樂音來處，那是一頭白髮、掛著微笑的盧修一：

「一時失志不免怨嘆，一時落魄不免膽寒，哪通失去希望……三分天注定，七分靠打拚，愛拚才會贏！」

從有形、無形的黑牢苦熬再起，盧修一柳暗花明的際遇，與臺灣前途緊緊相繫。

第四節

扯破黑名單

朔風狂飆，士林廢河道上的「臺灣建國烈士」鄭南榕公祭場，舉目皆墨，一路延伸到大臺北盆地消失的地平線。

一身黑色喪服的盧修一面色槁灰，常見的笑語盡失，那一頭因黑牢而白的髮色在守靈燈光下格外醒目。他遲滯的眼神悠悠盯住虛空，　幕幕難以名狀的畫面閃現。

猶記一九八九年四月五日深夜，《自由時代》週刊的辦公室接到警方即將拘提的消息，盧修一聞訊，急急趕赴雜誌社。

由於《自由時代》週刊創辦人兼總編輯鄭南榕在一九八八年發起「新國家運動」[8]，並在《自由時代》週刊刊登臺灣獨立建國聯盟總本部主席許世楷起草的《臺灣共和國憲法》

⑧ #**新國家運動**：鄭南榕與黃華發起，提倡新憲法、新體制、新文化、新社會，巡迴全島演講，喚醒人民認同臺灣、關切臺灣的意識。這也是鄭南榕生前最後一場運動。

草案，因而遭國民黨以觸犯「二條一」的叛亂罪起訴，鄭南榕在法庭宣告：「國民黨抓不到我的人，只能抓到我的屍體。」其後，檢警欲拘提到案，鄭南榕不願束手就縛，乃自囚於辦公室長達七十一天，並在總編輯辦公椅下備置三桶汽油，並表明，若警方入社逮捕，將以自焚捍衛百分之百的言論自由。

盧修一還清楚記得，四月五日深夜，他與兄弟鄭南榕的對話[41]：

盧修一：現在國民黨正製造主張臺灣獨立的人是暴力分子，你準備了汽油，國民黨一定會把你醜化、抹黑，你會不會考慮到這個後果？

鄭南榕：我不要管這些，這是大家判斷的問題。何況我本來就反對臺獨聯盟那種暴力的主張，我還勸他們要放棄、要改變，我自己怎麼會用暴力呢？

盧修一：你一定要用這個方式嗎？

鄭南榕：這是我為了爭取言論自由所做的一個決心。在雅典的民主政體之下，蘇格拉底就是因為主張言論自由，被判處死刑；當時只要他認錯，就會被判無罪，他的學生也要幫助他脫逃，但是蘇格拉底卻寧可選擇殉道，不願認錯，不願逃亡。在雅典那種民主政體都會有這種事，何況國民黨是個不民主的專制政權。

盧修一：你為什麼不考慮把你的戰線、把你的戰場從時代雜誌延伸到社會，延伸到法庭，甚至延伸到監獄呢？讓世界上更多人知道這個事情，更知道這個意義。

鄭南榕：這是個人的conviction（理念）的問題。

盧修一：你如果被國民黨強制拘提去，上了法庭，進了監獄，你沒有認錯，沒有逃亡，還是堅持你的原則。

鄭南榕：國民黨今天用叛亂罪，侵犯我的言論自由，我受到這樣的侮辱，一定要用死來對抗。如果他們強制要破門而入的話，那我定以死來抵抗。

盧修一：你要不要重新考慮？

鄭南榕：你的一些分析和看法，都是政治的分析。但我是堅持個人言論自由的一個信念，我認為我一定要這樣做。過去我發動五一九[42]的時候，也有人不同意啊！但是江鵬堅律師就同意，結果事實上證明那個行動的後續影響非常的重大。我相信我抗拒國民黨這種強制拘提，我死了，不會只是犧牲，後面的影響、意義會非常重大。

時間將近四月六日凌晨兩點。

盧修一知道，他已經無法改變鄭南榕的心意。

鄭南榕：「不會有事的，你的角色也不是在這個地方，先回去了。」

盧修一沒有預料到，那竟是與兄弟鄭南榕最後一次交談。

四月七日，中山分局刑事組長侯友宜率鎮暴警察抵達《自由時代》週刊辦公室，優勢警力從一樓盤據到門口。當鎮暴部隊破門而入時，瞬間，自縛於椅子上的鄭南榕引燃汽油，自焚的慘烈大火熊熊，身後僅留下那具令同志嚎啕大哭的焦屍。盧修一抬出焦黑遺體時，傷痛如撕心裂肺，恍聞鄭南榕風中迴盪不去的那句昂揚遺言：「接下來就是你們的事了！」

「接下來就是我們的事了……」盧修一站在公祭場上猶自喃喃。

是什麼樣的信念，能讓一個人選擇赴死，成就臺灣的民主前途？

鄭南榕的殉道，宛如當頭棒喝，重擊每一位反對運動的人士。

民進黨、臺灣獨立建國聯盟、世臺會、海內外的各臺灣人組織，成員莫不痛哭流涕，反省該用何種更具力道的策略來推翻國民黨。

「你的角色不是在這個地方。」盧修一不斷想起鄭南榕對他說的話。

他想起鄭南榕生前不斷鼓勵、催促他將博士論文翻譯出版，但是，他一直沒有空，「鄭南榕為言論自由自焚之後，我才下決心一定要把博士論文翻譯完成並出版來紀念他。」[43]

種種思緒飄飛，那些自己南北奔波參加「新國家運動」宣揚制憲建國理念的日子、留學歐陸欲以革命尋求臺灣前途的豪情壯志、黑牢中的痛徹領悟、加入民進黨後在每一個街頭運動中贏得群眾認同、一點一滴鬆動國民黨威權統治。該怎麼做，他隱隱然下了決斷。

海內外臺灣人站起來

盧修一日日守在公祭場上，彷彿兄弟仍在身邊。

鄭南榕殉道一個多月後，五月十九日出殯日，盧修一忽然聽見令人振奮的耳語：「陳婉真回來了！」

宛如奇蹟降臨，上一回，「黑名單」人士陳婉真於一九八八年七月闖關回臺失敗，眼下竟然通過國民黨設下的重重障礙，於此時此地現身。她再度闖關回臺[44]，正是受鄭南榕殉道所激，要以返鄉弔喪的實際行動向鄭南榕表達敬意。

盧修一給她一個同志的擁抱，有人為她披上喪服。陳婉真祭拜之後，移靈開始。

盧修一、陳婉真等萬人送葬隊伍尾隨著靈車，無以計數的沉重步伐，宛如哀戚而頑強的臺灣人先祖之靈，宣示近四百年來臺灣人反抗外來政權的一道歷史足跡，從士林一路來到總統府周遭。

在臺大醫院門口，家屬謝別送喪隊伍之後，不少人轉往總統府前靜坐。但是，國民黨派出鎮暴部隊，用拒馬、高壓水柱強行驅離民眾。忽然間，一名穿喪服的人奔往隊伍和拒馬中間，跑到拒馬前已成了一團火球[45]。

那是基層社會運動者詹益樺，就這樣選擇追隨鄭南榕殉道。

1989 年 5 月 19 日，盧修一在士林廢河道會場送別鄭南榕。
（攝影／邱萬興）

1989 年 9 月（左一）陳婉真順利闖關回臺，發起黑名單設籍抗爭行動，偕（左二）盧修一等人前往內政部抗議。（攝影／邱萬興）

火球彷彿化為隕石，高速衝撞這塊土地的命運。

隕石碎片插入盧修一的胸口。

又一位兄弟為理念而殉！盧修一難抑悲痛，該如何化為制憲建國的力量？

第二波「新國家運動」

一九八九年六月，盧修一應邱義仁之邀，加入民進黨內的「新潮流系」。此外，盧修一等人也接續鄭南榕「新國家運動」的遺志，推動第二波「新國家運動」。

第二波「新國家運動」的著力點在哪裡？

就是一九八九年底的大選：第一屆第六次增額立法委員、第十一屆縣市長、第九屆省議員等三項公職人員選舉。

「新潮流系」主張以街頭路線的人民力量「改革體制」的戰略。鄭南榕遺孀葉菊蘭在四月底就表明參選臺北市立委，盧修一是「新潮流系」規畫的參選人，角逐臺北縣立委。

「要參選？票在哪裡？競選經費從哪裡來？」陳郁秀得知盧修一要參選，嚇了一大跳。

邱義仁規畫，同為新潮流系的民進黨國大代表洪奇昌可轉戰臺南市立委，並將原臺北縣的選票基礎禮讓給盧修一。

這段日子以來，陳慧坤已經不反對盧修一參政，甚至賣了一幅畫捐作盧修一的第一筆競選經費。盧修一與陳郁秀打從心底感謝父母一起加入「重建臺灣」的行列。

然而，從未參選過的盧修一，該怎麼打選戰？

盧修一承接了洪奇昌原本在臺北縣中和、永和與三重的服務處，很快與民眾熟稔。他也回到家鄉淡水，在祖師廟舉行第一場活動。

他決定參選之後，不少支持者或認同臺灣主權獨立理念的人士前來效力。包括外省軍人第二代的美術家袁嬿嬿、社運人士暨導演鄭文堂、臺獨運動者江蓋世、臺語詩人陳明仁、攝影師邱萬興，以及社運參與者暨臺大學生李文忠、林滴娟、陳文治等人。盧修一與周慧瑛在板橋成立聯合競選總部，由蕭貫譽擔任盧修一的競選總幹事。一些中小企業主熱情協助募款，還號召其他中小企業家支持。眾人齊心戮力，要將盧修一送進國會。

盧修一也教導陳郁秀如何募款。

原本陳郁秀羞於向鋼琴學生家長啟齒，但是，盧修一向她說明，選舉募款不是拿來給自己享受，而是用來改善臺灣的政治環境，「不但不需要不好意思，還要用理念感動、說服對方，真正做到有錢出錢，有力出力，大家以具體行動實踐理想。」

她豁然開朗，揚棄「伸手要錢」的錯誤觀念，很快成為以理念服人的募款高手。

盧修一從不計較金錢，將捐給他的募款經費全數投入聯合競選總部。

陳郁秀初次看到帳目時，訝異地問盧修一：「這是我辛辛苦苦募來給你用的競選經費，你怎麼拿給別的候選人用？」

「妳知道我向來是個社會主義者，我的錢就是大家的錢，就是大家共用，妳若不能接受，就不要來幫忙募款。」盧修一義正辭嚴，招來一輛計程車，就把她推入車內，要她別再關心帳務。

計程車將陳郁秀載離服務處，這一路上，她望向窗外，景色飛逝，交疊的是盡顯盧修一信仰與性格的種種回憶。

「當初在歐洲，修一的朋友都說，這個無產階級的社會主義者怎麼會娶一個象徵資本階級的布爾喬亞？修一還曾到處跟人家說，他的小孩要取名盧森堡[46]」。她明白，盧修一內心社會主義信仰的唯一破例，就是對她的愛情。

走進選民客廳

盧修一勤跑基層，清晨即起，往往深夜才返家。

盧修一決定參選後，支持者引介他參與扶輪社等民間組織、認識企業界人士，也不忘踏進鄉里巷弄認識基層民眾。

「盧教授，你去過樹林那條『一〇一』巷嗎？」一位扶輪社友問。

盧修一與支持者穿街過巷，拐進夾道羅列的窄小巷子，看到真正創造臺灣經濟奇蹟的主力——「客廳即工廠」的家庭式工廠。

「盧教授是第一個走進去跟他們握手的候選人。」這位社友印象深刻。

盧修一走出密密麻麻的巷弄時已是深夜。

「如果不是因為選舉，我這個當過大學教授的政治學博士，不可能有機會走進人民的家裡，看到他們把客廳當工廠，爸爸、阿公、阿嬤在工作，媽媽煮完飯也回來繼續工作到深夜，小孩子就在旁邊寫功課的實況。過去只是在理論上，現在我參選了，真正進入人民的生活、了解人民，為人民打拚，才算是真正的『政治學』！」這是一位追求民主自決的社會主義者迸現的豪情壯志。

行經三重，走近淡水河邊，盧修一思緒飄向留歐前的往事。

那時候，盧修一與母親盧葉蜜相依為命住在這裡。在紡織廠工作的母親為了阻止他出國，用大部分積蓄買了一條金項鍊送他，期待他就此留在臺灣，這是一個不懂兒子雄心壯志的母親會做的事。但是，盧修一拒絕了。

直到出國在即，母親哭著說：「我就你這一個兒子，你一定要回來，你如果不回來，我就去跳淡水河！」他向母親保證：「我沒有兄弟姊妹，也只有母親一個，我不會拋棄妳，無論三年、五年，我一定回來，請妳放心相信我。」[47]

個性、理想南轅北轍的母親，造就了早年的盧修一，「母親非常堅毅，對我的愛更是百分之百。」

車子經過三重的清傳商職，盧修一說起留歐前曾在此任教的往事。

「我在這裡教國文時曾經想過，有一天若能當上三重市長，把民主的理想帶給市民就不錯了。沒想到（因緣際會），我現在竟然來選臺北縣立委。」

這位社友好奇問他：「你坐國民黨黑牢三年，真的是因為你幫史明在臺灣做地下組織嗎？」

盧修一沒有正面答覆[48]，只是諧趣地說：「我在大學只要按照一本《憲法》教學生，國民黨就倒了！」

盧修一深入臺北縣各社區，選民時常勸酒，他得要克服不勝酒量的窘境。很多人勸他雇用司機，別再自己開車跑行程。後來，經人輾轉介紹，東吳大學政治系即將升大四的學生鄭凱中來到服務處工讀，擔任盧修一的助理兼司機。

「盧教授待人很客氣，沒有老闆與雇員的位階之分。我每天去上班，他都主動握住我的手，謝謝我來幫忙。」鄭凱中說。

有一回，鄭凱中載盧修一走北海岸前往三芝。

盧修一忽然問鄭凱中：「我有一些想法想要記下來。換我來開車，我一邊講，你一邊幫我記下來，好嗎？」

「可是，我是幫你開車的司機呢。」

「沒關係，你跟我換，我來開車。」

兩人互換位置，盧修一掌握著方向盤，融合實務、理論與智慧的思想結晶，自他的口中娓娓道來，鄭凱中振筆疾書記錄著。

鄭凱中並不知道，自己記錄的，正是連中國共產黨後來也深入研究的重要政治理論，盧修一獨創的「臺獨ＡＢＣ」理論。

當下，盧修一不只掌握自己命運的方向盤，也為臺灣民主運動安置了羅盤。

臺獨ＡＢＣ

一九八九年八月十一日，世臺會第十六屆年會於高雄舉行。為此，盧修一一如以往，戮力支援「黑名單」人士，視之為海內外臺灣同鄉大團結、共同推翻國民黨威權統治，制憲建國的盟友。

他喜出望外，久違的盟友：世臺會會長李憲榮、世臺會總幹事羅益世、世臺會副會長蔡銘祿都在年會現身；甚且，臺灣獨立建國聯盟中央委員蔡正隆也闖關回來了[49]。年會舉行之前，國民黨發布了二十五人的「特別黑名單」，但是這些「黑名單」勇士仍不畏艱難闖關返鄉，也了遂向鄭南榕致敬的心願。

年會中，盧修一受邀進行「臺灣新憲法」主題演講，首度公開他獨創的「臺獨ＡＢＣ」理論。他在這篇名為「臺灣新憲法的制定的程序與方法[50]」的演講中強調：

「臺灣社會自成體系，臺灣意識普遍發展，因此，近年來已經出現共同的政治訴求，即：『政治結構與運作必須以臺灣社會為基礎，以臺灣人民的意志為依歸。』易言之，臺灣人已經突破歷史宿命論，形成自己的國家認同，不要做外來政權復國的工具，如過去的『反清復明』，現在的『統一中國』，而要堂堂正正建設臺灣，成為一個『新而獨立』的國家。

目前，臺灣仍在國民黨政權的統治之下，雖然國民黨『一個中國』的政策早已流於形式、口號，而實行『兩個中國』變相搞『國獨』的企圖日益明顯。因此，討論新國家、新憲法時，必須面對這個政治事實，並且考慮下面三種可能的情況發生：

A型：臺灣人海內外大團結，以人民力量推翻國民黨統治，宣布臺灣獨立建國，制定新憲法，國民黨從地球上消失，不再存在。

B型：國民黨順天應人，宣布放棄大陸主權，實行兩個中國（或一中一臺），主動廢止現行憲法，根據臺灣社會情況，另訂新憲法，國民黨可能繼續主導臺灣的政治。

C型：經由長期的和平演進，在國民黨現行體制內進行憲法的修改，由量變到質變，迂迴達成臺灣獨立。」

演講尾聲，他的語氣慷慨激昂，彷彿也將他在每一場街頭運動蓄積的熱力爆發出來：「只有群眾運動為主的反對運動，才能累積臺灣人的政治力量，才能催生臺灣新憲法……讓我們匯聚海內外所有臺灣人的力量及智慧，共同努力，建立東方瑞士的新臺灣！」

第十六屆年會在「黑名單」人士現身大集結的空前氣勢中落幕。會後，盧修一偕同「黑名單」人士走上高雄市街遊行，訴求「廢除黑名單」。盧修一也邀請他們北上，與他一同站上選舉宣傳車，所到之處，處處都能聽見選民高舉旗幟，激昂高喊：「扯破黑名單，建立新國家！」

國家暴力侵害

一直以來，盧修一常常護送、保護闖關回臺的「黑名單」人士。孰料，為此再度飽嘗國家暴力的滋味。

八月二十七日，盧修一駕車來到葉菊蘭住家，欲親自護送「黑名單」人士蔡正隆與羅益世前往陳林法學基金會演講。

盧修一轉動方向盤，汽車緩緩前進不過七十公尺，旋即遭數十名霹靂小組、便衣警察、告密者、關切者團團包圍。

盧修一、蔡正隆、羅益世望著窗外的陣仗，屏氣凝神。

這時，人權律師李勝雄站在駕駛座的車窗外，勸盧修一拉下車窗玻璃對話；車窗邊站著一名便衣人士，是中山分局刑事組長侯友宜。

盧修一才將車窗拉開一條縫隙，不料，侯友宜搶先拿出瓦斯槍，向車內灌瓦斯，當場嗆得他幾乎無法呼吸。盧修一淚流滿面之際，又旋遭侯友宜以辣椒水噴擊雙眼，眼睛紅腫。儘管視線模糊，他仍驅車尋找已不見蹤影的蔡正隆和羅益世。

「一股難聞的瓦斯沖入車內，撐不了幾分鐘，我開了車門，說時遲那時快，我已被抓進一輛警車，直駛桃園機場。上了車，發覺眼鏡弄壞了，左顴骨、左頰都受了傷。[51]」蔡正隆描述。

此時，羅益世與蔡正隆已被押往桃園機場，禁閉於航警局。

偵訊時，羅益世反問警察：「你是用哪一條法律把我們驅逐出境？而且也應該要有律師在場！」

「我說的就是法律，不用請什麼律師！」[52]警察說。

約三個小時之後，兩人被抬到飛機的停機口。

「接近飛機時，眼見飛機的四周站滿了手持機槍的士兵及警衛，真教人心驚肉跳，所幸對這種野蠻政權早有心理準備，否則二十二年來從未見過軍人拿槍圍著商用飛機，眼見此景，豈不叫人百思不得其解，啼笑皆非。綁架兩個手無寸鐵的『異議人士』，竟動用那麼多人力、武力，實在是真下路，真粗陋！」蔡正隆悲憤地說，「總之，我親身體驗到強暴的力量嚴重侵犯了我的基本人權，而這些暴行的指使者就是一小撮的暴力集團——國民黨！暴力的滋味使我感到臺灣一定要獨立。」[53]

盧修一滿頭亂髮、雙眼滿布血絲四處尋人，心焦不已；幾個小時後才輾轉得知蔡正隆與羅益世已被扛上飛機遣返。

他跌坐進車內，悵然。

國民黨暴政逼死了鄭南榕、詹益樺，暴力驅逐無數的「黑名單」人士。他該怎麼做，才能扭轉局勢？

他打算借力使力，企圖用年底的選舉來扭轉局勢，也將年底的選舉當作鄭南榕遺志——「新國家運動」的舞臺。

十一月，盧修一等三十二位標舉著「臺灣主權獨立」的民進黨候選人組成「新國家聯線」，推出「建立東方瑞士國」的共同政見。聯線成員包括鄭南榕遺孀葉菊蘭、農民運動者暨美麗島事件受難者戴振耀，尚囚禁於國民黨黑牢的臺獨運動者蔡有全由夫人周慧瑛參選，率皆為政治受難者或家屬。

選戰熾熱，獨立建國的理念在每場活動中喧騰著，盧修一誓言，進入國會後，要推倒「二條一」、「刑法一百條」，還要「扯破黑名單、建立新國家」。

盧修一在大街小巷拜票、在公園舞臺上演說，他雖然學經歷兼備，有學界教授聯名推薦支持，但是，競爭對手集團長年擁有不公義的龐大黨產、賄選實力、還有黨政軍媒體與國家機器助選。

為了進入國會殿堂實現滿腹理想，他已準備打一場硬仗。

第五節 戴黑面具的新國家建築師

黑面具現身 一九八九年十一月二十二日

冷風強襲，微雨霏霏，臺北縣中和運動場像一口大鍋鼎，興奮的人聲混合躁動的空氣滾煮著，這時，執政者灑了一大把面無表情的鎮暴部隊入鍋，這麼一噴椒灑鹽，群眾的熱血更是沸騰了。

是夜，盧修一與周慧瑛的聯合競選晚會，兩位候選人第一場公開造勢。只是，人們更期待「壓軸好菜」：政府發出十二張拘票，懸賞二二〇萬新臺幣，誓言緝捕「非法入境」的臺灣獨立聯盟美國本部主席郭倍宏。盛傳，年僅三十四歲的郭倍宏即將現身，力挺全臺灣最支持臺灣獨立理念的候選人。

「郭倍宏要怎麼回國？」「偷渡回來嗎？」「郭倍宏會不會出現？」「出現了會不會被抓走？」整個社會都張大眼睛關注情勢發展。

盧修一站在臺上觀察，晚間六點鐘之後，一波波群眾湧入會場，人數逾三萬人。六、七千名軍、警、特務、調查員嚴格管制周遭的每一個路口[54]。場內擠得水洩不通，周邊交通幾近癱瘓，群眾如流水滿溢到路上來。

陳郁秀也到場了，群眾聽說她是盧修一的太太，遂將她的左右手臂架空，以人傳人的方式將她拱上臺，「人真的好多，我被架到最前面，連腳都沒有碰到地上。」

燈光打在會場最前端，盧修一與周慧瑛站在舞臺上，「黑名單」人士陳婉真、教授助講團、海外回臺的觀選團、助選員，文字記者與攝影記者把臺上擠得沒有地方能站。

「如果郭倍宏真來到現場，那麼，臺上的候選人與工作人員會不會被列為共犯？」「數以萬計的群眾也是共犯嗎？」一張張臉孔因緊張，興奮、不安與期待而脹紅。

助選員穿梭在群眾間，分發黑底白字的「黑名單」面具，叮嚀：「拜託大家，請把面具戴在頭上。」

雨愈來愈大，頭戴黑面具的民眾也多了起來。

臺上，四十八歲的盧修一身穿黑色西裝，頂著一頭鮮明而閃耀的白髮，斜披「立委候選人一號盧修一」背帶，滔滔說著他的理想。

過去二十多年來，盧修一研究世界各國政治理論與實況，有著巴黎第十大學政治學博士的扎實基礎。眼下，他自詡為「新國家的建築師」，為這片土地與人民擘劃了現代新國家的藍圖：

「我生於鄉村，長於憂患，對於臺灣社會自然有強烈的歸屬感與責任感，雖然在成長過程中，我曾經對未來的中國有過浪漫的憧憬，畢竟我是生於斯、長於斯的人，我的根柢，終究是深植於這片美麗的寶島。

無論由歷史演進的觀點，或者由社會現實的分析來看，我們清楚地認識到：臺灣的海島社會是自成一體的獨立單元，所有生活在這個社會的人都會認同它，發展出自己的臺灣意識，這是臺灣社會發展的潮流，任何人都無法置身於這潮流之外。

展望即將來到的二十一世紀新的歷史進程，臺灣的前途必然要走向民主、獨立，走向自由、福利。儘管已有不少人做出許多的犧牲奉獻，為了達成這些理想目標，還需要更多人持續努力奮鬥。

二十多年來，我始終堅持一個理念，就是**臺灣政治的結構與運作，必須以臺灣社會為基礎，並且以臺灣人民的意志與福祉為依歸**。為了所有臺灣人的共同志業，我毅然決定參與臺灣的反對運動，參加一九八九年立法委員的選舉，並且提出以下的政治主張：

一、**新國家**：就是經由民主自決程序，建立新而獨立的國家。

二、**新憲法**：就是順應臺灣社會發展，制定民主自由的憲法。

三、**新政府**：就是依據責任政治原則，組織為民服務的政府。

四、**新人民**：就是基於命運共同體，形成和樂相處的人民。

五、**新社會**：就是整合各族群各階級利益，實現公正福利的社會。

六、**新文化**：就是要發揚兼容並蓄的精神，開展創新進步的文化。

這六大政治主張不僅描繪出我對臺灣社會的整體透視和對未來的理想藍圖，而且指出了我今後努力獻身的方向。

這條路是艱苦的，但是我的每一個腳步都在追求臺灣的民主與進步。這段奮鬥的歷程是漫長的，但是我的每一分心力都在促成臺灣的獨立與正義。無論如何，在未來貢獻所學、實踐理想的日子裡，我將永遠和大家同擔苦難，攜手邁進。

現在，臺灣人的力量愈來愈大，臺灣人的信心也愈來愈強。臺灣人是有希望的，臺灣人是有理想的。臺灣人一定會出頭天！[55]」

盧修一激情高喊：「你們說，黑名單是不是應該廢除？」

「是！」群眾大喊回應。

「郭倍宏，是不是應該讓他回家鄉？」他再喊。

「是！」群眾握拳呼嘯。

這時，美麗島事件受難者陳菊緩緩上臺，向民眾鞠躬後高唱：

「叫著我，叫著我，黃昏的故鄉不時地叫我，
叫我這個苦命的身軀，流浪的人無厝的渡鳥，
孤單若來到異鄉，不時也會念家鄉，

今日又是會聽見著，喔——
親像在叫我……」

這首〈黃昏的故鄉〉款款唱出「政治受難者」與「黑名單」人士有家歸不得的悲緒，人群跟著哼唱，大雨也同聲下著淒苦。

歌聲稍歇，陳菊中氣十足高喊：「現在，我們來歡迎我們的兄弟，郭倍宏！」

強光炫目，群眾鼓譟起來。

講臺前站著一個人，身穿白夾克白襯衫黑領帶，掛著一副黑框眼鏡的精瘦書生，美國北卡羅萊納州立大學土木工程學博士，臺灣獨立建國聯盟美國本部主席郭倍宏現身了。

「郭倍宏！郭倍宏！郭倍宏！」群眾大吼歡呼著，淚珠悄悄掉落郭倍宏的眼眶，沒料到家鄉的民眾竟以高規格的歡呼迎接他。

啪啪啪啪，鎂光燈持續閃爍，郭倍宏現身疾言厲色批評國民黨政權不公不義，透過擴音器撼動全場。郭倍宏舉起盧修一與周慧瑛的手，向全場宣告，只有「新國家聯線」的候選人能讓自己冒著生命危險偷渡回臺助選。

盧修一注意到，臺下的鎮暴警察亟欲推進到舞臺前方，但是現場實在太擁擠，根本無法湊近舞臺前。

從九點二十六分到十點三十分之間，郭倍宏批判「黑名單」政策，暢談臺灣獨立的理念。舞臺上擁擠著國內外記者開始發問，原本郭倍宏預定要移師他地舉行國際記者會，這下乾脆就在舞臺上舉行。

群眾、記者、觀選團、助選員都隨著郭倍宏的話語而昂揚，目睹郭倍宏反守為攻，借力使力，藉此機會放送臺灣獨立的理念。

這時，盧修一的聯合競選總部大將簡錫堦以哀戚嗓音向群眾暗示，這即將是歷史的一刻，因為，稍後，郭倍宏很可能就會被國民黨擒拿。接著，長老教會牧師暨政治受難者高俊明趨前為郭倍宏禱告，民進黨員與助選員紛向郭倍宏圍攏[56]。

倏忽，燈光一暗。

「失電了！」人們紛紛喊叫，發出疑問：「敢是停電？」

簡錫堦的聲音在黑暗中傳來：「請大家戴上『黑名單』面具！」

幾秒鐘之後，燈光瞬亮，只見舞臺上擠成一團，臺上臺下，人人都戴著「黑名單」黑面具。

放眼望去，人人面目一模一樣，誰還分辨得出郭倍宏呢？

盧修一戴著黑面具，領著一隊人馬擠向臺下的群眾。周慧瑛、陳婉真、臺獨運動者江蓋世等人，皆各自帶隊往不同方向衝。

不少警察搶著衝上臺，卻因為分辨困難，只能胡亂尋找穿著白夾克白襯衫黑領帶裝扮的人。一時之間，臺上臺下推擠如肉搏戰，盡責的攝影記者啪啪啪地搶按快門。有人

在盧修一和周慧瑛的聯合競選晚會上，臺下選民紛紛戴起黑面具表達支持。（攝影／邱萬興）

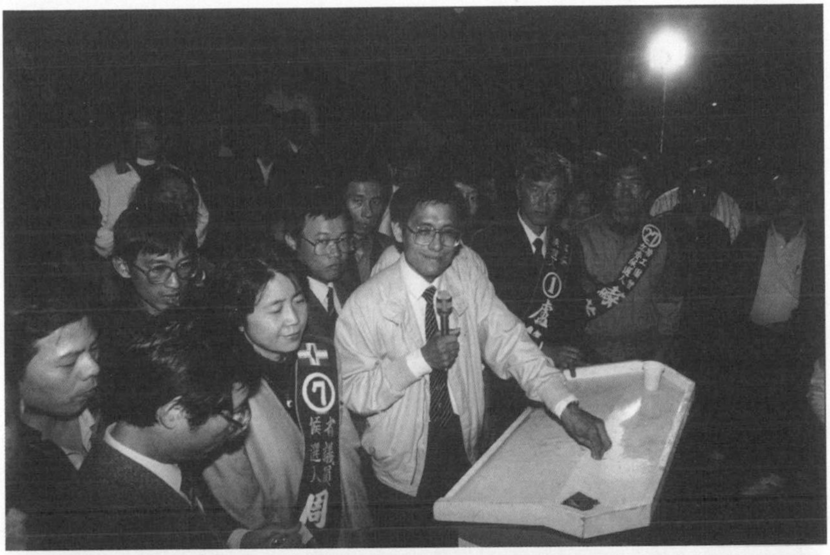

郭倍宏（上圖白衣者）為左右兩位披彩帶的候選人（右為盧修一，左為周慧瑛）助選，且在諷刺「黑名單」的黑面具保護下，順利逃過國民黨嚴密的追捕。（上圖攝影／邱萬興．下圖攝影／周嘉華）

大喊：「不要拍了，會害死人啦！」

運動場門口，一隊軍警人員緊追過來，正見一名戴黑面具的魁梧男子將一位身穿白夾克白襯衫黑領帶的人送上計程車。「停車！」軍警認出該魁梧男子正是江蓋世，旋即阻擋計程車。怎知，乘客摘下黑面具，竟是身形與郭倍宏相仿的臺語文作家陳明仁。

「郭倍宏呢？」其中一位軍警問。

「坐計程車也犯法嗎？」陳明仁和江蓋世互換眼色。

「被耍了！」這群軍警氣憤不已。

聯外的道路、橋梁，率皆遭到封鎖，上百位軍警荷槍實彈盤查，道路比上下班交通尖峰時還要堵塞。盧修一也被盤查，脫下黑面具的他，暗自祈禱郭倍宏能平安無事。午夜了，軍警仍遍尋不著郭倍宏的下落。

金蟬脫殼　一九八九年十一月二十三日

「郭倍宏昨晚到底怎麼從臺上消失的？」「被抓到了嗎？」

盧修一清晨翻開每一份早報，都刊登了昨晚的造勢晚會與郭倍宏的新聞。

執政當局想像不到，人群雜沓的中和運動場，竟能「公演」一場金蟬脫殼的大戲，郭倍宏就在眾目睽睽之下「遁走無蹤」。

當局氣結，明明滾煮了一口大鍋鼎，要上桌的菜餚是「甕中捉鱉」，卻意外變調成了豆花，六千名警察吃得「滿臉全是豆花」。

盧修一笑了，他向助選大將簡錫堦豎起大拇指，稱讚連連：「你真是大衛魔術師[57]啊！」簡錫堦正是此戲劇性高潮的策畫者，而陳婉真更是建議此構想並共同執行的關鍵人物。

連盧修一也不知道，前一夜，郭倍宏在舞臺燈光暗下時，迅速換裝，沒有戴面具，從容走下舞臺。

「警方一定都會抓戴面具的人，所以，我就不戴面具。」郭倍宏事後說，「我就坐在中和運動場旁邊的一輛車子裡面睡覺，到了早上五點，警察早就撤走了，我才離開。[58]」

一名當局懸賞的通緝犯，為什麼是上萬名群眾歡呼保護的人？

不少人聽說過「郭倍宏的全家福照片」的故事。郭倍宏因遭列入「黑名單」，無法返鄉為雙親結婚四十週年慶祝。臺灣的家人為了拍攝全家福，就在前排預留兩個位置先合照；事後，在美的郭倍宏夫婦各抱一個孩子合照，再將照片剪貼在臺灣家人全家福的兩個空位上。這張照片，使許多人望之鼻酸。

「臺灣是我們的故鄉，返鄉是我們的權利，我要用我的生命爭取這個權利。」許多「黑名單」人士的怒吼言猶在耳。

郭倍宏在眾人的「黑名單」黑面具保護下金蟬脫殼，恰恰凸顯了國民黨政權以「黑名單」阻止政治異議人士返鄉的荒謬暴政。

這些年來，盧修一儘管屢遭警察攻擊，仍堅持與「黑名單」人士站在一起。

為什麼？

因為，「黑名單」、「二條一」、「刑法一百條」都是當局控制人民思想、剝奪人民基本權利、將政治異議人士入罪的工具，皆為民主國家不該有的惡法。

而郭倍宏受鄭南榕四一七殉道的感召，積極協助了陳婉真、臺獨聯盟中央委員蔡正隆、世臺會會長李憲榮成功闖關回臺，自身甚至偷渡現身於盧修一與周慧瑛的競選造勢晚會；種種飛蛾撲火的舉措，意在凸顯「返鄉權」和「言論自由」。

可以說，四十八歲的盧修一與三十四歲的郭倍宏，雖屬不同世代，卻擁有共同的理念。

重回仁教所　一九八九年十一月二十九日

消息傳來，警察在北門教會逮捕了「黑名單」人士羅益世。

盧修一扼腕。

三個月前，盧修一駕車遭受攻擊，眼見車上羅益世、蔡正隆在光天化日下被鎮暴警察押走，驅逐出境。羅益世當時曾誓言要回臺助選，如今果然再次闖關入臺。

眼下，當局通緝郭倍宏仍無法尋獲之際，卻竊聽教會電話得知羅益世的行蹤，一群霹靂小組逮捕、刑求二十八歲的羅益世[59]，囚入看守所。

他不禁憂慮著：「不知道郭倍宏[60]、羅益世現在如何了？」

盧修一走進臺北縣土城鄉的公辦政見會，滔滔說明他建立臺灣成為「東方瑞士國」的「新國家」政見，並公開宣布：「我演講結束後，要前往仁教所抗議！」因臺獨主張而成為政治犯的盧修一，此一宣稱，不啻是向羅益世、郭倍宏等「黑名單」盟友致敬。

果真，演講會後，他將宣傳車開往土城鄉仁愛路二十三號之一，停在高大的圍牆前方，昔日關押他三年的黑牢所在。只是，仁教所的鐵門緊緊關閉，駐衛警卻是肩荷機關槍，躲在角落，伺機而動。

此情此景使盧修一心頭萬分複雜。他緩緩拿起麥克風，向仁教所放送，期待所內的監管人員和難友都能聽見：

「我今天來跟各位宣布，過去國民黨說我主張臺獨不對，關我三年，今天我出來選立法委員，請人民來決定我有錯沒有錯？主張臺獨有罪沒有罪？」

自一九八七年解除戒嚴，這是政府第一次舉辦公職人員選舉。令人忐忑的是，盧修一在競選活動中屢次提出臺獨言論而頻頻收到當局的傳票；甚且，選舉公報上，盧修一的「新國家」政見全遭中央選舉委員會刪除，其他臺獨主張的候選人也全未倖免。當局箝制言論自由的粗暴干預，豈能阻擋民意要求民主自決的潮流？選票就是民意。答案，只待選民回答。

高票當選　一九八九年十二月二日

我實在太高興了！但也覺得「任重道遠」，我能夠當選，表示我們的方向沒有錯，我們的努力也沒有白費。我們的政治訴求才能獲得普遍的支持。為了新國家、新憲法的理念，我會始終如一，繼續努力，堅持到底。

民進黨新國家聯線臺北縣立法委員候選人盧修一當選感言

一九八九年十二月二日

十二月二日星期六晚間，第一屆第六次增額立法委員、第十一屆縣市長、第九屆省議員選舉的開票結果逐一揭曉。

盧修一以九萬四千五百四十三票的第一高票當選臺北縣立法委員，周慧瑛也以高票當選省議員，兩人都是初次參選，卻雙雙以第一高票當選。

熱情與淚水交織的夜，臺北縣板橋的競選總部，盧修一與周慧瑛的歡欣寫在臉上。盧修一向熱情的支持者謝票，擁抱辛苦的助選人員，感謝同志們勞心勞力的相挺。

讓他最高興的，莫過於民進黨在立委一役即囊括了三二％選票。民進黨在國會的席次大幅提升，共二十一位當選，顯示臺獨政見得到選民接受。與盧修一同為「新國家聯線」的李慶雄、洪奇昌、彭百顯、葉菊蘭、戴振耀等人皆躍為新科立委，共計多達一百三十萬人支持他們的臺獨主張。

盧修一由衷感謝邱義仁的規畫與洪奇昌的牽成，立下新潮流系同志相挺的典範。他也感謝知識界等社會清流公開力挺。他並深知，郭倍宏現身中和運動場的黑面具事件，是他高票當選的另一個關鍵因素。

一直以來，在國民黨黨政軍所經營的媒體，黨外與民進黨人士總是被新聞報導抹黑為暴力、不入流。儘管一九八七年七月已經解除戒嚴，但是「媒體戒嚴」仍在，民進黨候選人要在新聞報導中突圍，可說是困難重重。

所幸，郭倍宏以黑面具金蟬脫殼，被日本ＮＨＫ譽為「忍者」、美聯社與路透社等國際新聞通訊社以「蝙蝠俠」稱之，都使盧修一與周慧瑛登上國內外媒體版面，也提升了「新國家聯線」候選人的識別度。

「這個戲劇的效果無形中提升了我和周慧瑛的得票數，我們雙雙以最高票當選了立法委員和省議員。[61]」盧修一不住感恩。

勝選之夜，盧修一回到家，全家人相擁而泣，這一擁，教他悲喜交集，一家人的心得到平反。他從未將從政列入生涯規畫，但是，上天卻將政治踢進了他的人生。那團綑綁盧修一的命運鎖鏈解開了，他想向命運吶喊，臺灣人一定會出頭天！

為土地找出路　一九八九年十二月三日

站上宣傳車跑遍大街小巷，陽光下，銀髮皓齒的盧修一向選民一一謝票。週日的街道上，民眾爭相向他揮手，他也不住嶄露笑顏，揮手回禮。

他想起八月時辭去黨職專心競選，深入臺北縣各鄉鎮的篳路藍縷。「有些偏遠地區，我們就提早下午到達，遊街、發傳單，晚上演講會時常只有小貓兩、三隻，但我們仍然鍥而不捨，一站一站地辦下去。像平溪、烏來、石碇、深坑、淡水、三芝等，每一個鄉鎮我們都去演講。[62]」

眼下，宣傳車帶領盧修一重回舊地，沿途向選民致謝。每一隻握過的手，每一聲歡呼，每一張選票，都督促他實現新國家的理念。

車子來到土城鄉仁愛路的仁教所門口。

盧修

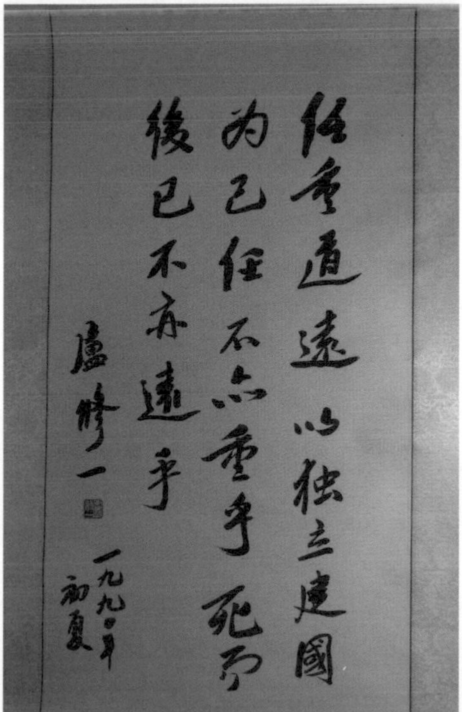
任重道遠 以独立建國
為己任不亦重乎 死而
後已不亦遠乎
盧修一
一九九0年
初夏

身陷囹圄的經驗，讓盧修一對獨裁政權深惡痛絕
運也讓他於1989年代表民進黨參加臺北縣第一居
立法委員選舉。圖為盧修一攝於三芝北新庄祖厝
（攝影／邱萬興）

泫然欲泣的盧修一，在黑牢前引燃鞭炮，拿起麥克風，激動地說：

「選舉期間，我曾經發誓，當選之後我要來這裡謝票。過去，國民黨說我主張臺獨不對，關我三年，我選立法委員，要讓人民來決定，我主張臺獨對不對？現在，選舉結果已經出來了。事實證明，我主張臺獨並沒有錯，有九萬四千多人支持我，證明我是對的，我沒有錯！將來，我到立法院，我會爭取將仁教所收歸臺北縣所有，改成土城鄉的公教場所或是公園，而不是警總的私家場所！」[63]

從一九八三年初到一九八九年底，近七年之間，黑牢、心牢，黑名單、黑面具，緊扣的命運鎖鏈，讓這位大學教授逃過死劫淪為階下囚，眼下又成為揚名全國的民主鬥士。進入國會之後，「新國家的建築師」將為這片土地與人民找出路，由是，盧修一的生命也將駛向臺灣民主化之路，為前進而戰。

第二章

議會裡的街頭路線

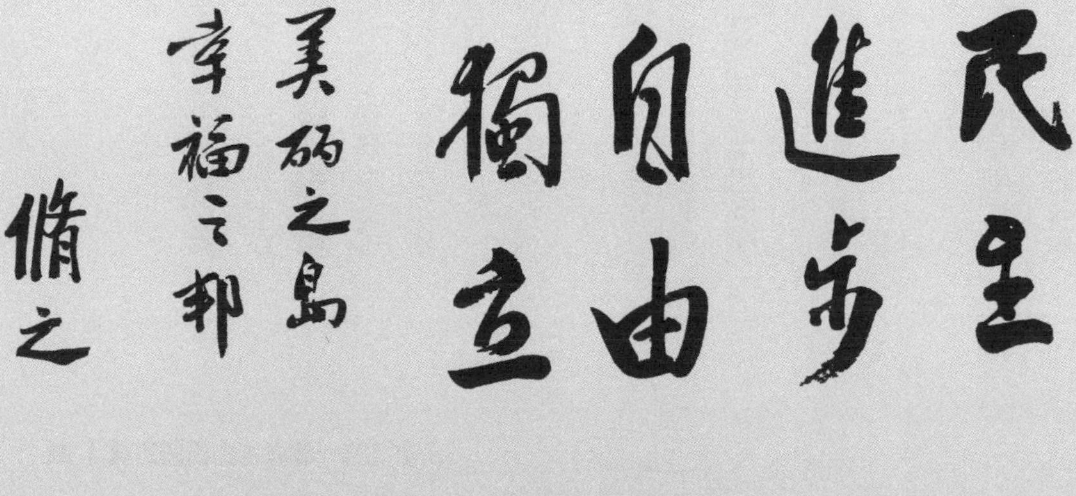

第一節　推倒舊國會

誰在「仗勢欺人」？　一九九〇年二月一日

上午七點鐘，立法院群賢樓第一會議室門口。

新科立委盧修一看了看手錶，再一個小時，立法院第一屆第八十五會期⑨立法委員報到手續就要開始了，媒體記者陸續到來。他深吸一口氣，從此刻開始，他要用盡智慧和氣力推倒舊國會，讓臺灣的國會能真正反映臺灣人的心聲。

不只盧修一，民進黨立法院黨團八十五會期的總召集人張俊雄、幹事長陳水扁，以及黨團成員李慶雄、吳勇雄、劉文雄等立委皆聚集門口商議。六人名字正好可拼成「一扁四雄」。

七點半，清宣統二年出生，高齡八十歲，河北省選出，上個會期曾高喊「我是大陸十一億人選出來」而被輿論議為笑譚的國民黨籍「老立委⑩」吳延環抵達門前，正欲走入會議室，就被這「一扁四雄」擋了下來。

「你沒有民意基礎！」「老賊！」「你回北京報到去吧！」民進黨立委紛紛向吳延環發動言語攻勢。

「我選舉的時候你們都還沒出世！」吳延環回嘴。

「你的選票早就爛掉了！」民進黨立委們回敬。

吳延環苦於無法進入會議室，憤怒離去。

混亂間，僑選立委蔡文曲鑽進第一會議室了。並未察覺的民進黨立委在門口繼續批判：「萬年立委四十年不改選，沒有民意基礎。僑選立委由總統遴選任命，也缺乏民意基

---

⑨ #**立法院第一屆第八十五會期**：一九四八年在中國大陸各省選出的立法委員為第一屆立法委員。國民黨遷臺後，立法院並未全面改選，後來以每三年改選一次的「增額」立委補選，由臺澎金馬選出，以補充不足的立委員額。盧修一於一九九〇年初次就任時為立法院第一屆之增額立委，共有六個會期，每年二月至五月底及九月至十二月底是法定集會期間，必要時得依法延長會期。盧修一初任立委時共歷經六個會期，為：八十五、八十六、八十七、八十八、八十九、九〇會期。

⑩ #**老立委**：資深立委的俗稱，又稱為老委員、萬年立委、老賊。指一九四八年在中國大陸選出的立法委員。一九四九年國民黨遷臺後，立法院亦遷臺。國民黨為維持「法統」，以一系列行政命令與法制使這批立法委員繼續在臺行使職權，四十年不改選，許多委員因年邁體衰或長期居留國外而怠於行使職權，長期遭反對陣營和人民抗議其正當性。後於一九八九年，在總統李登輝指示下，國民黨立委獨大的立法院通過《資深中央民意代表自願退職條例》，老立委卻以增加薪資與職權等條件要脅，輿論譁然，此後「萬年立委」、「老賊」亦成為社會上之俗稱。

礎。他們都是表決部隊。」

「僑選的又怎麼樣！」蔡文曲忽然在會議室狂吼。

盧修一聞言，跨大步進入會議室將蔡文曲拉到門口。

蔡文曲大罵：「不要以為你們人多就可以欺負人！」

吳勇雄被激怒，將蔡文曲推出門口，喊著：「不要以為臺灣人好騙！」

盧修一等人真的是「人多勢眾」嗎？

四十二年來，真正「仗勢欺人」的是誰？

八十五會期伊始，增額立委（由臺、澎、金、馬人民投票選出）僅有一〇一位；反觀不具民意基礎者，還有二九名僑選立委及一五三位老立委。換句話說，高達六四％的立委不具民意基礎。而民進黨與無黨籍立委僅二十一席[11]，人數剛好跨過能在立法院提案連署的門檻，卻仍是僅占七．四％的少數力量。

人單力薄，卻充分代表臺灣民意的這二十一席，該如何以小搏大，凸顯國會應全面改選以反映民意的長久問題？

「人事結構不健全，是立法院最大的問題！」任職於民進黨中央黨部時，就追求臺灣民主化，為了國會全面改選議題而數度上街頭的盧修一義憤填膺，「這個政權用老委員來支持，根本不公不義，國民黨還這樣捍衛！」

時間來到八點鐘，盧修一等二十一位立委排排站，包括葉菊蘭、謝長廷等民進黨黨團成員，無黨籍的陳定南與張博雅也出席，同聲大喊：「有選票的才能進來！」「沒有選票不要來報到！」地面同步張貼十數張海報，訴求：「一〇〇%的稅金，一〇〇%的民意」「逼退資深立委」「李登輝的勸退支票[64]何時兌現？」「退職不盡早，晚節就不保」。不過，國民黨籍的增額立委前來報到時，盧修一等民進黨立委都同聲歡迎，因為他們都是是由臺灣民意選出的立委。

一時之間，七・四%的少數力量，阻擋了六四%既得利益者的報到。

此刻，鳩占鵲巢四十二年，真正「仗勢欺人」的暗黑暴力正在集結。

立法院副院長室內，七十歲的副院長梁肅戎大為震怒。

戴黑框眼鏡，一逕黑西裝的梁肅戎，是一九四八年從遼北省選出的老立委。梁肅戎是國民黨的「鷹派」，下令「立法院不能癱瘓，一定要依例在上午辦理報到！」「警衛保護

---

⑪ **#第一屆八十五會期民進黨籍與無黨籍立委**：謝長廷、陳水扁、葉菊蘭、林正杰（一九九一年中退黨）、李慶雄、黃天生、張俊雄、盧修一、鄭余鎮、許國泰、田再庭、彭百顯、朱高正（一九九〇年初即不參與黨團。同年八月開除黨籍）、魏耀乾、余政憲、邱連輝、劉文雄（一九九一年十月逝世）、洪奇昌、戴振耀、王聰松、吳勇雄；加上無黨籍：陳定南、張博雅（一九九〇年入郝內閣）共二十一席。

我，我要在九點半去現場報到！」

梁肅戎派人到第一會議室前向民進黨黨團溝通，兩度來回，民進黨團都未退讓。

十點半，梁肅戎已派出兩、三百名警力抵達現場布署。

十點四十分，城中分局派出三個小隊的霹靂小組到場，隨時要將民進黨籍與無黨籍立委拖走，並阻擋玻璃門外的人民進入聲援。一時草木皆兵。梁肅戎派人第三度與民進黨團溝通。

民進黨團表示，如果霹靂小組動手，他們就掀掉報到桌，玻璃門外群眾一旦衝入聲援，後果由國民黨負責。不過，民進黨團也強調抗爭將在十二點結束，並表示：「雖然阻擋了會議室正門，但資深立委與僑選立委仍能入內報到。」

警察繼續待命，盧修一等人蹲低，嚴防被拖走。氣氛詭譎。

梁肅戎曾在上個會期，於立法院議場內動用警察權毆打民進黨籍立委，此刻會下令「清場」嗎？

一分一秒過去。

時針、分針與秒針交疊，十二點鐘一到，盧修一等民進黨籍與無黨籍立委一字排開，高喊「全面改選、民主萬歲！」他們在現場召開記者會，訴求國會全面改選與行政院總辭，聲明如下：

「國會四十餘年來不能全面改選，完全不再具備當選合法性、無民意代表性，以致失去職權代表正當性的資深國大代表、資深立委、資深監委迄今不能全面退職，令國人憤慨。以立法院而言，所謂資深委員率皆長居海外、長年臥病經常缺席者，更有不具思考與判斷能力者，甚至具備雙重國籍隨時得雙重效忠者，在在令國人不齒。而國民黨宣稱要在二月一日以前勸退三十四位資深立委，迄今猶無任何成效，這是不及格的勸退成績單，對所有在野黨而言是一種羞辱，對國人而言更是一種不可饒恕之欺騙。

民進黨立院黨團要求，澈底廢除不合理、不合法的海外遴選之立委與監委制度，對於具備雙重國籍的民意代表應不准許其報到。對於執政黨不能兌現其勸退支票，構成民主國家倒閣之要件，中央民代之增額選舉，以及新科立委即將上任，行政院長李煥、副院長施啟揚暨行政院各部會首長應在新會期開議伊始集體總辭，重新經立法院同意任命。」[65]

這是新科立委盧修一在立法院內報到後，參與的第一場追求臺灣民主化的活動[66]。同志與群眾紛紛離去之際，他轉身向警員們握手致意，步出立法院。

有史以來，立法院首度出現新會期上午報到手續受阻，抗爭近四小時。老立委和僑選立委都改為下午報到，立法院副院長梁肅戎亦然。

但是，對比這四小時，長年不改選的立委才是民主笑話。

多年來，黨外、民進黨、無黨籍人士屢次以街頭遊行與國會抗爭，終於迫使國民黨授意由立法院通過《資深中央民代自願退職條例》，並於一九八九年二月由總統李登輝公布。依此條例，退職的資深立委、資深國代、資深監委每人領取高達四百五十萬新臺幣退職金並享一八%優惠利息定存。但是，一年過去了，辦理退職的人數並不多；若要等老立委漸漸凋零而喪失職權，至少還要再十年。

國會全面改選是一場黨外人士、民進黨人跑了多年的接力賽跑，眼下的報到日，盧修一等人接棒，不達目標絕不罷休。

「民進黨的圍堵行動與聲明，都凸顯了體制的不合理，並使民意得到尊重。[67]」臺大政治系教授呂亞力接受《自由時報》訪問指出。

初任立委，盧修一自詡為「新國家建築師」，主張「新國家，新憲法，新政府，新社會，新人民，新文化」，建立「新國會」的政見言猶在耳。如今，在六四%「不具民意基礎」的老立委環伺下，他將扮演什麼角色，運用知識與智慧來推倒舊國會，催生新國會？

合縱連橫　一九九〇年三月十三日

為了選總統，國民黨內爆發「二月政爭[12]」，社會動盪，人心不安。

三月十三日，立法院第八十五會期第七次院會，下午五點四十分。

民進黨立委臉色鐵青。

從二月開議以來，民進黨立委提出的政治性提案，往往遭院會主席暨新任立法院長梁肅戎否決、退回、擱置、或送到程序委員會⑬「冷凍」。

眼下，吳勇雄等二十人、陳水扁等十四人的臨時提案，都未能倖免。

由於梁肅戎先將吳勇雄的臨時提案[68]送交程序委員會，接著處理陳水扁的臨時提案[69]時，刻意將之擱置一個禮拜，陳水扁鑒於時效已過，只好撤回提案。

盧修一的臨時提案能倖免嗎？

下午五點五十四分，梁肅戎宣布：「進行盧委員修一等三十四人臨時提案。」主旨為：「本院委員盧修一等三十四人臨時提案，為釐清有關內閣制或總統制的各種憲政爭議，確立民主的正常運作體制，擬請本院決議，由司法、法制兩委員會舉辦憲政體制公聽會，邀請學者專家出席報告並備諮詢，是否有當？擬請公決。」

---

⑫ **#二月政爭**：國民黨主流派與非主流派的鬥爭。起因於一九九〇年二月國民黨主流派的李登輝欲競選總統（一九八八年一月蔣經國逝世後由副總統李登輝繼任總統，任期至一九九〇年五月二十日），並欲提名李元簇競選副總統，預計於三月召開國民大會由國大代表投票。但在二月國民黨臨時中央委員會議中，非主流派策動由司法院長林洋港與國安會秘書長蔣緯國競選總統與副總統。後來，主流派的李登輝向非主流派妥協，主流派才於一九九〇年三月九日與十日宣布林洋港與蔣緯國退選，暫時結束政爭。

⑬ **#程序委員會**：立法院內的特種委員會，主要功能是安排院會的議程。一旦提案被院會裁定送交程序委員會，有如將熱湯送進冷凍庫，因此俗稱「遭冷凍」。因國民黨老立委席次居多，國民黨取得了絕大多數程序委員席次，民進黨籍程序委員僅田再庭一人，因此在野黨難以決定議程，常常寡不敵眾，導致提案無法排入院會。

梁肅戎說：「現在請提案人盧委員修一說明提案旨趣。」

以憲政角度另闢蹊徑，實則深入二月政爭核心問題的盧修一走上發言臺，朗聲說道：

「本席此一提案的意思相當清楚，並因許多同仁均有同感，故而獲得超越黨派的支持與連署。本案目的係關心我國憲政體制，希望透過討論形成共識，給國家未來憲政體制之發展找出一條康莊大道……」

這時，盧修一搖身一變為受學生歡迎的政治學教授，以幽默口吻，化繁為簡地講授看似枯燥的主題：

「我國是總統制、五權憲法制，或是內閣制？」

盧修一言簡意賅地戳破了中華民國憲政體制「因人而異」的亂象。

他說道，民國初建，孫文制定《臨時政府組織大綱》並擔任大總統時，是總統制。孫文後來要讓總統位給軍閥袁世凱卻擔心軍閥擴權，遂將《臨時政府組織大綱》改為《中華民國臨時約法》，這是內閣制。一九四六年制定並於一九四七年實施《中華民國憲法》，但是一九四八年為了打共產黨，國民大會通過《動員戡亂時期臨時條款》，成為違反《中華民國憲法》的「違章建築」，致使政治體制無法釐清。

「依照憲法，我國應該實施內閣制，但是，真正實行內閣制的時期只有蔣經國擔任行政院長、嚴家淦擔任總統的那兩年期間。目前是李登輝擔任總統，在主流派與非主流派協調時，謂事關憲政體制，應從長計議，李院長（行政院長李煥）在本院報告時又不肯明確答覆……」盧修一指出，立法院是最高民意機關，有責任對此表示一致看法，因此，他提案由司法與法制兩委員會舉辦公聽會，邀請學者專家備諮詢，釐清總統制或內閣制的各種憲政爭議[70]。

出乎意料地，梁肅戎竟問：「本案交司法、法制兩委員會處理，請問院會有無異議？」由於現場無異議，遂宣布：「本案交司法、法制兩委員會處理。」

屈指一算，盧修一這項提案獲得三十四位立委[71]連署，包括國民黨主流派（親李登輝，支持總統制）與非主流派（親李煥與郝柏村，支持內閣制）；連署人的政治光譜涵蓋獨立到統一。

民進黨加上無黨籍僅二十一名立委，為何盧修一能獲得跨黨派立場相異的立委連署？他二月進入立法院，切身感受到立法院被國民黨及「投票部隊」⑭掌控。他體認立法院「合議制」的真諦，光靠一人無以成事，須因應議題而尋找理念相合者，共同合作，方能成功。

但是，找其他黨派合作，談何容易？

---

⑭ **#投票部隊**：又稱表決部隊，指總數占立法院六四%的老立委和僑選立委，大多聽命於國民黨，對許多法案以舉手表決來貫徹國民黨黨意，為社會所詬病，僅少數認真問政、立法。立法院長梁肅戎也是老立委。

「盧修一熱情又風趣，人緣很好。」民進黨立委戴振耀、李慶雄都說他尤其幽默，講個笑話就能跟人打成一片。

「他浪漫、熱情、笑口常開，包容性高，在立法院大家都喜歡跟他做朋友，他幾乎沒有敵人。而且他學養出眾，沒有架子。」陳水扁說。

更重要的，盧修一不是「鐵板一塊」，他能傾聽，能對立場相異者設身處地，將心比心，願意異中求同[72]。「了解了，就諒解了。[73]」是他在黑牢常自我告誡應撇除成見，「不以人廢言，不以言廢人」的態度。

無論如何，盧修一此一提案切中了眼下國民黨主流派與非主流派的內部鬥爭，能說服跨黨派立委連署，連「國民黨的黨意把關者」梁肅戎都放行，不啻為勢單力薄的反對黨提供了清楚的戰鬥策略：

一、尋找跨黨派有共識的議題。

二、呼應當前時事與國家社會現狀的問題。

三、提出對國民黨不具威脅性的提案。

提請釋憲　一九九〇年四月三日

「野百合學運」⑮甫落幕兩週，因「反老賊修憲」而起的改革聲浪，直到四月初，民氣仍餘波盪漾。

四月一日，三百餘位大學教授連署要求盡速通過全面改革。[74]民進黨立法院黨團研判，這是呼應民意來推倒舊國會的好時機。

已是晚間六點鐘，盧修一環顧議場。

這是第八十五會期第十七次院會。

一如往常，老立委、僑選立委大多在上午簽到或舉手表決後即退席。只剩下民進黨團成員，以及立法院的國民黨次級團體「集思會⑯」、「新國民黨連線⑰」等增額立委仍坐

⑮ **#野百合學運**：又稱三月學運。在國民大會中，有投票權、四十年不改選的老國代趁「二月政爭」之際要求延長任期、增加薪酬等條件，引發輿論反彈，學生群起串聯靜坐抗議，史稱野百合學運。三月十八日，學運學生提出四項主要訴求：一、終止《動員戡亂時期臨時條款》；二、解散國民大會；三、為促進政治改革，舉辦國是會議；四、提出政治改革時間表。三月二十一日，李登輝與李元簇在國民大會中順利當選第八任總統與副總統。李登輝總統於當選之夜召見學生並答應四項學運訴求。三月二十二日，學生中止抗爭，學運落幕。

⑯ **#集思會**：立法院國民黨次級團體，以吳梓、黃主文等人為首；親李登輝，屬國民黨主流派。立場為支持臺灣主體性的本土派。

在議場內。

「民進黨的人少，如果要表決，少一個人都不行。」謝長廷說。

「我們雙手雙腳都舉起來，票數也比不過那些投票部隊。」戴振耀也說。

主席梁肅戎宣布，請立法院民進黨團幹事長⑱陳水扁上臺說明臨時提案。[75]

陳水扁為了這項臨時提案，動用民進黨黨團包括盧修一等立委合力拿到跨黨派的二十六名[76]連署，以增額立委為主，包括「集思會」、「新國民黨連線」關鍵人物。一言以蔽之，這項提案是要聲請大法官釋憲，解釋老立委四十年不改選是否違憲？

陳水扁發言：「主席，各位同仁，關於國會全面改選的問題已經是全民、不分朝野的共識，至於如何達到全面改造國會結構的目的，我們相信，有四種最簡單的辦法可以達到。」陳水扁指出，第一是廢除《動員戡亂時期臨時條款》，終止「動員戡亂時期」，但是總統對此可能有顧慮；第二是修訂《資深中央民代自願退職條例》，但是老立委會反彈；第三是公民投票，但是社會成本太高；唯獨第四種辦法可行，就是大法官釋憲。

國民黨立委李宗仁、李勝峰相繼發言主張延後再議。不過，跨黨派連署此一提案的國民黨立委饒穎奇、趙少康、民進黨立委謝長廷、無黨籍立委黃明和等人連番發言力挺。正反兩派意見對立，一時間，氣氛緊張了起來。

六點四十四分，盧修一站上發言臺緩和氣氛。

「主席，各位同仁。本席以為，聲請大法官會議解釋一事其實很單純，大家不必緊張，亦不致動搖資深立委之合法地位或憲政體制。事實上，本案之所以提出，是與最近政治發展有關。

需知，國民大會本身即有權修改憲法，但由於他們這次[77]想要擴充臨時條款以爭錢、爭權，方引起這陣子的憲政風暴，結果在強大的全民、全社會，甚至包括學生在內要求民主、要求自由的民意壓力下，使他們不敢有所作為，於是在選舉完正、副總統之後即草草宣告閉會，一切仍維持原狀。

這個事實讓我們非常清楚知道，本案如今提出實是極恰當的時機，尤其在當前全國上下要求民主的形式下，更應進一步改革已不適用於今的體制，重新解釋那些已事過境遷的法令。

誠如陳水扁委員所云，解鈴還須繫鈴人。**民國四十六年，大法官會議第七十六號解**

---

⑰ **#新國民黨連線**：立法院國民黨次級團體，以趙少康、李勝峰等人為首；親郝柏村，屬國民黨非主流派。立場為支持兩岸統一。幾年後因國民黨政爭退出國民黨，成立「新黨」。

⑱ **#民進黨團幹事長**：民進黨立委在立法院成立黨團，領導中心為總召集人（總召），其次才是幹事長。但當時總召一職屬於精神象徵，多由民主前輩擔任，因此，幹事長才是實際召集、領導黨團，並代表黨團提出黨內關鍵提案的人。幹事長就像戲劇導演，在該會期挑大梁，代表黨團接受媒體採訪，也是鎂光燈的焦點。民進黨的幹事長為輪流擔任，每一名幹事長擔任一個會期。分別是：陳水扁（八十五會期）、謝長廷（八十六會期）、盧修一（八十七會期）、彭百顯（八十八會期）、李慶雄（八十九會期）、洪奇昌（九十會期）等。不過，國會全面改選後多年，民進黨團職務轉型，幹事長一職轉型，總召不再是精神象徵，而成為實際領導者。

釋，謂國民大會、立法院、監察院共同相當於民主國家之國會，造成了目前的三頭馬車情況，更使我們處處掣肘，故讓大法官會議對此問題有機會加以解釋，在當前情勢下，確有必要，相信大法官會議必會順應民意，符合時代潮流與憲法，做出新的解釋。

總之，這個動作是最重要的。我們無需在枝節問題，例如文字是否圓融上面探討，大家基於追求臺灣民主政治發展的認同下，應該共同支持本案的通過，至於文字，則俟大法官會議時再行考慮即可。以上意見，請大家指教，謝謝！」[78]

繼盧修一之後，國民黨立委林志嘉、無黨籍立委張博雅、民進黨立委李慶雄援理支持。但是，軍系立委[79]王天競卻說：「在陳水扁相逼之下，不甘心讓它通過。」老立委楊寶琳更指責：「國民黨增額立委聯合民進黨立委來打擊我們資深立委。」

正反立場交鋒。時針已經來到晚間七點鐘了，老立委出身的梁肅戎，面對此一攸關自身利益的議題，卻無「表決部隊」可用。

為什麼？

眾所皆知，以老立委為主體的表決部隊通常上午簽到後即回辦公室休息，待梁肅戎（或國民黨）動員再回議場舉手投票，因而也被譏諷為「投票部隊」。然而，梁肅戎通常是在上午開會時表決，而陳水扁此一釋憲臨時提案卻是在晚間討論，表決部隊早已返家休息。

眼下，梁肅戎無法調動部隊即時「回防」，事涉自身利益也不方便擱置提案，這位立法院長會怎麼裁示會議進行？

這時，梁肅戎放軟了姿態：「《動員戡亂時期臨時條款》第六項第二款、第三款均有明文規定，聲請大法官釋憲可能有點問題，這是個人意見，提供給各位參考。」旋即再以商量的口氣說：「是不是這樣，本案原則通過，有關聲請書中，文字之增減由提案委員饒穎奇、黃委員明和、陳委員水扁邀集發言委員再行研商後提報院會。現在散會。」

梁肅戎宣告散會，盧修一握拳，喜上眉梢。

跨黨派連署不易，院會議事操控在梁肅戎手中，誰想得到，釋憲提案竟能通過院會？「國民黨可能認為，還有大法官會議釋字第三十一號可以保障老立委。」民進黨團幹事長陳水扁更是喜出望外。

正如盧修一所言，跨黨派之所以連署此一釋憲案，與當下的政治發展有關。陳水扁直指，「學運學生反老賊，要廢除國民大會。我們在立法院努力，這座高牆（舊國會）一定要推倒！」並強調，「雖然民進黨不是二十一個人都想法一樣，但主要是我們幾個帶頭的人腳步一致。」

翌日，國民黨中委會做成決議，資深中央民代八十年底退職完畢。[80]

彷彿一株新芽在不符時節的冬天，意外竄出枝幹，透露出不一樣的訊息。

釋憲案能推倒舊國會嗎？可能促動國會全面改選嗎？

前一年，盧修一還在赴美演講中宣揚民進黨為臺灣開出的三張處方：正名制憲、解除戒嚴、國會全面改選。契機乍現，國會全面改選會是盧修一在立法院順利協助臺灣服用的一張處方嗎？

在民進黨團初嘗戰術勝利的喜悅中，盧修一期盼大法官會議的翻牌時刻。

新國會的曙光　一九九〇年六月二十一日

這是石破天驚，歷史性的一天。

大法官會議，做出釋字第二六一號解釋。解釋文如下：

「中央民意代表之任期制度為憲法所明定，第一屆中央民意代表當選就任後，國家遭遇重大變故，因未能改選而繼續行使職權，乃為維繫憲政體制所必要。惟民意代表之定期改選，為反映民意、貫徹民主憲政之途徑，而本院釋字第三十一號解釋、憲法第二十八條第二項及動員戡亂時期臨時條款第六項第二款、第三款，既無使第一屆中央民意代表無限期繼續行使職權或變更其任期之意，亦未限制次屆中央民意代表之選舉。事實上，自中華民國五十八年以來，中央政府已在自由地區辦理中央民意代表之選舉，逐步充實中央民意機構。

為適應當前情勢，第一屆未定期改選之中央民意代表除事實上已不能行使職權或經常

不行使職權者，應即查明解職外，其餘應於中華民國八十年十二月三十一日以前終止行使職權，並由中央政府依憲法之精神、本解釋之意旨及有關法規，適時辦理全國性之次屆中央民意代表選舉，以確保憲政體制之運作。」

四十年不改選的「萬年代表」就要終結了！

看到這份釋憲文，盧修一振臂高呼，舉目望天，已是撥雲見日。

根據這項解釋，第一屆資深國代、資深立委、資深監委，都應於一九九一年十二月三十一日以前終止行使職權。而且，釋憲文也強調應舉行國會全面改選。

「不是我們不退，是我們無『法』可退！」過往總愛將這句話掛在嘴上的梁肅戎等老立委，終於「有法可退」了。

換句話說，經過民主前輩一棒接一棒努力，如今，在盧修一與同志接棒打拚之下，這片土地終於可望服用國會全面改選的處方！而標舉「新國家，新憲法，新國會」政見進入立法院的盧修一，其「新國會」的目標也可望實現。

「釋憲的結果，證明我們是對的！」以民進黨團幹事長身分提出這項臨時提案的陳水扁，是立法院內的最大功臣，可謂臨門一腳。「原本謝長廷說要提案修《資深中央民代自願退職條例》，我就逆向思考，絕對不可以貼在法律層次，而是要跳到憲法層次，請大法官會議來解釋。」

一件事情的發生，牽連了很多因素。

野百合學運在三月二十二日落幕之後，新當選第八任總統的李登輝吸收了民主改革的在野民氣，同意日後落實對學生的四項承諾。

孰料，李登輝在五月二十日宣誓就職前，卻決定提名曾任參謀總長、國防部長的郝柏村擔任行政院長。這項「軍人干政」的反民主大逆轉，引起全國譁然。[81]

在民間，知識界率先發難。學者論政團體「澄社」發表聲明堅決反對，澄社社長暨臺大教授楊國樞更發起知識界連署反對軍人組閣，不僅靜坐抗議，還成立知識界「反軍人干政聯盟」，發動「五二〇遊行」。五月二十一日赴立法院請願。[82]

連日來，盧修一、張俊雄、陳水扁等民進黨立委在群賢樓前靜坐，盧修一還不時身穿「反軍人干政」服裝，在立法院院會、委員會中抗爭、運用議事技巧杯葛行政院長郝柏村在立法院進行施政總質詢。

前有李登輝對三月學運學生的民主承諾，後有五月民間反軍人干政的抗議聲浪。而眼看著跨黨派的國是會議即將在六月底召開，民進黨也表示願派員參加。

眼下這項釋憲案，或可說是大法官會議對民主改革派人士釋出的善意。

只是，這項釋憲文已牽動老委員的既有權力與利益，他們甘願退職嗎？

表決部隊，反噬民主　一九九一年四月九日

星期二上午九點，第八十七會期[83]第十六次院會。

盧修一早已在議場內坐鎮，這個會期他挑起民進黨團幹事長大任、主司指揮調度。

此刻，他心急如焚。因為，三月底到四月六日，行政院長郝柏村箝制「黑名單」的措施更加嚴峻，政府要求多家航空公司拒載臺灣同鄉返國，臺灣人甚至無法入境其他國家[84]。為此，盧修一決定凸顯「黑名單」議題，遂與同為「新國家聯線」的立委洪奇昌各自提出一個臨時提案，一大早就登記提案發言。

然而，開議不久，主席梁肅戎卻扭曲議事規則，偏袒並接受國民黨立委謝美惠「插隊」提出的「總預算案審查程序修正案」臨時提案。梁肅戎甚至動用表決，由「表決部隊」通過該提案。

只見老立委與僑選立委完成梁肅戎要求的「表決」任務後紛紛離開議場，盧修一等民進黨立委群情激憤，抗議梁肅戎扭曲議事規則。但是，梁肅戎充耳不聞，還「召回」表決部隊，繼續強制表決，將原本順序排在謝美惠前面的張俊雄、盧修一、洪奇昌等三項臨時提案[85]，延後到傍晚五點半才能提出。

盧修一惱怒，批評梁肅戎主持議事不中立。

時間一點一滴過去，盧修一苦候到傍晚五點半，就為了要提出「黑名單」臨時提案。不料，梁肅戎卻繼續發動「表決部隊」，一連將張俊雄、盧修一、洪奇昌等三項臨時提案一股腦否決。梁肅戎意猶未盡，還要繼續否決接下來其他的臨時提案。這時，現場人數不足，無法表決，怎料梁肅戎不顧民進黨立委反對，逕自裁示，排在後面的謝長廷、彭百顯、鄭余鎮等人的幾項臨時提案都「另外定期表決」。意思是，這些提案都被主席一人之意送進「冷凍庫」去了。

「散會！」晚間六點鐘，梁肅戎如是宣布。[86]

短短半小時，民進黨立委的臨時提案全軍覆沒。幹事長盧修一與黨團成員挫敗。盧修一代表民進黨團接受媒體訪問，激憤地說：「院會通過的『總預算案審查程序修正案』中，通過的結果和程序都有諸多不合理及瑕疵，尤其老委員仍參與表決，民進黨團無法接受！[87]」

盧修一戳中了問題的核心。

謝美惠的臨時提案能插隊、盧修一等民進黨立委的臨時提案被否決、拖延、冷凍，皆因梁肅戎與這支不具民意代表性卻占立院六四%的「表決部隊」。

大法官會議釋字第二六一號解釋文公布已十個月了，為何「表決部隊」仍橫行？說好的老立委退職呢？

這要追溯到前一年的六月。

自從一九九〇年六月二十一日，大法官釋字第二六一號解釋文公布後六月底，李登輝履行對野百合學運學生的承諾，召開跨黨派國是會議，並於會後發表幾點共識[88]，其中之一就是「盡早使未曾改選的中央民意代表退職」。

亦即，國是會議的共識，也附和了二六一號釋憲文，民進黨要推倒舊國會的目標彷彿打開了一扇春天的門。

但是，資深代表反彈愈加激烈[89]，抗退者愈增。在立法院，梁肅戎對釋憲案的怨恨之情也溢於言表，主持議事愈加偏頗，抗退的老立委在議事上聽從梁肅戎指揮，屢屢壓制民進黨立委的提案。致使民進黨立委的提案無法通過，又不願成為立法院的「橡皮圖章」，因此，議場內衝突頻生。

立法院被抗退的老立委霸占，國民大會也荒腔走板。

一九九一年一月二十一日，老國代決定提交修憲案，欲推翻第一屆國代必須於年底以前退職的法規；更甚者，四月一日有一六八名老國代提案要求增加僑選代表名額[90]。四月八日，國民大會召開臨時會，國民黨老國代繼續扮演「表決部隊」，通過國民黨中央自行擬定的憲法增修條款，而僅八席的民進黨增額國代，在臨時會中無論如何抗爭也屈居劣勢，難以反映民意。

對此，輿論批判激烈。

以學者與知識分子組成、監督時政的澄社，社長楊國樞甚至抨擊，「不能容忍沒有代表性的老國代參與修憲。[91]」

眼下，該退職的老委員賴著不退，甚至反噬民主改革，情勢可能更糟。

欲凸顯問題，身為立法院民進黨團幹事長的盧修一為了大局，已謀定後動。

四進四出，抵死力爭　一九九一年四月十二日

星期五上午九點，第一屆立法院第八十七會期第十七次會議。

院長梁肅戎站在主席臺，瞇著眼睛看向門口，待入場的立法委員七十四位，已達法定人數，遂宣布：「現在開會，進行報告事項。」

第一個報告事項，就是宣讀上一次院會（四月九日）的議事錄。宣讀完已是九點二十八分。

梁肅戎問：「請問院會，第八十七會期第十六次會議議事錄有無錯誤？」

「有異議。」臺下有委員喊道。

梁肅戎見狀，宣布：「現在有九位登記發言，第一位請張委員俊雄發言。」

九點二十九分。民進黨立委張俊雄走上主席臺。

張俊雄先抗議梁肅戎在上一次院會扭曲議事規則，偏頗國民黨立委謝美惠的臨時提案，置其他臨時提案於不顧一事，直指梁肅戎有四大問題，應為立法院亂象負起絕大部分責任：「一、維護保守既得利益，激發衝突。凡本院同仁提及資深委員退職、院長下臺，或老立委職權之行使應自我節制等問題，院長立即扣以『臺獨』、『省籍隔閡』；二、欠缺議長風範；三、破壞議事規則，貫徹黨意，不利於兩黨競爭；四、完全扼殺在野黨活動空間，濫用表決。」

張俊雄並批評梁肅戎濫用表決部隊，不利政黨良性發展，「我國國會結構中將近一半之國會議員並無正當性、代表性，如此的表決不是存在很多問題嗎？因此，絕對不能濫用表決。尤其兩黨都重視的事，更應透過政黨協商；但我們看到梁院長多次在主持院會時，公開反對政黨協商……我要在此大聲疾呼，從國是會議開始至今，幾已無街頭運動。我們希望在議會中，可以有反對黨活動的空間，才能進行議會和平改革；但如果像現在，把所有的議會、和平改革都封殺掉，是否要讓所有人都走上街頭，進行暴力革命？這個責任將是多大！」

張俊雄發言完畢，無動於衷的梁肅戎迫不及待宣布：「請謝委員美惠發言。」

此際，張俊雄往主席臺走去，對梁肅戎說：「我現在把這份抗議書交給你。」並說：「同時，我還要為臺灣人民打你一個耳光。」隨即象徵性地輕輕拍了梁肅戎的臉頰。

梁肅戎本能出手回擊了張俊雄。梁肅戎這一掌，在一片吵鬧聲中的三、四十公尺外都能聽見。[92]

這一幕，二樓記者席的電視攝影機都記錄了下來。

議場麥克風傳來梁肅戎的高昂嗓音：「各位同仁，我認為張委員俊雄這種行為違反議事規則！根據立法院組織法第十六條的規定，我交付懲戒！」「現在請謝委員美惠發言！」

國民黨立委謝美惠正是上次院會引爆兩黨衝突的導火線，她甫站上發言臺，身為民進黨黨團幹事長的盧修一已與洪奇昌分別衝向臺前聲援張俊雄。

盧修一奔到臺前向謝美惠喊：「講什麼！不要講了！」

值此同時，民進黨立委余政憲在座位上喊：「主席也打人，主席也應該交付懲戒！」民進黨立委鄭余鎮則在發言臺前喊：「本席對交付懲戒一事有意見！」

這時，盧修一和洪奇昌雙雙站上發言臺。

梁肅戎見狀大怒，發動警察權：「請警察進場維持秩序！將盧修一委員、洪奇昌委員自發言臺拉開！民進黨這種暴力行為，應予嚴重的譴責。你們想用暴力來控制立法院是絕對不可能的！張俊雄這種羞辱主席的行為，我為你感到羞恥！」

張俊雄在臺下回嗆梁肅戎：「這些年來，你對於國家、社會發生的負面影響，你有沒有思考過？你只是為了做院長。我為你感到羞恥！」

梁肅戎與張俊雄猶然相互叫罵之際，幾十名警察已經衝向盧修一，有的抱住頭，有的拉住手腳，有的抱住身軀，將盧修一拖往議場外，沿路還不斷踹他的腹部下體。盧修一被拖到角落的茶水間，議場立委座席與二樓記者席視線所不及之處，傳出盧修一遭到陣陣毆打與重擊的慘叫聲。

與盧修一同屬「新國家聯線」的農民立委戴振耀直覺事有蹊蹺，火速衝向茶水間搶救他的好兄弟「盧仔」（盧修一）。

「我一衝進去，就看到七、八個警察圍著，盧仔倒佇土腳（倒在地上），予兩、三個警察腳踢手打（拳打腳踢），我馬上去結（打）彼兩、三個警察，結果，煞變成所有警察攏作伙（都一起）打，我嘛予打咖倒佇土腳（我也被打到倒在地上），只好攬著土腳的盧仔，所有的拳頭攏打咧我尻脊骿（都打在我的背部）。」戴振耀說[93]。

梁肅戎強力動用警察權，以不符比例原則的多數警力對盧修一施暴，引起二樓記者席連連驚呼。

不久，十幾名警察從茶水間走出來。沒想到，盧修一也蹣跚走出，一身西裝已被抓破。梁肅戎仍與張俊雄互罵，對盧修一的傷勢毫無動容。臺下的國民黨立委劉盛良向梁肅戎提醒：「主席，休息十分鐘。」

梁肅戎斥道：「先要洪委員奇昌離開發言臺！」

洪奇昌反嗆：「你來抬啊！」

才剛被警察拳打腳踢的盧修一見狀，再度衝向主席臺。戴振耀一看，趕忙尾隨而去。

梁肅戎再下令動用警察權：「這種民進黨變成暴力集團了，搞臺獨不要這樣！把洪奇昌拖出去！」

這時，國民黨立委謝深山在臺下向梁肅戎呼籲：「休息十分鐘！」

梁肅戎不肯接受自家立委的勸告，堅持下令：「他（盧修一）要先走開才可以！」

瞬間，數十名警察包圍盧修一，抱住脖子拖行，沿路踢打，撞到桌角仍強力拖到議場外，被踹倒在地的他，繼續遭警察踢踩；戴振耀也遭一陣亂打；洪奇昌被拖到臺下。

現場大亂，二樓記者席騷動驚呼；國會助理群見狀在二樓叫陣吶喊。警察見狀衝上去制止，衝突升高。

高踞主席臺的梁肅戎，意識到電視攝影機正在錄影，對著主席麥克風聲稱：「我要向各位報告，今天臺灣民主政治等於宣判死亡。民進黨必須負全責，民進黨這種獨立運動在中華民國是行不通的！休息十分鐘！」[94]

出現短暫的安靜，靜得出奇。

忽然，滿頭亂髮的盧修一，宛若一支衣架，掛著被撕爛的西裝，雙眼布滿血絲走進議場。這是他第三度進入議場。他猛吸一口氣，再往發言臺去。

這次，立法院駐衛警旋又追上前將盧修一拖出去。

再出現一陣靜默。

沒人想到，負傷累累的盧修一，竟然第四度回到議場。十幾名警察再衝上去，將他強拉帶拖，拳打腳踢。盧修一被猛撞到桌椅，警察也沒有手軟。他的頭部數度撞到桌角，第四度被打倒在地，已經不能動彈，昏厥過去。警察見狀，停止踢踩盧修一，紛紛離去。只剩下負傷的戴振耀抱著昏迷不醒的盧修一，急急呼救。

議場內，梁肅戎不為所動，並未下令將盧修一送醫；只見民進黨黨團立委聽到呼救，緊急將盧修一送往距離立法院幾百公尺外的臺大醫院。不少黨團立委也因這場衝突而掛彩。

這是一場「火車對撞」的衝突，民進黨內稱之為「四一二事件」。在電視新聞報導中，只見盧修一衝入議場遭警察強制驅離和梁肅戎譴責民進黨暴力的畫面，前因後果不是語焉不詳，就是倒果為因。殊不知，盧修一進入立法院一年半以來，無論提案再理性、論辯再有條理，如何努力反映民意，都被立法院長梁肅戎給擱置，或以「表決部隊」否決，國民黨控制的黨政軍媒體（臺視、中視、華視）屢屢抹黑。

陳郁秀趕到臺大醫院時，醫師已經做完檢查，要求盧修一住院七天。戴振耀的傷勢更為嚴重，因較晚入院檢查，無病床可用，只能與盧修一同擠一室，躺在陪伴小床上。

小小的病房送來許多鮮花，不少支持者和黨團成員都來探病、慰問。

報社記者也來了，病床上全身疼痛的盧修一忍痛受訪，強調「國民黨一再強勢操控國會與修憲內涵，民進黨必須動員人民力量進行抗爭，否則必然淪為『花瓶政黨』。[95]」

記者問起梁肅戎動用警察權，警方毆打重傷，他回顧過程，歷歷在目：

「警方人員刻意毆打我與戴振耀委員，一路拖打，頭部、腹部，甚至下體均遭重擊。在四次被強制拖離的過程中，只有第三次因為執行的警衛是立院駐衛警，因此沒有遭致刻意圍毆；其他三次均為沿路踢打，拉出議場外的走廊時，即使我人已倒地，仍不斷遭警方人員以腳踢踩，他們什麼手段都來。

我坐牢三年，他們還尊重我，沒有對我施以刑求，如今被選為國會議員，反而被警察打得遍體鱗傷，真是夫復何言？對國會議員都如此，一般人民的人權狀況就可想而知了。我不怪這些員警，我也不會追究，他們也只是工具而已。

反對黨得到什麼樣的待遇，人民就會遭遇什麼樣的命運。因此，社會各種力量必須動員起來，以監督執政黨的施政，人民對不義的行為，必須有所抗爭，才能加速國家、社會的進步；否則黨團成員也會充滿無奈與無力感。[96]」

盧修一也在臺大醫院發表聲明：「國會議長在維持議場秩序的必要範圍內，固得行使警察權，但警察權的行使有其限制，必須符合行政法上的比例原則，不得剝奪國會議員憲法上的權利，更不得於維持議場秩序之外，施用暴力手段毆打傷害國會議員。[97]」

盧修一敢四度衝場，頑強對抗不合理體制而負傷昏厥送醫的這場「四一二事件」，使人對他擇善固執的性格印象深刻。儘管這可能是盧修一身為黨團幹事長不得不採用的策略，但這場犧牲，確實也向社會凸顯了老立委退職與國會全面改選的急迫性。

「盧仔文場（理性問政）的角色是大家所忽略的，絕對不是武場而已。尤其他被警察打到抬出去，不怕犧牲巴黎大學政治學博士的形象，衝撞體制就是要凸顯議題的精神。」陳水扁認為盧修一是「余豈好武哉，余不得已也！」

「他不是表演，他是性情中人，他是很生氣，人被激怒了，發自內心很不甘願！」李慶雄說起在立法院一年半對盧修一的觀察。「要趕走老代表，盧委員是第一名，元帥級的，帶頭衝的！」

每次，陳郁秀眼見穿著筆挺西裝出門的盧修一，回到家時衣服卻破了，或因議事衝突而受傷，總是心疼不已。

一九九〇年初盧修一剛進立法院上班，電視常播出衝突掛彩的報導，她就曾問他：「我在學校教書，一些人都問我，妳先生為什麼要打架？」

盧修一淡淡地說：「天下沒有白吃的午餐，要獲得就必須付出。」

陳郁秀了解萬年代表不改選的國會結構不健全問題，卻很難以三言兩語說給人聽。

四一二事件中，國民黨動用警察權欲強制驅離民進黨立委，盧修一（中，盧後方為民進黨創
元老暨立委魏耀乾）遭國民黨立委何智輝（右一）及十餘名警察包圍，多次遭警察拖離議場
打負傷，仍四度重返議場。（中國時報提供）

盧修一就比喻：

「妳就跟他們說『司馬光打破缸』的故事。如果大家只看到打破缸的司馬光，會說他不對，但司馬光為什麼要打破缸？因為他拿大石頭擊破水缸，才能把掉進水缸快淹死的小孩救出來。」

「我們國家現在就是快淹死的小孩。老賊不退、國會結構不健全，就是這口缸。我打破這口缸是有正當性、必須執行的行動。」

盧修一意志堅定。

盧修一寧遭警察暴毆，四進四出也要抵死力爭，付出住院療傷的代價。為了推倒舊國會，建立新國會，他還將付出什麼代價？

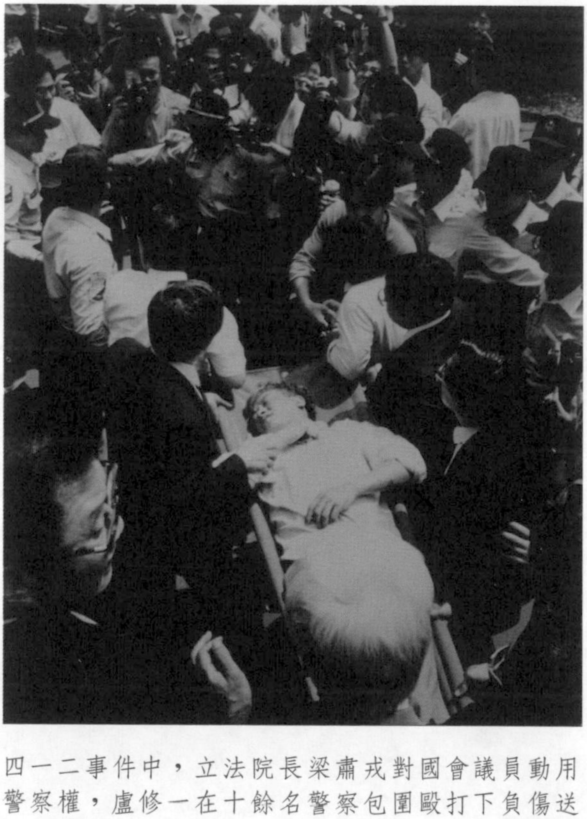

四一二事件中，立法院長梁肅戎對國會議員動用警察權，盧修一在十餘名警察包圍毆打下負傷送醫。（攝影／潘小俠）

退出議場，重回街頭　一九九一年四月十六日

大法官釋憲要老賊退職，老賊不退；國民黨要老賊修憲，老賊要脅更多錢與權。混亂的憲政令人悲憤。

四月七日，學運學生與臺灣教授協會共同發起「臺灣學生教授制憲聯盟」，提出「主權，制憲，社會權」等主張，訴求「反對老賊修憲」。

在四月八日開幕的第一屆國民大會臨時會中，國民黨中央內部已經研擬了憲法增修條文，把即將廢止的《動員戡亂時期臨時條款》內一些條文偷渡到增修條文中，甚且還繼續讓不具民意代表性的老國代來「修憲」；而老國代也藉機向國民黨中央要脅擴權弄錢，引發輿論再度強烈抨擊這些「老賊」。

四月十六日，國大臨時會的民進黨黨團抗議國民黨「一黨修憲」，但議事抗爭遭到國民大會動用警察權反制，只能退出臨時會[19]。

---

⑲ #**一黨修憲**：一九九一年四月八日，第一屆國民大會臨時會進行「一機關兩階段」的修憲程序，五八三名國大代表中，國民黨籍國代有五一〇位，修憲案只需要四分之三可成立，國民黨國代席次遠超過四分之三，這使得八名民進黨國代與十二名無黨籍國代成了「橡皮圖章」。民進黨國代提出抗議：一、這次修憲的資深國代占據大多數，欠缺修憲正當性；二、增修條文要設置國安會與國安局，這種實質修憲不該由第一屆國代來決定；三、抗議僑選國代名額。詳見若林正丈《戰後臺灣政治史》，臺大出版中心，二〇一六年，二版，頁二〇六。

當國大臨時會的消息傳來，立法院民進黨團也緊急會商。幹事長盧修一、戴振耀都在臺大醫院治療，無法與會，會議由總召集人鄭余鎮召開。

鄭余鎮及副總召集人林正杰提議，在國大臨時會期間[98]，立法院的民進黨團也應該退出立法院，不過，討論後各有歧見。最後，黨團決議，「配合本黨中央及國大黨團，於國大臨時會期間，退出立法院各種會議，走向群眾，參加反老賊修憲運動。[99]」

盧修一也肯定此一決議。「只有（民進黨）國大黨團退出，震撼作用有限，這已經不是一個人或一個黨團的事，而是全民進黨的事，立法院黨團即使犧牲也要配合！[100]」

至此，民進黨立院黨團已決定暫時退出國會，以退為進。

盧修一在選前誓言的「新國家，新憲法，新國會」目標雖遠大，但眼下不具民意基礎的老國代修憲，力量微薄的民進黨增額國代難以撼動。而不具民意基礎的老立委抗退，也使得盧修一與民進黨團在立法院難以施展。

此刻，盧修一相信，重回街頭，擁抱群眾，從基層或能累積更多民氣，喚起民眾共識，共同「打破水缸，救出快要淹死的小孩」。

第二節

搶救獨臺會

輪椅遊行　一九九一年四月十七日

日光斜斜灑進臺大醫院病房，「四一七反老賊修憲」大遊行的喧騰聲也隱約傳入。

盧修一與戴振耀躺在病床上，一位訪客眺望窗外的中山南路，笑評：「這有一萬多人啦！這麼多人來參加遊行，一定是聲援你們在立法院被警察打！」

負傷未癒的盧修一聽了，笑嘻嘻地說待會也要去參加遊行。

「盧委員！主治醫師交代過，您的病還沒痊癒，不能出院！」護理師趕緊勸阻。

不久，遊行隊伍中響起歡呼聲，原來，盧修一真的溜出醫院，坐輪椅也要響應這場大遊行。頃刻間，民眾紛紛圍住他，有人甚而要求合照。

「反對老賊修憲！要制憲，要正名！」盧修一與民眾喊著口號，緩緩前行。

這場「四一七反老賊修憲」大遊行至少集結了三萬人，齊步前往陽明山上的中山樓——國民大會臨時會的會場抗議。

制憲、正名是民進黨新潮流系與臺灣獨立運動者的目標；「新國家，新憲法」是盧修一的理想與政見。但是，國民黨只願意修憲，甚至沿用不具民意代表性的老國代來投票表決，這就像是穿著衣服改衣服，注定很難改得好。這兩種不同的政治理想、迥異的國家認同，具體化為制憲與修憲的賽局。

在遊行中緩緩推進，輪椅上的盧修一思索著如何使滿腹理念為群眾所知，如何找到實踐的著力點。

探視學生　一九九一年四月十九日

盧修一甫出院，隨即牽著陳郁秀急奔羅斯福路與新生南路交叉口的臺灣大學校門口，探視絕食靜坐的學生。

校門口拉起黑色布條，怵目驚心的大字寫著「絕食」與「慟」，輔以「堅決反對老賊修憲」、「立即停止國大臨時會」等醒目的黑底白字。現場陳設恍若加護病房，象徵「民主英靈」已因國民黨一黨修憲的國大臨時會而「病危」。

「臺灣學生教授制憲聯盟」於臺大校門絕食靜坐第二天，不少學生與人民來響應。靜坐，是為了憲政改革。

一九九一年四月二十一日，盧修一（右二）率洪奇昌（右一）、李慶雄（左一）、葉菊蘭（左二）等「新國家聯線」立委赴臺大校門口聲援絕食抗議的學生。

早在四月七日，國大臨時會開議前一天，「臺灣學生教授制憲聯盟」即發聲明力阻修憲。但是，開議後，國民黨與老國代仍一意孤行。

四月十七日時，民進黨發動的「四一七反老賊修憲」大遊行遭到國民黨強力動用大量軍警及層層拒馬封鎖了往陽明山的道路，也將中正紀念堂封鎖，遊行群眾只能往臺北車站集結。最後，遊行在國民黨高層與民進黨協商後落幕。但是，不少民眾仍在遊行翌日清晨走向臺大校門口，與關心憲政改革的臺大學生站在一起。四月十八日，「臺灣學生教授制憲聯盟」就在臺大校門絕食靜坐。

眼下，學生絕食第二天了，盧修一來到現場，頻頻關心學生：「身體還好嗎？」

盧修一也遇到靜坐活動籌畫者之一，臺大社會學研究所碩士暨美國洛杉磯加州大學（UCLA）博士生陳正然。

正在寫博士論文的陳正然，常常受各大學社團邀請帶領讀書會，從歷史文獻深耕臺灣文化主體性、臺灣文化認同、思考新的文化價值觀、倡導新的生活方式，是跨校學生公認的「學長」。

盧修一早在參選立委前就認識、深深認同這位年輕人深耕臺灣文化詮釋權的企圖心。他與陳正然，一位從街頭運動場域轉進體制內，一位力守街頭運動路線。他們都自問：該怎麼做，才不會狗吠火車？該怎麼做，才能力挽狂瀾？該怎麼做，好不容易燃起的民主生機才能開花結果，而不致被當局打壓，潛入地下成為伏流？

同一天，四一二事件之效應續於立法院發酵。

上午，在立法院院會中，院會主席已經換成副院長劉松藩，而非引發四一二事件的梁肅戎。民進黨的立委仍依照黨團決議，已暫時退出議場。

來到臨時提案時間，無黨籍立委黃明和提案建議立法院成立超黨派調查小組，調查盧修一與戴振耀受傷送醫的原因與真相，並檢討警察權動用的範疇。然而有立委提出異議，此一提案因而遭院會「冷凍」。

其後，立委蔡勝邦也提出臨時提案，希望劉松藩與院長梁肅戎能共同呼籲民進黨立院黨團回到立法院參與議事。但是，在場立委依舊提出異議，此一提案也遭「冷凍」。

至此，國民黨團在立法院的態度依舊強硬。這麼一來，暫時退出立法院的民進黨立院黨團，有可能放軟姿態嗎？

退出議場　一九九一年四月二十一日

黑幡飄飛，一具棺材放在臺大校門，令人不寒而慄。

發想這個道具創意的陳正然說，這象徵著「民主英靈死亡」，「（絕食靜坐）已經下不了臺，因為老K（國民黨）都不理你啊。」

狗吠火車般，學生和教授絕食靜坐影響不了國民黨，眼下，國民黨「一黨修憲」即將在國大臨時會三讀通過。

行經臺大校門口的民眾雙手合十，不少政界人物也來上香，人們對國大臨時會一黨修憲的悲憤，轉為香案點燃的一炷香。

校門口，盧修一率領李慶雄、葉菊蘭、戴振耀等「新國家聯線」的民進黨立委一字排開。他開宗明義說，立法院民進黨團已經發表聲明：「聲援學生的絕食抗議活動，呼籲全民共同予以支持，並警告有關當局，不得暴力驅散或有傷害學生的行為。」

盧修一也宣讀民進黨團「四條件無限期暫停重返立法院」[101]的決議：

「在國民黨對有關憲政改革、梁肅戎不適任院長、警察施暴國會議員，以及資深立委多數暴力等四個問題未提出可接受方案之前，民進黨立院黨團不返回立法院開會。」

他繼續宣讀，民進黨黨團立委退出議場之後將投入憲政改革，「黨團成員將積極推動民間憲法會議的召開，透過社會各界研商，提出符合民意的具體憲改方案；同時舉辦全國巡迴演講會『制憲列車』，第一階段以一個月為期，在全國各地舉辦巡迴演講及遊行，把目前憲政改革的各項問題向民眾做直接的說明。」

無限期退出議場，是極為重大的決議。黨團做出此決議後，盧修一激昂地說：

「以目前梁肅戎主持院會的偏頗、警察權的濫用，以及（老立委導致的）議事多數暴力的問題，證明民進黨所追求的議會政治在現階段無法實現，因此大家只有回到民間動員社會力量，也體察民意之所趨。今天雖然黨團退出議事，但只要社會與人民給予支持，我相信國民黨再專制，也不能不顧民意，一意孤行。」

「這樣的決議是長期以來大家被壓抑的結果，每次朝野協商，執政黨都跳票，大家都心灰意冷。尤其是這個會期（八十七會期）的協商更是讓人失望[102]。執政黨只是一味地貫徹其意志，只是讓民進黨替他們『背書』而已。已經上當太多次了，現在回去等於又是替執政黨的憲改及預算審查背書，沒這個必要。也正好讓全民瞧瞧，沒有民進黨在，國民黨會把預算審成什麼樣子。」[103]

風蕭蕭，黑幡往相同方向飄盪，空氣分子彷彿也凝成了黑色。

盧修一神情悲壯，向在場的學生教授宣告此一決定。

狂風助長火勢，爐火熊熊。

「臺灣民主英靈發爐了！」有人喊著。

制憲列車　一九九一年四月二十四日

專研財經的民進黨立委彭百顯擱置厚厚的中央政府總預算案質詢稿，這是國會助理陳世榮耗時費力研究了一箱箱總預算書，不眠不休寫成的，但英雄已無用武之地了。

「我們很團結，既然全黨團決定無限期退出立法院，到全國各地舉辦『制憲列車』，成員就一致服從這個決議，」彭百顯說。

「制憲列車」即將開動，民進黨黨團幹事長盧修一馬不停蹄籌備著。

盧修一先前任職民進黨中央時，就常常巡迴各地演講，將國會全面改選，制憲、正名等理念以淺顯易懂的方式說給群眾聽。眼下，從去年國是會議之後，國民黨關起門來制定修憲草案，在國大臨時會不顧輿論與反對黨批判而「一黨修憲」、起用「老賊修憲」，已使民進黨內原本某一派支持修憲的人對國民黨失望了；而新潮流系的「制憲正名」主張、盧修一「新國家、新憲法」的理念，則重新受到民進黨中央重視。

這廂有盧修一要帶領黨團成員深入全國各地宣揚制憲理念；那廂，在臺大校門口，絕食靜坐的學生教授對「狗吠火車」的局面深感無力。尤其，四月二十二日，國大臨時會已經通過國民黨版的《憲法增修條文》共十條。

至此，絕食已一百四十小時的二十七名學生決議，絕食靜坐畫下休止符。

陳正然架起營火，和夥伴在臺大校門口設置靈堂，舉辦「哀悼民主英靈公祭」儀式，為結束預作伏筆。

火光猛烈燒著，失望的教授與學生群聚，由三十三位教授當場失望又憤怒地宣布燒掉中國國民黨黨證。

臺大經濟系教授陳師孟、臺大政治研究所博士生管碧玲等人也在場。陳師孟的黨證燃燒之際，一群攝影記者圍攏，鎂光燈啪啪啪閃著。

陳正然見攝影機衝著陳師孟猛照，連忙提醒陳師孟：「老師趕快走！」

少有人知，陳師孟的祖父陳布雷，曾是蔣介石倚賴甚深的文膽。只是，陳師孟之父陳遲不允許陳師孟參與政治。儘管如此，陳師孟仍加入學者論政的團體「澄社」。「他那個人很單純啊，並不知道會惹禍上身。」陳正然心想，陳師孟該不會被國民黨鎖定吧？

為了憲法議題拚搏，北有臺大校門口的絕食靜坐，南有制憲列車；命運之神會如何牽引盧修一、陳正然和陳師孟，扭轉保守勢力反撲的大局？

前政治犯救政治犯　一九九一年五月九日

凌晨，在陳正然家舉辦的討論會剛結束。

一群關心國家前途與文化認同的學生，參加了這場名為「憲政運動與政治變遷」的讀書會。主講者有三人：民進黨新潮流系創辦人之一林濁水主講政治運動，提出對臺灣憲政發展的觀察；臺大政治研究所學生林佳龍主講憲政改革與學生運動；曾替盧修一助選的臺灣勞工陣線秘書長簡錫堦則主講社會運動。

會後，一夥人浩浩蕩蕩到師大路的路邊攤吃宵夜。席間，檢討起臺大校門絕食靜坐毫無收效，人人都很「鬱卒」。陳正然還對鄭文燦、李建昌等野百合學運成員開玩笑：「大家不知道在爽什麼，國民黨如果翻臉要抓人，恐怕一下子就被抓光光了。」[104]

路邊攤兩點打烊，大夥兒四散。陳正然返家後，喝了些茶，約莫在三點半、四點鐘就寢。原以為醒來又是另一個尋常之日，誰知一語成讖。

五點五十分，陳正然被大門外聲響吵醒。

「我是警察，我們在抓通緝犯，有沒有跑到你們這邊來？」「方便讓我們看一下嗎？」

陳正然不疑有他，開了門。

「砰！」一群人衝進來翻箱倒櫃，其中一人出示搜索票：「陳正然，你涉嫌叛亂！」

此一情節，宛如一九八三年一月初盧修一於自宅被捕時的翻版。

陳正然被帶到臺北市基隆路的調查局臺北站，調查員在門口的階梯遲疑了一下，似乎不確定該帶往樓上還是地下室[105]。後來，陳正然被帶到樓上的大房間，內有一張小桌子，陳正然被下令坐在小桌前，身邊兩位調查員開始訊問。

「我可以打電話給律師嗎？」陳正然腦中閃過美國電視影集《洛城法網》，劇情總強調須有律師在場才能偵訊當事人。

調查人員起先不肯，但陳正然堅持，對方只好改口：「好，你去打電話。」

「借我電話。」

「我電話為什麼要借你？」

陳正然索性摸了摸口袋，幸運之神眷顧，摸到了一塊錢，走向公共電話。

拿著一塊錢，陳正然想，平民老百姓怎麼可能會有律師？該撥給誰呢？

他投了幣，電話撥通，「新國會聯合研究室」的研究助理周威佑接聽了。正是這一塊錢，滾出大雪球般的效果。

領導「制憲列車」的盧修一，接到通知旋即趕回臺北市。

「新國會聯合研究室」是什麼單位？

這是林濁水提議，由盧修一、葉菊蘭、洪奇昌、李慶雄與戴振耀等五位「新國家聯線」立委[106]合創的幕僚組織。合聘學有專精的助理來研究、擬定法案、撰寫質詢稿，在國會助理制度尚不健全的立法院，能有聯合作戰的幕僚。

「新國會聯合研究室」的首位主任[107]是林濁水，而周威佑、鄭文燦都在這裡擔任研究助理。巧合的是，陳正然被捕前夜還跟林濁水、鄭文燦一起開讀書會。

偵訊室內，調查員拿出一疊十行紙，對陳正然惡言相向：「給我寫，寫你做了什麼？」

「要寫什麼？」陳正然問。

雞同鴨講了一陣子，扮黑臉的調查員說：「啊出生年月日不會寫喔？」

陳正然寫下：「二月二十八日。」

扮黑臉的調查員一看，咆哮：「看！一出生就是壞胚子！」

黑臉調查員一直痛罵二二八事件，陳正然很不高興，僵持之下，一個小時過去了。後來，陳正然被激怒：「這件事（二月二十八日出生）不要叫我負責好不好，這應該要去問我爸啊！」

扮白臉的調查員笑著說：「好啦，不要一直扯這個了啦。」

調查人員常以此折磨技巧，使當事人陷入精神緊繃或崩潰，再誘使其寫下不利的自白。

時間一點一滴過去，隱隱約約，陳正然聽見歌聲傳來，是野百合學運學生唱的歌。歌聲穿過了調查局的窗戶，滲入偵訊室。

「威佑大概去揪了一群人吧，他們靜坐包圍調查局，所以我才聽到他們在外面唱歌，唱那些運動的歌，心裡也稍微安定了一點。」陳正然事後回想。

黑臉白臉依舊包夾陳正然，偵訊持續。幸好，學運同伴的歌聲帶來了力量。

八年前，盧修一也曾被帶到這裡訊問；如今，他從受難者成為營救者。

當盧修一趕抵調查局臺北站時，來自臺大、新竹清華大學的兩百多名師生已經圍住調查局大樓。

原來，不僅陳正然，調查局還抓走了清大社會學研究所學生廖偉程、民進黨員王秀惠、原住民牧師林銀福等人，罪名是與日本的「獨立臺灣會」領導人史明聯繫，在臺灣發展組織，涉嫌「叛亂」。

其中，調查局未經清大校長劉兆玄同意即趁夜進入清大宿舍抓走廖偉程，違反「校園自治」原則，憤怒的清大師生搭乘專車北上抗議。

調查局臺北站外，清大社會所學生們振臂抗議調查局違法以「叛亂」名義羅織罪名。

在臺灣社會學界素有「北葉南高」之名的臺大社會學系教授葉啟政接到消息，也趕往調查局。戒嚴時期勇於批評時政的葉啟政，一聽到自己指導的碩士學生陳正然被抓，大為震驚，決挺身而出。

葉啟政來到調查局臺北站門口，巧遇陳正然的父親，兩人短暫交談，氣氛凝重。

「你是葉老師？」

「對。」

「二條一。你知道二條一？《懲治叛亂條例》第二條第一款，唯一死刑？」

「我知道，我盡量看看。」

在調查局門口，葉啟政初次見到盧修一，還有民進黨立委鄭余鎮。

盧修一主動走來，問：「你是葉教授？」

「是。」葉啟政問：「怎麼回事？」

盧修一描述了梗概。

「我能不能見陳正然？」葉啟政問。

「我盡力讓葉教授進去看陳正然。」盧修一承諾。

盧修一在調查局進進出出，向調查局副局長高明輝協調。但是，調查局起初表示偵訊中禁止探視，後來改口檢察官下令拘提，又說尚未進入一定程序因此不能會面云云。

不過，盧修一很「盧」，擅於斡旋協調，亦莊亦諧，好說歹說，高明輝終於讓步了，但要求葉啟政答應一個條件：「不能對外說我給你通融去看陳正然。」

葉啟政同意了。

於是，在盧修一的努力下，葉啟政順利進入調查局探視陳正然。

「這是盧修一跟鄭余鎮的功勞。我想，是盧修一居大部分功勞。」葉啟政說。

偵訊室內，陳正然感覺時間大約已經來到夜間九點鐘。

忽然，偵訊室的門開了。

彷彿黑暗中射入一束光，陳正然驚喜，來人竟是葉啟政與盧修一。

「他們有沒有刑求？」葉啟政一開口就問陳正然。

「他們有對你怎麼樣嗎？」盧修一也異口同聲，用臺灣話問。

「沒有。」陳正然回答。

盧修一與葉啟政都鬆了一口氣。

轉過身來，盧修一鄭重警告調查員：「你們不能對他怎麼樣喔，就是我看到的這樣，不能對他怎麼樣喔！」

盧修一再轉過身，旋即提醒陳正然：「你要跟他們講說，你不要夜間偵訊。」

陳正然愣了一下，問：「可以講說我不要夜間偵訊？」

盧修一說：「當然可以啊！」

於是，陳正然寫下了「拒絕夜間偵訊」的聲明。

盧修一轉頭提醒調查員：「ㄟ！人家當事人不要夜間偵訊ㄟ！」

隨後，盧修一還要求調查員：「你這個依法二十四小時以內要移送啊！」

在盧修一堅持之下，調查局無技可施，只能照辦。

由於陳正然是凌晨五點鐘被抓走，於是，調查局只好讓陳正然在偵訊室入口的小床睡覺，準備第二天清晨五點鐘移送臺灣高檢署。

「還好，盧委員很堅持不能夜間偵訊，不然，他們大概準備要一路幹，因為你精神愈不好的時候，他們引導你寫你覺得好像沒什麼關係的語詞，後來都會變成入罪你的證據。」陳正然事後回想。

葉啟政踏出偵訊室，回到調查局門口，向陳正然的父親報平安。

此行，葉啟政對盧修一的評價甚高。

「那是我第一次見到盧委員，對他印象非常深刻。這個人熱情、善良、是一個讀書人、是一個知識分子。」葉啟政說。「以前我多少從報紙看過盧修一種種事蹟，基本上那件事之後，我認為他是一個我很尊敬的公職人員、一個立法委員，無私，而且確實是一個好的政治人物。」

「二條一」還魂　一九九一年五月十日

上午，陳正然、林銀福與王秀惠被調查局移送到臺灣高檢署。清大學生廖偉程則早在前一晚已經先移送。檢察官陳清碧訊問過後，依《懲治叛亂條例》以「著手實行內亂」罪嫌（俗稱「二條一」），下令收押。

為什麼國民黨要抓陳正然？難道因為陳正然是學生推動制憲、反老賊的靈魂人物？消息傳出，輿論紛紛抨擊國民黨心態可議，政治鑿痕處處可見。

「郝柏村本來就是要打臺獨，就是要找機會，恰恰這幾個人都去看過史明。總而言之，他就是在羅織罪狀！」葉啟政氣憤地說。

「極可能是海基會的陳長文訪問北京之後，國民黨有意打壓臺獨以向北京表態，同時也有警告制憲聯盟學生和文化界的臺獨人士之意。」[108]新國會聯合研究室主任張維嘉推測。

在立法院，民進黨團雖然仍暫時退出議場，但對此案也有所動作。民進黨召開黨團會議後發表緊急聲明，強烈抗議政治迫害，追究行政首長的政治與法律責任。謝長廷與余政憲分別提出書面質詢。議場內，民進黨立委林正杰[109]則單獨進入院會，提出臨時提案，要求立法院應立即召開聯席會議，邀請教育部長與法務部長到院報告，並追究情治人員進入校園逮捕學生的不當事件。臨時提案在院會中無異議通過[110]。當局的做法，連國民黨次級團體集思會、新國民黨連線也看不下去，聲援此案。向來反臺獨的新國民黨連線立委李勝峰抨擊：「臺獨在立法院早就談開了，談透了，臺獨已經不是禁忌議題，照這個標準抓人的話，三個監獄都裝不完。連反臺獨的人看了都不以為然。」[111]

當事人被捕並遭控內亂叛亂，此情此景與一九八三年時盧修一被捕幾乎如出一轍。

其一，援引相似的法令。

一九八三年初，陳郁秀為了營救盧修一，曾向受難作家柏楊請益。柏楊一聽就搖頭說：「這個難逃二條一。」

她當時還追問：「什麼是二條一？」柏楊訝異回答：「就是唯一死刑啊！」

眼下，陳正然等人被檢察官依《懲治叛亂條例》以「著手實行內亂罪嫌」下令收押，正是所謂「二條一」。

令輿論譁然的是，國民黨一九四九年遷臺時以「動員戡亂」為理由，用《動員戡亂時期懲治叛亂條例》，把《刑法》一百條的刑度強化為死刑，壓制人民的言論與思想自由。但是，不過十九天前剛落幕的國大臨時會已經通過終止「動員戡亂時期」，我國回歸憲法。可笑的是，這個《動員戡亂時期懲治叛亂條例》不但未隨之廢止，竟只是摘掉「動員戡亂時期」的帽子，以《懲治叛亂條例》借屍還魂。

其二，被捕的原因：因聯繫史明而被控「叛亂」。

獨臺會案的爭議有二。

首先，在東京設立「獨立臺灣會」的史明被國民黨當局認定為叛亂罪通緝犯。在戒嚴時期，盧修一等人與史明聯繫而被國民黨當局判入黑牢或死刑。但是，現下已解除戒嚴，動員戡亂時期也已經終止了，但陳正然等四人與史明有聯繫，卻仍被控為「著手實行內亂」的叛亂犯。再者，解嚴之後不少人曾到東京會見史明，為何當局未控以叛亂？

其次，臺獨言論與臺獨思想還算是叛亂嗎？立法院議場內常常高談闊論臺獨，新聞媒體也常報導，特別是《動員戡亂時期臨時條款》公告廢止後，連國民黨原本戡亂的敵人——中國共產黨都不再被當局視為「叛亂組織」了，那麼，獨臺會為何是叛亂組織？不合時宜之法豈不是早該廢除？

其三，拜訪史明的動機。

四名青年確實都曾到東京拜訪史明，但動機與時間各不相同。

林銀福、王秀惠、廖偉程等三人各自見過史明，卻互不相識，但竟被調查局認定為「著手實行」（因為「建立叛亂組織」）。

至於陳正然，動機是蒐集史料。「史明的《臺灣人四百年史》[112]有系統整理了臺灣的史料，有其重要貢獻。儘管這本書是老左派的思想，有其時代限制，但是，我的第一個目的是希望他提供這本書的文獻史料，那些史料的貢獻不會低於這本書。因為大家可以有不同角度去詮釋同一份歷史資料；第二個目的，我們也想運用那些史料，試著建構一個資料庫讓大家用。可惜，史明說他寫這本書時，是在圖書館翻的資料，他沒辦法整理。」陳正然事後說明。

回顧當年，盧修一拜訪史明也是為了蒐集史料[112]。

一九六八年時，留學巴黎的張維嘉將史明創辦的臺獨刊物引介給盧修一。後來，盧修一為了撰寫博士論文《日據時代臺灣共產黨史：1928-1932》而赴東京拜訪史明，蒐集資料。訪問後，盧修一回到巴黎撰寫博士論文，自序中感謝許多人協助提供觀點與史料，並特誌：「感謝在日本的史明先生，由於他的啟發與討論，我才能對左翼運動有清楚的整體認識。」[113]

但是，盧修一並非獨獨依賴史明的日文史料，事實上，他突破史明採擷史料的語言局限，引用許多關鍵性的英譯日本文獻[114]，於一九八〇年寫完博士論文。

盧修一大量訪談、涉險蒐集資料並苦心孤詣撰寫的博士論文，具有極高價值。

他在論文中寫道，「一九二八至一九四三年間，中共的黨領袖總是將臺灣人民視為一個『民族』，並且是一個『弱小民族』的鬥爭行動，這個鬥爭與中國並不相同，而且具有潛在的獨立自主權。就臺灣人獻身反帝國主義的運動而言，他們確認這是一場反對日本帝國主義的獨立運動。直到一九四〇年代初期，中共並沒有要求歸還臺灣，反而對臺灣的獨立運動給予支持。」[115]

換句話說，如果中共總是強調以往曾經支持臺共，那麼也迴避不了中共曾支持過臺共「臺灣獨立綱領」的這段歷史。

「（盧修一的博士論文）最為犀利的一點，便是指出中共所支持的臺共，在政治綱領上主張『臺灣民族』與『臺灣獨立』。盧修一顯然在提醒，中共史家酷嗜解釋臺共是受到中共的領導。這個史實若是可以成立，正好意味著中共確實支持過臺灣獨立的主張。」[116]史學家陳芳明就高度評價這本論文。

對歷史學家、政治學家、政治工作者或對臺獨運動者來說，這是盧修一的博士論文最重要的貢獻。

其四，當事人被捕後，史明是否有保護當事人。

一九八三年，盧修一猶關押於看守所時，史明卻已經在公開報章中以「獨臺會同志」之名公開稱呼盧修一[117]。

無獨有偶，這一次陳正然被捕。史明當天接受某大報越洋專訪，訪談中並不否認陳正然等人為「獨臺會」成員[118]，而且，該篇報導還詳細介紹獨臺會的理念與組織。隔天，史明再接受同一媒體專訪，仍未否認陳正然等四人為獨臺會成員，甚至還加碼強調盧修一和張維嘉都曾是獨臺會成員[119]。

光是史明並未撇清與陳正然之關係即恐陷陳正然於險境，難道史明沒有此一意識？史明的做法使一些臺獨運動者不以為然。

張維嘉就認為史明的做法並不妥，相反地，張維嘉接受報導時指陳正然是一個優秀的知識分子，並刻意強調陳正然被國民黨刻意誣陷：「陳正然很單純，不是搞叛亂的人，國民黨向他們開刀，並扯出史明，分明是『挑軟的』，藉以打壓臺獨。」[120]

在當事人蒙受「二條一」的險境下，這一方不否認陳正然等人是獨臺會成員，另一方極力澄清陳正然絕非獨臺會成員，誰才是在積極救人？明眼人看得清楚。

盧修一原本絕口不提多年前因史明而坐黑牢一事，不料，陳正然等人被捕，媒體反而刻意將他與史明的關係大作文章，是以，他只好說明他與史明的理念和路線的異同之處。他表示，他「迄今仍服膺史明以獨立為過程，欲重整臺灣理想社會的抱負，兩人理念相同，但對於獨立的手段、策略則不同，史明發展地下祕密組織，但我加入民進黨，是新潮流系，已參加公開的反對運動。」[121]

路線不同，因為盧修一早在一九八三年坐黑牢時就體認到，史明這種地下的、「單線聯絡」的運動策略並不可行[122]。盧修一出獄加入民進黨從事公開的街頭運動後，更確信應拋棄史明那種「地下鬥爭」的策略。眼下，陳正然被捕，盧修一語重心長地說，「今天臺灣已經可以公開談論臺獨，史明這樣的地下臺獨組織，反而對運動有害。」[123]

無論如何，時空轉回眼下，「史明」與「獨臺會」這兩個關鍵詞，再度成為新聞焦點。與史明有關的黑牢，盧修一早已熬過來。如今，主角換了，戒嚴解除了，動員戡亂時期也已終止，諷刺的是，罪名依舊相似。幸好，如今的盧修一有能力、積極營救著。

陳正然等四人的命運會不同嗎？

警察暴力，大學教授也難逃　一九九一年五月十二日

聲援獨臺會案四青年的行動，已然從調查局向外擴散，掀起跨校學潮。

清晨，家住和平東路的臺大經濟系教授陳師孟，接到了「澄社」新任社長瞿海源教授的來電。

「聽說有一批學生在中正廟（中正紀念堂）戲劇院的臺階上靜坐抗議，鎮暴警察好像都過去了。中正廟還淨空，把遊客都給趕了出去。你家離中正廟最近，你趕快去看一下。我住中研院這邊比較遠，會比較晚到……」瞿海源說。

陳師孟心想，「社長交代我去看，不好意思不去。」於是前往中正紀念堂前廣場。

「現場果然肅殺，鎮暴警察大都拿長棍子，有的拿短的。廣場完全被封起來了。好幾部鎮暴車開來，他們團團圍住國家戲劇院的臺階，超過三百名鎮暴警察。」陳師孟說。

這些學生大多是前一天在臺大校門口靜坐抗議，臨時決定移到中正紀念堂靜坐。陳師孟硬擠進去，走到國家戲劇院臺階的最上層，即戲劇院面向廣場的門口，居高臨下觀察情勢。

警察仍將遊客往外趕，「等到遊客都趕光了，鎮暴警察就拿出棒子敲，發出碰碰碰碰的聲音，開始向臺階上的學生逼近，要嚇退學生，聲勢駭人。」陳師孟形容。

但是，靜坐的學生仍舊紋風不動。

靜坐學生分坐在臺階上的三個區域，鎮暴警察分從兩處切入突破，一上來就從四面圍起，以三個警察對一個學生的陣仗，一個警察抓左手左腳，第二個警察抓右手右腳，第三個警察守在最後，如此，學生被一一往臺階下抬。

「被抓的學生四腳朝天，頭部仰著，被往下抬離時，很容易撞到階梯。」陳師孟注意到，一名警察正用腳踢某一位男學生的頭，「我很生氣，跑過去拉住那個警察。」

身材高大，戴著眼鏡，向來斯文且言語溫和的陳師孟，對這名警察說：「我是老師。你怎麼這樣。人家又沒有反抗，你怎麼可以踢他？」

對方愣了一下，回過頭來瞪陳師孟，繼續將學生抬離。就這樣，學生全數遭強勢警力驅散到「大中至正」（今自由廣場）門外。陸續趕來聲援靜坐的師生只能在「大中至正」門外繼續靜坐，陳師孟也加入其中。

鎮暴警察並未罷休，他們來到「大中至正」門外，示意靜坐者離開。但是，靜坐的師

參與反對政治迫害的靜坐師生數度遭警方驅離，經盧修一（前左一）、謝長廷、鄭余鎮多方協調後警方答應放人，學生轉至臺大基礎醫學大樓過夜。（1991 年 5 月 13 日中時晚報，葉清芳攝）

臺大社會系教授葉啟政（前左一）在臺大法學院向參與靜坐的學生演講。（1991 年 5 月 14 日自由時報，自由時報攝影小組）

大亞百貨
艋舺龍山寺联誼會
台大
文大
東吳
清華
援會

逾兩千多名學生聲援獨臺會案，於 1991 年 5 月 15 日在臺北車站大遊行。（攝影／邱萬興）

生不從，並未離去。

不久，鎮暴警察開始驅離「大中至正」門外靜坐的師生，以三個警察對一個靜坐者的態勢，把靜坐者推向停靠鎮暴車的廣場內，以便用鎮暴車載走。

坐在地上的陳師孟也被警察拉起來，並未反抗。

「突然有人踢我的屁股。我很生氣，回頭說，我沒有反抗，你踢我幹什麼？」陳師孟反射性地想抓對方的名牌，才發現，警察並未佩戴識別證。

「前面兩人把我架得更緊，把我推到鎮暴車的車門臺階前。這時，車內兩個鎮暴警察把我的手抓起來，我跌坐在臺階上，我面前的三個人就一直打我的頭、踢我的下體……」陳師孟在毫無預料下慘遭痛毆，傷痕累累。踢他的人，正是先前在戲劇院臺階上踢男學生頭部的警察。

一陣痛打過後，陳師孟被推進鎮暴車內，裡面還坐著先前曾與盧修一去調查局營救陳正然的臺大社會系教授葉啟政、臺大電機系教授林逢慶、臺大法律系教授賀德芬等人。不久，鎮暴車開動了，滿車的教授被分別載到師大公館分部、士林廢河道等地「丟包」。大家下車之後心繫學生，仍分乘計程車返回。

葉啟政是靜坐活動的發起人，與陳師孟等四人坐同一輛計程車返程。

同車的難友，清大社會系教授陳光興挨打，中興大學應用數學系的廖宜恩頭上腫了兩個包，淡江大學資管系的莊淇銘被警察抓得連鞋子都不見了。陳師孟忍不住哭喊，捶打自己的頭。

「你怎麼了？」葉啟政問陳師孟。

「我被打了。」陳師孟崩潰哭著。

「你冷靜下來，參加這種活動，就要有覺悟。」葉啟政說。

自幼生長在忠貞國民黨員家庭裡的陳師孟直掉淚，「我是第一次碰到這種事。」幾十位教授再回到原地，現場已遭「清場」，聲援的師生只能在對街的國家圖書館外靜坐。「我們不管，要麼你就再來驅趕！」靜坐召集人葉啟政怒斥。

這時，葉啟政走到最前頭拿起麥克風，控訴警察施暴。

「今天，警方不惜以暴力相向學生與大學教授，這不稀奇。奇怪的是，他打了一個不該打的人——陳師孟教授，他是陳布雷先生的嫡長孫。或許，現在提起陳布雷，知道的人並不多。我現在告訴各位，他曾經是蔣介石的貼身祕書，是忠貞的國民黨員，更因憂國憂民而自殺……」[124]葉啟政演講之際，看見許多女性，包括教授都哭了，許多人更是圍抱著陳師孟哭泣。

晚上，更多師生加入靜坐聲援，警察暴力並未善罷干休，持續有師生遭到毆打與驅離。同一天，民進黨召開第四屆三全大會，發布聲明反對執政黨「一黨修憲」、「一黨推行兩岸關係」、進入校園逮捕學生。[125]

會中，盧修一得知陳師孟、臺大社會系教授瞿海源、師大教授林玉体等數十位教授被打的消息，也趕忙前往馳援。

是命定，或是巧合？

四月十二日，盧修一在立法院議場四度遭警察暴力。一個月後的五月十二日，陳師孟也被警察痛毆。這兩位素未謀面的警察暴力受害者，因營救陳正然等四人而牽繫，將為臺灣民主政治激盪出什麼樣的火花？

去頭截尾假新聞　一九九一年五月十五日

臺大經濟系教授陳師孟被「五一二警察暴力」打成重傷，消息迅速傳遍教授圈，五月十四日，臺大法學院學生會發動集體罷課，連鮮少參加學運的經濟系學生也罷課了。清大等跨校學生也加入罷課陣容。

「這是國民黨到臺灣以來，從來沒有過的。以前臺大大概只有社會系和法律系會參加學生運動。但是，陳師孟是臺大經濟系的守護神，他溫文儒雅，很有魅力，是明星級教授，女學生聽到陳師孟被打，都哭喔！所以這次從臺大經濟系開始站出來罷課，女學生也都來聲援了，這是很重要的關鍵。」葉啟政分析。

在立法院內，盧修一決定以立委身分在院內召開一場「警察打人！」公聽會，向社會大眾訴求警察濫打無辜的國家暴力。

為此，盧修一撥電話給陳師孟，說：「陳教授，請您來作證，我會把中山分局局長張琪找來，當面對質，還會邀請其他被打的教授、學生和社會人士。」

於是陳師孟來到立法院，走進公聽會。

盧修一主持會議，首先請受害者陳述警察施暴的經過，陳師孟也發言。

盧修一對張琪說：「這麼多人被打，他們都是社會上非常有信譽的人，不是那種被稱為暴民的人。他們都說警察打人，你是現場指揮官，你怎麼說？到底警察有沒有打人？」

張琪回答：「如果有不小心碰撞到的話喔，很對不起啦！我們都有做過行前教育，絕對不能打人啊！」

陳師孟心想：「這個張琪真是個很滑頭的人，在那裡混淆視聽。」

當下，會議室最後方傳了一張照片到前方來。陳師孟接過照片，看了一眼，就將照片傳給盧修一。

照片中，明顯看到幾名警察高舉拳頭，還持棍子毆打一位年輕人。

盧修一眼見這張照片，旋即問張琪：「你說警察沒有打人，那這張照片是怎麼回事？這張照片是昨天照的，是怎麼回事？」

張琪拿起照片端詳，立刻高舉給媒體過目。還說：「這個喔，我知道！這個年輕人的姊姊當天晚上有打電話給我們分局，說他弟弟是一個有暴力傾向的精神病患！」

話語一落，現場譁然。

張琪此語，暗示這可能是當事人先打警察，所以警察不得不制止。

這時，方才從會議室後方傳照片的人突然站起來喊道：「你亂講！這個被打的人是臺大博士班的學生，我們都認識他，怎麼可能有暴力傾向！」

聞言，盧修一轉過頭，看著張琪。

張琪像是變色龍般，立即改口：「對不起我看錯了。」

既然張琪改口，盧修一說：「結論就是你們警察打人啊！請張琪局長查出是誰打人。」

公聽會落幕。盧修一算是為遭受警察暴力的陳師孟等師生與社會人士主持了公道。

「那是我第一次跟盧委員接觸，他非常主動幫我忙，辦了這場公聽會。」陳師孟事後頗有感觸。

公聽會結束後，陳師孟趕到臺北車站，探視來自輔大、文化、東吳、政大、中央、交大、臺大、清大的兩千名靜坐學生。

臺北車站大廳正播出華視晚間新聞，新聞主播播報著盧修一下午主持的公聽會新聞。但是，新聞只播出中山分局局長張琪說：「這個喔，我知道！這個年輕人的姊姊當天晚上有打電話給我們分局，說他弟弟是一個有暴力傾向的精神病患！」而公聽會後段張琪承認錯誤與盧修一做出「警察打人」的結論，都沒有播出。

這則新聞讓陳師孟目瞪口呆。

「我這才知道媒體暴力是怎麼回事，它不是排演一齣假戲來騙人，而是把一個真實的事件經過截去重要的一半，就是所謂 Half-truth（片面事實），一半的真相要比全是謊言更可怕。[126]」陳師孟訝異不已。「這些國民黨的人，真的是你玩不過他。所以，媒體被黨政軍控制的話就是這樣，去公聽會現場看到真相的算一百個人好了，但是幾百萬人看到的是另外一面。」陳師孟幡然體悟。

刻正領導民進黨立院黨團暫時退出議場，並在全國各地宣揚制憲理念的民進黨幹事長盧修一，為了獨臺會事件而重返立法院舉辦公聽會。他原欲凸顯警察打人的國家暴力，意外地，卻讓黨國家庭出身的陳師孟見識到黨政軍退出媒體的必要與急迫性。

而陳師孟親身經歷的「五一二警察暴力」，是一場血淋淋的民主洗禮，徹底將這位原本僅在「澄社」撰文論政的學者，轉變為上街頭抗爭的民主運動實踐者。

「二條一」走入歷史　一九九一年五月十七日

僅一個月，社會上喧騰的輿論已從反老賊修憲、抗議國會暴力、訴求制憲，急轉為廢除「二條一」，反對國家暴力。面對瞬息萬變的局勢，盧修一認為民進黨團應盡速重返國

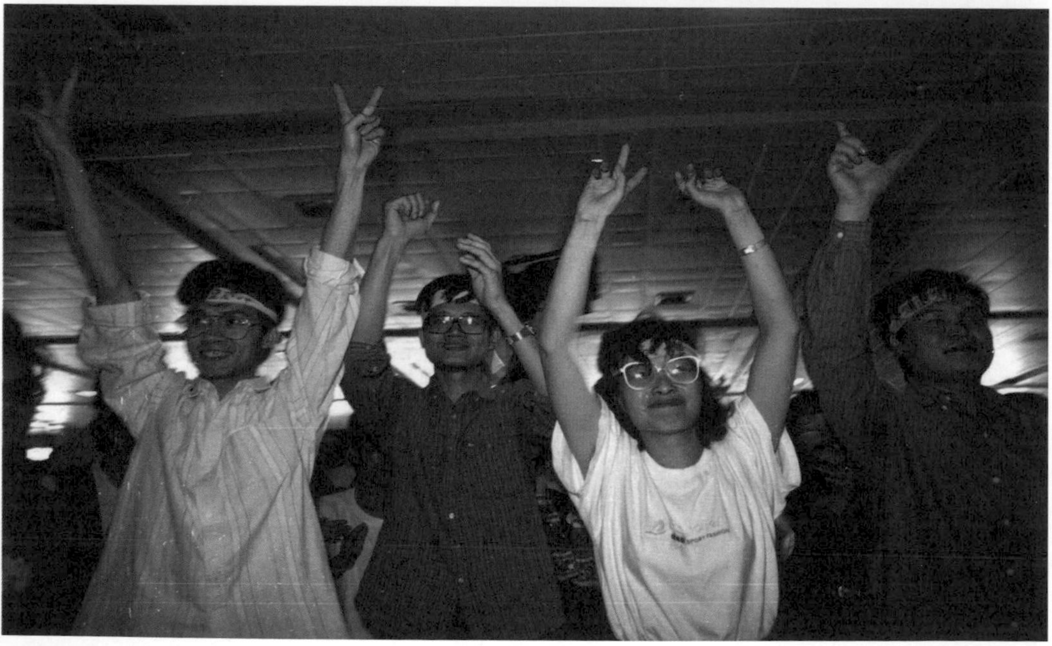

「二條一」走入歷史，獨臺會案的（左起）廖偉程、陳正然、王秀惠、林銀福成為「末代叛亂犯」。（攝影／謝三泰）

會議場，才能反映民意。

繼前一日（五月十六日）在立法院，民進黨黨團提案要求廢止《懲治叛亂條例》[127]，並且再度提案廢止《刑法》一百條[128]。另一方面，盧修一在黨團會議中主張盡速重返議場，以利於五月十七日扳倒此二惡法；但是，黨團講求民主，經過表決，最後，黨團仍維持先前退出議場的決議。[129]

五月十七日，民進黨團仍未返回議場，相較之下，國民黨主流派在立法院的動作積極。上午，在立法院院會，國民黨的集思會立委黃主文連署了四十七位立委的臨時提案：修正《刑法》一百條和《刑法》第一百零一條逕付二讀。

不料，院長梁肅戎及立法院行政人員卻說：「不算！」並要求黃主文隔週重新提出。親李登輝（國民黨主流派）的集思會以黃主文為首，黃主文的這個臨時提案可視為在立法院內展現總統李登輝的意志；而梁肅戎在立法院內貫徹行政院長郝柏村（國民黨非主流派）的決策。兩股勢力較勁，主流派居下風。

「有四十七個立委的連署提案，怎麼能說不算呢？」黃主文強調，「立法院不應該自我限縮，不該總要等到行政院院會同意或行政院提出修法版本，才處理立委的提案。」[130]

但無論如何，院會由梁肅戎和「表決部隊」把持，黃主文只能退讓。

如此一來，大戲落到《懲治叛亂條例》的廢止案。

黃主文和新國民黨連線立委趙少康聯手提出臨時提案：廢止《懲治叛亂條例》。「這條法是民國三十八年為了應付中共而定，變成特別法後相當嚴苛，現在已經不合時宜，可以功成身退了；然而廢掉此法並不代表叛亂罪就不再處理，《刑法》第一百條與一百零一條仍有相關規定，且刑期和世界各國相比，算是很重。」黃主文與趙少康在提案說明中指出。

氣氛一度緊張，軍系立委與老立委紛紛發言反對廢止。但是，梁肅戎已經受命配合前一日來自行政院[131]的決策，就是要廢止。

「既然要廢除，總要討論一下理由吧？」一位軍系立委說。

議場眾聲喧嘩，警察跨入二樓旁聽席，席內坐著關心此議題的人士，包括陳師孟等許多師生與民眾。不料，警察忽然一把將陳師孟拖出去圍毆，甚至推下樓梯，幸由陳水扁的國會助理馬永成行經出手拯救，陳師孟才未再遭毒手。這是陳師孟二度遭受警察暴力，教人匪夷所思。陳師孟提前離開旁聽席之後，院會氣氛仍緊張。午間，終於由梁肅戎主導，立法院三讀通過了廢止《懲治叛亂條例》。[132]

消息傳來，盧修一激動不已。儘管他與民進黨黨團大多數同志並未能重返議場參與見證，但是，得知這個箝制臺灣四十二年的惡法廢除，言論自由跨出一大步，確實值得欣慰。

惡法廢止了，陳正然等四人也獲准交保，成為「二條一」的末代叛亂犯。

「開庭時，檢察官陳清碧從未現身，法官只好找來代理檢察官唸起訴書。法官一直瞪著天花板，也不問我史明或獨臺會的事……最後我們都交保了。」陳正然形容。

八年間，盧修一和陳正然遭逢相似的際遇，迥異的命運。

其間，有成千上萬人奔走努力，才使結局不變。

「二條一」廢除了，但惡法《刑法》一百條仍箝制著言論自由、禁錮著許多人的命運。

盧修一在擔任民進黨團幹事長的這個會期內，該怎麼扭轉局勢，重回廢惡法的戰場？

第三節 幹事長的挑戰

萬人上街頭，反政治迫害　一九九一年五月二十日

天光趕走了低雲，五萬人齊聚國父紀念館廣場，蓄勢待發。

這是「知識界反政治迫害聯盟」[133]發起的大遊行，來自各大學、宗教團體、社運團體、婦女團體、「臺灣地區政治受難人互助會」及民進黨各地方黨部的人民，把紀念館周遭擠得水洩不通。

盧修一也來了。

他的額頭與手臂上綁著「反政治迫害」的黃布條，穿著輕便的牛仔褲，他和五萬人一齊用腳步向國民黨喊出「反對政治迫害」、「廢除刑法一百條」，同行者還有李慶雄、洪奇昌等「新國家聯線」立委。

甫因《懲治叛亂條例》廢除而交保獲釋的陳正然、廖偉程、王秀惠、林銀福等獨臺會

案四青年也來了。指揮車上，大遊行的總領隊——澄社社長瞿海源邀請他們發表感言。這四人逃過「二條一」死劫的歷程，驚心動魄地引發群眾共鳴。

兩點鐘，隊伍出發。

陳正然等四人手拉寬五公尺、高五十公分的「臺灣人民有權決定臺灣前途」白布條，昂然走在前排。這綿延兩公里的隊伍，群眾手持招牌和布條，訴求「廢除刑法一百條」、「臺獨無罪」、「言論自由」、「撤銷思想警察」、「根除白色恐怖」、「情治人員退出校園」、「臺灣獨立建國」、「郝柏村下臺」、「梁肅戎下臺」，浩浩蕩蕩走向立法院；臺北車站也有一群學生出發，要在立法院前合流。

這是繼前一年野百合學運之後，聲勢更為浩大的民間示威遊行。

獨臺會事件雖使國民黨當局在立法院迅速廢除「一條一」的子法《懲治叛亂條例》，但是，其母法《刑法》一百條，行政院長郝柏村仍堅不廢除。是以，「知識界反政治迫害大聯盟」選在李登輝總統就職兩週年之日，五萬人上街頭，就為了扳倒《刑法》一百條。

《中華民國刑法》第一百條（內亂罪）

意圖破壞國體、竊據國土或以非法之方法變更國憲、顛覆政府，而著手實行者，處七年以上有期徒刑；首謀者，處無期徒刑。（第一項）

前項之預備犯，處六月以上五年以下有期徒刑。（第二項）

刑法學權威、臺大法律系教授林山田等學者指出，依《刑法》第一百條第一項與第二項，仍可能構成「思想叛亂」；應予以廢除，當局才不致動輒以「思想」作為入罪依據。《刑法》一百條，也是盧修一當初關入黑牢的法源，更是鄭南榕不惜自焚殉道抗議的惡法。「四十多年來，已經造成逾九萬人因冤案、錯案而受害。」盧修一指出。《刑法》一百條，正是「製造政治犯的工具」。

在現場，不少遊行參與者向盧修一建言：「你們民進黨立委應該要回議場，推倒《刑法》一百條啊！」

在黨政軍媒體封鎖新聞的大環境下，民眾鮮少能知，早從盧修一當選立委後，民進黨團立委早已屢屢在立法院內提案欲廢除此惡法。

盧修一向民眾細說從頭。

早在一九九〇年三月十五日，民進黨團由八十五會期幹事長陳水扁領銜共二十一人[134]連署提案廢除《刑法》一百條，卻遭梁肅戎交付司法委員會與刑法修正案併案審查，形同進入冷凍庫。同年十月，此案在司法委員會討論過兩次，旋因黃華[20]的臺獨言論遭國民黨當局以「叛亂」罪判刑四度入獄，使得陳水扁等人於一九九〇年十二月十一日提出臨時提案，要求廢止《懲治叛亂條例》和《刑法》一百條，並建請總統特赦黃華與「黑名單人士」羅益世、陳昭南，結果仍遭「投票部隊」否決[135]。後來，民進黨團以此案數度與國民黨團進行朝野協商並達成協議，但國民黨團卻又因郝柏村反對此協議而跳票，致使民進黨團於一九九〇年十二月十四日於院會重提此案並癱瘓議事[136]。

一言以蔽之，一九九〇年時，天不時，地不利，人不和（輿論與民氣未形成，老賊未退且國會未全面改選，李登輝在國民黨內的權力不敵郝柏村），使得民進黨所提的《刑法》一百條廢止案屢未成功。

眼下，一九九一年五月，輿論反對政治迫害的意見氣候沛然成形，契機似乎來了。

遊行結束了，身為八十七會期幹事長的盧修一要求召開立院民進黨臨時黨團會議，卻因翌日黨團預定赴金門舉辦「制憲列車」而暫緩。

⑳ **#各方營救黃華**：一九九〇年十一月三日，黃華涉及叛亂被捕，面臨四度入獄命運。同年十一月三日，民進黨促全面釋放政治犯。同年十二月八日，黃華被認定預備叛亂，判刑十年。同年十二月九日，國際特赦組織關切黃華案。同年十二月十日，臺大十五個改革派社團聲援黃華，展開絕食。同年十二月十二日，民進黨決定暫停與國民黨溝通，以抗議司法整肅異己、打壓臺灣事實主權獨立運動。同年十二月十五日，澄社與臺教會同赴土城探視黃華。同年十二月二十五日，民進黨與學運團體發起1225遊行，聲援黃華提出「主權獨立」主張。一九九一年一月十五日，美國五位參議員致函李登輝與郝柏村，呼籲無條件釋放黃華。一九九一年三月二十二日，行政院長郝柏村於立法院表示對臺獨絕無妥協餘地。

值此之時，盧修一面對兩難抉擇，一是制定新憲法的長遠大計，一是廢惡法保障言論自由，向來標舉「新國家、新憲法、新國會」的盧修一，是時候權衡輕重緩急了。

氣力放盡　一九九一年五月二十一日

凌晨，監察院外，數百位學生、教授及千名民眾聚集。遊行雖然早已宣布解散，但他們仍不願離去，在此席地而坐，共商對策，累了就臥地而眠，只為了爭取廢除《刑法》一百條。[137]

這時，大批警察團團包圍監察院，民進黨立院黨團召集人鄭余鎮等人奔來協調，不讓大批警察將學生驅散。

熬到上午，四百多名學生仍標榜「廢除叛亂惡法」、「郝柏村負起政治責任」的訴求遊行來到立法院，遞出廢除《刑法》一百條的請願書。

民進黨團囿於先前「退出議場」的決議，加上黨團民主的原則，盧修一即便再焦心也很難作為；加以大多數人已開赴金門進行「制憲列車」的群眾宣講活動。

為了回應學生與教授訴求，謝長廷在上午單獨進入議場，希望院會能優先處理前一年陳水扁所提的《刑法》一百條廢止案，結果國民黨立委不予理會，還表示謝長廷沒有簽到，不能在院會中提案。[138]

可以說，謝長廷為了遵守民進黨黨團紀律而不簽到進入議場，卻因此無法行使職權。但是即使行使職權，孤身一人也無法有所作為。

立法院外，學生們歷經一天一夜，來到午間，已是氣力放盡。由於國民黨高層仍未給予正面回應，最後，學生代表鄭麗君宣讀「理想絕不打折，抗爭絕不終止」的聲明，就地解散。

事已至此，民間反對政治迫害的民氣雖大，但在獨臺會案四人「祭品」因《懲治叛亂條例》廢止而「釋放」之後，想要扳倒《刑法》一百條，反而缺乏著力點與急迫性。

民進黨團決議，重回議場　一九九一年五月二十三日

身為黨團幹事長，隨時都必須審衡時勢重新調度，儘管決策的風險很大。盧修一正面臨抉擇。

這一天，民進黨召開黨團會議，討論是否該重返立法院。

「做錯了，但是不要再錯下去」，盧修一主張重返議會，並表示願請辭幹事長。

「身為幹事長，我必須承認錯誤，挽回局勢，即使引起其他成員的責難我也接受，目前的現實是敵人沒被我們打倒，我們卻自縛手腳。」盧修一說。「我認為追根究柢，四二一的決議是一個錯誤。在四一七反老賊修憲運動後的氣氛和情境，讓我們膨脹也錯估了整

個形勢，做了這個『悲壯』的決定，卻不能以更悲壯的行動接續。[139]」

會議中數度激辯。反對者指責，「盧修一等黨團三長（總召集人、召集人、幹事長）不但未向國民黨施壓，反而硬逼黨團成員修改決議。」不過贊成者指出，「民進黨團強調決策民主的程序，這個方向與做法是對的，但既然選出黨團三長，也要給予他們適度的協調空間，否則黨團三長成為純粹服務性的職務，在與執政黨抗爭時毫無籌碼可言。[140]」

最終，記名投票表決，以八票對七票決議，黨團將重返議會。

「這一個月對我和黨團都是個痛苦的經驗，不過相信也能從中學習教訓，政治人物對形勢的判斷應該快而精準。」[141] 盧修一在會後坦承。

「退出議場」給盧修一的教訓是什麼？

從凸顯「占立院多數但不具代表性的老立委仍把持院會」、「立法院院長主持議事不中立」、「國會濫用警察權」、「老賊修憲」的角度來說，退出議場確實成功凸顯了議題。但是，局勢瞬息萬變，當出現攸關人命的重大事件，失去媒體能見度的黨團，顯難迅速反映民意。

幹事長盧修一即警覺此一問題，因此，他在過去五個星期內四度主張重返議場。

五月七日，獨臺會案甫發生，他隨即召開黨團會議，與此同時，「制憲列車」已下鄉一週。會中，盧修一主張重返議場，因為體認到「立法院才是在野黨最大的舞臺」，「畢竟在目前媒體強力傳播的限制下，我們一離開立法院，聲音必然相對削弱。出走是為了凸顯問題，可能當時的評估和實際有段距離，因此我想，重回議會採取強烈抗爭手段，與群眾運動雙面施壓，或許效果更大。」他在下鄉時體會到，「議會抗爭，作用面廣但不深刻；走進基層影響深刻，效果卻非立即可見，這是策略思考與抉擇的問題。」[142]但是，黨團成員仍決議，須待國民黨回應民進黨團的「重返議場四條件」，再來決定是否重回議場。

五月十六日，獨臺會事件已引發各項抗爭、毆打等後續效應。當天，盧修一召開黨團會議，再度投票力主重返議會，但是，黨團成員的決議仍不變。

五月二十日，盧修一在反政治迫害大遊行後，切實感受民意，但受限於「制憲列車」行程，臨時會議開不成。

而今，五月二十三日，盧修一在黨團會議中再度堅持重返議場，確實是要掙脫黨團自縛的緊箍咒，恢復黨團的彈性，為下一個戰局鋪路。

承認錯誤，值得稱許。這不僅是盧修一、民進黨立院黨團的珍貴教訓，對後世更有參考價值。

只是，如果獨臺會事件一發生即重回議場，就能扳倒《刑法》一百條嗎？

答案恐怕不是肯定的。

因為，立法院在五月十七日之所以動員「表決部隊」迅速廢除《懲治叛亂條例》，是因為李登輝與郝柏村都認可所致，即便同樣支持廢除的民進黨團留在議場內，也只是共同參與罷了。但是，當天代表李登輝意志的集思會提出修改《刑法》一百條的臨時提案，卻遭梁肅戎否決，背後乃因郝柏村反對。是以，即使民進黨團也在議場內，表決按人頭算，也無法撼動大局。

眼下，民進黨團訂於六月四日重返議場，制憲列車屆時暫告一段落。而國民黨各次級團體將於翌日提出《刑法》一百條的修正案，事態會如何發展？

優先審查？實則冷凍　一九九一年五月二十四日

立法院第八十七會期第二十八次會議。

趕在民進黨團重返議會之前，國民黨集思會立委黃主文等四十七人提出臨時提案，修正《刑法》一百條和《刑法》第一百零一條「逕付二讀」；此外，「新國民黨連線」趙少康等二十八人也提出修法版本。黃、趙兩案皆重申應注重言論自由，因《刑法》一百條的條文文字過於含糊，易羅織入罪。

由於郝柏村堅持《刑法》一百條「只修不廢」，但行政院的修法版本遲未提出，最後，院會主席梁肅戎將黃、趙兩項提案交付司法委員會「優先審查」。

下午，代表郝柏村意志的軍系立委王天競等三十人也臨時提案，提出一份修法版本，梁肅戎乃宣布，將此案也交付司法委員會「併案審查」。[143]字面上「優先審查」，究其實，梁肅戎未讓這三案「逕付二讀」，就是拖延戰術。

為何行政院長郝柏村同意讓國民黨立委在五月十七日迅速廢除《懲治叛亂條例》，更讓法務部主動提出廢除《檢肅匪諜條例》的提案，於五月二十二日由國民黨立委「鼓掌通過廢除」？究其因，郝柏村是要拿掉這些原屬於「動員戡亂時期」的法令。[144]因為總統李登輝於五月一日宣布終止了「動員戡亂時期」，中共已不再被視為「叛亂組織」，而是「政治實體」，是以，主張統一並反對臺獨的郝柏村可藉由《刑法》一百條，繼續以「陰謀叛亂」罪逮捕臺獨言論者。

反觀民進黨，在這個會期的司法委員會只有兩席委員：田再庭與謝長廷，只憑兩席，並不能讓《刑法》一百條相關三案排入審查。

因此，不改變國會結構，《刑法》一百條就無法撼動。

那麼，就算民進黨團確定於六月四日重返議場，幹事長盧修一能有什麼籌碼？

審查冷凍，小鬼潛伏　一九九一年六月二十五日

八十七會期將屆，盧修一即將卸下民進黨黨團幹事長重擔，但是，《刑法》一百條的三

個修法版本與陳水扁所提的廢止案，仍躺在司法委員會「冷凍庫」。

國民黨主流派和民進黨團想扳倒《刑法》一百條的策略屢難收效，為什麼？

原來，有「小鬼」埋伏。

是日，盧修一注意到，一名可疑人士正在院內抄錄「軍中人權促進會」的請願人名。他將對方送往立法院警衛隊時，對方一度想奪門脫逃，結果摔倒撞傷。

對方的供詞一改再改，先後供稱自己是國民黨立委林鈺祥國會助理、警備總部保安處人員、憲兵調查組人員。盧修一逐一查證，戳破謊言。最後，對方才坦承真實姓名為「厲開平」，真實身分是臺北市調查處憲政調查組人員，偽裝為僑選立委馬國祥的國會助理，在立法院內蒐集政治反對運動及異議分子的活動資料。

盧修一隨即通報立法院副院長劉松藩，劉松藩承諾著手調查。

當調查局派人來立法院領回厲開平時，盧修一赫然發現厲開平的上司名叫沈世賢。他靈機一動，查核「立法委員領用自聘助理識別證名冊」發現，沈世賢、許峰豪、厲開平三人皆於一月二日辦理識別證，擔任僑選立委楊雪峰、馬國祥的自聘國會助理，三人的識別證號碼不但連號，且皆由厲開平領取。

「這種原本是在偵探片才看得到的情節，竟然眼睜睜地發生在國會裡，茲事體大！」[145]盧修一大呼不可思議。

郝柏村等國民黨高層藉情治人員監控立法院內反對黨的一舉一動，到底有多久了？

諜影幢幢，媒體也搖頭　一九九一年六月二十六日

「……目前，立法院已經充斥形形色色的情治人員；他們可能是你身邊的朋友，可能是你聘請的助理，可能是立法院職員，可能是議場四周的幹事，甚至搞不好連坐在主席臺上的副院長、祕書長，或臺下的本院委員都有可能。

此事已造成立法院人心惶惶，而且對政治制度的正常運作造成嚴重影響。眾所周知，立法權若無法獨立運作，實難制衡行政權。如果行政單位利用各種管道滲透、介入、影響立法權，立法權的尊嚴將因此蕩然無存；而今這種現象已嚴重破壞民主憲政的正常體制及立法院的正常運作，因此，本席等乃提出此一臨時提案，務期把情治人員趕出國會。

目前獨臺會案件曾發生情治人員冒充交通大學學生潛伏在校園內活動的情形，並引起軒然大波；殷鑑未遠，現在又發生情治人員進入立法院。……本席提案要求行政院長率同國防部長、法務部長、調查局長、警備總司令、警政署長及相關情治首長列席本院院會，報告情治單位在本院活動的情形。並備質詢，本案涉及憲政體制的建立及維護，也關係到本院的尊嚴，敬請各位支持，謝謝！」

立法院第八十七會期第四十次會議。

上午十點鐘，盧修一在院會提出此一臨時提案[146]，抨擊立法院內至少有三位調查局人員

偽裝成國會助理，滲透院內蒐集情資，監控反對黨。

主席劉松藩裁定傍晚再議。

傍晚，院會討論此案。

盧修一嚴詞強調：「情治人員滲透立法院的事件，不能被誤導為政黨的政爭，而是體制問題，不只是反對黨的問題，調查局不能敷衍，應該公開道歉。」陳水扁、謝長廷、朱高正等反對黨立委紛紛抨擊，要求徹查。只見國民黨立委群起反對，劉松藩裁示「本案另定期討論」。

提案雖「流產」了，盧修一仍召開記者會公布三位情治人員名單與識別證。隔日，各大報都醒目報導此事。即使是言論與立場傾向保守的《聯合報》，也以「立法院果然諜影幢幢，盧修一揪出三調查員」為標題報導。

事後，盧修一鍥而不捨追查，又揪出多名情治人員以金門立委黃武仁、老立委王大任的國會助理名義潛伏在院內。盧修一注意到，楊雪峰、馬國祥、黃武仁等立委皆隸屬於國防委員會，於是怒批：「這是情治系統有意以國防委員會作為大本營，滲透立法院，我要求調查局立刻就此事澄清！」

七月，立法院即將召開臨時會，盧修一念茲在茲的《刑法》一百條修廢案並未排入議程。盧修一和有志之士想要扳倒惡法，苦無著力點。

立法院外，一陣陣廢惡法的東風再度吹起。

卸任的幹事長，重負的壓力　一九九一年七月底

「你怎麼來巴黎都在睡覺啊！」陳郁秀拉著盧修一的手抱怨。

「來這裡才能睡啊，在國內還沒得睡呢。」盧修一咕噥了幾句，又翻身大睡。

七月十六日，立法院八十七會期結束，盧修一總算卸下民進黨團幹事長的重責人任。他應妻兒的要求，全家飛往法國巴黎度假七天。白天，陳郁秀和即將升高中的盧佳慧、讀國中的盧佳君和讀小學的盧佳德去博物館，盧修一卻很少同行。

只因在國內時，盧修一每天睜開眼睛，就面對街頭、國會、黨內、新潮流系、海外的各種議題，千頭萬緒。

躺在床上，他想起先前參觀柏林圍牆時，曾在路邊店鋪購買了許多「柏林圍牆倒塌的磚石」。「你買這些做什麼？」陳郁秀當時問。

「帶回去送給立法院的助理，大家都會搶著要。」盧修一說。

確實，這些尋常人眼中不起眼的小石頭，回國後真成了助理們津津樂道的紀念品。

一九八九年中國爆發天安門事件五個月後，柏林圍牆倒塌。其後，一九九〇年，蘇聯共產集團解體，許多國家高喊「民族自決」，紛紛獨立並獲得聯合國承認。反觀臺灣呢？

立法院正在表決中央政府總預算案，此時包括盧修一等朝野黨鞭各向黨籍委員打起手勢，指揮大家依黨的決定進行表決。（中時晚報提供）

立法院院會逐條二讀通過《集會遊行法》，人數居劣勢的民進黨立委舉雙手以壯聲勢，陳水扁（前排）甚至舉起雙手雙腳稱自己有四票，結果還是輸給國民黨不具民意代表性的「表決部隊」。後排左起為盧修一、洪奇昌、戴振耀、李慶雄。（聯合報提供）

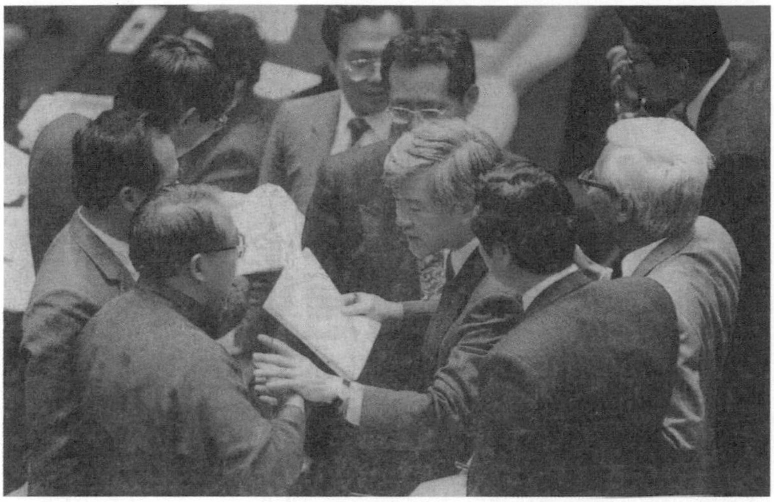

理性問政的盧修一擁有跨黨派的好人緣，這也讓他在許多法案上爭取到跨黨派的合作連署。（自由時報提供）

盧修一深知，臺灣前途正在轉折的關鍵時刻，改革的契機稍縱即逝。

自詡為「新國家建築師」的他，欲實現「新國家、新憲法、新政府、新社會、新人民、新文化」政見，但是進立法院一年半，許多提案屢遭「表決部隊」否決。如果舊國會不倒，再多重要的提案，都會被國民黨宰制。更何況，檢視盧修一的諸多政見，如果郝柏村堅持要以《刑法》一百條究辦，則毫無可能實現。

《刑法》一百條的修廢案躺在司法委員會毫無動靜，即將來臨的八十八會期，可能有所轉圜嗎？

好不容易睡上一頓好覺的盧修一，結束短暫假期回國之後，將如何繼續以一席立委之力，與海內外志同道合者，共同促成臺灣民主化的關鍵時刻？

第四節

惡法的祭品

營救微笑的黑面具　一九九一年八月三十日

臺中，「黑名單」人士陳婉真成立的「臺灣建國運動組織」所在的樓房，四周一片肅殺，警民對峙，氣氛極為緊張。

陳婉真向媒體記者強調「憲法保障人民集會結社自由」，並事先準備汽油彈警告，如果警方攻入，她將實踐「抵抗權」，以自焚追隨鄭南榕殉道。

盧修一聞訊，擔心局面失控，隨即開車載著《自立早報》記者陳銘城從臺北趕到臺中苦勸陳婉真。一九八九年，盧修一沒能阻止鄭南榕殉道，這一回更不願讓悲劇重演。

「盧委員有情有義，不顧形象與安危跑到臺中安撫陳婉真，是民進黨立委少數這麼做的人。」在場見證的陳銘城點滴在心頭。

這時，盧修一接到消息。「郭倍宏在桃園機場被抓了！」

盧修一連忙趕赴桃園機場。

陳婉真判斷，「倍宏被政府列為通緝犯，應該會送到土城（看守所）吧？」

機警聰敏的郭倍宏為什麼會被捕？

曾在一九八九年底偷渡回臺為盧修一助選，以「黑面具」登上國內外媒體，臺灣獨立建國聯盟美國本部主席郭倍宏，在該事件後被國民黨列為通緝要犯。事後，他安然返回美國，並公開向國民黨喊話：「我必再度歸來。」

這個善謀略又機警的人，為何沒有像上回那樣偷渡回臺，而是干冒風險持他人護照搭機從國家大門桃園機場回臺？

在航警局，郭倍宏被拘留了五、六個小時。警方原欲將之原機遣返，但是，郭倍宏反覆以各種說詞消極回答警方的訊問。偵訊告一段落時，郭倍宏藉口如廁而奔出航警局，與記者見面。

就在郭倍宏仍被警察銬上雙手時，異於尋常人的是，郭倍宏臉上卻掛著一抹微笑。盧修一、洪奇昌、幾位記者都見證此一畫面。

這抹微笑，意味著什麼？

郭倍宏旋即被押到高檢署，盧修一與洪奇昌也以立委身分趕往協調，要求保障郭倍宏的人權。

無論檢察官如何訊問，郭倍宏皆拒絕答話或簽字，被移送到土城看守所。

為了幫郭倍宏爭取合乎人權的對待，盧修一也轉往土城。

囚徒成立委，戰士變戰俘　一九九一年九月一日

盧修一開車行經臺北縣土城鄉仁愛路的「仁教所」，曾在此坐黑牢的歲月恍如昨日。眼下，他進入土城鄉立德路二號仁一舍的土城看守所。當年的囚徒，今日以立委身分入內探視「黑名單」盟友：郭倍宏。

經盧修一協調，郭倍宏獲得「特別會面」的機會，見到闊別多年的父兄、進步婦女聯盟召集人林秋滿、民進黨第一任黨主席江鵬堅、《自立早報》記者陳銘城等共十四人。「由戰士到戰俘，這是我要為臺灣人運動進一步奉獻所必須歷經的一個試煉。無論日子如何漫長，無論路途如何遙遠，讓咱們欣然面對。」[147]郭倍宏有所決斷。

郭倍宏的目的是什麼？

有別於一九八八年與一九八九年盧修一擔任民進黨外交部主任時，「黑名單」人士回臺凸顯「返鄉權」議題，這一回郭倍宏的計畫不同：將臺灣獨立建國聯盟「遷盟回臺」。

郭倍宏早已策畫多時，先於一九九〇年派遣臺灣建國聯盟美國本部副主席李應元偷渡回臺。不過，由於李應元未按既定計畫「現身」，於是身為主席的郭倍宏親自返國執行計

畫。根據這項計畫，後續會有更多聯盟成員按照一定時程現身執行「遷盟回臺」任務。郭倍宏認為，在桃園機場現身被捕可創造高新聞曝光度，正可向社會大眾顯示國民黨打壓政治異議人士的本質，有助於扳倒《刑法》一百條。

「只要能留下來，遷臺就容易。」郭倍宏認為。

郭倍宏被捕的消息傳到美國，在美國的臺灣同鄉們也出動聲援。美國時間的八月三十一日，北美事務協調處前聚集了兩百多名臺灣人，抗議國民黨逮捕郭倍宏。

事件將如何演變？是否真會按照郭倍宏的計畫走？

折衝協調，會見難兄難弟　一九九一年九月三日

「李應元被抓了！」

九月二日，李應元在臺北市的一家咖啡館遭埋伏的情治人員逮捕，送往高檢署。盧修一接到消息，隨即前往協調。

經過偵訊，李應元也被移送土城看守所。

盧修一、洪奇昌和鄭余鎮都在九月三日上午趕來看守所協調。

由於李應元已偷渡返臺藏匿近一年，許多關心的人士都想來探視。為此，盧修一等立

委不斷向看守所所長爭取，一再放寬會客的人數限制。

總計，這場「特別會面」的來訪者除了盧修一等立委之外，尚有美麗島事件受難者施明德、作家林文義、李應元的親友、郭倍宏親友共十九人，可說是破紀錄。

當仁一舍三八〇一號的郭倍宏，聽到所方人員要帶他去「特別會面」時，並不知道要會見的是何方神聖。

舉步踏進會客室，郭倍宏一眼就看到李應元坐在那裡。剎那間，心裡百味雜陳。這下子，郭倍宏與李應元這對主席與副主席，真成了難兄難弟。

依照計畫，李應元原本預定於九月四日出現在臺中舉行的「臺灣獨立建國聯盟盟員現身大會」，並且安於被逮。不料李應元提前被調查局發現行蹤，旋即被捕。

會客時，施明德問李應元希望反對運動人士如何聲援？

李應元說：「從我們被捕，可以凸顯國民黨黑名單、《刑法》一百條及國安法不合理。……盼望以群眾運動的方式，逼迫國民黨廢除這些惡法，修改國安法中不合理與違憲的部分。[148]」

郭倍宏與李應元接連被捕的消息占據顯著的報導篇幅，即使遠在美國，郭、李的兒女也都從電視上得知此一消息。郭倍宏之妻張舜華向孩子解釋，「爸爸正在為臺灣人爭取臺灣獨立的自由，雖然被國民黨關起來一陣子，但是有很多人跟隨、很多人支持」。

然而，這對難兄難弟的處境，可能影響當局對《刑法》一百條或修或廢的態度嗎？

相挺一〇〇行動聯盟　一九九一年九月二十一日

燠熱之夏，保守政治氣氛已成了壓力鍋，推倒惡法的怨氣一觸即發。

九月上旬，立法院民進黨團討論新會期（八十八會期）的議事策略，辯論激烈。

盧修一直指，「基於推展群眾運動的觀點，黨團對任何爭議性政治議題，都必須考慮如何凝聚社會力量，以打破任何不符公義、公理的弊端或缺失。因此，黨團應明白主張廢除《刑法》一百條為決心。」[149]大多數黨團成員有共識，應以廢止《刑法》一百條為主要訴求，沒有妥協餘地。

由於行政院長郝柏村箝制《刑法》一百條修廢案，導致攸關臺灣前途的幾項重要議題一一淪為「惡法的祭品」。

第一個祭品，是制憲與臺灣憲法草案。

八月二十六日，民進黨與民間人士召開「人民制憲會議」，公布《臺灣憲法草案》，卻遭國民黨高層批判為「臺獨憲法」，要究辦民進黨。高檢署著手調查「人民制憲會議」是否涉及《刑法》一百條的言論叛亂。

第二個祭品，是臺灣獨立建國聯盟與「黑名單」。

九月九日、九月十七日，郭倍宏、李應元先後被高檢署以預備叛亂、非法入境等罪名起訴。九月十九日，臺灣獨立建國聯盟的中央委員陳榮芳欲入境返臺未果，旋遭遣返。

第三個祭品，是公民投票進入聯合國。

九月七日與九月八日，在美國的「臺灣人公共事務會」創會會長蔡同榮回臺創立的公民投票基金會，舉行兩天的「公民投票進入聯合國」遊行，有逾萬人民站出來，連前任美國司法部長克拉克（Ramsey Clark）都來參與。卻在國民黨出動軍警封鎖道路等阻撓下受挫，總統府祕書長蔣彥士也冷淡對待，未予對話。遊行解散時，群眾敗興而返。

保守勢力籠罩，改革的民意無從伸張，既然立法院民進黨團決議在新會期推倒惡法，已覺醒的臺大經濟系教授陳師孟等知識分子認為，有必要集結社會各界齊心扳倒《刑法》一百條，於是積極籌組「一〇〇行動聯盟」，並於九月二十一日成立。[150]

聯盟由中研院院士李鎮源登高一呼，共十位社會各界重量級人士[151]發起，串聯學術界、文化界、醫師、律師、宗教人士、社運團體、弱勢團體組成。召集人即是陳師孟，總幹事為臺大資訊系教授林逢慶，推動小組成員有：獨臺會事件交保的陳正然、新國會聯合研究室助理鍾佳濱、立委陳水扁的國會助理，也是野百合學運領袖羅文嘉等人。

為何連學術聲譽甚高、人格正直的國際級院士都願挺身而出？

李鎮源曾任國際毒理學會理事長、臺大醫學院院長，是享譽國際的蛇毒研究權威。之所以站出來，有諸多原因。最關鍵的因素，就是拒絕白色恐怖。

李鎮源院士在九月十二日陪同幾位臺大醫學院教授同事赴看守所探視李應元與郭倍宏之後，深感不忍。其後，陳師孟恭請李鎮源擔任「一〇〇行動聯盟」名譽召集人。李鎮源認知《刑法》一百條是製造政治犯的惡法、白色恐怖的元凶，儘管已七十五歲之齡，仍不顧一切，同意出任。

「我的時間不多了，快要來不及了，我應該要趕快推動廢止《刑法》一百條……當年白色恐怖時，很多同事因為讀了一、兩本書，講了一、兩句話，就被政府抓走，以叛國罪被關、被槍決。有思想怎麼能被視為叛國呢？都是因為這《刑法》一百條惡法……這些年來，我埋首實驗室裡研究，不問世事。但是最近幾年，卻常常想起當年不幸罹難的同事和好友，深感內疚。我一定要為他們平反，並且廢止這個惡法。[152]」李鎮源曾對臺大醫學院同事陳定信[153]教授談述此心路歷程。

「一〇〇行動聯盟」成立宣言指出：「國民黨說《刑法》第一〇〇條只能修不能廢，因為它所牽涉的是『破壞國體』和『陰謀叛亂』，其實《刑法》第一〇〇條違背憲法有關基本人權和基本自由的保障，本身即已破壞法律體制，還談什麼國家體制。而且國家體制非不能改，國民為國家前途著想，用和平方式提出各種不同改變國體的思想和言論，法律根本不應該加以限制，尤其不可以隨便濫用『破壞國體』的罪名。……再說『陰謀叛亂』的問題，在民主國家中，構成叛亂的要件只有武力或武裝，凡無此要件者，任何活動都不能說是叛亂，更沒有所謂『言論叛亂』、『思想叛亂』或『陰謀叛亂』這類空泛不實的罪名。」[154]

「廢除第一〇〇條是我們的主要訴求。如果得不到國民黨明確的回應，我們下一步的具體行動就是反制閱兵。……因為《刑法》第一〇〇條與閱兵都是反民主、反潮流，兩者一日不去，臺灣永遠無法走向現代化國家的大路。[155]」聯盟以抗議建國八十年雙十國慶閱兵大典為籌碼，欲升高對國民黨高層的具體壓力。

國際級院士站出來，提升了「一〇〇行動聯盟」士氣。

不料，法務部長呂有文卻對媒體說，「反閱兵」有觸犯《刑法》一百條之嫌。「一〇〇行動聯盟」會不會成為惡法的第四個祭品？

盧修一很早就知道陳師孟籌組「一〇〇行動聯盟」，並得知陳師孟負責募款大任，遂主動致電陳師孟，詢問是否需要幫忙。兩人約定時間相談。

繼五月的獨臺會事件，「一〇〇行動聯盟」又將如何悄悄牽起盧修一、陳師孟、陳正然三人的命運？

開議日，力戰群魔　一九九一年九月二十四日

清晨，一如往常，盧修一起個大早趕到立法院。

這是第一屆立法院第八十八會期[156]第一次院會，俗稱的「開議日」。

不過，這次的開議日有別於尋常。

八點鐘，「一〇〇行動聯盟」在臺大法學院前集結，八點半之前就抵達立法院正門，以黃華、郭倍宏、李應元因《刑法》一百條下獄的時事為題演出行動劇，並派人協調，希望入立法院內請願。直到十點鐘，立法院僅放行李鎮源院士等十五位成員入內，在第七會議室旁聽，觀看電視轉播。

那麼，在十點鐘之前，立法院內發生了什麼事？

八點多鐘，已由李登輝特赦，且經大法官釋憲而恢復終身職立委職權的美麗島事件受難者，民進黨主席黃信介欲進入議場，梁肅戎卻動用上百名警察阻擋。民進黨立委為了保護黃信介，紛紛遭到國民黨軍系立委趙振鵬揮拳毆打。最後，黃信介並未入場。

這場羞辱黃信介的大戲，乃是國民黨團推翻了國民兩黨政黨協商的結論，以確保行政院長郝柏村能在開議日先發表施政報告所致。[157]

上午九點鐘，一百九十一名立委報到，在主席梁肅戎動用警察權的壓制下，宣布開會；率先確認上一會期最後一次會議的議事錄。

九點十二分，頭上綁著「廢除刑法一百條」布條的盧修一站上發言臺，批判立法院長梁肅戎動用警察權阻撓黃信介入場。隨後話鋒一轉，表示備感欣喜，因為民眾積極要求臺灣加入聯合國與爭取廢除《刑法》一百條。

「……今天非常可喜的是，整個臺灣兩千萬之人民已覺醒，他們知道自己真正是國家主人，知道國家前途要自己來掌握！因此，來自民間、來自草根、來自社會之各種聲音，要求臺灣要堂堂正正，以一個國家的名義重返聯合國，重新在世界以積極的角色，發揮其重心。

今天兩千萬人民也希望能在政治民主化的過程當中，扮演更積極之主導角色。如今人民已覺醒到所有之惡法，所有惡之體制應該停止，必須改變。故來自於社會各階層的力量，紛紛勇敢地走上街頭表現自己，有七十幾歲的中央研究院院士，有少壯派之青年學者、醫師、律師、牧師，各個社會菁英，結合社會草根力量，已經紛紛發出他們對國民黨體制下不合理、不正當之體制的不滿與抗議。」

盧修一並苦勸行政院長郝柏村正視民意，「面臨歷史之選擇，要做魔鬼或是天使，完全在一念之間。」

他如是說：「今天之政治民主化，臺灣前途之光明，完全在執政黨當局的一念之間，也在郝柏村院長的一念之間。政治要民主，政治要自由，要讓臺灣的名字在世界上大放光彩，完全在於這些人，與在座所有同仁之一念之間。」

接續著盧修一發言，民進黨立委陳水扁、民進黨團八十八會期幹事長彭百顯、謝長廷紛紛抨擊國民黨刁難黃信介，呼籲廢除《刑法》一百條。

梁肅戎見砲聲隆隆，先發動「表決部隊」通過議事錄，接著，針對「十一點鐘讓行政院長郝柏村進行施政報告備總質詢」加以表決。值此之時，民進黨立委高喊「廢除刑法一百條」，呼聲震天價響，連立法院外與附近的第七會議室都清晰可聞。

會議室內，陳師孟與李鎮源等十五名「一〇〇行動聯盟」的代表，盯著電視轉播的議場表決畫面，憤怒溢於言表。他們不滿「表決部隊」依舊決定議事，遂集體奔出會議室，趁隙突破警力進入議場席地靜坐。

盧修一、洪奇昌、許國泰等立委見狀，奔到發言臺前保護聯盟成員免於暴警對待。警方欲阻擋盧修一，盧修一乾脆就站上桌子，居高臨下。

更多警力湧進議場，現場一片混亂。

陳定南與葉菊蘭接連程序發言。陳定南抗議國民黨故意用黃信介復職案轉移《刑法》一百條之焦點；葉菊蘭則是轉達「一〇〇行動聯盟」戰帖，要求郝柏村派人進行「《刑法》一百條修廢大辯論」。

十一點鐘，行政院長郝柏村預定上臺做施政報告的時間到了，郝揆經警察人牆與盾牌重重保護進入議場，民進黨立委只能在外圍拉起「廢除刑法一百條」布條。混亂中，郝柏村開始進行施政報告。

十一點四十分，議場內的「一〇〇行動聯盟」成員手牽手高喊「廢除刑法一百條」後退出立法院。

下午三點，立法院會繼續進行郝柏村的施政總質詢。

陳水扁、李慶雄、張俊雄、鄭余鎮等立委接力質詢《刑法》一百條廢止案；彭百顯、張俊雄、李慶雄等人就取消黑名單、釋放郭倍宏議題提出質詢。葉菊蘭與陳水扁更質詢郝柏村數度到國防部內召開軍事會議、已經僭越總統的三軍統帥職權，也破壞國家體制，有軍事政變之嫌。

時間來到傍晚五點鐘，仍有一百多位登記質詢的立委尚未發言，民進黨立委圍住發言臺抗議主席梁肅戎安排發言順序不公。梁肅戎宣布，先請行政院長與官員退席，再由朱高正和盧修一發言。

已被開除民進黨籍的朱高正一上臺，即主張不該廢除《刑法》一百條，並冷嘲熱諷民進黨立委。

盧修一聽在耳裡，極不以為然。

五點二十二分，終於輪到盧修一發言了。

他指出，行政院堅持《刑法》一百條「只修不廢」，法務部提出的甲、乙、丙三個修法草案被學者專家批評為「愈修愈亂、愈修愈糟」。

盧修一強調，《刑法》一百條之所以應該廢除，乃因它是語意不明確、容易羅織入罪、存在多年的惡法。

「刑法一百條本來只設定『破壞國體、竊據國土，以非法之方法變更國憲或顛覆政府』等四個情況，並以『著手實行』四字為要件。一般研讀法律者皆知，所謂『著手實行』已是行為階段用語[158]，怎可作為觸犯刑法一百條之客觀構成要件？」盧修一強調，「全世界多數國家有關內亂罪，皆以暴力、暴動為構成要件。……民進黨根據多項理由主張予以廢除，在刑法一百條廢除後，一百零一條亦須做連帶修正，……即是將內亂罪的構成嚴格限制於採取武力暴動手段。」

盧修一指出，《刑法》一百條這個惡法，迫害了許多無辜的白色恐怖受難者。

「過去白色恐怖之下，絕大多數觸犯懲治叛亂條例第二條或其他條文者，主要法源依據即是刑法一百條。所以這麼多冤獄中，除了極少數是所謂採取暴力的內亂罪以外，絕大多數都是屬於言論內亂罪，亦即言論叛亂。」

只提出言論能推翻的了政府嗎？盧修一說：

「如果一個掌握軍隊、政府機關、公權等許多資源的政府，只因為人民講講話、煽動、結社，就使政府倒臺的話，即表示該政府是個早已失去民心的政府！也只有失去民心的政府，才可能在少數人的言論主張之下，鼓動民心、發動民意，遭致推翻，否則面對一

（左起）陳水扁、盧修一、葉菊蘭、洪奇昌、李慶雄、田再庭、陳定南、余政憲（前左一）鄭余鎮（前左二）等立委在國會議場高舉廢除刑法一百條惡法布條。（中國時報提供）

個擁有許多資源保護的政府，要以言論來推翻它，談何容易！試問，國民黨政府被臺灣人民罵了四十多年，可曾倒臺？不曾，因為警察、軍隊、中央到地方的層層行政機關都在其掌握之中。」[159]

盧修一切中要害，也不忘批評朱高正反對廢除此一箝制言論自由的惡法，是罔顧民主前輩的血淚足跡。

「……我們不惜犧牲一切，冒著被判刑、坐牢的危險，前仆後繼、奮不顧身……奮勇前進，一波又一波，一代又一代，才有今天這局面！如果不是這樣，朱高正今天有資格在此咆哮公堂嗎？恐怕早就鋃鐺入獄了！所以今天有此形勢，是多少人追求民主，堅持本土理念，犧牲奉獻所累積出來的，而朱委員也才能踩著這些人的血跡往前進！」

盧修一力陳《刑法》一百條廢除之必要。但是，一如以往，盧修一發言完畢，院會主席梁肅戎又開始轉移焦點。

梁肅戎宣布，先審國民黨饒穎奇等二十一位立委提的《赦免法》部分條文修正草案。

盧修一反問主席：「今天有排此一議程嗎？」

梁肅戎表示：「這是為了黃信介先生找一個合法的依據，我們希望此案能快一點通過。」於是再度動用「表決部隊」火速三讀通過《赦免法》修正案[160]。隨後宣布散會。[161]

民進黨團在開議前念茲在茲、誓言推倒的《刑法》一百條，就這樣被梁肅戎封殺了，而梁肅戎仗著「表決部隊」，想要處理什麼法案都行，民進黨也莫可奈何。無奈，盧修一頹喪走出議場。不料，卻遭到卑鄙的偷襲。

有所為，有所不為　一九九一年九月二十四日傍晚

五點半，「一〇〇行動聯盟」召集人陳師孟依約來到盧修一的立法院辦公室。向來準時的陳師孟，從約好的五點半開始等待，但是，時間一分一秒過去，還不見盧修一身影。國會助理打電話給盧修一，他也沒有接聽，一直聯繫不上。

陳師孟心想：「他一定是立法院有事情拖到了，他不會無緣無故放我鴿子……」

陳師孟來訪，乃因「一〇〇行動聯盟」成立之後，接到盧修一來電。話筒那一端，盧修一主動關心：「陳教授，我知道你在募款，你們聯盟的經費，有什麼可以幫忙？」

陳師孟接電話時心想：「盧委員隸屬民進黨新潮流系，不知道經費上是不是可以有一些支持？所以我跟他約了一個時間，去立法院找他。」

接近六點，盧修一終於出現在辦公室，陳師孟一看到他卻詫異不已。

「他的臉色很難看、很狼狽，而且衣服都扯了一邊，西裝上衣也扯了一邊。」陳師孟形容盧修一的狀態。

盧修一連連道歉：「對不起喔，讓你等那麼久。」

「是車禍還是發生了什麼事？」陳師孟問。

「沒有啊，就是跟軍系立委趙振鵬發生肢體衝突。在立法院裡面，趙振鵬把我的西裝反抓上來，我的頭整個被罩住，我的手幾乎沒辦法往上反擊，只好受制於他，然後他就打我。」盧修一娓娓道來。

陳師孟也曾兩度遭到警察暴力，對此心有戚戚焉。

盧修一又說：「趙振鵬把西裝反過來蓋住我的頭，就像蓋布袋，把我脖子夾住了就打。但其實我的手離他的下體很近，而且我的手在下方可以活動，如果我真的伸手去捏他的下體，他就慘了。」

「手伸過去是捏得到，也可以讓他放手。但是我想這樣還是有點超過，就沒有這樣做。」盧修一苦笑說。

陳師孟聽到這句話，不禁肅然起敬，「讓我對他真是有點欽佩。」高頭大馬的國民黨立委趙振鵬以卑劣手段偷襲，而受害者盧修一卻堅守君子風度，寧挨打也不願效仿對方的卑劣行徑回擊。

安靜的辦公室裡，兩位堅持原則的君子對視，片刻無言。

眼下，陳師孟不好意思開口向盧修一募款，遂將「一〇〇行動聯盟」說帖交給他，請他參考並轉交民進黨黨團共同支持。

「對我來講，盧修一真的是新潮流系這麼多人裡面，我滿佩服的一個人。他就是一個讓你覺得可以信任的，暖男型的。他就是這樣一個人。[162]」陳師孟說。

在新聞報導影像中，盧修一總是有著豐富的肢體動作，但螢幕外的實情很可能是遭到國民黨立委欺凌、被激怒的反射反應，卻被擷取呈現、斷章取義。

有所為，有所不為的盧修一，在國民黨放任立委私下暴力攻擊的威脅下，又將如何扳倒《刑法》一百條？

表決部隊的逆襲　一九九一年九月二十七日

週五，立法院第八十八會期第二次院會。

九點鐘，主席梁肅戎宣布開會。

議事錄宣讀完畢，梁肅戎彷彿要做出補償般，宣布由黃信介演講。

美麗島事件受難者黃信介在一九九〇年李登輝當選第八任總統後獲得特赦，之所以申請恢復受難前原本的立委職權，就是要爭取此一再度站上議場演講的機會，呼籲老立委一同退職，黃信介並預定在演講後辭職作為表率。

但是，九點二十四分，黃信介上臺時，僅剩下六－一位立委在場，而大多數老立委一如以往，簽到後即離去。

儘管如此，黃信介仍全程以臺灣話演說，留下意義深刻的演講文：「請與我一同來告別舊時代——黃信介的辭職演說[163]」。

黃信介在演說中提到，國會長年不改選，已欠缺民意基礎，但是老立委仍扮演國民黨惡政「不義的幫凶」，因此，他呼籲老立委別再做《刑法》一百條「只修不廢」的幫凶，「在這最後的一刻，本席誠懇地邀請各位老同仁與我同行，走向臺灣社會，和臺灣人民站在一起，共同結束舊時代，建設新社會，歷史會因此而正確地評價你們！再會！」

感人至深的演說，贏得民進黨團全體起立鼓掌，唯國民黨團反應冷淡。國民黨籍老立委林棟甚至回嗆：「老立委當初在中國也是有漂亮的選票，四十年來貢獻甚大，一定會做到今年十二月底最後一天退職。」

梁肅戎宣讀「黃信介的復職函」之後，第二度讓朱高正插隊發言，惹得朝野立委皆抗議梁肅戎議事不公，吵成一團。這時，梁肅戎讓原本發言順位排第二位的無黨籍立委陳定南發言，同時暗中召回「表決部隊」回到議場。

發言臺上，陳定南揭穿梁肅戎勾結郝柏村刁難黃信介的詭計，因為黃信介依大法官釋憲文即可復職，立法院根本無需修改《赦免法》。

這時，「表決部隊」忽然陸續進入議場。

廖福本提議：「本院委員饒穎奇、廖福本等二十三人提議，為有效進行立院效率，請行政院長率同各部會首長先行離席，**爾後暫停總質詢**，改變議程，進行法案審查。」

梁肅戎動用表決，在場立委一〇五人，八十六人贊成。行政院長郝柏村及官員退席。

何謂「爾後暫停總質詢」？

這意味，這個會期內，郝柏村將不再進立法院做施政總質詢，這也表示，民進黨團針對《刑法》一百條修廢議題的攻勢將失去質詢、對話的機會。

同一時間，立法院外，「一〇〇行動聯盟」的李鎮源院士、林山田教授與陳師孟教授率七百多位民眾再度來到大門口請願。梁肅戎派國民黨立委李宗仁代表司法委員會接見。院會內，時間來到十點三十一分，盧修一以程序發言，呼籲立法院正視強大民意要求廢除《刑法》一百條：

「……今天『一〇〇行動聯盟』在陳師孟、林山田及中研院李鎮源院士的帶領下，又有七百人坐在立法院中山南路的大門口，他們秉持著良心，秉持著對社會的愛及對臺灣前途的關心，不計一切走上街頭，勇敢地發出廢止『刑法一百條』的正義之聲……

……『水能載舟，亦能覆舟』，我們這些受民意所託的民意代表，若不能反映民意，順應民意，遲早要為民意所背棄。今天刑法一百條應該廢除已是大勢所趨、民心所向，如有任何人企圖阻撓此一趨勢，提出似是而非的理由，堅持只修不廢，只會增加人民對執政黨的厭惡及反感，最後執政黨這個不正常的體制必將為民意的強大力量所淹沒。

……李鎮源院士已發起連署，爭取到許多有名望的專家學者支持『廢除刑法一百條』的行動。此一形勢已經愈來愈明顯，力量也愈來愈大。立法院若還想有所作為，就必須正視此一問題。寀納雅言，順應民意，盡速廢除刑法一百條這惡法中的惡法。[164]」

盧修一發言後，黃天生、陳水扁、黃聰松、葉菊蘭、彭百顯、洪奇昌、田再庭等民進黨立委都接力發言呼應。國民黨立委王天競、葛雨琴、楊敏盛等人和梁肅戎則反唇相譏。

中午休會過後，下午三點鐘院會再戰，卻改由副院長劉松藩擔任主席。但是，出席的立委竟銳減為七位。

為了強攻《刑法》一百條，民進黨提出幾項臨時提案，包括：彭百顯等十八人臨時提案「為了審理民生法案，每週三、四加開院會」，陳水扁等十八人臨時提案「立即廢除《刑法》一百條……並逕付二讀」，洪奇昌等十一人臨時提案「國慶日終止閱兵活動」。結果，這三個臨時提案都遭到劉松藩冷凍。

國民黨立委提議改審民生法案，民進黨提出異議反制，但劉松藩執意開始審理，這時，嫻熟議事技巧的盧修一提出異議，要求先排定審理民生法案的優先順序。這下子，兩黨對峙，互相杯葛，劉松藩只好宣布暫停會議，進行協商。

四十分鐘後重新開會，彭百顯發言批評，國民黨立委早上才提案要求下午審理民生法案，結果下午竟然集體缺席。因此提議散會。

就這樣，八十八會期的第二次院會，梁肅戎數度以「表決部隊」破壞了民進黨團一波波強攻惡法的策略，留下一盤殘局。

令盧修一憤怒的是，國民黨立委竟然提案讓行政院長「爾後暫停總質詢」，棄立委的質詢權於不顧，可謂荒謬至極。

議場已經成為焦土，盧修一勢必要另闢蹊徑，向社會大眾訴求。

按鈴控告　一九九一年十月一日

上午九點鐘，盧修一在院會確定議事錄後，匆匆前往臺灣高等檢察署。

為什麼？

站在高檢署大門口，盧修一按鈴控告行政院長郝柏村、立法院長梁肅戎、國民黨立委廖福本與饒穎奇。盧修一說：「他們四個人意圖以非法方式變更現行憲法，推動立法院決議停止總質詢，涉嫌觸犯《刑法》一百條內亂罪，訴請偵查。」

盧修一在大學任教時曾講授憲法，他對前來採訪的記者說，「根據憲法第五十七條第一款，行政院長有向立法院提出施政方針、施政報告之責；立法委員有向行政院長及各部會首長質詢之權。依憲政四十年來的慣例，立法院每會期開議之初，就進行連續性施政報告與質詢。」

但是，盧修一直指，九月二十七日的立法院院會，國民黨提案爾後暫停總質詢，行政院長郝柏村與行政院官員因而退席，不再接受總質詢。

「這不但破壞了國家體制，而且有破壞國憲的意圖。何況，饒穎奇與廖福本等人在立法院提案表決，已經是『著手實行』，分明已經觸犯《刑法》一百條內亂罪的規定。」盧修一義正詞嚴地提出悖論，「我來按鈴控告，就是要凸顯《刑法》一百條的荒謬之處。像前述情形就已涉嫌觸法，這也正是我們堅持要廢除《刑法》一百條的原因。」[165]

正如盧修一在開議日時發言所闡明，《刑法》一百條條文過於籠統，而且，「著手實行」不應作為犯罪的客觀構成要件。也因為如此，國民黨才能濫用來排除異己，造成逾九萬件白色恐怖冤案、錯案。

眼下，站在高檢署前按鈴控告的盧修一，八年前，正是遭國民黨以玩弄惡法彈性解釋條文，羅織罪名關進了黑牢。

「盧委員是一個幽默、活潑、極富法式浪漫的人，從他願意跳出立法院的框架，到院外按鈴申告，直接向社會大眾訴求，就可以看得出來。」盧修一的辦公室幕僚笑著說。

盧修一為了扳倒惡法，無論體制內外、街頭或國會，不斷出招。

接下來，他還會怎麼做？

戳破獨裁荒謬劇　一九九一年十月三日

為了推倒惡法，民進黨立院黨團精銳盡出。

這些年來，在院會中，民進黨團總是無法取得足夠關鍵的「程序委員」席次，好讓重要的法案排上院會。這個會期，他們洞燭機先，鎖定司法委員會；有多達五位民進黨立委加入司法委員會，包括田再庭、李慶雄、張俊雄、謝長廷、魏耀乾，因為人數達到門檻，也因此取得了一席召集委員，由張俊雄擔任。

一般而言，各委員會最多設三席召集委員[166]，輪流擔任主席並排定議程。司法委員會設有兩席召集委員。這個會期輪到張俊雄輪值主席時，就排定優先處理《刑法》一百條。司法委員會、法制委員會向來是缺乏媒體關注的冷門委員會。盧修一加入的是法制委員會[167]，但是，其他委員會討論重要議題時，他也會出席發言。

十月三日星期四，立法院第一會議室。司法委員會舉辦《刑法》一百條修廢問題公聽會，由張俊雄主持，邀請八位專家學者[168]發表法律意見。

奇怪的是，出席的司法委員會立委當中，國民黨僅集思會黃主文一人，其他出席的司法委員會立委都是民進黨籍，而且有五位；法制委員會的盧修一也來了，並登記發言。法律學者與律師從立法意旨等理論、實務、各國立法例等角度正反激辯；有律師羅列執政當局以往利用此一惡法迫害言論自由、斑斑可考的白色恐怖史。李慶雄、陳水扁、黃主文不時提問請教這些專家。

這是一場嚴肅、認真的公聽會，沒有對峙、杯葛，只有專注解決惡法的心意。

如果執政當局也能如此用心，這片美麗的土地，豈有不繁榮昌順之理？無奈，這間會議室內的人皆非當局掌權者。掌權者曲解法律以處理政治問題，拖延著惡法而不修廢，正是其荒謬之處。

三個小時的會議將盡，「白髮頑童」盧修一發言感謝與會專家如此嚴肅討論，雖然正反兩方對於此一惡法的修廢提出各種不同看法，結果還是沒有交集。他說：

「有關刑法一百條修廢的問題，就是『沒有交集』。執政黨認為一旦刑法一百條廢除後將無法可治反對人士……」

他又指，在這個由國民黨說了算的荒謬體制，惡法該修或該廢不是專家學者講法律學理所能決定，也不是少數在野黨立委能決定。他舉例：

「國防委員會召集委員的選舉，國民黨動用了三十九位委員，其中只有十七位有選票基礎，其餘均為資深及僑選立委，此種荒謬的做法旨在封殺民進黨，唯恐民進黨挖掘有關郝柏村擔任參謀總長及國防部長的內幕，而使其難保行政院長一職寶座，可見此為政治問題而非法律問題。」

他直指，他按鈴控告行政院長等人，就是要再度凸顯國民黨以毫無民意基礎的體制來解決一切問題的荒謬性——只要擁有權力，反對者就沒有翻身之地。他說：

「日前本席之所以控告行政院長郝柏村、立法院長梁肅戎及國民籍立委饒穎奇、廖福本等人，係因為鑑於整個情況的荒謬之故，倘若本席的控告流於荒謬，則曾經研習刑法原理，在大學教授有關學科的法務部長呂有文的說法便更為荒謬了，他竟表示，反制閱兵可能觸犯內亂外患罪。

……以國民黨過去任意引用刑法一百條入人於罪的作風……掌握一切政治資源，甚至可以透過司法機關之影響力控制局面，則本席何以不能控告郝柏村、梁肅戎觸犯刑法一百條之規定？至於此一舉動是否荒謬，本席何必管他？只要有權機關做下判決，對方就『死』了嘛！這就好比立法院以多數決解決一切問題一般。

根據憲法第五十七條規定，行政院必須向立法院提出施政報告，並備質詢，但立法院竟以多數決予以停止，並在決議文中引用『爾後』兩字。所謂『爾後』即為『以後』，『以後』即為『永遠』，此即好比兄弟鬩牆找外人幫忙，請司法機關處理立法院問題，此已嚴重破壞三權分立原則，這難道不是變更國憲嗎？本席認為他們不但早已決定『著手實施』、『變更國憲』，且在事先開會決定的情況下，顯見早有預謀，在此情況下，是否亦構成觸犯刑法一百條所定內亂罪呢？

……倘若呂有文部長所謂反制閱兵將觸犯內亂外患罪之說成立，則不知各位對本席以立法委員身分赴高檢署控告郝柏村、梁肅戎、饒穎奇、廖福本觸犯刑法一百條之舉看法如何？如果本席與呂部長之舉均屬荒謬，則請問誰較荒謬？」[169]

如果盧修一荒謬，那麼，國民黨豈不是更荒謬？誰來決定誰是對的？在正常民主國家，決定者是民意；但是在我國這荒謬的體制裡，決定者卻是長年來由無民意基礎的投票部隊所鞏固的國民黨獨裁執政者。這就是盧修一的辯證重點，也是他按鈴控告的背後邏輯，要戳破這荒謬的非民主體制。

在這個荒謬的國家體制下，該怎麼廢惡法？「一〇〇行動聯盟」發起人之一，臺大法律系林山田教授也深信，「廢惡法要靠人民的力量；惡法能廢，靠的是力，而不是理[170]」。

民意需要凝聚。

該如何凝聚人民的共識？

國民黨的緩兵之計　一九九一年十月七日

星期一上午九點鐘，立法院第七會議室，司法委員會。張俊雄擔任主席，討論《刑法》一百條等條文修正案。

司法委員會總共九位立委，出席者七位（民進黨：田再庭、李慶雄、張俊雄、謝長廷、魏耀乾全員到齊；國民黨：黃主文、王天競），旁聽並登記欲發言的立委卻多達四十六位，許多都是國民黨籍立委。

這個會期，民進黨團以五位委員加入司法委員會取得一席召委，眼下更成功地將《刑法》一百條排入審查會議程，但是，國民黨卻動用許多其他委員會的立委登記發言試圖干擾，以每人發言時間十五分鐘計，《刑法》一百條案要在今天通過審查會，可能嗎？

第一位登記發言的黃主文直指「罪刑法定主義」是法律的重要原則，認為條文中的「著手實行」等字抽象、不明確，容易入人於罪，法官容易專擅；而且，「破壞國體、竊據國土、變更國憲、顛覆政府」這四個犯罪型態不夠明確。

黃主文還提及盧修一按鈴控告為例，批評《刑法》一百條的條文不明確。「最近，盧委員修一到高檢署，有關於我們郝院長在立法院總質詢的問題，他說這是變更國憲。那我們對所有的憲法加以變更的話，是不是變更國憲？這樣問題又來了。所以本席說這四個犯罪型態基本上都很抽象。」

隨後，民進黨立委李慶雄提出程序發言，要求將院會去年（一九九〇年）陳水扁等二十一人所提出的廢止《刑法》一百條的臨時提案單獨抽出，提到目前的審查會中，與國民黨黃主文、趙少康、王天競在今年五月時提的《刑法》一百條三個修正案一起審理。會中無異議通過。

民進黨在司法委員會中雖是多數，主席張俊雄卻仍秉持審議民主，讓登記者充分發言。而非如國民黨以往草率動用表決。

國民黨為了拖延時間，派出其他委員會的立委登記發言。

發言者眾，正反意見各自表述近三小時仍未有結論。

十二點鐘，主席張俊雄裁示下午三點繼續開會。

黃主文趁這段午休時間驅車外出。外界不知道的是，黃主文等幾位國民黨人欲與「一〇〇行動聯盟」的李鎮源院士、陳師孟教授與林山田教授等在華泰大飯店闢室密商。

下午三點鐘，眾立委回到第七會議室。

特別的是，「一〇〇行動聯盟」的領導人物也到場旁聽。

然而，下午的會議氣氛與上午很不同，不少原本登記發言的國民黨立委都因「不在場」而跳過，民進黨團的李慶雄、謝長廷、國民黨立委黃主文、丁守中發言之後，又有兩位原登記發言的國民黨立委「不在場」而跳過。

接著上場的是盧修一。他打破先前冗長的會議，刻意以逗趣的故事破題：

「主席，各位同仁：刑法一百條的修廢問題，老實講，已經講的氾濫成災了，歸結來說，是修跟廢的選擇，也就是打叉或打圈，╳或〇的問題。

現在民間有一種俏皮的傳說在流傳，他們說刑法一百條不廢的話很嚴重。本席在路邊，聽到麵攤的老闆講：『刑法一百條趕快廢掉，不然我們有危險。』

我說：『你有什麼危險？』

他說：『我們竊據國土而且著手實行啊！我占馬路、走廊，沒有申請執照，就賣起臺南擔仔麵、蚵仔麵線，我每天在這裡賣，是竊據國土而且著手實行啊。』

有一次本席碰到很多人在修馬路，我說：『大家好！』他們也向我打招呼。他們說：『盧委員！拜託你，刑法一百條趕快廢！』

我說：『跟你有什麼關係嗎？你們很不容易啊，國家進步了，民主有望了。』

他們說：『刑法一百條不廢，以後我們馬路都不來挖了，我們也在分裂國土啊！』

本席在民間聽到這種聲音，其他委員也應該會聽到，除非他們每天在來來飯店。這是一種笑談，但是刑法一百條如果真的碰到這樣的法官，故意入人於罪，要羅織罪名，說非法經營攤販、挖馬路、埋水管是竊據國土。最近衛生署長張博雅說臺灣有九萬多名攤販，很巧，根據刑法一百條判刑的人有九萬零兩百件，這個數字很驚人。所以這個問題不是政治圖騰的問題，是很多人深受其害的問題。

很多人說：『這不是政治問題，是法律問題。』但是假如你有親人朋友同學或是你本身，曾經遭受刑法一百條的毒害，你的想法是怎樣？所以本席常講，要是執政黨委員——吳梓委員、李宗仁委員都很不錯——有機會自願入獄一個禮拜，親自體會一下那種滋味，而且體會一下調查局在十年前、二十年前那種偵訊方式，把你關在一個房間，一天三班戒護，一班八小時，有時候用燈光照你的眼睛，有時候和你聊天，軟硬兼施，甚至門口站一個相撲摔角的好手，這樣子來問你，我想你什麼尊嚴、什麼人格、什麼人權，你都不會講了。」

鮮少提起受難經驗的盧修一，這回公開說出自己曾遭檢調單位逼供、尊嚴喪失的個人經驗，掀開多年傷疤的一角，使人心驚膽跳。《刑法》一百條迫害至少九萬多人，曾為受難者的他，如今在立法院內現身說法，其代表性與象徵性不言可喻。

對於這個因時空背景而來的惡法，他呼籲與會立委拿出誠意，面對現實，解決問題。「刑法一百條的修廢問題不是兩極化的問題，而是走向民主化的過程。」他並提出《刑法》一百條應廢除的六大理由：國民主權、憲法保障、罪刑法定主義、立法史、立法例、惡法相關條文應該配套修正。他的論述精闢，彷彿再度化身為課堂上的盧教授，為大家上了一課，這也是他最完整的廢惡法論述。他說：

「第一，從國民主權的立場來看，普通內亂罪其實是一種自私條款，是一個政府為了維護自己的生存而做出種種限制。……在民主時代，是人民授權政府來進行管理，政府的統治是基於人民的同意，因此刑法一百條這種普通內亂罪應該加以節制，要減少到最低限度，所以民主國家准許人民利用言論、結社、和平等一定程序來變更政府，甚至於修改憲法，這是國民主權立場考慮除了以暴力、暴動來推翻政府、變更國憲，為法所不容外，其他用和平、非暴力方法的政治活動，都應該被允許，而且，異議的聲音可能是社會進步的動力，反而要加以寬容、鼓勵，以使國家、社會不斷進步、發展。所以我們認為刑法一百條以這種抽象、概念不確定的預備、陰謀等文字，一竿子要打倒所有對政治體制有不同意見的人，而羅織他們入罪，我們認為是很不應該的規定，已經違背了國民主權。

第二，基於人民基本權利的立場來看，我們認為刑法一百條不應當存在。言論、集會、結社等基本權利是憲法所保障的人民基本權利，刑法一百條的規定可能會侵犯到這些權利。現行憲法第三章人民之權利義務的第二十三條已經規定：憲法所保障的人民自由權，在一些條件下可以立法加以限制。但是刑法一百條已經超越這個範圍，尤其裡面的預備、陰謀、著手實行等，已經對於思想、言論、集會等人民基本權利構成嚴重的侵犯。基於人民基本權利的保障，刑法一百條應該廢止。

第三，根據罪刑法定主義，刑法一百條也應該廢掉。十七、十八世紀歐洲啟蒙時期發展出理性的刑事政策，其原理是要求對於犯罪的構成要件和法律效果必須明白規定，不能用抽象、模糊、可以左右出入的規定讓法官得以專擅解釋。

第四，就立法史來看，刑法一百條應該廢除。上禮拜司法委員會曾經舉辦過公聽會，林山田教授講了很多立法例，就法制史來看，刑法一百條應該廢除，他講得非常清楚，本席在這裡再提出來。

民國元年的暫行新刑律其實是以大清刑律作為藍本，而大清刑律裡也只有暴動內亂罪，沒有所謂普通內亂罪；到民國十七年，有舊刑法，把內亂罪訂在一百零三條；現行的刑法是民國二十四年底修訂的，普通內亂罪訂在一百條。從這個簡單的立法史來看，現行刑法一百條應比過去還要退步，滿清時期是專制的帝制時代，民國初年是軍閥割據的時代，民國十七年時中國大陸內亂頻生，結果反而民國二十四年制定的刑法，比前面更亂的時代所訂定的內容還要封建、還要退步、還要不民主。所以從立法史來看，刑法一百條是倒著走，不是進步的修訂，而是退步的修訂。從立法史來看，刑法一百條應該廢除。

第五，從立法例來看，刑法一百條應該廢除。剛才丁守中委員舉了很多法治先進國家，如瑞士、加拿大、美國、日本、奧地利、西德等等，甚至還有韓國，但是他們的規定都是以暴力或暴動為構成要件，這和我們一直反對、批評的普通內亂罪是不一樣的。……而且那些國家沒有普通內亂罪，只有暴動內亂罪，他們的國家安全有沒有受影響？事實上，這些國家反而是法治先進的國家——當然，韓國除外。我們沒有理由說為了保護國家安全而要維持刑法一百條不可。

朱高正委員說刑法一百條是為了防治情報局長、國安局長、國防部長這些有權者叛變，甚至有人引用蘇聯三日政變為例來加以說明。但是簡單地想，戈巴契夫在度假時被挾持、被控制，七人委員會成立，宣布接管政權，這其實是以暴力脅迫，具有武裝預備的動作，這種情形，刑法一百零二條、刑法一百零三條可以適用，即使廢除刑法一百條，也不會造成野心家發動軍事政變、危害國家利益，所以這種理由都是似是而非。」

盧修一最後強調，「基於刑法一百條這種惡法在過去造成的政治冤獄、造成民間的怨懟，基於社會和諧、民主政治的發展，和基於國家平衡的考量，本席認為刑法一百條應該廢除，同時相關的刑法一百零一條、刑法一百零一條也要適當修正。」[171]

盧修一的發言掀開個人受難經驗、秉持憲法學養，鍥而不捨強調應該廢除《刑法》一百條，引起會中共鳴。接著，原登記發言的國民黨中央政策會執行長——立委饒穎奇也「不在場」；其後由國民黨集思會立委吳梓、民進黨的陳水扁、國民黨集思會的黃主文依序發言完畢，張俊雄裁定，進行表決。

眼下，在場的司法委員會委員僅剩六位，其中，僅有兩位是國民黨。表決後，共四票贊成廢除《刑法》一百條，兩票反對。

主席張俊雄宣布：《刑法》一百條廢除。黃主文與李宗仁聲明保留院會發言權。

接著審查《刑法》第一百零一條。

經八位立委發言並討論後表決。共四票贊成謝長廷提出的《刑法》第一百零一條修正提案，兩票反對。

主席宣布：謝長廷等人的《刑法》第一百零一條修正提案通過。黃主文與李宗仁再度聲明保留院會的發言權。

審查會通過的條文如下：

「刑法第一百零一條：以武力、暴動或暴力之方法，著手實行竊據國土、顛覆政府或變更民主共和國之憲法秩序者，處無期徒刑或七年以上有期徒刑。首謀者處死刑或無期徒刑。

預備犯前項之罪者，處一年以上七年以下有期徒刑。」

最後審查《刑法》第一百零二條。在謝長廷發言後，登記發言的民進黨立委陳定南、盧修一、魏耀乾皆放棄發言。於是，主席直接交付表決。

結果，共四票贊成謝長廷的《刑法》第一百零二條修正提案，兩票反對。

主席宣布：謝長廷等人的《刑法》第一百零二條修正提案通過。黃主文與李宗仁聲明保留院會的發言權。

通過的條文如下：

「刑法第一百零二條：犯前項之罪者而自首者，減輕或免除其刑。」

主席宣布：「今日審查的結果，將會報請院會再做表決。今日的議程全部進行完畢，散會。」

「真的廢除了！」

民進黨立委、在場的媒體記者、林山田教授等「一〇〇行動聯盟」的關鍵人物都不禁面露喜悅，互道恭喜。民進黨團布局近月，在司法委員會主導議程強攻，能在委員會中有此斬獲，確實是「大獲全勝」，值得欣喜。

「但是，真的能成功廢除嗎？」盧修一等民進黨立委心知肚明，此案必須通過程序委員會這一關，才可能真正排入院會進行二讀、三讀。偏偏民進黨在這個會期無法取得任何一席程序委員會的席次，一點辦法都沒有。

在郝柏村不願廢惡法的情況下，就算國民黨放行此案排入院會議程，梁肅戎與「表決部隊」隨時都能推翻眼下的審查會結果。

難道，眼下審查會的「惡法已廢除」，只是一齣「緩兵之計」？

無論如何，眼見為憑；旁聽的「一〇〇行動聯盟」的幾位領導者已漸漸相信，今午的闢室密談後，國民黨正逐步履行承諾。

「今天下午在司法委員會中的觀察發現，一大堆登記下午發言的國民黨籍立委，包括黨鞭饒穎奇，全都缺席而放棄發言，使民進黨主控的司法委員會，能夠順利廢止刑法一百條。看來集思會的確照著協議在進行了。」[172]是夜返家後，林山田在抗爭札記中寫道。

翌日即是十月八日，距離「反閱兵」的原訂計畫只剩兩天。如果國民黨是藉由這場審查會「假廢除真拖延」，那麼，屆時「一〇〇行動聯盟」會宣布終止反閱兵嗎？

局勢瞬息萬變，盧修一在國會內外窮盡心力，無役不與，又將如何行動？

擦槍走火　一九九一年十月八日

傳真機嘟嘟作響，不斷傳來一頁頁的連署名單。

截至十月八日，已有多達九百三十三位醫學教授、醫師、研究生、助理、社會各界連署支持「一〇〇行動聯盟」[173]。

「一〇〇行動聯盟」也有尋求體制內的途徑，先獲民進黨團全力推動，原本冷淡的國民黨高層見情勢緊張也轉趨積極。十月五日，國民黨祕書長宋楚瑜等人與李鎮源院士、陳師孟、林山田在來來飯店會商；直至六日清晨五點鐘，林山田與宋楚瑜獲得共識：「使用非暴力方式實現和平政治主張之行為，不構成刑法之內亂罪。」此為聯盟的底線，並約定各自將共識帶回徵詢內部意見。

豈料，幾個小時之後，消息傳來，行政院長郝柏村及副院長施啟揚均反對此一共識。

林山田不滿：「如果宋楚瑜祕書長出面協商都不算數，那協商有何意義？國民黨內部又是誰當家做主呢？[174]」

十月七日中午，立法院國民黨集思會立委黃主文主動約李鎮源院士、陳師孟與林山田在華泰大飯店見面。林山田將先前與宋楚瑜的共識告訴黃主文，黃主文表示會在立法院努力達成，「一〇〇行動聯盟」則同意設法中止反閱兵。果然，當天下午，國民黨立委不再杯葛，審查會也順利表決通過《刑法》一百條廢止。

翌日就是預定反閱兵之日，十月八日上午，該決策的時刻到來。

決策小組成員：李鎮源院士、陳師孟、林山田和林逢慶在臺大校園內會面討論：反閱兵的和平靜坐，是否該停止？

他們討論到，先前，「李登輝派集思會的人士及清華大學教授張昭鼎來，說郝院長將派軍隊鎮壓，會造成流血。[175]」

林山田決定放棄反閱兵，「情勢已經很明顯，大閱官是三軍統帥李總統，他的政治對手希望閱兵的情況是愈灰頭土臉愈好；而要讓閱兵愈灰頭土臉，最好的方法就是我們繼續反制，然後派軍警強力驅散。若真的引發衝突，臺灣就好比充滿煤氣的密閉房間，只要有一點火星便會立即爆炸，後果將無可收拾。梁肅戎就曾故意放消息主張停止閱兵。我們堅持廢法的理念，但是不希望捲入權力鬥爭的渾水裡，所以反閱兵必須停止了。[176]」

他們決議於中午十二點半召開記者會，宣布停止反閱兵。

陳正然接到通知時，正在臺大校友會館，懸掛稍後要舉行的記者會布條。

經獨臺會事件交保後，鬼門關前走一遭的陳正然更積極參與「知識界政治迫害大遊行」、「一〇〇行動聯盟」的活動。

「我心裡就在罵，他們又被國民黨給騙了！老K會個別去找李鎮源院士、陳師孟教授……但比較少私下找林山田教授，因為他當過刑警，他知道老K會騙人，會把人分別隔開談事情，然後分別承諾。」陳正然認為國民黨使出了緩兵之計，但也只能接受指令，「大家很尊重李院士，他是個很君子風度的人。雖然他說要結束閱兵，但大家心裡還是覺得怪怪的，也很不甘願。」

這時，陳正然接到一通來電。

「有人被打了！總統府前閱兵臺，好多人被憲兵打得頭破血流！好多人被抬走！」電話那頭，行動聯盟的工作人員喊著。

原來稍早，聯盟演練組的人員尚未接到反閱兵的取消通知，仍在閱兵臺前演練「愛與非暴力」和平靜坐技巧[177]。孰料，卻遭憲兵毆打、驅離，現場血跡斑斑。當局還調派大型水車對手無寸鐵的和平靜坐人士強噴高壓水柱，演變成大規模衝突，和平靜坐演練者一一被「清場」。

臺大校友會館內，李鎮源院士，陳師孟、林山田接獲消息，詫異不已。

「怎麼可以打人！」李鎮源院士與陳師孟義憤填膺，異口同聲說：「要繼續反閱兵！」

記者會延至下午六點鐘召開，聯盟成員閉門會商。

會議中，「大家看錄影帶，看到學生被驅趕、毆打而昏倒在地，甚至有一位七十一歲的老太太因為參加行動，也硬生生被抬走，那種憤慨悲痛沉重地壓在我們心頭。」[178]林山田教授感覺大家已經有所覺悟，不能取消所有的靜坐，應該對支持者有所交代，不能姑息當局為所欲為施暴。

晚上，海內外媒體將記者會擠得人山人海，創下聯盟成立後的紀錄。會中播放憲兵打人的影片，陳師孟宣布，反閱兵計畫改到臺大醫學院基礎醫學大樓一樓靜坐，地點距離總統府閱兵臺不遠，屬於臺大校園。也就是說，和平靜坐將只在保障校園自治的臺大校園內舉行。這場和平靜坐的訴求有二：

一、要求施暴的憲兵和指揮官擔負法律責任。

二、用和平、理性、安靜的靜坐方式表達「一〇〇行動聯盟」反對用這種反民主的閱兵方式來彰顯憲法的三軍統帥權，進而凸顯廢除《刑法》一百條的訴求。

李院士的守護者　一九九一年十月九日

一早，盧修一讀到報紙對他的報導，幾乎噴飯。

標題名為「盧修一指控郝揆等四人觸犯內亂罪案，高檢署查無證據，不起訴」。報導寫道，「承辦該案的檢察官姜仁脩昨天指出，刑法一百條第一項之內亂罪，須以意圖破壞國體、竊據國土或以非法方式變更國憲，顛覆政府、而著手實行者為要件。所謂以非法之方式變更國憲，乃指不依法定程序，憲法第一百七十四條有明文規定。……被告郝柏村等並無以非法之方法而變更國憲，更無其他證據，應認罪證不足，處分不起訴。[179]」

此一結果早在盧修一的預料。

「我之所以控告郝柏村、梁肅戎及饒穎奇、廖福本等人，係因整個情況的荒謬。這件事只是凸顯了，只要掌握政治資源，有權機關做下判決，對方就『死』了嘛！」盧修一說。

下午，盧修一穿過總統府周遭重重的鐵絲網與拒馬，進入臺大醫學院校地。警方已經封鎖四周，必須憑臺大識別證才能進入。

基礎醫學大樓前方地面、一樓大廳入口階梯、小平臺、大廳內至少有八百位靜坐者。七十五歲的李鎮源院士義無反顧，坐在大樓入口處窄小的平臺上，身旁圍坐著陳師孟教授、張忠棟教授、黃武雄教授、史英教授，還有黃芳彥等許多臺大醫師。

聯盟成立以來，李鎮源親自出席每一場演講、請願或協商，是聯盟的精神指標。

盧修一和陳定南也席地而坐，靜靜地保護李鎮源。他們也是少數在場全程靜坐的立委。他們感觸特別深，這兩年來他們在國會用盡各種「合法的」、「體制內的」方法皆推不倒惡法。眼下也綁上白布條，循「體制外的」途徑表達訴求。

軍警占據並封鎖了現場，只能出不准入。

教育部長毛高文事前向李鎮源院士表示，希望靜坐不要妨礙閱兵。臺大醫學院院長陳維昭同意基礎醫學大樓可供靜坐，卻未阻止軍警進駐。臺大校長孫震也打來電話，表示只能有學生靜坐，不要有校外人士[180]。孫震於校長任內數度鎮壓校內學生運動，此時的立場令臺大師生、校友感到羞愧。

一分一秒過去，夜涼如水，靜坐者的心卻更寒冷，盧修一無語。

國民黨迄未對和平靜坐的兩大訴求做出回應。是以，聯盟決定，繼續在基礎醫學大樓靜坐，直至十月十日總統府前的閱兵結束。

時間愈來愈晚，氣氛詭譎。曾任教警察大學的林山田聽說軍警即將強制驅離，但此處是臺大校園，警察有什麼權力進來驅離和平靜坐？林山田擔心靜坐人士的安全，因此要求靜坐者留下姓名住址。決策小組還搬了一張沙發到平臺上，供李鎮源院士「坐鎮」。「鎮源，就是鎮所有暴政之源，」林山田比喻。

時間愈來愈晚，盧修一坐在李鎮源身邊，靜觀情勢變化。

五度驅離，靜坐到底　一九九一年十月十日

凌晨，軍警封鎖更嚴密，連靜坐者上廁所也遭到管制。

靜坐者苦著臉說，這已經是「臺大看守所」了。但即使是看守所，也准許如廁。

這時，身為立委的盧修一能自由出入管制區，於是輪流帶靜坐者進入大樓如廁。

李鎮源決定暫停飲水，「我怕我如果進去上廁所，你們都會被抓走。」

零時二十五分，警方舉牌警告，宣告這場靜坐「違反集會遊行法」。聯盟人士拿起麥克風回應「這裡是臺大校園，不要隨便動手」。但警方依舊數度舉牌。

凌晨一點半，城中分局局長張琪下令驅離。

結果，五、六百位靜坐者「運用愛與非暴力」陣勢，手勾手，沒有反抗，仍一一遭警方粗暴抬走。隨後，每隔半小時或一小時，共五度驅離。

「這是我們的醫院！」李鎮源身邊的臺大女醫師高喊，被警方倉皇拖離。

李鎮源坐在平臺上，陳師孟教授、張忠棟教授、涂醒哲醫師、林宗正牧師、羅文嘉都坐在階梯上，都被霹靂小組一下子抓走了。」陳師孟說。最後，李鎮源身邊只剩下三十多位教授、醫師，大廳內只餘少數民眾。林山田凝視陳定南，百感交集。

遭驅離者被警方帶到市郊、新竹等地「丟包」。有些人坐上計程車前往臺北市新生南路的臺大校總區大門口，繼續靜坐。

不遠處，閱兵奏樂聲響徹雲霄。反觀靜坐現場，少數未被驅離者堅持理念，不動如山。直至十月十日中午十二點鐘，總統府前的閱兵結束，不久，臺大基礎醫學大樓的封鎖與管制也才解除。

下午四點鐘，林山田在臺大校門口宣布「反閱兵行動」結束。「一〇〇行動聯盟」召開記者會，重申不放棄目標，將持續推動廢除《刑法》一百條。惡法不廢，抗爭不止。

政治是複雜的。經過這段日子的峰迴路轉，聯盟的決策者領悟到，國民黨先前在十月七日的承諾只是確保閱兵大典的緩兵之計。

而盧修一與民進黨立院黨團如今也明白，在審查會通過的《刑法》一百條廢止案只是障眼法，未來在程序委員會由國民黨主導的現實條件下，顯然不可能排入院會二讀。

在國民黨軟硬兼施的誘騙與恐嚇下，「反閱兵」可謂成了惡法的第四個祭品。街頭抗爭的著力點頓失。然而失去籌碼，只能再創造籌碼。

中研院院士李鎮源（左一）與一○○行動聯盟拜會民進黨立院黨團及民進黨主席黃信介（中）、盧修一（右二）等人，雙方協議由民進黨立委在院會中轉交戰帖給行政院長郝柏村與國民黨立院黨團書記長饒穎奇。（自由時報提供）

盧修一和「一〇〇行動聯盟」人士在臺大基礎醫學大樓內以李鎮源院士（中著西裝者）為中心靜坐，手扣手防止軍警強制驅離。（攝影／劉振祥）

盧修一（左一）與在靜坐現場演講的「一〇〇行動聯盟」發起人之一臺大教授林山田（中）。（攝影／潘小俠）

第五節
臺獨言論遍地開花

臺獨黨綱　一九九一年十月十三日

這是全世界與海峽兩岸最矚目的一天，這一天，民進黨第五屆第一次全國黨員代表大會將投票決定是否在黨綱中增列「**建立主權獨立自主的臺灣共和國**」條款。為嚇阻黨綱通過，國民黨政權動作頻頻，鋪天蓋地揚言逮捕或以「叛亂罪」法辦，中共也隔海恐嚇民進黨。

清晨，盧修一早趕到臺北市中山堂參加民進黨第五屆全代會，身為黨代表之一的他，投下神聖的一票表達他的理念。

依據投票規定，必須要有超過三分之二的黨代表投同意票，才能通過這提案：「**修正民進黨黨綱，於基本綱領中增列『建立主權獨立自主的臺灣共和國』……**」俗稱：「臺獨黨綱」或「臺獨條款」。

提案全文如下[181]：

建立主權獨立自主的臺灣共和國

國家領域主權和國民身分的確立，是現代主權國家對內建立法政秩序、對外發展國際外交的前提。

臺灣主權獨立、不屬於中華人民共和國且臺灣主權不及於中國大陸，既是歷史事實，又是現實狀態，同時也是國際社會之共識。

臺灣本應就此主權獨立之事實制憲建國，才能保障臺灣社會共同體及各個國民之尊嚴、安全，並提供人民追求自由、民主、幸福、正義及自我實現之機會。但國民黨一意藉著「全中國唯一合法政府」之虛構，維持大而無當的「中華民國五權憲法體制」，並賴以長期維持反民主之統治與特權。國民黨這一違背臺灣主權現實的做法，不僅對內造成憲政改造的僵局，對外引起中共之覬覦野心；在國際上也因違反國際法和國際政治現實，以至於無法正常地參與國際社會；甚至造成臺灣人民國家意識的模糊，以及文化發展的障礙。

因此我們主張：

一、依照臺灣主權現實獨立建國，制定新憲，使法政體系符合臺灣社會現實，並依據國際法之原則重返國際社會。

二、依照主權現實重新界定臺灣國家領域主權及對人主權之範圍，使臺海兩岸得以依國際法建立往來之法秩序，並保障雙方人民往來時之權益。

三、以臺灣社會共同體為基礎，依保障文化多元發展的原則重新調整國民教育內容，使人民之國家、社會、文化認同自然發展成熟，而建立符合現實之國民意識。

四、基於國民主權原理，應由公民投票決定制憲與否。

為何選在此時增列「臺獨黨綱」？

其一，前蘇聯加盟共和國解體後，波羅的海三小國等引燃歐洲的獨立風潮，主權獨立運動已經成為世界潮流。反觀我國，「主權獨立」的臺灣卻因國民黨秉持的「中國神話」而自外於世界潮流。

其二，第一屆國大代表退職後，年底（一九九一年十二月二十一日）即將舉辦第二屆國大代表選舉。民進黨也將提名候選人，並決定以「制憲」作為訴求。

「經由臺灣人民國民主權意志而制定憲法，必然意涵臺灣為一主權獨立國家。且人民制憲會議所擬定的《臺灣憲法草案》，已規定國名為『臺灣共和國』，並經本黨中常會通過，作為本黨的憲法主張。因此本黨原先自決的主張㉑顯已落後於目前反對運動之發展。」黨綱提案中如是說明。

《刑法》一百條惡法尚未廢除，民進黨五全大會可能通過增列臺獨黨綱嗎？

票開出來，逾三分之二投下同意票，新版黨綱通過！盧修一高興地起身鼓掌。

不顧國共恫嚇，民進黨以民主機制通過臺獨黨綱，國內外新聞媒體皆以大篇幅報導。

中共、國民黨仍反應激烈，尤以郝柏村為首的國民黨非主流派。

郝柏村隨即指示內政部的「政黨審議委員會」，依《人民團體組織法》，展開「是否解散民進黨」的審議程序。[182]用白話來說，郝柏村想要解散民進黨。

國民黨威嚇要解散民進黨，這已非第一次。

前一年（一九九〇年）十月七日，民進黨第二屆第四次全代會通過「一〇〇七臺灣主權決議文[183]」前後，高檢署即已分案調查是否涉及「叛亂」，國民黨祕書長宋楚瑜也與民進黨高層會面，期能阻止此案通過，宋楚瑜暗示，「一旦主權案通過，國民黨必須馬上採取捉人行動或解散民進黨。」但是民進黨並未屈服，保留原案精神，字面上僅微幅修

㉑ #**民進黨原先自決的主張**：指先前兩項關於自決的決議文，一是一九八八年四月十七日民進黨第二屆全代會通過的「四一七臺灣主權獨立文」：「為穩定臺灣人民信心，澄清臺灣國際地位，本黨重申：臺灣國際主權獨立，不屬於以北京為首都之『中華人民共和國』。任何臺灣之國際地位變更，必經臺灣全體住民自決同意。」二是一九九〇年十月七日由民進黨第二屆第四次全代會通過之「一〇〇七臺灣主權決議文」：「我國事實主權不及於中國大陸及外蒙古。我國未來憲政體制及內政、外交政策，應建立在事實主權領土範圍之上……」詳見林濁水著，《路是這樣走出來的》，前衛出版社，一九九五年十月初版第三刷，頁四五、頁七一。

改，最後在全體黨代表熱烈鼓掌聲中通過[184]。而該決議文通過之後，國民黨並未解散民進黨，反而是蒙古人民共和國最大在野黨——自由勞工黨來函邀請民進黨赴蒙古訪問。

這一回，「臺獨黨綱」再成郝柏村揚言法辦民進黨的藉口。民進黨、「臺獨黨綱」，會成為《刑法》一百條惡法的新祭品嗎？

盧修一已有所準備，要在立法院跟郝柏村公開辯論。

獨盟遷臺，幹部紛入獄　一九九一年十月二十日

晚秋，肅殺的氣氛鋪天蓋地，向臺獨運動者席捲而來。

這一天，「臺灣獨立建國聯盟臺灣本部」正式成立，並召開第一次盟員大會。會中，曾任臺灣獨立建國聯盟美國本部主席的張燦鍙，被推舉為臺灣本部第一任主席。然而，遷盟回臺灣的喜悅為時未久，埋伏的員警一擁而上，趁機將美國闖關回臺的中央委員郭正光博士[185]、總本部祕書長王康陸博士一一逮捕。

政府嚴抓臺獨聯盟與「黑名單」人士的動作一直沒有停歇。

早在十月十七日，臺灣建國運動組織幹部林永生、林雀薇、賴貫一等人以妨礙公務罪名被捕；十月十八日，臺灣獨立建國聯盟臺灣本部的幹部鄒武鑑、江蓋世、許龍俊遭調查局逮捕，移送臺中看守所收押禁見。十月十九日，「黑名單」人士陳昭南遭依《刑法》

一百條「內亂罪」判處有期徒刑三年，但因經歷一九八八年、一九九一年兩次減刑，減為有期徒刑九個月[186]。

總計，國民黨依《刑法》一百條迫害的「黑名單」人士：光是一九九〇年底入獄的黃華、一九九一年中通緝的陳婉真、九月高檢署起訴的郭倍宏與李應元，共逾十二人。這群政治異議人士的受難，引發國內外關注。

在國內，盧修一、洪奇昌等立委奔波於土城看守所和臺中看守所，要求所方保障受難者人權；李鎮源院士也代表「一〇〇行動聯盟」親自前往關心，使受難者備感溫暖。

在美國，受難者家屬與臺灣人社團的聲援也引起美國官方關注。美國在臺協會理事主席白樂琦等美方官員在郭倍宏、李應元被捕的第一時間，就聯繫家屬表達關切。每週，我國在美的駐外單位前都有上百位臺灣同鄉持續示威抗議。九月二十五日，李應元之妻黃月桂受邀赴美國國會作證[187]，美國也轉而對國民黨政府施壓。十月，國際特赦組織向全球發出「臺灣逮捕臺灣獨立建國聯盟領袖」之通告。

經過國民黨此波大獵捕，臺灣獨立建國聯盟的成員，一如郭倍宏策畫，以一波波「坐牢攻勢」完成遷臺壯舉，當愈來愈多幹部淪為惡法的祭品，也就如郭倍宏所預料，將持續增強國民黨所受到的國際壓力。因為，國民黨當局向來宣稱我國為民主國家，但政府真的依照憲法保障人民的遷徙自由、結社自由與言論自由了嗎？人權議題向來是美國國會決定是否軍售臺灣的關鍵考量因素。

為了臺灣民主化，海內外有志之士以各種方法凸顯《刑法》一百條惡法。而一〇〇行動聯盟的活動、民進黨全代會通過「臺獨黨綱」，一波波攻勢挑戰郝柏村對廢惡法的底線，情勢會如何發展？

郝揆造謠，盧教授批駁　一九九一年十月二十二日

在郝柏村頻頻法辦臺獨的腥風血雨中，十月二十一日，民進黨中央召開會議，要求各議會黨團提升抗爭強度[188]。

是以，盧修一決以施政總質詢作為抗爭平臺。

行政院長的施政報告與總質詢，向來是立法委員向行政官員反映民意、質詢施政的最佳平臺。盧修一進入立法院將近兩年了，他自詡為「新國家的建築師」，每會期鍥而不捨地以「臺灣獨立」、「國家認同」、「制定新憲」、「反對軍人干政」、「公投法」、「獨立建國訴諸公投」、廢除「黑名單」、「軍隊國家化」等議題質詢行政院長郝柏村[189]。然而，郝柏村公開反對上述主張，甚且罔顧事實，堅稱「中華民國主權及於中國大陸與外蒙古」，並屢以《刑法》一百條為工具嚴懲臺獨。

盧修一質詢郝揆，不放棄面對面溝通理念的機會。

十月二十二日上午。

立法院第一屆第八十八會期第九次會議。預定進行行政院長施政報告暨總質詢。院會甫開始，民進黨團八十八會期幹事長彭百顯率先發言，指出「臺獨黨綱」的前提「應由臺灣全體住民經由『公民投票』決定」，並抗議國民黨藉勢抓人，專制獨裁。

此時，國民黨立委群起叫囂，陳定南、洪奇昌、謝長廷接力呼應彭百顯，兩軍對峙。劍拔弩張之際，九點五十八分，盧修一上臺發言。

他先以逗趣的口吻形容國民黨立委是「瘋狗浪」：「不要每一次民進黨的委員講到臺灣，批評中華民國，提出臺灣共和國，你們就發瘋，像得到狂犬病一樣。實在很奇怪，就像瘋狗浪一樣把人家捲下去，人家郝院長跟各部會首長都靜靜坐著聽，你們到底在急什麼？你們還有很多機會可以講嘛！你看法務部長呂有文都笑了！他都不緊張，你們緊張什麼？」

他接著建議，當前的務實外交有必要推動我國重返聯合國。他說：

「世界多國與臺灣保持良好關係，比方美國與中華民國斷交，但是，美國並未與臺灣斷交，所以美國國會才會通過《臺灣關係法》，不但賣防禦性武器給臺灣，同時還強調臺灣問題必須以和平方式加以解決，而且是由兩千萬臺灣同胞自己解決。」

他也提到民進黨的臺獨黨綱必須以公民投票通過，因而公開質詢郝柏村：「為什麼不能舉行公民投票？公民投票最重要的作用是形成全民共識，由民意來決定。」[190]

郝柏村答詢，重申不能放棄國號，甚至還曲解《臺灣關係法》：

「盧修一委員提到《臺灣關係法》，我要在此地說明，我們要是改了國號，《臺灣關係法》就不存在了。如果說改為臺灣共和國，《臺灣關係法》更可以發揮功能，這是欺騙兩千萬臺灣同胞。為什麼？因為盧委員只說了後半段，臺灣關係有幾項重要的基礎，我們都應了解，中華民國與美國關係的改變，美國與中共建立外交關係，有幾個最重要的公報：上海公報、建交公報、八一七公報，其中前兩個公報有一個最重要的前提，就是臺灣海峽兩岸的中國人都說只有一個中國，臺灣是中國的一部分，美國人不表示異議，唯一關切的是，此問題的解決必須以和平的方式。……臺灣共和國一旦宣布成立，《臺灣關係法》就不存在了。因為《臺灣關係法》的前提是：一、一個中國；二、臺灣是中國的一部分。臺灣宣布獨立以後就已不是中國的一部分，《臺灣關係法》當然也不存在。」[191]

「郝揆錯了！」盧修一乍聞此言，旋即大喊[192]。對這位留法的政治學教授而言，郝柏村根本是公開造謠，欺騙人民。

「你錯了！」他在臺下一再即時反駁。

但是，直至郝柏村答詢完，盧修一都沒有機會再度上臺質詢，而他在臺下出聲抗議反而遭到國民黨立委嗆聲：「輪到你發言才能講！」

盧修一不只是政治學教授、還曾任民進黨外交部主任、主導與各國政黨聯繫，熟知《臺灣關係法》，他無法容忍郝揆公然混淆視聽。於是在院會後，他主動向記者說分明[193]：

首先，「郝柏村對三個公報的內容認知錯誤，從中共與美國間之一九七二年《上海公報》、一九七九年《建交公報》、一九八二年《八一七公報》，尤其是最後兩次公報都明載美國『承認』（recognize）中華人民共和國為中國唯一的合法政府，亦認知（acknowledge）中國立場即只有一個中國，而臺灣是中國的一部分；並認為海峽兩岸爭端必須以和平方式解決。美國從來都『未承認』臺灣的主權與定位問題，而『認知』即有所保留之意。但郝柏村卻援引三個公報表示美國已『承認』臺灣已屬中國的一部分，實**則美國對臺政策一貫採取『承認』、『認知』交叉運作，並對臺灣問題有所保留。**」

其二，「郝柏村說中華民國國號不容放棄，改了國號，《臺灣關係法》即不存在。實際上，依照《臺灣關係法》第四條規定，『外交關係與承認之欠缺，不得影響美國法律對臺灣之適用』；而第二條規定，『本法案任何條款不得與美國對人權之關切相牴觸，尤其是有關居住在臺灣全體人民之人權。』因此，即使臺灣變更國號成為『臺灣共和國』亦不影響《臺灣關係法》對臺之適用；且假若中共擅自對臺動武，危及臺灣兩千萬人人權，美國均會以《臺灣關係法》進行干涉。由此可知，郝揆亦未詳讀《臺灣關係法》之內容。」

其三，「郝柏村一再呼應中國的立場及主張以恫嚇臺灣人民。假若依照郝揆的說詞，臺灣在面對中共對臺主權的取索時，臺灣除了決一死戰之外，就只有乖乖將臺灣主權回歸中共一途，這是違背臺灣兩千萬人利益及美國利益。」

盧修一最後強調，「指陳郝柏村這三項說法的謬誤，並非執意主張美國介入中國事務並保護臺灣，而是指臺灣前途唯有主張「『臺灣獨立』」，主權不及中共，臺灣在加強自我防衛能力之下才能自保。」他總結，「美國就是不承認中華民國，才會由國會通過《臺灣關係法》，以維持美國和臺灣兩千萬人之實質關係，絕非如郝揆所言，假如我們更改國名為臺灣，《臺灣關係法》就無效。」[194]

盧修一曾數度訪問美國國會議員，熟知美國的態度；他以政治學養、外交經驗與知識，及時向記者戳破郝柏村的連篇謊言。荒謬的是，他這些澄清無法記載在立法院公報，反而是郝柏村的公開造謠被一字一句登在立法院公報上。

盧修一實事求是，還原真相的學者性格，卻不見得能得到新聞媒體公平的報導，倒是國民黨塑造「臺獨將導致亡國」的恐慌感，顯然再因郝柏村這公開造謠而甚囂塵上了。

美國國務院聲明，撥亂反正　一九九一年十月二十五日

郝柏村公然在國會殿堂造謠，美國官方也難以坐視了。

這一天，美國國務院澄清立場，並發表聲明：「《臺灣關係法》不論及臺灣獨立的問

題，但支持臺灣維持安全，並繼續推動政治改革。」

盧修一正在高雄參加「一〇二五公民投票進入聯合國大遊行」，得知此訊，極為欣慰。他釐清真相的努力，顯然得到了美國的呼應。而公然造謠的郝柏村，可謂被美國隔海洗了一把臉。

只是，掌握大多數黨政軍媒體的郝揆，還能繼續隻手遮天，以謠言愚惑不熟悉國際關係的臺灣人民嗎？

郝揆睜眼說瞎話，盧教授再批駁　一九九一年十一月八日

儘管美國國務院聲明駁斥，郝柏村無論接受國內外媒體採訪、或在立法院答詢仍不改其對《臺灣關係法》的扭曲說法，這使得盧修一忍無可忍。

十一月八日，立法院第一屆第八十八會期第十四次會議，盧修一再度化身「盧教授」，質詢郝柏村。

盧修一首先質問郝揆的「臺獨公投無效論」：

「十月三十一日，院長接受兩位外國記者訪問……提到若民進黨人士當選中華民國總統，並且經由公民投票程序宣告臺灣獨立，則臺灣獨立仍然無效；因為臺灣兩千萬人民不能代表中華民國。

本席要請教你。請問：民進黨人士經由何種程序才能當選中華民國總統？需動用武力呢？還是除武力以外，仍可透過民主方式來當選中華民國總統？一個不是經由武力，而是可能經由民主程序（不管是依照現行憲法經由國民大會選舉產生，或是未來修憲以後的委任總統選舉，還是民進黨主張的總統直接民選當選的中華民國總統），算不算合法的、民主的民選總統？這樣的總統如果根據有關規定採取公民投票方式，讓全體人民、公民決定宣告臺灣獨立，誰有權力宣告這樣的結果是無效的？難道是你郝柏村一個人嗎？還是像你一樣反對臺獨的一小撮保守人士？……如果說兩千萬同胞不能代表中華民國，請問：中華民國的國民在哪裡？身為中華民國最高行政首長的你又代表誰在此行使憲法所賦予的統治權？你的國土在哪裡？你的人民又在哪裡？」

接著，盧修一質詢郝揆的「國軍不保護臺獨」說法：

「**郝院長在本院一再表示：如果臺灣因搞臺獨，導致中共以武力犯臺，則中華民國國軍只保護中華民國，不保護臺獨。**這種荒謬的說詞，充分顯示出你非常不民主的心態，對國人而言，實在非常不幸。

請問：今天中華民國的四十萬或六十萬國軍是由哪些人組成的？是傭兵？是外國軍團？還是由臺灣兩千萬人民的子弟所組成？事實證明是最後一個答案。在此情形下，一旦經由公民投票、民主程序達成全民共識，並宣告獨立，我們也許會變更國號，也可能維持中華民國國號，但無論如何，現在的國軍仍是在臺灣的兩千萬人民養他們、支持他們，甚至他們也是兩千萬人民中的一部分。這種軍隊不保衛臺灣，不保衛經由公民投票贊成的臺灣獨立，而去保衛已經不存在、空虛飄浮的中華民國，不是很荒謬嗎？難道是郝家軍，是你郝柏村私人的武力嗎？[195]

過去多少年來，國民黨政府口口聲聲一再強調軍隊已經國家化，但是郝院長最近的說法，不禁令我們憂慮，所謂軍隊國家化只是說說而已，只是國民黨應付反對黨人士的口號與說詞而已。事實上，軍隊仍然在國民黨掌控之下，甚至仍然在郝柏村院長等少數人控制之下。果若如此，顯然違背現行中華民國憲法有關的規定。憲法第一百三十七條至第一百四十條對軍隊如何保衛國家安全，如何捍衛人民生命，如何促進世界和平，軍隊應超出黨派、地域之外，軍隊不能淪為政爭工具，均有明文規定，詎料郝院長今天竟說出這種話，怎不令我們憂慮呢？如果中華民國已經由民主程序而有所變更，誰能悍然命令軍隊不要保護臺獨，難道正如洪奇昌委員所擔心的，是要發動軍事政變？」

結尾，盧修一再度針對遭扭曲的《臺灣關係法》，質詢充滿「大中國情結」的郝揆：

「由你接受兩位外國記者訪問的情形，我們發現一件很有趣的事。你就像今天不在場的梁肅戎院長一樣，年紀愈大，懷鄉念故的心情也愈來愈嚴重，就個人而言，我們完全能體諒，你希望早日回大陸的心情我們也了解，試想，誰不想落葉歸根，誰不想倦鳥歸巢？這乃是人之常情。

但是，今天你身負中華民國行政院長的重責大任，你用這種完全不能面對事實、國際新潮流的心態，一再拘泥於中華民國情結，因而對有違這種情結的任何變動、任何主張所做的反應均失去理性，只要聽到臺灣，就想到臺獨；只要聽到民進黨，就想到禍國殃民；聽到臺灣，以為中共就要來；由你的措辭與反應，不禁令我們對由你這樣的人擔任中華民國的最高行政首長來領導國家、社會，捏一把冷汗。我覺得，在此情結與心態之下，在反臺獨的濃厚大中國情結之下，會影響你對許多事實的認知與判斷，我們不能不感到擔憂。

郝院長答覆某位國民黨立委時曾表示，如果中華民國的國名改為臺灣共和國，美國的臺灣關係法就會失效。這種近乎情緒性的歇斯底里反應，正是郝院長之所以失言，甚至做出錯誤判斷的原因所在。本席乃於第一次質詢中，提出相關問題，就教於郝院長，希望郝院長能明確而具體的答覆。」

盧修一邏輯清晰、論證清楚，郝柏村卻仍一語帶過，答詢：「中華民國是國父 孫中山領導革命四十年所創立，先烈們為此拋頭顱、灑熱血。中華民國憲法則是全體中國人代表——其中當然包括中國大陸在內，在南京召開國民大會所制定。此中華民國國號不是僅僅臺灣人民所能改變；而且中華民國國民不僅限於臺灣兩千萬人民，海外僑胞只要認同中華民國，都是中華民國國民。就法律而言，也不認為大陸上的中國人不是中華民國國民。」

「軍隊保衛中華民國，是一貫的主張，軍隊之所以效忠中華民國而非臺灣共和國，因為國軍並非臺灣共和國的軍隊。」

「有關臺灣關係法的效用問題，美國政府已經做出澄清，與本人當時的說法並無差別。臺灣關係法本為美國國內法，我身為中國政府的負責人，只能站在我的立場，就了解所及讓國人明白。我們千萬不能造成國人的錯誤印象，以為臺灣共和國成立後，美國仍會根據臺灣關係法關切此地的安全，提供我們防衛性武器。我只想澄清此一錯誤印象，實無意對美國的國內法多做說明。目前一般民眾對美國與中共的關係、美國與我們的關係以及臺灣海峽兩岸的情勢並不很了解，身為政府負責人，不應也不能讓民眾造成錯誤印象，否則無異欺騙民眾，我的說明正是這個意思。」

聽到郝柏村的答覆，盧修一簡直瞠目結舌。

郝揆不但答非所問，連美國國務院日前公開批駁郝柏村扭曲《臺灣關係法》一事，竟仍繼續睜眼說瞎話。

於是，盧修一進行第二次質詢。首先批判郝揆「臺獨公投無效」和「國軍不保護臺獨」之說無法自圓其說：

「如果一個民進黨員當選總統，我們可以推論他一定是透過民主程序才能當選，而且是透過民主程序舉行公民投票，投票的結果，絕大多數人都贊成臺灣獨立，這有誰可以說它無效呢？在這種情況下，中華民國當然就不存在了，因此中華民國的國軍自然而然就變成臺灣共和國的國軍，只能保護臺獨，那時已經沒有中華民國可以保護了，這是一個很清楚的推論。

……你所說的中華民國人民包括海外兩、三千萬同胞和大陸十億人口，這種說法本席不需提出任何反駁，聽了就讓人笑掉大牙！今天僑務委員會委員長也在座，究竟有多少海外華僑拿了中華民國護照？真正登記有案的華僑有幾萬？海外僑胞到底是哪兩、三千萬的華僑呢？這個數字是從哪裡來的？這不是神話嗎？真是天大的神話，甚至是笑話！」

盧修一尤其駁斥郝揆對《臺灣關係法》的錯誤推論：

「臺灣關係法的問題，你在立法院的發言是對或錯早有定論，我不必再給你難堪，你是在睜眼說瞎話。

美國政府發表的臺灣關係法不涵蓋臺灣獨立問題，該法是於一九七九年四月通過的，而美國又在一九八二年通過八一七公報。一九七九年美國國會制定臺灣關係法時還沒有民進黨，當時黨外人士還在國民黨高壓統治下極力掙扎，有的坐牢、有的流亡，在民主發展運動中求生存。民進黨是在一九九一年十月十三日才提出臺獨條款，稍有常識者都知道臺灣關係法沒有涵蓋臺獨問題。但是熟讀這些公報的內容，我們無法得出美國一定反對臺灣獨立的結論，美國並沒有堅持我們要和中國統一。

……美國的臺灣關係法是否要修改，這可能會隨情勢而有所變更，臺灣改成臺灣共和國，該法就失效或者更能發揮效用，這是不可預料的。但是絕對不能得出『只要改為臺灣共和國，臺灣關係法就失效』這種結論出來，是否失效是五五波，仍在未可知的不定數之間，郝院長的推論顯然犯了錯誤！」196

最後，盧修一不忘建議政府，鑒於「公民投票」在先進國家具有穩定政局的效果，建議我國也採用此一制度來解決統獨之爭、修憲或制憲之爭、國家定位、加入聯合國等重大爭議。質詢結尾，盧修一還提出他試擬的法條供郝柏村與行政部門參考；並要求郝柏村答覆。

盧修一結束質詢，郝柏村卻數度推託，僅就公民投票議題簡短回答：「將來要不要舉行公民投票？第一個要點是要依法有據。第二個問題是，我們要不要擬這個法？現在憲政改革的問題都是留待第二屆國民大會來做決定，行政院在這方面沒有任何意見。謝謝。」長達四十分鐘的論述與批駁，「盧教授」掀開了郝柏村以大中國情結治國、對付臺獨異議人士、支持廢惡法人士的真面目，也表達「盧委員」對臺灣前途、國家認同，與臺灣如何重返國際社會、長治久安、永續發展的方向。

郝柏村在施政報告暨總質詢的堂皇表象之下，已暗藏了一番排除異己的手段。

坚決反
軍人組

軍人執政 民主無望

左：早在 1990 年 5 月 29 日，盧修一（上中）、許國泰（左一）、洪奇昌（左三）等民進黨立委以及無黨籍立委陳定南（左五）共赴議場抗議郝柏村組閣。（攝影／余岳叔）
右上：1990 年 5 月，盧修一（右）和王聰松（左）在立法院發言反對軍人組閣。（中國時報提供）
右下：盧修一（左七）、田再庭（左一）、魏耀乾（左二）、王聰松（左三）、李慶雄（左四）、謝長廷（左五）、張俊雄（左六）、邱連輝（右四）、戴振耀（右一）等民進黨立委和無黨籍立委陳定南（右五）拉起長布條抗議軍人干政。（攝影／王耀民）

獨盟「內閣」遷入看守所　一九九一年十二月七日

就在這一天，臺灣獨立建國聯盟再添一名返鄉坐牢的受難者：張燦鍙。張燦鍙曾任臺灣獨立建國聯盟美國本部主席，獨盟遷臺後甫被選任臺灣本部主席，卻在此時闖關入境失敗，遭到收押。

在此之前，郝柏村抓臺獨人士不手軟，先前遭羈押的受難者也陸續遭起訴、判刑，包括：十月二十一日，臺獨聯盟美國本部中常委郭正光遭遣返出境；十一月一日，臺獨聯盟中央委員林明哲在宜蘭被捕；十一月二十八日，臺灣獨立建國聯盟臺灣本部幹部林永生、江蓋世、許龍俊、鄒武鑑等四人依《刑法》一百條預備內亂罪起訴；十二月二日，獨臺會案宣判，僅清大學生廖偉程被判無罪，陳正然等其餘三人都遭《刑法》一百條預備內亂罪處刑。[197]

民進黨賭上全黨恐遭解散的命運救援，國內外民間人士也加大了聲援力道。在海外，十月二十八日，李應元之妻黃月桂受邀到哈佛大學演講控訴國民黨政權反人權；十一月一日，北美洲臺灣婦女會等十個臺灣人社團到美國國會前大規模示威，向美國表達抗議「國民黨與中共勾結出賣臺灣人」之訴求；十一月五日，郭倍宏之妻張舜華會晤白樂琦，感謝白樂琦為她與黃月桂申請回臺一事奔走說項，並請求繼續關注臺灣的人權問題[198]；終於，在十一月二十五日，經臺灣人公共事務會（FAPA）奔走，美國眾議院索拉茲議員於眾議院提出《二四八號決議案》，通過決議「美國國會認為臺灣當局應准許所有居留海外、獻身於和平政治改革的臺灣人民返回臺灣。」[199]

在國內，「一〇〇行動聯盟」從十一月上旬起走遍臺灣，舉辦十四場演講，由李鎮源院士與陳師孟宣揚廢除《刑法》一百條的理念與行動[200]，期望喚起民眾扳倒惡法的共識。

眼下，晚上九點鐘，張燦鍙被送往土城看守所時，所外群集抗議人民。

盧修一也趕來了。但是，無論他如何溝通，所方只願開放個別會見。

於是，看守所內，張燦鍙、郭倍宏、王康陸、李應元等臺獨聯盟盟友相遇，兄弟之情油然而生，隔著一堵牆，緊緊地握著雙手。[201]

同志身陷牢獄、外界聲援不斷，李應元見到張燦鍙後鼓勵著自己：「聯盟同志一波波地肩負起九〇年代的十字架，為獨立建國的最後一階段鋪路，著實是光榮無比的使命……」[202]

一言以蔽之，臺灣獨立建國聯盟美國本部的前後任主席、副主席、中央委員都住進了土城看守所；聯盟的「內閣」已實質遷入土城看守所。

不惜以坐監為手段，追求臺獨結社權、臺獨言論自由的戰士，是否能完成施壓當局，廢除《刑法》一百條惡法的目標？

為此，盧修一等民進黨立院黨團成員正連署臨時提案，將在院會提出。

聲援、救黨、救政見　一九九一年十二月十一日

張燦鍙被捕，立法院民進黨團提案因應。

十二月十日週二院會，民進黨團連署了十八位立委，盧修一也是其一，由八十八會期幹事長彭百顯提出臨時提案。

提案指出，為了保障憲法第十條「人民有居住及遷徙自由」、第十一條「人民有言論、講學、著作、出版自由」、憲法第十四條「人民有集會及結社自由」，當局以違反國安法罪名逮捕收押張燦鍙，對憲法的規定視若無睹。「……本席等十八人邀請院會做成決議，要求執政當局：一、廢除違憲的《國安法》與《刑法》一百條等惡法；二、應該立即取消政治黑名單；三、應立即無罪開釋張燦鍙及受執政當局以前述違憲惡法逮捕之異議人士。」[203]

但是，這項臨時提案因國民黨立委「不同意」而遭院會冷凍。

郝柏村嚴抓「黑名單」人士之際，也動用國家機器對付民進黨，使得盧修一等民進黨立委疲於奔命。

十一月一日，內政部轄下的政黨審議委員會認定民進黨臺獨黨綱違反《人民團體法》第二條，要求民進黨限期改善。

不過，民進黨中央在十一月二日聲明，絕不修改黨綱。[204]

立法院民進黨團第八十八會期幹事長彭百顯擔心郝柏村真會解散民進黨，而民進黨在國內最有權力的公職人員就是立法委員了，於是憂心忡忡的彭百顯邀集盧修一等前幾任幹事長在立法院內會商。

「幹事長說了算！你決定吧！」八十七會期幹事長盧修一、八十六會期幹事長謝長廷、八十五會期幹事長陳水扁異口同聲說。於是，最後決議由民進黨團派出幾名代表與郝柏村會面，向郝揆質疑「內政部政黨審議委員會決議」的效力。

其後，在十一月四日，彭百顯等立委與郝柏村會談達成多項共識，「朝野雙方均應致力化解兩極化，避免因解散民進黨而引起不安。」[205]

嫻熟憲法、身為法制委員會立委的盧修一，也著手檢視「內政部政黨審議委員會」的法制基礎，了解該委員會是否有權解散任何一個合法政黨。

十一月五日，盧修一催促法制委員會召集委員吳梓盡速召開《行政院政黨審議委員會組織規程》的法案審查會。

但是隸屬國民黨主流派集思會的吳梓卻表示「不急」，還說「該組織規程在立法院完成審查之前……黨審會若做任何決定，則沒有『名義』，有瑕疵。[206]」吳梓言下之意，反映了李登輝要為郝柏村解散民進黨一事爭取轉圜的態度。

確實，總統李登輝介入了。

李登輝不只透過集思會向民進黨表態，還勸行政院長郝柏村「在政局安定的前提下慎重處理」。李登輝表態後，十一月六日，國民黨中央達成延緩處理民進黨臺獨黨綱案之共識。[207]

據此，十一月十八日，內政部二度致函民進黨，要求七天內補送修改後的黨綱。不過，民進黨未予回覆。[208]

顯然，郝柏村仍一意孤行，而民進黨也不願退讓，雙方僵持。

這廂尚在僵持，那一廂，民進黨籍國代候選人的臺獨政見也被郝柏村盯上。

十一月二十日，桃園、彰化縣選監小組通過，選舉公報刊載第二屆國代候選人的臺獨政見。

但是，到了二十六日，中央選舉委員會卻要求候選人一律刪除「臺灣獨立」、「建立臺灣共和國」及「廢除中華民國」相關政見。

二十七日，民進黨高雄市國代候選人憤而率眾拆除高雄市選委會招牌。民進黨臺北市黨部赴中選會抗議，爆發衝突。

十二月十一日，第二屆國代競選活動正式開跑。

為了反映熊熊怒火，民進黨六個執政縣長及嘉義市長公開組成「民主縣市長聯盟」，決議第二屆國代候選人政見全文照登。[209]

眼見地方選委會與中央選委會不同調，高等檢察署檢察長陳涵卻說：「地方選舉委員會若准許臺獨主張列入政見，將以共犯處理。」[210]

內政部政黨審議委員會以民進黨臺獨黨綱違反人團法為由，要求修正黨綱否則將處分。此一決議讓原訂4日民進黨立委與行政院長郝柏村的會談掀起變數。（左起）盧修一、陳水扁、謝長廷、彭百顯於立法院咖啡廳研商是否中止與郝柏村的會談表達抗爭決心。（1991年11月2日中時晚報）

陳涵此一「臺獨共犯說」引爆軒然大波，連立法院司法委員會也無法忍受。

司法委員會以「臺獨主張列入政見所涉及之法律問題」為題，邀請法務部長呂有文、高檢署檢察長陳涵、檢察司長陳耀東、中選會祕書長許桂霖等官員備詢。

會中，陳水扁質詢「臺獨共犯說」的法源，並問及六縣市選委會把臺獨主張列入選舉公報，中選會將如何處置、最重處罰為何？

但是，中選會祕書長許桂霖卻七度答覆：「省委會可依相關規定處理。也可報中選會，轉提中選會委員決定。」

陳水扁再度詢問相關規定與最重處罰為何，許桂霖始終不答覆。

輪到盧修一質詢時，許桂霖仍未答覆。盧修一要求許桂霖唸出相關規定，許桂霖繼續不作聲。這使得盧修一氣急攻心，怒踢發言臺，司法委員會主席張俊雄也氣得拍桌大罵許桂霖「藐視國會」，裁示要許桂霖離開備詢臺。

會後，盧修一向媒體表示：「我踢發言臺是不對，但是，這是對不負責任態度的抗議！」[211]

同一天下午，最高檢察署檢察總長石明江談及臺獨政見刊登在國代選舉公報上是否構成犯罪一事，表示將由各司法警察機關蒐證後，由各檢察機關的檢察官調查處理。[212]

可見，郝柏村發動的國家機器即使沒有明確法條與規定，也要拿臺獨政見開刀，可謂典型「先射箭再畫靶」。[213]

對比兩年前盧修一競選立委時，他刊在選舉公報的新國家政見遭到刪除。沒想到努力至此，第二屆國代的臺獨政見也沒能倖免。

惡法罩頂，中共恫嚇武力攻臺，風聲鶴唳，黨外民主運動人士訴求多年的國大代表首度重新改選，即將在十天後實現。民進黨若能拚出夠分量的國代席次，才能在改選後的國民大會中提案制定新憲法。因此，民進黨提出的臺獨政見能贏得多少選民認同，就象徵有多大的實力推倒《刑法》一百條等惡法。

看守所內的張燦鍙、郭倍宏、李應元等「黑名單」人士、無懼國民黨當局威嚇的反對黨人，深信愛拚才會贏的盧修一，他們描繪的臺灣前途，能獲得眼下臺灣人民的認同嗎？

還我返鄉權　一九九一年十二月十九日

上午，盧修一翻開各大報，看見張燦鍙之妻張丁蘭、郭倍宏之妻張舜華、李應元妻兒黃月桂與李威台前一天欲入境卻遭原機遣返的新聞。不禁心有戚戚焉。

自從郭倍宏、李應元被捕之後，張舜華、黃月桂屢屢向我國駐洛杉磯代表處申請回臺加簽，欲回臺探監，卻總是沒有下文。直到十二月中旬終於拿到加簽，他們於十二月十八日飛返桃園機場，卻遭禁止入境，原機遣返。只因當局禁止他們在國代大選投票日之前返臺。

張舜華與黃月桂寫了一封給李登輝的公開信，信中合情蘊理地控訴：

「……返鄉本是與生俱來的權利，而輔佐先生出庭，更是我倆在法律上應盡的義務。駐外單位竟把我倆回臺的時間限在選舉之後，顯然，把一個政黨的輸贏視為國家政策的取向。而且，這個政權缺乏民心、缺乏自信的程度，實在到了可笑的地步。難道讓我倆順利踏入故鄉的土地，便會『動搖國本』？如果臺灣的鄉親真的如貴黨大肆宣傳那般不認同我倆的政治主張或臺獨聯盟的政治理念，那麼，為何怕我倆返鄉？為何無理監禁返臺的聯盟弟兄？

……成千黑名單的臺灣人，曾被威脅簽訂切結書，以圓那二、三十年滯留海外、重歸故鄉之夢。但他們不曾屈服，因為返鄉尊嚴對這些人而言是不能討價還價的。於是，有骨氣的人，就如我倆的先生、張燦鍙博士及王康陸博士一般，以自己的方式回到故鄉，以失去自由去贏取對故鄉進一步奉獻的機會。

我倆寫這封信，只是想讓您知道，黑名單阻擋不了海外遊子歸鄉的熱誠，也阻擋不了臺獨理念的傳播。我們要驕傲地踏回這生我、養我的故鄉。我們所代表的不只是我們兩人，而是整個臺灣人的尊嚴，這個尊嚴不能附上任何條件。」

今朝望斷歸鄉路，他日盼得返國門。

一波波戰士為扳倒國民黨箝制言論自由的惡法，飛蛾撲火般戰鬥著。

犧牲自由的漫漫長夜，還要多久才能看見天光？

也曾嘗過黑牢等待天明滋味、時刻不忘扳倒惡法，一直相挺「黑名單」戰士的盧修一，不禁握拳。

新國大淪祭品　一九九一年十二月二十一日

這一天，第二屆國大代表選舉的投票日，也是老國代退職後，我國首度舉辦的國大全面改選。總計逾八百九十三萬選民投下神聖一票，投票率高達六八％。

選舉結果揭曉，操作「臺獨坐牢」、「臺獨亡國論」文宣的國民黨拿到二五四席，得票率七一％，然而要求「廢惡法」、通過「臺獨黨綱」、「黑名單」盟友不斷被抓進黑牢、甚至被恐嚇解散政黨的民進黨，僅獲得六六席，得票率二三．七八％。

選前，盧修一為子弟兵李文忠、賴勁麟助選，高人氣助他們在臺北縣選區拿下國代席次。但是，起草臺獨黨綱的林濁水，還有蘇煥智等不少高知名度的民進黨候選人皆高票落選。

可以說，國大選舉也淪為《刑法》一百條惡法的祭品。

國民黨立委林志嘉也坦言：「雖然人民反臺獨主張強烈，但民進黨還能拿下百分之廿多的選票，可見其扎根很深，這次選舉明顯地走上政黨政治的道路，人民已經在當主人，國民黨不能不承認最大反對黨的代表性，民進黨如果能修正路線，爭取中間票，不能低估其實力。[214]」

國民黨在國大贏得逾四分之三席次，已超過了國民大會的修憲門檻，換句話說，國民黨一黨即可決定明年（一九九二年）第二屆國民大會的修憲內涵。

盧修一對於民進黨國代席次未超過提案門檻，確定無法在第二屆國民大會中提案制憲一事，並不氣餒。長期在立法院力推「新國家」、「新憲法」、「新國會」的他，反而以「臺灣人選出全新的國大代表，反映臺灣民意的新國會」的國際視野，來詮釋這次選舉的意義。

他說：「重要的是，經過這次選舉，國民黨向國際宣稱政權合法化。而民進黨在這次選舉之後，要走向更務實的組織化路線；選票還有少許成長，不要覺得有什麼大挫，誰也沒輸贏，明年的立委選舉更重要。」[215]

明年（一九九二年底）的第二屆立委選舉，就是立委全面改選。盧修一主張消滅國大，讓立法院成為單一國會，如此一來立委全面改選才能見真章，也才能實現他的「新國家」、「新憲法」、「新國會」理念。

盧修一深知，歸根究柢仍是因為無法反映民意、不合理的國會結構。因此，只要年底老立委這些表決部隊退職，郝柏村的權力就將大幅削弱。

屆時，廢惡法的翻牌時刻即將到來。

「表決部隊」解體，國會結構大翻轉　一九九一年十二月三十一日

上午九點，立法院的院會鐘聲準時響起，立委照例姍姍來遲，只有四十多位立委，未

達開會人數；半小時之後才勉強湊足開會人數。

梁肅戎步上主席臺，主持任內最後一次院會，也是最後一次在立法院開會。近午，梁肅戎代表全體老立委發表了退職演說[216]，隨後步下臺階，將院長一職交給代理院長劉松藩，就此永遠離開立法院。

盧修一自從政以來即奮鬥爭取這一刻，如今見證，感觸尤深。

四十四年從未改選，象徵「中華民國老法統」的五六五位老國代、老立委、老監委，全數走入歷史。此後，我國的民意代表將由臺、澎、金、馬選出。

這無異向國際社會宣告：我國擁有獨立的領土（臺、澎、金、馬，不包括中國大陸）、兩千萬人民、人民選舉的國會、主權獨立、獨立的軍隊，正是一個名符其實的民主共和國。

可以說，盧修一「新國家」的理想，在這一大實質上實現了。而在前仆後繼的有志之士與他的多年努力下，「新國會」的部分理想也實現了。

就此，立法院內的「表決部隊」瓦解了，國民黨非主流派人士如郝柏村失去這一群「護航部隊」，國民黨內及其國會權力結構也將重組。此後，民進黨團可以合縱連橫，而且扭轉局勢的機會更高。

「老立委退職，並不代表國民黨會遵守正當的議事程序，但民進黨團也確實少了一個抗爭的藉口。」[217]盧修一深深體會弱小政黨在國會內毫無資源與籌碼，被迫在黨政軍媒體環伺下犧牲形象、健康，才能取得一點點鎂光燈、創造議題的苦楚，卻也因此吃盡苦頭。老立委退職，他不禁期待自己過往理性問政的努力，日後也能被媒體鎂光燈看見。

是年之終，新氣象之始。

代表民意的新國會就要開展。國民黨內、立法院內的權力結構翻轉之際，盧修一與有志之士將如何反攻《刑法》一百條？

第六節　一起扳倒政治犯惡法吧！

新國會，新氣象　一九九二年一月三日

一月三日，立法院院會，青壯世代臉孔齊聚議場。

這一天，盧修一特別梳整白髮，穿上愛妻陳郁秀準備的西裝，大步踏入議場，滿面春風。

這是立法院首度由臺、澎、金、馬選出的增額立委，全數代表中華民國實際領土的民意，加上僑選立委都坐在席上，召開第一屆立法院八十八會期延會後的「新國會」的第一場院會。

「新年快樂！今天起，立法院就是一個充滿新民意的新國會！」代理主席劉松藩，也是新國會第一任代理院長在主席臺發言，話中有話。

坐在席位上的盧修一百感交集。歷經法案屢遭冷凍、被打壓、被警察暴打、上街頭抗

議、搶麥克風、被國民黨立委扭打、送大法官釋憲，才能凸顯國會四十四年未改選的荒謬議題，最終迎來完全代表民意的新國會。儘管過程如此艱辛，卻也向國際送出了民主化的象徵訊號。

臨時提案爆滿、程序發言不斷，院會拖了很久，才進入法案審查。執政的國民黨立院黨部副書記長李友吉首先提案《立法院組織法修正案》，在民進黨立委陳水扁喊出新國會第一聲「有異議」並陳述理由後，劉松藩裁示表決。最後，在場六十人，四十八人同意將此案交付法制委員會併案審查。

盧修一依舊在法制委員會，主張新國家、新憲法、新國會的他，進立法院以來就側身法制委員會，擘劃「新政府」的組織架構規章。此刻，新國會不再有「表決部隊」阻擋，他的滿腹構想終於有實踐的可能。不光是《立法院組織法修正案》，他在法制委員會將不只審查、改革各級政府機關組織，還要整頓新政府的秩序。

這時，院會表決通過將成立「議事規則研修小組」，盧修一被民進黨團推舉進入此一小組。這代表，盧修一將能打造國會議事新秩序。

嶄新的開端，盧修一的理念可望一一落實。他念茲在茲的《刑法》一百條，是否會出現轉機？

無言的抗議　一九九二年一月二十六日

「我在法庭上保持緘默，是想以一種最溫和的方式，對這個不義政權的傀儡，表達最強烈、最徹底的抗議及蔑視。」

自從郭倍宏於去年八月底被關入土城看守所，每一次審訊、出庭皆堅持「緘默權」，不出聲為自己辯護。只因身為被俘的「戰士」，「罪名」乃由當局施加，又何須為自己的「罪名」辯解？

一月二十六日，郭倍宏進入辯論庭時，卻出現意外插曲。是日，檢察官並未到庭，法庭氣氛分外尷尬。忽然，法警竟趁郭倍宏不注意時以手銬銬住郭倍宏的左手。郭倍宏極為不滿，隨即反擊。

騷動混亂中，法官只好宣布退庭。場外聲援的民眾怒火滔滔。

「我所持的態度是，老K採取任何動作之前，必須事先徵得我的諒解，否則就只有以『暴力』來『逼我就範』——反正本人現在『虎落平陽』，『雙手難敵四十拳』，但若是如此，我必抗爭到底。」[218]郭倍宏在寫給妻子張舜華的信中提及。

場外民眾為何怒火中燒？

因為《刑法》一百條遲未廢除，郝柏村仍依此法將臺獨人士逮捕、起訴、判刑。包括一九九二年一月十日，林永生等四人依《刑法》一百條「預備內亂罪」判刑一到三年半不等；一月十七日，張燦鍙甚至遭高檢署以《刑法》一百條第一項「首謀內亂罪」起訴；一月二十三日，臺獨聯盟美國本部中央委員陳榮芳被捕。

《刑法》一百條何時才能廢？

興農山莊，沙盤推演　一九九二年二月十七日、十八日

農曆年前後，盧修一過得並不平靜。

大年初五（國曆二月八日），國民黨當局以違反《刑法》一百條罪名通緝的陳婉真在臺中被捕[219]。至此，土城看守所、臺中看守所和龜山監獄共囚禁了十一名臺獨「戰士」：張燦鍙、郭倍宏、李應元、王康陸、黃華、陳婉真、林永生、許龍俊、江蓋世、鄒武鑑，皆因此惡法坐黑牢。

廢惡法的重擔沉甸甸地壓在受難者家屬、「一〇〇行動聯盟」等社會團體、民進黨人身上。「一〇〇行動聯盟」於二月十四日召開第五次盟員大會，決議：一、推動「廢惡法、十萬人簽名運動」；二、「百日抗爭計畫」（二月十四日至五月二十日）；三、舉行《刑法》一百條展覽。

盧修一驅車至臺中興農山莊，參加立法院民進黨團召開的八十九會期黨團運作會議。

會中凝聚共識，將《刑法》一百條廢止案列入「政黨協商」重點。運用的策略包括：要求程序委員會將此案排入二讀議程，以確保上個會期司法委員會決議廢止的成果；要求行政院副院長施啟揚到立法院報告；推動十萬人簽名；結合政治受難者家屬向行政院陳情等。[220]

會中也討論到行政院要求民進黨修改臺獨黨綱，否則要解散民進黨的議題。這是因為，民進黨主席許信良在一月二十七日時聲明絕不修改臺獨黨綱[221]，導致行政院副院長施啟揚放出風聲，要內政部政黨審議委員會於二月二十四日開會時做出「解散民進黨」的決議。

因此，民進黨團也在會中討論因應之道。陳師孟、管碧玲等受邀與會的學者認為，「民進黨應該歡迎黨審會解散，並另組民主進步聯盟」；立委陳水扁則提議在黨審會開會之前，先向內政部登記成立「臺灣獨立黨」，以凸顯黨審會因《臺獨黨綱》解散民進黨的不合理性。[222]

盧修一則認為民進黨被解散是下下策，他直指民進黨中央黨部應該召開臨時全國黨員代表大會來討論，並以團結為先。「民進黨內有臺建、獨派、美麗島、新潮流，甚至正義連線等派系，就算不解散，為了年底立委全面改選也需要整合。」[223]

後來決議，在新會期的開議日由民進黨黨團提出「人團法三原則㉒聲請釋憲案」。

千絲萬縷，種種與臺獨、言論自由有關的議題，皆圍繞著廢除《刑法》一百條惡法打轉。而盧修一等人拚搏推倒此一惡法的工作即將邁入第五個會期了。展望第八十九會期，是否能迎來春燕？

釋憲搶救民進黨　一九九二年二月二十一日

立法院第一屆第八十九會期第一次院會。院外，「一〇〇行動聯盟」新任召集人李鎮源院士陪同政治犯家屬來到立法院請願，希望這個會期廢止《刑法》一百條。

民進黨團雖鼎力支持《刑法》一百條廢止案，但是，要透過程序委員會排上院會的議程，仍得看國民黨臉色。為什麼？

老立委退職後的新國會權力結構雖大轉變，但國民黨立委席次仍占大多數。而且這個會期，程序委員會仍以國民黨立委為多，民進黨僅陳水扁、許國泰、張俊雄、魏耀乾等四人在程序委員會。

所以兩黨團皆知，唯有朝野協商，才能讓議事順利進行。

朝野協商中，國民黨雖然沒有同意將《刑法》一百條廢止案排入院會議程，卻同意讓民進黨提出釋憲案，亦即郝內閣揚言解散民進黨一事出現轉圜。

這是因為，開議日前兩天，以郝柏村為首的國民黨高層首長會議[224]中討論民進黨提出釋憲案及行政院長施政報告等事宜。會中決定，內政部黨審會原訂二月二十四日開會之事暫緩，並放消息說，「既然黨審會不開會，民進黨就不需要提釋憲聲請案了，如果要提出也應暫緩」。

對此，民進黨團八十九會期幹事長李慶雄也召開黨團會議研商。會中，盧修一分析，「這是國民黨緩兵之計，目的是讓開議日當天的郝柏村順利完成報告。」[225]之後，朝野兩黨團經過協商，國民黨團答應民進黨團可在開議日提出此釋憲案，並有一小時充分發言，而且也會將釋憲案列入程序委員會定期討論。交換條件就是讓郝揆上臺報告。國民黨的算盤果然如盧修一所料。

就這樣，朝野協商換得盧修一擔任立委兩年半以來，首度氣氛和平的開議日。上午，幹事長李慶雄率先代表民進黨團十五位立委提案，將《人民團體法》三原則聲請釋憲，內容包括：一、《人團法》三原則涉嫌違憲；二、政黨審議委員會組織涉及違憲；三、大法官會議也應一併解釋行政機關的行政處分是否可以包括解散政黨；四、在釋憲前，黨審會應該停止一切審議。

㉒ #**人團法「三原則」**：又稱「三不原則」。係指《人民團體法》第二條：政黨不得違背憲法或主張共產主義，或主張分裂國土。

盧修一發言論述他連署釋憲案的四大理由[226]：

其一，《人團法》合理性不足。

「當初人團法係於老委員充斥議場之情況下強制通過，根本沒有尊重反對黨的立場，更遑論法律的衡平性、公平性是否合憲。」

其二，黨審會的委員組成不合理。

「人團法第五十二條規定，行政院設政黨審議委員會，委員須由社會公正人士擔任，且同一黨不得超過二分之一……所謂『社會公正人士』就令人質疑，各位想想，現任內政部長吳伯雄、行政院副院長施啟揚均為該會成員，這點怎能讓人信服？……在強勢閣揆郝院長的阻撓下，你們能有什麼良心？想來你們的良心早被狗吃了；就算你們有心，也無能為力，所以我們有時也頗同情你們，對於你們在黨審會中如何持平處理問題，我們也十分懷疑。……其委員組成到目前為止仍然沒有最大的反對黨民進黨的成員，試問，這種『社會公正人士』如何讓大家接受？」

其三，世界先進國家解散政黨由憲法審理機關為之。

盧修一高聲朗讀施啟揚於一九七一年出版的法學論著《西德聯邦憲法法院論》：

「**在採取憲政制度的國家中都可能發生憲法爭議案件，例如對於憲法的解釋問題，對於各機關間的權限爭議，以及政黨是否違憲而應予解散等，必須由專業的機關來審理判斷，這個專業機關，就是憲法審制機關，例如西德的聯邦憲法法院、美國的最高法院，**

以及我國的大法官會議。」

盧修一隨即追問：

「這段話應該可代表施副院長的專業知識、專業訓練及專業良知。但是曾幾何時，你深入官門以後，你的專業知識、專業良心擺在哪裡？」

其四，《人團法》三原則有違憲之虞，大法官解釋之前黨審會應停止運作。

「黨審會根據人團法第二條所謂的三原則來處理政黨解散的問題，爭議極大，最好的辦法是修改人團法。而在此之前，人團法第二條所謂的三原則應聲請大法官解釋；而在大法官尚未解釋前，黨審會應停止運作。同時，為了建立真正的法制及確保行政中立，我們也在此強烈要求施啟揚副院長、吳伯雄部長辭去黨審會的職位。」

盧修一剴切戳中郝內閣利用黨審會對付民進黨的私心。

其後，民進黨團立委由田再庭、謝長廷、洪奇昌、鄭余鎮、陳水扁等人接續發言，院會主席劉松藩裁定將此案送交程序委員會，安排定期討論。十點五分，郝柏村順利進行施政報告。

朝野協商換來和平的開議日，但是，和平與否不該是重點，真正的重點是解決問題。以此而言，衝突有時卻能反映民意、解決問題，這才是議場的真諦。

朝野協商可行嗎？幾個會期以來，國民黨屢屢違反朝野協商結論。新國會上路了，朝野協商制度是否真能幫助民進黨扳倒《刑法》一百條？

核四預算殺出程咬金　一九九二年三月十三日

盧修一和鄭余鎮走出立法院大門，頓時受到高呼反核的學生、人民簇擁。「反核四是民進黨一貫主張，希望大家發動更多群眾，我們立委在議場強烈抗爭的力量才大。[227]」盧修一高聲說完，環顧反核學生工作隊、臺灣環保聯盟、萬佛會、長老教會、核四場址臺北縣貢寮鄉民眾、核電廠三十公里保命圈範圍等一千多人。

廢惡法聲浪甚囂塵上，此刻，為何反核四聲浪再起？

要從執政黨強推核四預算解凍案說起。

三月十日，民進黨團召開黨團會議，討論攸關臺北縣選民生命財產安全，也是攸關臺灣土地與未來子孫福祉的大事：核四預算解凍案。

這是因為，國民黨高層擬於立法院發動人數仍占多數的國民黨籍立委，以表決方式將先前凍結的七十九億元核四預算加以解凍，可謂無視長期反核的民進黨的反對。

核四攸關盧修一對臺灣的國土規畫與對臺北縣民的承諾，聽聞消息，他一時臉色鐵青。黨團會議做出結論，將推派盧修一、鄭余鎮、陳定南三人代表民進黨團，就核四預算解凍案與國民黨協商。會議並決定，若協商失敗，黨團打算在立法院全面杯葛議事，並由民進黨中央發動群眾抗爭。[228]

自從新國會上路後，民進黨並不願走回杯葛議事的老路。但是，眼下執政黨使出核四預算解凍案來直搗民進黨死穴，盧修一能寄望朝野協商嗎？

國大開議，草山請願，立院激辯　一九九二年三月二十日

廢惡法牽動海內外局勢，變化莫測。

二月底，國民黨《刑法》一百條研修小組會議，提出五個參考方案（甲、乙、丙、丁、戊）。國民黨還提出《危害憲政秩序罪》草案，使政治犯無法獲得釋放。

三月十四日，臺中高分院依《刑法》一百條預備內亂罪，將陳婉真判刑三年十個月。

三月十七日，「一〇〇行動聯盟」舉行記者會，聲明：一、要求國民黨釋放政治犯；二、反對國民黨《刑法》一百條研修小組提出之丁案（甲、乙、丙、丁、戊）；三、反對國民黨提出之《危害憲政秩序罪》專章。

立法院民進黨團幹部特地拜訪法務部長呂有文溝通《危害憲政秩序罪》草案，葉菊蘭甚至撂下狠話，「通過此案，咱們街頭見！」[229]

在海外，美國議員再度強力關注黑名單議題。

臺灣人權促進會對遲未廢除《刑法》一百條的執政當局發出「釋放所有政治犯」的聲明。圖中政治犯分別為（左至右、上至下）：施明德、白雅燦、楊金海、戴華光、陳明忠、顏明聖、魏廷朝、張化民、黃華、黃信介、葉島蕾、姚嘉文、張俊宏、林弘宣、陳菊、盧修一。

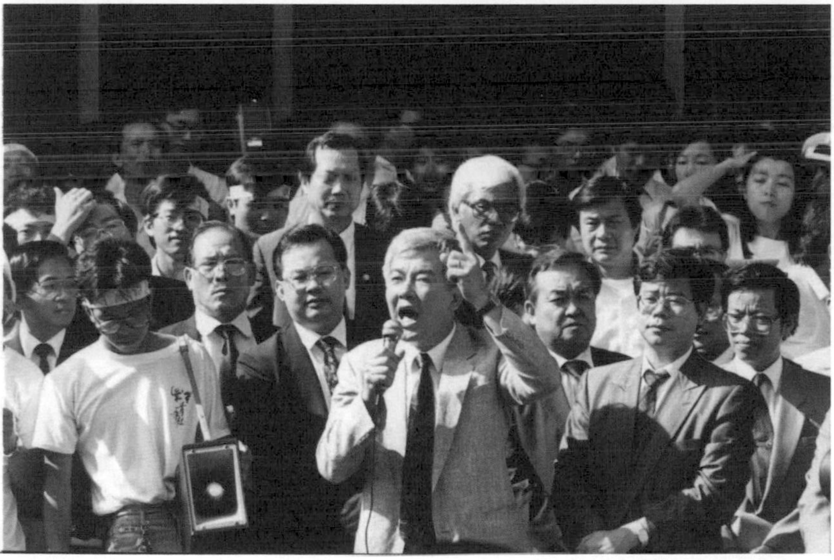

上：早在進入國會之前，1989年9月，盧修一（中）就發起「反人團惡法」大遊行。

下：盧修一（前排右四）、李慶雄（二排右三）、魏耀乾（二排右二）、謝長廷（前排右一）、鄭余鎮（前排右二）、邱連輝（前排右三）、余政憲（前排左四）、田再庭（前排左三）、王聰松（二排右四）等人在街頭呼籲政府廢除《刑法》一百條和《人團法》。（攝影／邱萬興）

三月十日，美國的派爾、甘迺迪、李柏曼三位參議員連署提出參議院《九十九號決議案》，再度呼籲國民黨政府當局取消黑名單。[230]

三月二十日，三道廢除《刑法》一百條的呼聲響徹臺北市。

一道呼聲迴響在陽明山中山樓的國民大會會場內。

逾國大四分之三席次的二七六名國民黨籍國代排排坐之際，六六名民進黨籍國代卻一律站立，手持「總統直選」、「廢除國民大會」、「廢除刑法一百條」、「釋放政治犯」的大布條，堅定表達民進黨訴求，氣勢深具震撼力。

另一道呼聲在陽明山腳下盤桓。

新會期開議一個月來，「一〇〇行動聯盟」眼見行政院、立法院皆未處理《刑法》一百條議題，遂發起「野百合之宴」草山請願。

隊伍由李鎮源院士帶領，在上陽明山的主要道路仰德大道入口就遭警方阻擋，但是李鎮源仍帶著政治犯家屬、社運團體、全國學生運動聯盟、萬佛會、基督長老教會人士，欲前往中山樓向總統李登輝及國大代表請願，訴求「制憲保人權、釋放政治犯」。請願民眾手持政治犯人像立牌、「廢除刑法一百條、釋放政治犯」布條，最後由李鎮源帶領十名請願代表進入山上的會場。可嘆的是，國民大會僅派出蔣彥士接見。[231]

最後一道呼聲，響徹臺北城中心的立法院議場。

藉由行政院長施政總質詢的時機，民進黨團聲援《刑法》一百條。

輪到盧修一質詢，他強力聲援黑名單人士、舉出二五%的民意駁斥郝揆所謂「支持臺獨是少數」的說法。他說：

「……在現階段下，民進黨是少數的反對黨。但過去臺獨分子被抓、被迫流亡海外，到今天在美國的臺獨聯盟總部主席張燦鍙、美國總部的李應元、郭倍宏等，均已闖關回到臺灣，甚至關在國民黨的監牢中，由此情況可以看出，海外的臺灣人對臺獨的看法是愈來愈堅持，他們的聲音正慢慢傳遍臺灣的每個角落，所得到的共鳴與支持也一再增加。過去許多民意調查說：支持臺獨乃是少數野心分子偏頗的想法。但自去年的選舉之中，我們可以清楚看出，主張臺灣共和國、主張臺灣獨立的民進黨候選人至少也當選了七十多位，得到近百分之二十五的選票。換言之，已有四分之一的選民明確支持臺獨的主張，這固然是少數，然此少數相對於郝院長口中的少數，已是多數。

我們常問：『臺獨有罪嗎？』但就臺語來說，這句話具有雙重的意思，也就是『支持臺獨的人愈來愈多』。就政治實力而言，過去少數主張臺獨的人被關、被抓、被迫流亡海外，到了今天，彭明敏及臺獨聯盟的重要幹部都回來了，甚至連臺獨主張也都公開提到國會殿堂上，對於這樣的發展，我們感到欣喜，因為這全是在民主法治國家所允許的方式中，以理性、和平的態度來探討此一重要的問題，經此過程之後，希望能形成一新的國家認同，形成新的全民共識。而今天所謂的少數臺獨分子，有朝一日可能成為多數的臺獨主張人，到了那一天，可能就是民進黨執政的日期。……」

盧修一又指國統綱領是國民黨少數人黑箱作業，全未以兩千萬人民意見來決策。他舉例南非的公民投票，建議郝柏村舉辦公投了解國人對統獨的看法。他更提及歐洲共同體的形成、整合的基礎，是各會員國擁有獨立主權；他認為，外交失敗是因為中華民國堅持代表全中國，因此，臺灣必須先成為主權獨立的國家才能跟中國展開對等談判。

不過，郝柏村無視他的論述，仍答詢堅持：「統獨沒有並容、並存或妥協之餘地；政府堅持一個中國，以自由民主、均富方式統一之政策堅定不變。」

盧修一再度質詢，強調「臺灣先獨立再講，要不要統一以後再談」，呼籲郝揆拋開「大中國情結」：

「……郝院長方才說，中國是我們最大的敵人，正因如此，民進黨與國民黨坐在同一條船上，都可能面對中國的威脅。但是我們主張臺獨，絕不是要引狼入室，而是避免讓中共有進一步打擊、威脅臺灣的藉口。我們主張臺獨，絕對是以臺灣兩千萬人民的福祉、安全著想。不知郝院長是否了解我們的用心？本席誠摯希望郝院長跳開大中國情結，於午夜夢迴時，平心靜氣地想想本席及其他民進黨籍委員今天在這裡講的話……」

郝柏村仍堅持：「統一中國的立場不能有任何動搖，在此前提下，所謂的公民投票就毫無意義，因為得出的結果只會帶來災害。」[232]

儘管三道聲浪襲向國民黨當局，郝柏村仍悍拒臺獨。

形勢比人強。無論盧修一與民進黨人如何努力，《刑法》一百條的廢止案仍無法排入程序委員會。

未來，會出現什麼樣的新形勢？

暴警打人　一九九二年四月二十五日

三月上旬，國民黨再度內鬥，政局不安。

由於國民黨召開三中全會，討論憲法增修條文的增訂要點，其中，關於總統直選方式，出現兩派互相角力：「總統直接民選」（直選派，以李登輝為首，支持者有宋楚瑜等人）和「總統委任直選」（委任派，郝柏村為首，支持者有馬英九等人），因而爆發路線之爭。此事導致政壇擾嚷不休，三月十六日，國民黨中常會閉幕時決定，憲法增修要點中將「擱置總統選舉方式不談」。

國民黨在二屆國大的修憲規畫擱置總統選舉方式，引起輿論反彈，最大在野黨民進黨更是憤怒。

一方面，總統直選是李登輝在國是會議對人民的重要承諾；另一方面，「總統直接民選」的民意支持度高。為此，民進黨在黨內設立「總統直選推動小組」，先在二屆國大凸顯此議題，旋於四月十九日舉辦「總統直選大遊行」提出三大訴求：「總統直選、廢除國大、一九九三年舉行總統直選」。

盧修一在留歐時觀察、推崇歐洲各國的內閣制，他原本與新潮流一起主張內閣制，後來尊重民進黨決議，也支持總統制，尤以總統直選為上。

「四一九直選總統大遊行」獲得民眾響應，但當晚舉辦晚會後卻擦槍走火。

四月二十日，好幾位民進黨籍國代前往總統府要求李登輝承諾總統直接民選，遭到軍警三度暴力驅趕。靜坐群眾不願散去，警方卻封閉前往中正紀念堂的去路，群眾當晚只能就地夜宿臺北車站。四月二十一日，學運、社運團體加入靜坐。站在街頭，曾任民進黨主席的黃信介甚至發下豪語：「打死不退！」決定進行長期抗爭。[233]

民進黨與靜坐民眾的訴求原本能和平落幕，然而，事態卻急轉直下。

四月二十四日凌晨，警政署長莊亨岱下令驅離。結果，數千名警察將群眾拖離、抬離臺北車站現場，導致群眾負傷。還有不少人被暴警拖入臺汽客運西站廁所內等四下無人之處，棍棒、拳打腳踢、痛毆，血跡斑斑送往臺大醫院急救。

盧修一匆匆趕往臺大醫院探視，驚見不少學生、民進黨基層黨工、國會助理、民進黨籍國代都在院內救治。

值此之際，立法院正在進行中央政府總預算審查。

藉此，民進黨團八十九會期幹事長李慶雄要求內政部長吳伯雄、警政署長莊亨岱出席預算審查會議並備質詢，欲了解暴警打人始末。

四月二十五日週六上午，立法院第三會議室，預算審查會第一組。內政部長吳伯雄並未出席，僅派內政部次長陳孟鈴、警政署長莊亨岱出席。會議主席為國民黨籍立委楊敏盛。

會議一開始，張俊雄、盧修一、李慶雄、邱連輝、黃天生、戴振耀、許國泰、葉菊蘭、謝長廷等民進黨立委都登記發言，砲火質詢莊亨岱放任四三七九名員警及一二〇名便衣警察違反比例原則，以超過靜坐人數十倍的警力驅散，並違反警察紀律暴毆民眾。[234]

雖然是預算審查，但是民進黨立委在「每一目預算」都登記發言，這使得預算審查流程變得冗長無比。莊亨岱往往回覆完民進黨立委質詢暴警打人，下一個質詢又得回覆國民黨立委有關警政署預算編列的問題，如此反覆詰問，莊亨岱窮於應付，直至十一點四十三分，會議主席楊敏盛裁定以表決方式通過預算案，民進黨立委群起抗議。

張俊雄更發言抗議主席違反朝野協商，「週四時的朝野政黨協商曾同意，有足夠時間可審預算，直至下週一；因此，主席根本無需強行表決！」

老立委退職後的新國會，民進黨原本放棄抗爭，寄望於「朝野協商」。但是，眼下，國民黨再度出爾反爾，違反朝野協商的承諾。

朝野協商能相信嗎？屢屢被國民黨愚弄的民進黨團，該怎麼做？

國民黨背信，民進黨關閉朝野協商　一九九二年四月二十八日

立法院第一屆，八十九會期第十九次院會。

為了替四二四受傷人民討公道，民進黨團已經連署提案，在院會中提出、追究。

九點二十三分，民進黨團幹事長李慶雄代表黨團提出臨時提案：

「本院委員李慶雄等十七人，為本月二十四日凌晨警方人員在強制驅離參加『四一九總統直選』活動民眾的過程中，武裝警員及便衣警察以棍棒、拳腳毆打民眾，更在臺汽西站內對部分民眾施以『私刑』式的毒打，造成數十位民眾受傷，甚至昏迷、吐血、有生命危險的情況，警方這種濫用暴力的情況已嚴重侵害基本人權、逾越警察職權所賦予的權限，顯示警政單位在執行驅離的過程中有極為嚴重的行政疏失，並涉及刑責，應予追究，本席等特提案要求院會做成決議，要求內政部長、警政署長率同相關人員到院報告並備質詢，是否有當，敬請公決。」

國民黨立委對此臨時提案有異議。依照慣例，留待下午五點半繼續討論。

會後，兩黨進行朝野協商。結論是，國民黨要求，民進黨團重新修改內容後於下午開會時重新提案，則國民黨團將支持。

不料下午開會時，卻傳來消息，國民黨籍的內政部長吳伯雄反對此一朝野協商結論。盧修一與民進黨團成員得知國民黨再度出爾反爾，氣憤難平。

下午五點四十七分，李慶雄在院會中發言批判國民黨違反朝野協商：

「吳伯雄拒絕至本院備詢是破壞憲政體制，而我們（國民黨）委員一再袒護吳伯雄則是自我矮化，失去本身立場。……本席同時要向警方提出嚴重抗議：有好幾位受傷的民眾還住在臺大醫院中，亦有血衣為證，而警方竟然指稱，這些血衣是民眾自己造成的。像這種不經調查，就公然侮辱、汙衊民眾的不負責任態度，本席在此表示嚴重抗議！」

隨之，李慶雄提出修改過的臨時提案版本：

「本院委員李慶雄等十七人臨時提案，為警方處理『四一九總統直選』活動之方式極為不當。除無限制擴大管制範圍，於毫無相關之路口設置拒馬、路障，封鎖要道，製造交通不便外，在今晨的驅離行動中，更以大量的暴力對待和平靜坐的群眾，以拳腳、警棍毆打現場民眾，造成嚴重傷害，輕傷者不論，傷勢嚴重而被送往臺大醫院急救者即有十數人之多，其中更有一人有生命危險。對於警方濫用暴力、任意攻打民眾的行為，顯示警方在對群眾活動的處置毫無方向，同時，值勤態度及紀律皆有嚴重問題存在，本席等特提案院會要求院會做成決議，請內政部長、警政署長率同相關人員到院報告並備質詢，以上所提，是否有當，敬請公決。」

盧修一接續發言，呼籲國民黨也該支持此臨時提案：

「……我們不要將本案當作民進黨要來對付國民黨……以行政、立法相互制衡的觀點，像四一九如此重大的問題，就是民進黨沒有提案，國民黨幾位委員也應主動提案，以了

> 解行政院內政部、警政署如何處理？……大家可藉此機會就此一問題澄清、讓社會大眾了解真相。因為只有透過專案報告、備詢，很多事實、聲音才會傳出，否則難以聽到，新聞媒體去採訪也採訪不到消息。從此角度，我們實無理由杯葛、抵制本案。這正是我們立法委員伸張我們的權利意識，提高政治上影響力，發揮制衡功能的時機……在此誠懇呼籲大家能從制衡、國會解決重大事情角度通過本案。」[235]

不過，盧修一語畢，接著發言的軍系立委王天競隨即表示反對此案。最後主席劉松藩以「現在已屆六點，尚有五、六位委員未發言，所以無法進行處理」為由宣布散會。走出議場，盧修一和李慶雄互望。

說好的朝野協商呢？

民進黨團幹事長李慶雄辛苦居中協調，卻屢遭國民黨團擺布、愚弄、背信，憤怒難平。民進黨團召開會議、黨內民主炮火四射。會後，李慶雄宣布，民進黨團「為了抗議國民黨背信，斷然中止兩黨協商，並將逐目表決來全面杯葛預算。」[236]

民進黨團決心硬起來，斷然中止兩黨協商，勢必將直接衝擊中央政府總預算能否過關，這下，換國民黨高層焦慮了。

如果國民黨想再恢復朝野協商，那麼，勢必加高談判籌碼。什麼籌碼能讓民進黨團重開協商的大門？

廢惡法的關鍵朝野協商　一九九二年五月七日

自從四月底立法院民進黨團斷然中止朝野協商之後，國民黨深怕中央政府總預算案無法如期完成，因此私下向民進黨尋求恢復協商的條件。民進黨團幹事長李慶雄巧妙地回答：「國民黨必須有善意的回應。」

「何謂善意的回應？」記者頻頻追問李慶雄。

李慶雄不願談判底牌曝光，便說：「黃主文知道什麼是善意的回應。」

李慶雄這一招，可謂指定了國民黨團的談判代表，而集思會會長黃主文立委也當然承擔起恢復朝野協商的責任。

「黃主文不愧是政壇老將，一猜就知道將《刑法》一百條排上議程。[237]」李慶雄說。

這段時間，取得談判權的黃主文周旋於民進黨、「一〇〇行動聯盟」和國民黨高層。

五月五日，「一〇〇行動聯盟」成員再度到立法院請願「廢除刑法一百條」。主因是二月二十八日與四月七日，在土城看守所的張燦鍙、郭倍宏、李應元等人兩度集體絕食抗議惡法，不僅如此，第二次集體絕食結束後，郭倍宏甚至私下自行絕食十天欲以死明志，堅決不放棄，直到受人尊敬的美麗島事件受難者林義雄赴看守所勸阻才作罷。黑名單戰士的妻兒親屬憂心忡忡，而「一〇〇行動聯盟」行動聯盟召集人李鎮源也預見，再不推倒惡法，恐怕會有更多「黑名單」戰士尋短。

為此，黃主文與李鎮源見面時，黃勸李接受《刑法》一百條只修改、不廢除。「……我當時還說李登輝如果被政變算不算叛亂？李鎮源說是啊。我說那廢掉就叛亂了啊，誰都可以把軍隊開進去啊。他們認同我的訴求才急轉直下。」黃主文事後回憶。

黃主文取得李鎮源的認可後，接著在五月七日與民進黨團幹事長李慶雄重啟協商。立院兩黨好不容易恢復協商，結論是，國民黨承諾將《刑法》一百條修正案優先排上議程，並預定於五月十二日在立法院院會中三讀通過。[238]

「報載一九九二年五月七日經過兩黨協商，其實之前已經塵埃落定，我當時已經協商好了。」黃主文事後說。

黃主文的舉止與發言，常常被視為李登輝態度的風向球。

李登輝的態度是什麼？

早在四月十三日，總統李登輝即召集國民黨黨政高層首長會議，指示於七月三十一日完成《刑法》一百條、《國安法》、《集會遊行法》及《人民團體法》的研修工作。四月二十七日，總統李登輝更指示，檢討限制政治異議人士的入境問題[239]。可以說，李登輝對《刑法》一百條的態度已經相當明朗，雖然有別於郝揆。

眼下，國民黨為確保中央政府總預算案如期過關，看似以朝野協商向民進黨團退讓。《刑法》一百條能如願廢止嗎？

國民黨真的會按照朝野協商結論走嗎？民進黨會不會再上當？政局瞬息萬變，民進黨團也不敢確信。

魚與熊掌，國民黨使出核四殺手鐧　一九九二年五月十一日

這一天，民進黨團立委面臨極為兩難的抉擇，也是盧修一最艱困的戰役之一。因為，原定的朝野協商結論再度出現變局。

原本國民黨以五月十二日三讀通過《刑法》一百條修正案作為籌碼，換取民進黨通過中央政府總預算案。不料，民進黨團看到翌日（五月十二日）的院會議程，核四預算解凍案竟安排在《刑法》一百條修廢案前面。國民黨嗆聲，為通過此案㉓不惜動用表決。民進黨團也表示，將不惜以抗爭來表達理念。

此一處境，對民進黨團實為兩難。

㉓ **#核四預算解凍案的程序爭議**：立法院長劉松藩向國民黨中央報告表示，核四預算解凍案規畫於立法院的預算委員會單獨審查。對於核四預算解凍案，國民黨中央勢在必行。先祭出「反核四的立委將不提名參選年底立委選舉」的政策威嚇黨內的反核四立委，並宴請國民黨臺北縣選區立委與臺電高層討論撥給萬里鄉回饋金事宜，以掃除黨內反核四的「雜音」。國民黨並向民進黨嗆聲，為了通過此案，將不惜動用表決。對此，民進黨召開臨時黨團會議後決議：一、核四預算解凍案應該由預算、財政、經濟、交通等委員會舉行聯席會來審查；二、聯席會審查後必須交回院會決議，才合乎國會常理。

魚與熊掌果真難以兼得。反核四和《刑法》一百條廢止案皆是民進黨努力許久的議題。如果在核四預算解凍案讓步了，可能影響到後續《刑法》一百條的通過。該繼續讓步嗎？還是兩案皆抗爭？但即使民進黨堅持抗爭核四解凍案，國民黨也會強勢表決強渡關山，那麼，民進黨還有什麼籌碼？只能期待國民黨願意遵守朝野協商結論，放行《刑法》一百條修廢案的三讀嗎？

數人頭的政治，這是身為立法院少數席次的悲哀。

盧修一尤其掙扎。

他早在民進黨中央黨部任職時，即數度上街頭反核；當選臺北縣立委後，更屢屢關注臺北縣選民的反核心聲。而在《刑法》一百條廢止案中，他奔波街頭、國會、高檢署、看守所，無役不與；更何況自己曾受惡法戕害而坐過黑牢，而且眼下有這麼多黑名單戰士仍在黑牢苦熬。

盧修一會怎麼做？

廢惡法，反核四淪祭品　一九九二年五月十二日

反核與廢惡法對撞，這是執政的國民黨使出的狠招。

上午，立法院召開第一屆八十九會期第二十四次院會。立法院外早已擠滿反核團體、

反核學生工作隊、絕食靜坐的大學教授。

九點鐘，兩黨立委紛紛進入議場。議場的旁聽席、來賓席也坐著反核四與支持廢惡法人士，包括「一〇〇行動聯盟」召集人李鎮源院士、林山田教授等人；民進黨創黨祕書長黃爾璇、張燦鍙之妻張丁蘭等政治犯家屬，以及反核團體代表與學生。

院會開始即不平靜，主席依照慣例宣讀完上次的議事錄。謝長廷率先發難，藉著議事錄發言時間來表達民進黨反核四的立場，並有意拖延進入下一個議程：核四預算解凍案。

盧修一接續上臺，意有所指地批評：

「……多年來，無數團體為了反核四付出了多少的艱辛和努力，但國民黨很可能草率地派出幾位大員，大家會開一下，最後拿出一筆錢來就擺平了。結果，有人辛辛苦苦在耕耘，卻有人輕輕鬆鬆就收割了。」

他直指執政黨的核電政策、輕忽環境影響評估、決策草率、罔顧國家安全：

「我們為了兩千萬人民辛苦了半天，許多環保團體基於臺灣安全顧慮，甚至為了下一代子孫的幸福，一再質疑核電政策的正當性和必要性，對於國民黨即將解凍興建核四廠的預算，我們也提出很多意見，臺北縣政府也針對環境影響評估提出臺北縣版的環境影響再評估。但是，我們看到國民黨決策過程如此草率。在整個社會仍充滿疑慮，而此疑慮較當初凍結興建核四廠預算時有增無減的情況下，卻率爾欲利用國會通過解凍其預算，此誠為草菅人命之做法，本席期期以為不可。因此本席在此誠懇呼籲有良知、有民意基礎、且有責任的民意代表們，在此勇敢地說出內心的話，不要私底下被擺平而說出一些言不由衷的話。如此，我們才對得起這塊土地；才對得起兩千萬人民；也才對得起後代子孫。謝謝！」

接續發言的陳水扁朗讀劉松藩於一九八五年曾在立法院反對增建核四廠、要求暫緩興建的緊急質詢內容，以質疑劉松藩前後立場不一致。隨之，陳定南、彭百顯、黃天生、邱連輝、洪奇昌都運用議事錄發言反對核四預算解凍案。

民進黨團立委接連發言，旁聽民眾接連叫好。但是，立法院祕書長胡濤卻動用警察進入貴賓席。

十點半，立委魏耀乾提出權宜問題，抗議胡濤動用警察抬離貴賓席人士。胡濤也反唇相譏。趁著雙方針鋒相對，主席劉松藩動用表決，在場委員七十三人，五十七人贊成，強行通過議事錄，結束了議事錄時間。

院會議程進入核四預算解凍案。

忽然，旁聽人士噓聲大作，開始鼓譟。

此時，胡濤竟喊：「警察，將違反秩序者拖出去！」

許國泰發言反對將核四預算解凍案交給僅有十三位委員的預算委員會單獨審查。

這時洪奇昌在臺下大喊：「我要提會議詢問。祕書長有權指揮警察嗎？」

胡濤也反擊：「洪委員，我回答你，你聽著……」

洪奇昌：「你沒有權動用警察！」

胡濤：「我有權！會場是議長的權！議場樓上則是我的權！」

葉菊蘭也在臺下大喊：「你不可以叫警察掐學生的脖子！」

洪奇昌也喊道：「祕書長沒有權下這樣的命令，維持秩序不要動用到警察！」

兩方在席位上互槓，國民黨立委張堅華在發言臺上支持核四也沒人理會，旁聽人士卻頻頻遭警察粗暴抬離。

隨後，僑選立委陳歷健、國民黨立委蕭金蘭、洪秀柱、許武勝一一發言挺核四後，總算輪到盧修一上臺發言。

盧修一提出七點原因，反對核四預算解凍：

其一，核四廠預算在一九八〇年五月提出，到一九八五年五月時，當時的行政院長俞國華因民眾仍有疑慮，因此凍結預算。至今，當初凍結預算的理由不減反增，不只是當地人民，醫療團體、教授、環保、社運團體對核四的疑慮也愈來愈深。

其二，郝柏村將核四列為六年國建計畫，才是預算解凍之因。

其三，反對國民黨用工程款的百分之一（十七億）作為回饋金發給鄉里。

其四，臺北縣政府已提出「核四再評估」報告，直指許多原能會、環保署無力解決之重大問題。

其五，此案不應由預算委員會單獨審查，他強調：

「本案交回預算委員會解決，但預算委員會只有十三位委員，其中還包括三位僑選委員，根據委員會組織法，只要五分之一的委員即可達到法定人數，亦即只要有三人出席便可召開會議。三個人就可對此重大事情做出決定！一個上廁所，一個當主席，一個在場支持，這種情況難道不可能發生嗎？今天如果僅由預算委員會來處理這件事，那麼，不管多少人登記發言，都是由該十三名預算委員會委員決定，這種做法，難道不會太草率嗎？我們一再反對、一再堅持，就是反對這種程序。」

其六，國民黨籍臺北縣選出的立法委員雖反核四，卻擔心年底不被提名，屈服於國民黨中央。

其七，此案構成憲法第五十七條第二項行政院重大政策問題，應交由立法院院會決定。

盧修一最後要求三點：第一、當初核四預算凍結，是由預算、財政、經濟、交通等委員會舉行聯席會決議。如今要解凍，至少也應交由聯席會議才能決定；第二、當初聯席會的決議是報告院會，如今若聯席會議決議，也應交由院會決議；第三、此案經幾年喧騰，不同於其他法案，應記名表決以示負責。[240]

盧修一發言後，接續由謝長廷發言。此時，祕書長胡濤卻站在席上大吼：「旁聽席上的觀眾遵守秩序，不要妨礙立法院討論！」

民進黨立委張俊雄氣不過，在臺下喊：「又不是你當主席！你又不是院長！你給我坐下！」

主席劉松藩卻幫腔：「旁聽席是歸祕書長管……」

胡濤也說：「我是在維持秩序，保護委員的發言權！」

就在朱高正發言之後，國民黨立委華加志提出臨時動議，要求表決核四預算解凍案。

盧修一在臺下大喊：「把連署人的名字唸出來吧！」林正杰也在臺下喊：「主席，還沒有發言完畢喔！」

場內一片喧鬧聲中，主席忽然宣布表決。很多立委聽不清楚，也不知有沒有舉錯手。

混亂中，劉松藩宣布：「在場委員七十八人，贊成委員五十七人。通過！現在散會。下午三點繼續開會。」

下午三點。

許國泰詢問劉松藩核四預算解凍案一事，卻得到「上午已經表決通過」的答案。

陳水扁、盧修一、李慶雄也紛紛在臺下詢問表決結果。

劉松藩宣布：「在場委員七十八人，贊成委員五十七人。」

儘管大勢已去，幾位立委仍持續發言表達立場。

盧修一不死心，在臺下繼續追問：「會不會舉辦聯席會議？」被劉松藩制止。

林正杰追問主席劉松藩，此案是否會再交回院會？

劉松藩多次拒絕回答，最後，在旁聽席鼓譟之下，只好答覆：「日後核四預算案經預算委員會審查即可動支，並報院會通過。」

林正杰駁斥這違背《立法院組織法》第十一條，李慶雄、盧修一、陳水扁等民進黨立委紛紛贊同。旁聽席一片鼓譟。

由於主席劉松藩的中立性屢遭林正杰質疑，最後，面紅耳赤的劉松藩以「發言時間已過」制止林正杰繼續發言。此時，旁聽席再度鼓譟。

劉松藩氣惱宣布：「把上面吵鬧的人拖出去！」[241]

就這樣，國民黨再度違背朝野協商結論，通過了核四預算解凍案，導致反核四也淪為惡法的祭品，讓這片土地與人民陷入萬劫不復。

盧修一無語問蒼天。

而《刑法》一百條案坎坷的命運，還會再被耽擱嗎？

雨過天青　一九九二年五月十五日

雨綿綿密密地下著，白色恐怖的低雲遮蔽臺灣四十餘年，今日是否能雨過天青？

立法院第八十九會期第二十五次會議。

旁聽席上，《刑法》一百條政治犯家屬代表，「一〇〇行動聯盟」召集人李鎮源院士、林山田教授、陳師孟教授等人引頸期盼。

議場內，一九八九年因對抗《刑法》一百條而殉道的鄭南榕遺孀葉菊蘭，一九八三年因臺獨思想遭國民黨關入黑牢的盧修一，如今都以立委身分參與、見證此一歷史時刻。

下午三點五十五分，人人睜大眼睛注視著，院會議程來到《刑法》一百條的修廢案。張俊雄首先發言說明上一個會期司法委員會刪除了《刑法》一百條，並修正《刑法》第一百零一條、第一百零二條的結果。

這時，國民黨的集思會會長黃主文提出程序問題，要求修正《刑法》一百條，僅在原條文加上「暴力、脅迫」字樣成為犯罪要件。也就是說，僅有言論、思想並不違法。黃主文並強調，「如果今日順利通過這個修正提案，則司法單位尚在偵查中的七案八人就可停止偵查；審理中的十案十七人若未有強暴、脅迫，判決就能有所不同，包括：張燦鍙、陳昭南、李應元、郭倍宏、王康陸、李浩浤、羅益世、陳正然、廖偉程、林銀福、安正光、王秀惠、林永生、許龍俊、江蓋世、鄒武鑑；對於判決已確定者，如黃華、周超龍、蔡添樹，光是黃華就能無罪釋放。」黃主文溫情喊話，要求直接逐條審查通過，「大家都很關心這個問題，尤其刑法一百條和黑名單牽連在一起，修正通過後，海外政治異議人士回國即可不受追訴。」

形勢比人強，由於國民黨籍立委席次多於民進黨籍立委，如果通過黃主文的這項提案，則《刑法》一百條雖仍保留，意義上卻是「象徵性的廢除」。

對於「一〇〇行動聯盟」、政治犯家屬而言，政治犯是否能迅速釋放，更為實質與迫切。在「一〇〇行動聯盟」退讓後，而原本堅持「只修不廢」民進黨能怎麼做？

黃主文語畢，隨之陳定南、陳水扁仍發言力主廢除一百條，但國民黨立委王天競發言表示憂心，其後會議中斷，兩黨協商二十分鐘後，繼續開會。

儘管大多數民進黨立委很不甘願，但是，民進黨團只能力守「臺獨言論除罪化」，達到鄭南榕所追求的百分之百言論自由了。

協商後，葉菊蘭在院會中首先發言：「主席，各位同仁。刑法一百條應予廢除！因刑法一百條在臺灣人民心目中，是言論自由的劊子手，也是許多受刑法一百條迫害家庭幸福的劊子手。刑法一百條在臺灣社會造成了動盪和不安，也造成了非常多的怨氣。」她舉出五項法理爭取廢除。其後，魏耀乾也發言，希望刪除《刑法》一百條。

四點五十五分，輪到盧修一發言。

曾是惡法受難者的他，仍強調「只廢不修」的立場，但是他也強調，既然兩黨已經過協商，也預見黃主文的修正案版本將會過關，至少這個版本已經將犯罪要件加以明確化。他表情凝重地說：

「主席，各位同仁，今天是刑法一百條塵埃落定的時候。儘管我們可以預期國民黨的底線是只修不廢，但我們也可預期，這是刑法一百條的名存實亡，不論是修或廢，它都是在宣告一個時代的結束，即過去國民黨黨國一體的體制，自今天開始，應該走上黨政分離的時代。這也是長期以來，多少反對人士及民主自由的前輩努力犧牲得來的結果。

今天我們也很沉痛地在此看到，還有那麼多大家推崇的優秀臺灣人民還繼續留在國民黨監獄，我們也可以預期他們回到家人身邊的日子已不遠，我們也願在此向這些受苦受難、付出犧牲的人給予最高的敬意，甚至像本席這樣微不足道的人，也曾因涉嫌叛亂，受到國民黨三年兩個月的特別照顧。所以一個時代的結束及一個時代的誕生是經過多少人的努力、犧牲才換得來，因此，本席在此實感慨繫之。

由於已經過協商，本席不願再做有關刑法一百條修廢的各種主張之申論。不過本席要特別強調，刑法一百條所要保障的絕非一個政黨或黨派，或是少數的統治階級。如果有內亂罪罪刑的存在，其法益是整體國家及由人民組織之國家所建立的憲政秩序，此憲政秩序是要保障人民的幸福安全及福利。所以，一旦發覺憲政秩序無法達到這個目的，人民作為國家的主人，當然有權利透過法律允許、憲法所保障的程序，予以變更或修正。因此，過去刑法一百條所謂『意圖變更國憲』或『竊據國土』的說法，其字眼根本是不當的。只能落實到法律上所採取及犯罪構成要件為何，應該予以明確化。黃委員主文的修正案已對構成要件予以明確化，這是可喜的進步。

為了告別一個時代、開創一個新的時代，我們認為與其修而不廢致使名存實亡，不如乾脆廢除刑法一百條，而在一百零一條中做出修正。如此，對臺灣邁向政治民主化、政治邁向本土化，意義更為深遠。本席在此再次重申廢除刑法一百條的基本立場，請各位同仁重新考量。以上意見，請各位指教，謝謝！[242]」

隨之發言的彭百顯強調「只廢不修」，陳定南則是強烈批判國民黨使用多數暴力之舊習不改。其後發言的國民黨立委葛雨琴、許知遠支持修法。

最後，主席裁定表決黃主文等廿三人對刑法一百條的修正動議：

「意圖破壞國體，竊據國土，或以非法之方法變更國憲，顛覆政府，而以強暴或脅迫著手實行者，處七年以上有期徒刑；首謀者，處無期徒刑。

預備犯前項之罪者，處六月以上五年以下有期徒刑。」

主席劉松藩宣布：「在場五十六位立委，贊成刑法一百條依黃主文意見修正者四十五位。」

繼續，就審查案[243]條文表決。

這是上個會期在司法委員會的審查會中，由民進黨主導通過的「刪除一百條」案。盧修一按下他署名的電子投票器：贊成。

主席宣布：「報告表決結果，贊成審查會意見者，十人，少數，不通過。本案按黃委員主文修正意見修正通過。

主席宣布：「現在宣讀第一百零一條。」

「第一百零一條：以武力、暴動或暴力之方法，著手實行竊據國土、顛覆政府或變更民主共和國之憲法秩序者，處無期徒刑或七年以上有期徒刑。首謀者處死刑或無期徒刑。

預備犯前項之罪者，處一年以上七年以下有期徒刑。」

因無人發言，主席遂宣布表決。

主席：「在場五十七位立委，贊成者四十五人，通過。現在委員要求繼續就審查案條文進行表決。」

「贊成者，七人，少數，不通過。」

主席：「現在宣讀刑法第一百零二條。」

「第一百零二條：犯前項之罪而自首者，減輕或免除其刑。」

因無人發言，主席遂宣布：「由於大家對刑法第一百零二條維持現行條文均無異議，本條文維持現行條文。本案全部經過二讀。」

劉松藩：「請問院會有無異議？無異議。現在進行三讀。」「刑法第一百條、第一百零一條、第一百零二條修正案，三讀通過。」[244]

五月十五日，傍晚五點五十分。數十萬人前仆後繼的犧牲，無數人慷慨激昂地搏鬥，換來這個歷史時刻。

如是，堅持「只修不廢」的國民黨保住了面子，只因《刑法》一百條並未刪除。而力促「只廢不修」的民進黨拿到了裡子，因為修法之後，「言論內亂罪」、「和平內亂罪」已被廢除，保住了言論自由！「一〇〇行動聯盟」得以救出數十名黑牢中的黑名單戰士，超過九萬名因《刑法》一百條而家破人亡的政治犯，得以沉冤昭雪。

掐指數算，民進黨歷經五個會期，五任幹事長，從陳水扁、謝長廷、盧修一、彭百顯到李慶雄，皆頂著重擔、全力以赴，齊心要扳倒《刑法》一百條。從陳水扁領銜提案起始，最終在李慶雄肩上完成。

「國民黨版刑法一百條修正案以強暴、脅迫為叛亂罪的構成要件，雖比舊法進步，但是為德不卒。落實國民主權原理，以及杜絕當政者以刑法一百條作為政治謀殺工具，廢止刑法一百條才是我們所真正希望的。[245]」李慶雄指出。

「修正案離廢止還有一段距離，所以我並不滿意，但礙於現實，只好接受。[246]」盧修一並不滿意，卻也認為，「**修正案這一小步，已象徵統治者利用刑法一百條作為統治工具的時代已近結束，而過去因刑法一百條入獄的人，也可討回公道，遲來的正義總算來了！[247]**」

惡法修正之後……

一九九二年五月十六日，《刑法》一百條、第一百零一條、第一百零二條修正條文，經總統李登輝公布生效。

修法之後，再也沒有「言論內亂」、「和平內亂」等罪名，臺灣終於有機會邁向自由、民主、法治的國家；許多原本因不當立法、司法而遭起訴或監禁的人陸續被釋放或獲免訴判決。[248]

臺獨言論除罪之後，盧修一理念上的同志們紛紛被釋放。

一九九二年五月十八日，黃華、陳婉真等七位內亂罪受刑人獲釋。

一九九二年五月二十三日，臺獨聯盟幹部郭倍宏、李應元、王康陸獲釋，內亂罪嫌免訴。

一九九二年五月二十八日，陳正然等四人獨臺會案，最高法院發回更審。

一九九二年六月八日，臺獨聯盟主席張燦鍙經高等法院依共同殺人未遂判刑十年，減刑為五年。

一九九二年七月二十七日，陳正然等四人獨臺會案，臺灣高等法院改判免訴。

其一，政黨解散的陰影不再籠罩民進黨。

一九九二年六月三日民進黨臺獨黨綱案簽結。

一九九二年七月三日，立法院三讀通過《人民團體法修正案》，明訂政黨解散由憲法法庭審理，並不得主張共產主義、分裂國土。

其二，白色恐怖陰霾散去。

一九九二年六月十六日，立法院三讀通過《政風機構人員設置條例》，規定由法務部掌政風業務，人二單位忠貞資料全面銷毀。

其三，黑名單政策取消。

一九九二年五月二十九日，臺獨聯盟成員郭倍宏之妻張舜華於機場補辦簽證手續後，獲准入境。

一九九二年六月二十八日，臺灣獨立建國聯盟第二屆盟員大會於高雄舉行。

一九九二年七月七日，內政部長吳伯雄在立法院宣布黑名單不超過五個人，列註名單降至十人以下。同日，立法院三讀通過《國家安全法》部分條文修正案。

一九九二年七月十四日，前臺灣獨立建國聯盟美國本部主席李瑞木返臺，為黑名單解除後首位適用者。[249]

雨過天青之後，迎來陽光燦爛。

修正通過的《刑法》一百條可謂第一個被推倒的惡法，為前進而戰的盧修一與同志們繼續修正、推倒其他威權惡法，諸如國民黨以往對付黑名單與臺獨人士的白色恐怖相關法令。

盧修一也積極投入動員戡亂時期相關法令的修改。

這是因為，大法官會議要求，因應一九九一年五月《動員戡亂臨時條款》廢止，所有動員戡亂時期相關法律必須在一九九二年七月底之前配合修正。

但是，國民黨遲至一九九二年六月，才開始提出修正案。

由於待修法律逾百，立法院的兩個黨團各自派代表協商。國民黨由書記長王金平、洪玉欽等人負責協商，民進黨團則派出陳水扁、謝長廷、盧修一、李慶雄等立委，終於先將二十六個最重要的動戡法令完成協商。

協商期間，由於兩黨差距甚大，使盧修一感慨萬千地說道，與其說這些侵害人權不合時宜的動戡法令是「百廢待舉」，他卻認為是「百法待廢」。他指出，這些動戡法令「無論是意識形態、法律體制或是政權結構，統治者都可以找到冠冕堂皇的理由作為刑罰的藉口。」[250]由此，他也更體會到立法不能只靠立委，更需要全民共識作為後盾：

「問題在朝野之間的差距太大，往往變成我們只能有限的選擇，沒有辦法按照自己的意思要與不要，不要的話可能就什麼都沒有了，中間沒有足夠的協商空間，這就是我們在立法院感到最大的無力、無奈與悲哀的地方。但是我們還是要努力啊，我們不會天真地認為憑我們十幾個人就能改變舊秩序，重建一個新秩序。

一〇〇行動聯盟經過一年多的努力，結合社會各種力量形成壓力，最後刑法一百條廢了、去年獨臺會案件引起社會風潮，一夜之間就將懲治叛亂條例廢除。

我的意思是指，光靠少數幾位反對黨立委及一些學者專家的呼籲還是不夠，今天我們在這裡討論動戡法令，我想誠摯地呼籲，全民必須有所覺悟，我們是要走向一個什麼樣的時代？目前我們的社會與民眾的普遍心態，還不是一個現代民主人的心態……四十歲以上的國民長期在戒嚴時期威權統治下，多多少少會受到影響與汙染，因此須全面來檢討，才能有一個嶄新的面貌。

今天談動戡法令說要好好修？怎麼修？立法院有軍系立委，他們也有舉手、表決權，僑選立委也還有二十八位，以他們的心態就是完全讓他們自由發揮，老實講，結果也可想而知，並非我們所期待。

因此我還是認為需要靠大家長期的努力，而且要全面性的結合、呼籲，不厭其煩地持續演講、寫文章或宣傳，一而再再而三地提出問題，讓全民認識問題，而且從個案中凸顯問題，最後才能慢慢形成一些共識，才能尋求解決之道。」[251]

經過努力，一九九二年八月，動員戡亂法令全數廢止。

推倒惡法之後，曾苦熬的歲月頃刻化為歡躍的喜悅。

雨，確實停了。

臺灣上空，黑牢的低雲不再遮天蔽日；母親不再因失去孩子而哭泣。

言論自由的顏色，是繽紛絢麗的虹彩。

臺灣的民主化，自此揭開序幕。

雨中，光腳漫步的盧修一

在一場街頭運動中，盧修一巧遇臺大社會系教授葉啟政。

他笑嘻嘻地走來向葉啟政說：「還是你們教授厲害，三兩下就把它（惡法）幹掉。我們在立法院推動那麼久，還是沒有辦法把它拿掉。」

葉啟政說：「話不能這樣講，很多事情都是天時地利人和，很多條件搭配，否則的話也不可能推動的了。不是我們厲害，而是時勢之所趨。」葉啟政也澄清，社會上是李鎮源院士等「一〇〇行動聯盟」人士的努力，自己只支援、未主導。

不過，盧修一仍不斷歸功於葉啟政。

或許，在他心中，仍不能忘記一九九一年五月，陳正然等人因獨臺會案遭逮捕時，他與葉啟政不約而同奔到調查局救援的身影。那一幕，或許是轉變的起點。

巧的是，不久之後，陳正然也遇見盧修一。

那天，整座臺北市都像被大雷雨扣住般，無人能逃。

陳正然騎單車又打著傘，雖然上半身仍乾爽，下半身卻溼透了。

雨實在下得太大，陳正然躲進青島東路上立法院旁邊的騎樓，忽然聽見熟悉的聲音。

「ㄟ！正然，你是在做什麼啊？」盧修一湊過來。

「是盧仔，」陳正然抬頭一看，有些驚喜，想是盧修一剛結束會議，要去吃飯或走回辦公室。

「你是怎麼了？」盧修一低頭望，「啊，你雙腳溼漉漉！」

陳正然靦腆：「我鞋子踩下去，水都冒出來。」索性將鞋脫了，倒出鞋內的水。

盧修一：「你這鞋子溼漉漉是要怎麼穿啊？」

陳正然：「不要緊，倒一倒就可以穿。」

「脫下脫下，」熱心的盧修一要陳正然脫掉鞋子之際，已脫下自己的鞋子勸陳正然穿上：「你穿看看！」

「麥啦麥啦……」陳正然覺得不好意思，又拗不過盧修一，只好穿了一隻鞋。

「這腳再穿上去，」盧修一又說，「一定可以，我大腳仔。」

陳正然才套上盧修一的皮鞋，冷不防，盧修一已轉身，提了陳正然的溼鞋子就走。

陳正然正要追過去，只聽見盧修一的聲音：「我辦公室還有鞋子。」

「然後他就走掉了。」陳正然目送盧修一的身影消失在立法院轉角。

多年後，陳正然仍將這個回憶放在心上、珍藏著盧修一那雙鞋，不單如此，盧修一奔到調查局裏救，也收在陳正然的記憶夾層裡。

那一天，光腳丫的盧修一，提著一雙溼鞋子走入雨中。

也率真地走進每個人的回憶裡。

(攝影／邱萬興)

第三章

為民主砌磚石搭桁架

蘆葦與劍

盧修一

清晨，臺北市東豐街的盧寓，門鈴大作。陳郁秀打開大門，只見一位男士捧著一大疊資料問道：「請問盧委員在嗎？」

準備出門上班的盧修一走過來。

「盧委員您好，這些資料想提供給您，希望您幫忙主持正義。」對方說。

盧修一建議對方將資料交給常揭發弊案的某位民進黨同袍。

對方稱謝後離去。

陳郁秀關上門，困惑問道：「人家要給你資料開記者會，你怎麼不收？」

「這種揭發弊案的事，自然有人會做。」盧修一收起笑口常開的表情，嚴肅回答。

翌日上午，陳郁秀到學校教書，瞥見系辦公室裡的一份報紙，醒目的弊案標題，報導的正是昨日來訪者的那份資料內容，而揭發該弊案的某立委形象儼如正義化身。

她嘆：「修一就是這樣，不做簡單好做、快速成名的事。」

那麼，盧修一都做了什麼呢？

冷門委員會的孤獨身影

「盧修一進立法院之後，除了少數幾個會期之外，他一直在法制委員會[252]，對於國家的基礎法制，他著力很深。」法官出身，長期在立法院司法委員會的民進黨立委李慶雄說。

「在立法院，法制委員會、司法委員會都是很冷門的委員會；法制委員會審法案，很少記者願意去採訪。」主跑國會新聞的《自由時報》記者何榮幸觀察。

何謂熱門委員會？

盧修一擔任第一屆立委時，立法院共有：內政、外交、國防、經濟、財政、預算、教育、交通、邊政、僑政、司法、法制等十二個委員會。其中，經濟、財政、交通等三個委員會能「監督」國營事業，可謂有錢、有權，向來吸引多數國民黨立委爭搶進入。民進黨立委人單勢孤，大多以專業問政走出一條新路，讓選民看見。

如何才能專業問政？

不只專職於立委職務，還要連續好幾個會期參加同一個委員會下苦功。如財政委員會的彭百顯、國防委員會的陳水扁、司法委員會的李慶雄等，比比皆是。盧修一就是在法制委員會專業問政的立委。

記者向來喜歡採訪有話題、有故事的法案或議題，在立法院亦然。

記者較少有能力研讀枯燥或深奧的法條，因此身處法制委員會的盧修一自然難獲記者的關注。但是他不以為忤；法制委員會再冷門，他就是要苦蹲其中。

為什麼？

不忘初衷。

他從未忘記參選時提出的「建立東方瑞士國」政見：「新國家、新憲法、新政府、新社會、新文化、新人民」。因此，他在立法院議場反覆倡議新國家、新憲法，更在法制委員會中打造可使新政府、新社會永續發展的法制基礎。

換句話說，在盧修一的新國家藍圖中，必須要有人專心搭桁架、砌磚石，打造實實在在、可長可久的基礎法制，新政府、新社會方能藉以實踐。

盧修一寧願耐受寂寞，在冷門委員會中磨練基本功。在一九九一年十二月三十一日老立委退職之前，他受制於國會結構不健全的沉痾，雖然起草、提案、制定的法制很難通過，但是，他仍善盡責任，監督、把關許多不合理的法制。[253]

一九九二年一月一日起，國會氣象一新，議事重心轉移到增額立委，臺灣民主化終於能實質邁開大步。盧修一繼續為前進而戰，卯足全力，在法制委員會，打造新政府、新社會的各項新法制基礎。

頂著滿頭白髮，擔任過大學政治系、公共行政系主任的盧修一深知，打造新政府、新社會的關鍵支柱之一，就是改革政府體系內的各項制度。

「盧修一都是在委員會裡審法案，可以說，在很多打下深化民主、法制的地基過程，從法案的開始到制定，盧修一絕對是很關鍵的人物。」《自由時報》記者何榮幸不住點頭肯定，同時強調，「而且，他從來沒有操守的問題。」

比如，一九九二年上旬，盧修一的眼光鎖定少有人關心的公務人員考試制度、公職人員財產申報等法制。盯住政府組織、法制的窠臼，看見關乎改革的「轉型正義」切入點。無懼議題的冷僻，盧修一為了打造公平、公開、透明的制度，施展個人風格，將冷門議題變成家喻戶曉的輿論話題。他怎麼做到的？

他身為在野黨立委，如何能不囿於黨派立場，而與執政的國民黨內的改革派交鋒、交集，甚或合作，謀求福國利民的永續制度？

盧修一與甲等特考，就是實例。

第一節

甲等特考後門現形記

預算審查，揭開文官考試後門黑幕　一九九二年四月十六日

下午三點鐘，盧修一已經在立法院第二會議室坐定，繼續進行立法院第一屆第八十九會期八十二年度中央政府總預算案的分組審查。

眼下欲審查考試院及所屬機關（考選部和銓敘部）的預算，考試院祕書和兩部部長皆到場備詢。

盧修一胸有成竹，當議程來到考選部預算時，他罕見地先肯定國民黨籍的考選部長王作榮：

「……考選部自從王作榮擔任部長後，整體來說，受到大家的肯定。特別是很難得在這個唯唯諾諾只求當官、不求做事、沒有肩膀的官場文化裡，王部長所表現的風格，讓人耳目一新。客觀來說，我們對王部長非常敬佩……」

盧修一問到「走後門當黑官」的長年沉痾：「可能有些機關向考選部要求辦理考試，但你不同意，結果，前門既然不開，於是就爬窗或走後門，為達用人目的，找很多理由，不走正途。本席請問：過去一年中，行政部門或其他機關，要求考選部辦理考試而被拒者有多少？是哪些考試，人數多少？」

王作榮答覆：「自我接任考選部部長後，基本政策是縮小後門，最後要關掉，因此大門要打開。」並強調，「凡依法申請辦理考試，只要有法律依據，我都辦理；唯一例外是拒絕人事行政局申請舉辦『甲等特考』。」

王作榮仔細說明，「根據公務人員考試法㉔規定，人事行政局有權向考選部申請舉辦甲

㉔ **#甲等特考的法源**：根據《公務人員考試法》（一九八六年一月十日制定通過）第三條：公務人員考試，分高等考試普通考試二種。高等考試必要時，得按學歷分級舉行。**為適應特殊需要**，得舉行特種考試，分甲、乙、丙、丁四等。

第十七條：具有左列資格之一者，得應公務人員特種考試之甲等考試：一、公立或立案之私立大學研究院、所，或經教育部承認之國外大學研究院、所，得有博士學位，並任專攻學科有關工作兩年以上，成績優良，有證明文件者；二、公立或立案之私立大學研究院、所，或經教育部承認之國外大學研究院、所，得有碩士學位，並任專攻學科有關工作四年以上，成績優良，有證明文件者；三、曾任公立或立案之私立專科以上學校教授，或曾任副教授三年以上，經教育部審查合格，成績優良，有證明文件者；四、高等考試及格，並就其錄取類、科，在機關服務六年以上，成績優良，有證明文件者；五、公立或立案之私立獨立學院以上學校畢業，或經教育部承認之國外獨立學院以上學校畢業，並曾任民選縣（市）長滿六年，成績優良，有證明文件者；六、公立或立案之私立獨立學院以上學校畢業，或經教育部承認之國外獨立學院以上學校畢業，或高等考試及格，曾任公營事業機構董事長或總經理三年以上，或副總經理六年以上，成績優良，有證明文件者。

等特考，但根據同樣法令，我們也有權拒絕，因為條文是說：『為適應特殊需要，得舉行特種考試，分甲、乙、丙、丁四等』。關鍵在於是否有特殊需要。人事行政局的公文中並未說明有特殊需要，只是說有機關要用甲等特考的人。經過本部仔細分析，認為並無特殊需要，因此拒絕辦理。」

盧修一聽見王作榮話中玄機，追問：「請問這是考選部還是考試院的決定？」

王作榮答覆：「依照法令規定，公務人員考試法最高執行機關是考選部，因此考選部有權以行政命令解釋法令。解釋結果，因特殊需要不存在，所以拒絕。」

盧修一追問：「請問你是否受到壓力？」

王作榮說：「壓力非常大，而且一直延續到現在。」

盧修一直截了當問：「是否壓力包括來自考試委員？」

王作榮也直話直說：「我想盧委員您一定很清楚。」

「你的意思是——有。」盧修一說。

盧修一與王作榮一問一答之間，凸顯出「甲等特考」是文官考試中最大「後門」的事實，且考選部欲關掉此一「後門」卻承受龐大壓力。

盧修一旋即導回主軸，追問其他「後門」：「你以考選部主管的立場來看，你認為在未來修訂時應停辦的特考有幾種？」

王作榮直指上校以上軍官轉任特考、退除役官兵特考、軍法官特考、調查人員特考。

盧修一下結論再追問：「總共有四種。這四種在一年中需考選多少人？」

王作榮說：「軍法官特考、調查人員特考、上校以上軍官轉任特考，算是檢覈而非特考，人數加起來約兩、三百人。人數較多是退除役官兵特考，現有法令無法停辦下，只有提高考試標準同於高普考。另外還有警察特考，我們限制其轉任文官系統。」

盧修一搖搖頭說：「國軍上校以上軍官轉任特考人數也許不多，但轉任後多位居要津，打擊整個機關士氣。很多人辛苦做了一、二十年而無法升遷，有人漂白一下空降轉任，對中、下階層升遷士氣影響很大，同時也破壞人事制度。」

王作榮說：「我希望建立非常完整的現代化考試制度，在這個制度下，要從事文官者，都應經過公開、公平的考試，這是我的基本目標。現在我草擬公務人員考試法修正草案就是依此一目標修改，將來送大院（立法院）通過後，我希望能有一完整的考試制度出現。」

盧修一又追問退役軍人特考：「原本是否有決議在八十年、八十二年、八十四年，每兩年辦理一次退役軍人特考，自八十四年後停辦？」

王作榮說：「這是上一任部長的決議。」

盧修一又問：「在考試院會議中是如何決定？」

王作榮說：「他們也同意但是要送行政院參考。我在大院中報告此事，結果有人在報上登廣告批評我。」

盧修一說：「有人批評你，但也有人支持你，只是支持你的人沒錢買廣告。對於軍人特考，你是選擇停辦或是比照高普考辦理？」

「我希望公務人員考試法修改送大院通過後，統統廢除。」王作榮強調。

盧修一問：「若無法達成，你是否會委屈求全？」

「假如無法達成，我一定辭職。」王作榮斬釘截鐵回答。

盧修一訝異：「是為了特考的問題？」

王作榮口氣堅決：「是為了整個公務人員考試法的理想，我希望為國家建立完整的現代化的考試制度。我一定朝此目標奮鬥，無法成，我一定辭職。」

盧修一很感佩：「希望你堅持甲等特考不辦，其他將由法令修定來貫徹。本席非常欽佩你的決心，我很誠懇向你一鞠躬表示敬佩。」

盧修一當場向王作榮敬禮，引起全場關注。此舉在立法院極為罕見，尤其，少有執政黨籍的官員能贏得在野黨認真問政的立委如此致敬。

王作榮㉕也動容了：「謝謝，不敢當。[254]」

盧修一與王作榮在立法院內理性討論，理念一致，並非常見的朝野攻防，而是珍惜、肯定對方提升國家法制現代化的企圖心。而王作榮為追求理想不惜辭官而贏得盧修一尊敬，意外使冷門的甲等特考議題受到輿論關注。盧修一也追問出文官考試的其他特權大漏洞，諸如：軍法官特考（檢覈）、調查人員特考（檢覈）、上校以上軍官轉任特考（檢覈）、退除役官兵轉任文官特考等四種，這些都是盧修一建立公正、公開、透明的文官考試制度的契機。

耿直的王作榮為杜絕特權「後門」不惜辭官，後續會如何發展？盧修一會怎麼出手？

㉕ **＃王作榮，寧辭官也要改革文官考試制度：**經濟學家，一九一九年出生於湖北省，一九四〇與五〇年代赴美攻讀碩博士，回國後服務於行政院美援會（後改組為經合會、經建會，二〇一四年與研考會合併為國家發展委員會）。曾任《中國時報》主筆、《工商時報》總主筆，以寫作針砭時政、批判經濟施政聞名。一九五〇年代後期，王作榮注意到我國文官品質低落、行政效率不彰，認為會阻礙經濟發展與國家現代化。一九六四年發表《臺灣經濟發展之路》鼓吹建立良好文官制度，並將文官制度與司法改革列為國家現代化的兩大重點。一九八四年，王作榮出任第七屆考試委員，希望能改革、建立完善文官制度。並曾向考試院會提議廢止甲等特考但未獲接納。一九九〇年九月十日，王作榮隻身轉任考選部後赫見考選部腐敗、弊端與陋習甚多，加以改革。在《壯志未酬——王作榮自傳》述及，「考試院所辦的所有考試都是國家考試，而國家考試應該是很莊嚴的，具有絕對的公信力，不容許有人為的瑕疵，諸如舞弊之類；也不容許在法律上開後門，對某些特定集團予以優惠，使考試結果不公平。但事實上，這兩種情形都大量存在，而且既得利益者力量巨大，革除不易。」他也指出考選部的考試技術落後，大量使用古老方法命題、閱卷，典試委員、閱卷委員遴聘極為草率，影響考試與錄取品質。

王作榮歸納公務人員考試制度有四大缺失：一、對軍人優待（違憲，違反考試法，不公平）；二、特考問題（不公平，影響文官品質）；三、對新成立機關與舊有機關所任用之無任用資格人員（俗稱「黑官」），舉行封閉性考試（黑官漂白，任意用人，違憲，違反考試法，不公平，國考開後門，降低公務人員品質）；四、甲等特考違背文官制度基本精神、破壞倫理、打擊士氣、報考資格與類科常為特定人而設，考試關防多形同虛設，黑官漂白、倖進者多。

盧修一（右一）與王作榮（左一）理念一致，將「為黑官大開後門」的甲等特考推上輿論話題。（自由時報提供）

特權勢力的逆襲　一九九二年四月三十日

這一天，考試院召開院會，但與會者竟以「記名投票」決議要舉辦甲等特考㉖，推翻了考選部長王作榮「不辦甲等特考」之決定，導致王作榮發表聲明並退席。

王作榮自擔任考選部長後即拒絕甲等特考，等同公然拆除國民黨高官的特權階梯，早在一九九二年二月時即埋下導火線。

一九九二年二月，王作榮在宴請記者春酒時答覆記者詢問，即聲言「不擬舉辦甲等特

㉖ **#仿效美國卻不倫不類的甲等特考**：王作榮於《壯志未酬——王作榮自傳》指出，一九五三年，美國成立第二次胡佛委員會，建議就政府各機關現有才能卓越、成績優異官員中徵選部分人選以應高級職務需要。由機關首長提名，經民主黨與共和黨組成之高級文官委員會遴選，根據個別情形任用。制度的精神是低層文官之內升，且由兩黨共組之委員會遴選，過程嚴謹。

我國於一九五八年由考試院副院長王雲五主持總統府行政改革委員會，建議仿照美國胡佛委員會「建立高於高等考試之考試制度」。考試院擬定《公務人員最高考試條例》後遭立法院擱置。一九六二年《考試法》才修改，將王雲五的建議偷渡為甲等特考，並將特種考試分為甲、乙、丙、丁四種。但其實甲等特考的制度與方式與胡佛委員會並不相同。甲等特考後於一九六八年首次舉辦。然而，考試資格及科目還就現實需要迭有變更，但愈變革弊端愈盛，愈違背文官制度精神。

王作榮任考試委員時主張廢除甲等特考。一九八四年，王作榮向考試院會提出「甲等考試宜予廢止，另擬新考選辦法，以解決當前高級文官任用問題」。然而考試院仍於一九八六年、一九八七年、一九八八年舉辦三次甲等特考，弊端頻傳。一九八九年與一九九〇年行政院人事行政局再申請舉辦甲等特考，均被考選部拒絕。

考」，此後一直蒙受來自國民黨黨政各方極大壓力。但王作榮仍不願鬆動。直至四月三十日，考試院院會僭越王作榮的職權，逕自決議舉辦甲等特考，事件才引爆。

消息傳來，盧修一甚為訝異。

亟欲建立新政府可長可久的文官考試制度的他，因質詢而認識、欣賞王作榮建立完善文官考試制度的決心。他不因兩人迴異的省籍、黨籍、國家認同而袖手旁觀，相反地，他決定仗義執言，於是著手擬定一項臨時提案。盧修一可能撼動一九六八年實施至今的甲等特考特權結構嗎？

朝野支持盧修一提案，正視甲考黑幕　一九九二年五月一日

一早，盧修一就在立法院內穿梭，為臨時提案徵求足夠的立委連署。

上午九點鐘，立法院第一屆第八十九會期第二十一次會議，主席劉松藩宣布院會開始。報告事項完畢之後，進入臨時提案階段。輪到第十四項臨時提案[255]，提案人正是仗義執言的盧修一，這表示，他已經取得足夠的連署簽名。

上午十點十五分，盧修一以考試院院會記名投票表決通過舉辦八十二年度甲等特考破題發言：「過去，甲等特考曾引起很多爭議，有人認為甲等特考嚴重破壞文官制度，但是

公務人員考試法第三條卻明定特考有甲、乙、丙、丁四種之分。自從王作榮先生擔任考選部長之後，認為甲等特考已經衍生許多問題，必須研究改進，因而連續兩年拒絕行政院人事行政局舉辦甲等特考的要求。但因各方壓力接踵而至，昨天考試院破天荒採取記名表決方式通過，當時共有十票贊成，只有考選部長、副部長[256]二人反對，另有五人棄權。王部長於會後表示，考試院院會所做決議有越權之嫌。」

盧修一進一步質疑，考試院此番越權決議的幕後黑手：

「由於人事行政局要求舉辦八十二年度甲等特考之六十九個名額中，有二十七個名額屬於公共工程指導委員會，而公共工程指導委員會組織法又還在本院法制委員會審查中，因而引起各方爭議。」

盧修一要求將戰場延伸至法制委員會：

「鑒於甲等特考已成為新聞焦點，究竟應繼續舉辦或予以廢止，亟需重新考量，若決定廢止，相關法令應如何配合修正等問題，亦應深入探討。茲事體大，本席等十五位委員擬請院會決議，由本院法制委員會舉行會議邀請考試院考選部長、行政院人事行政局長率同有關人員列席專案報告並備詢，希望藉此了解各方意見，以為本院修法參考。以上提議，請大家支持。」[257]

主席劉松藩詢問議場內立委：「請問院會有無異議？」

出乎意料，現場並無立委表示異議。主席遂宣布：「通過。」

盧修一的臨時提案為何能獲得朝野立委無異議通過？

這與掀開國民黨黨政要員長年利用甲等特考晉升高級文官之積習有關。而事實上，國民黨內的鬥爭，讓國民黨自家人也表態反對甲等特考。

盧修一一大早在議場徵求連署時，國民黨集思會立委吳梓、林鈺祥就向他表示，集思會也剛開會通過支持王作榮暫停甲等特考、欲檢討甲等特考存廢[258]，甚至還發出新聞稿批判「多年來舉辦的甲等特考已經嚴重破壞文官制度，黑官漂白比比皆是，許多高官子女透過甲等特考取得高級文官資格，嚴重打擊文官士氣[259]」，並主張應緩辦且立即修法。

盧修一率先提出的這份提案通過，正式將甲等特考大黑幕搬上檯面。

翌日，各報章媒體紛紛報導，甚至政治立場向來保守的《聯合報》[260]也追蹤報導，不僅羅列一九八六年以來，歷年甲等特考的超高錄取率，並點名因甲等特考出身的黨政要員如錢復、徐立德、宋楚瑜、章孝嚴[261]、陳庚金、白秀雄、黃昆輝、廖正豪、黃大洲、馬英九、李慶中、李慶珠等人。

至此，原本冷門的議題成為輿論熱點。

由於每年高考、普考報考人數眾多但錄取率極低；而「不定期，視需要舉辦」的甲等特考卻常有超高錄取率，被批為「因人設事」。在新聞媒體進一步披露黨政人士藉甲等特考出任簡任第十等高官的資料後，更使輿論對特權競相撻伐。

盧修一的臨時提案在立法院通過之後，甲等特考修法的發球權正式來到法制委員會。

七十三歲的王作榮與五十一歲的盧修一，看似南轅北轍的兩人，已正式挑戰黑官漂白、黨政高官第二代特權擔任高級文官的積習。他們能使文官考試制度走向現代化嗎？

關鍵質詢，立委大爆甲考特權內幕　一九九二年五月四日

下午三點鐘，立法院第六會議室。

甲等特考攻勢一波波，自從四月中盧修一質詢王作榮、考試院院會中王作榮發聲明退席、五月一日盧修一仗義執言，甲等特考的特權黑幕不斷在報章上披露，此次的會議吸引不少新聞記者旁聽，也有十四位立委登記發言。

議程終於來到這天的重頭戲：甲等特考。

法制委員會因盧修一的提案，邀請考選部部長王作榮、行政院人事行政局局長卜達海及有關人員列席，報告甲等特考有關問題並備詢。預定開會時間已到，出席委員連同盧修一雖僅四人，但已達法制委員會的開會門檻。主席吳梓宣布開會。

考選部長王作榮首先就「不舉辦甲等特考」分三主題報告：一、理論根據；二、事實根據；三、當前情況之演變。

「甲等特考徹底破壞文官制度的精神。」王作榮說明，文官制度之精神乃是透過公平、公開之考試，錄取優秀人才進入政府工作，從基層做起，累積經驗、知識，貢獻人民與

社會，優秀者不斷提升、進修、培養成為高級公務員。但是，甲等特考卻讓較高學位者僅憑簡單之考試即躍居文官體系高位。「在西方，文官制度被稱為功績制度，即政府官員依其對國家社會之貢獻為升遷標準，若僅憑學位定其官位高低，不考慮其經驗、知識、貢獻，乃是澈底違背了文官制度。」

王作榮強調，文官制度與政務官[27]有別。「若謂某人係人才，則儘可修改法令，納入政務官系統，而不必以投機取巧的手段強行插入文官系統卻又不安於位，使文官制度成為彼等的跳板。漢代至清代皆為考試平等分發、升遷，日、美、法、德皆有一定制度。比如美國未經考試任職者均納入政務官系統，真正文官均須經過嚴格考試，方能逐步升遷，不得馬虎。」

王作榮指出不辨甲等特考的事實根據：因人設事、量身訂作。

「每次甲等特考，皆由人事行政局函送考選部應考的類科，但所送之類科名單，往往為某特定人士而設。其所設條件及應考科目恰適合某特定人物，他人無法報名或報名而難以與之競爭，遂造成某特定人必獲錄取，而此等特定人士均有特殊關係在，不一定盡為權貴子弟，亦有權要之親信及各階段經辦人之親戚及故舊者。」王作榮說。

旁聽席上的記者振筆疾書，王作榮一一舉出實例：

「民國七十年曾設有經濟行政人員海域資源法制組，應考人只有一人，錄取後即擔任司長，並未在海域資源法制上工作，而該司之副司長升遷便受到阻礙。」

「七十七年在國際貿易人員方面，曾設有中美經濟貿易政策組、中日經濟貿易政策組、中菲經濟貿易政策組各一人，官至簡任㉘，已應是國際貿易通才，為何可以按國別設組，美、日設組尚有可說，菲律賓為何有資格設組，而且還需有經濟且限於政策，照此類推，將有一百餘個簡任官。㉙」

「七十七年又設有『國際投資』與『投資推廣』兩組，事實上為同一事項，不過針對不同人設計不同應考科目而已。『政策分析』與『政策規畫』、『投資政策』與『產業政策』，也均有類似情形。」

「即以此需求舉辦之甲考所開列類科，國科會即列有『小兒醫學』一名，若小兒醫學需要一名簡任官，則國科會不知有幾十幾百簡任官矣，顯係針對特定人士設組。再如公共工程委員會尚未成立，即需要二十七名簡任官，且考取後很可能轉往他處任職，不過借

㉗ #**政務官**：乃依《憲法》由總統任命之特任、特派人員；或依《憲法》由總統提名，立法院同意任命之人員；或依《憲法》規定由行政院長提請總統任命之人員等。通常為政治任命。不同於事務官（由公務人員考試錄取並擔任文官，具有官等、職等、職稱之有任用資格之人員）。

㉘ #**簡任**：根據《公務人員任用法》第五條，公務人員依官等及職等任用之。官等分委任、薦任、簡任。職等分第一至第十四職等，以第十四職等為最高職等。委任為第一至第五職等，薦任為第六至第九職等；簡任為第十至第十四職等。

㉙ #**甲等特考與簡任**：根據當時之《公務人員任用法》第十三條，特種考試之甲等考試及格者，取得簡任第十職等任用資格；初任人員於一年內，不得擔任簡任主管職務。

名過渡而已。」

「人事行政局每次請辦，均列有大量普通行政、教育行政、僑務行政人員，此等人員並非特殊人才，並無特殊需要。僑務委員會為一編制不大的機關，七十七年已錄取六名甲考人員，此次又列三名，並非專才，顯係利用僑務考試更容易而借名者。僑務委員會何以四年之內需要簡任官達九名之多？」

王作榮所舉僅僅冰山一角，弊端已令人咋舌。

「人事行政局如此浮濫授列，考選部依法定職權予以審核拒絕，該局竟謂提出即是有需要，視考選部為其考選科，提出多少就要照單全收，可謂蠻橫無理之至。」王作榮強調：「政府設考試院及考選部，正所以制衡人事行政局等行政機關，不許其濫權。過去未真正制衡，此次制衡，便加反彈，鼓勵考試院壓制考選部，完全不尊重權力分工與制衡之法制。」

王作榮痛心疾首：「甲等特考從開始提出考試類科計畫，到最初分發塵埃落定，黑幕重重，如在清朝，將不知有多少人頭落地，實為一極髒汙之考試，如不廢止或停辦，實使國家考政蒙羞，信用掃地。」

最後，王作榮自曝，一九九二年二月初即得知人事行政局欲透過考試委員直接在考試院提案舉辦甲等特考，此將逾越考選部職權，王作榮遂在二月底年終記者會宣布該年不舉辦甲等特考。結果，考試委員強烈反彈，王作榮兩度當面溝通卻未得回應。後來，考試委員王曾才、余傳韶在考試院會提議由考試院行文行政院人事行政局查詢甲等特考申請案，並請考試院會直接做決議；另一方面，人事行政局在行政院會中誤導郝柏村，使郝揆誤以為考選部不辦甲等特考是於法無據，郝揆因而遂支持人事行政局「依法行政」。

而一九九二年四月三十日的考試院會中，考試委員施嘉明、王曾才、余傳韶提議逕行表決、忽視考選部才是甲等特考主管機關，王作榮遂發聲明並退席。儘管如此，王作榮表示，考試院會的決議仍須交付全院審查，未來審查結果送到考選部，考選部將依法定職掌對人事行政局所送方案逐條審查，如不合特殊需要，仍將不舉行考試。

「甲考應否存在為政策問題，但認定其是否合於特殊需要之法律要件以決定辦與不辦，則是考選部之法定職掌，他人不得過問。作榮以衰老之年，惹生風波，天天見報，深感羞愧，特向各位委員先生致歉意，並對各位委員先生關懷之情致謝意。」[262]

主席吳梓隨後邀請行政院人事行政局長卜達海報告。

卜達海首先舉出《憲法》第八十五條與《公務人員考試法》第三條，強調甲等特考於法有據、以多種管道進用人員是我國文官制度之特色。

卜達海並指出，一九九二年二月，人事行政局送到考選部的「行政院暨所屬機關八十二年度請辦考試計畫」規畫十六項考試中，甲等特考即需要六十九個名額，經徵詢各用人機關，這些甲考名額確實有用人需求。其中，因應即將成立的公共工程委員會所需之甲等特考名額就有二十七人。

卜達海強調甲等特考之必要性，「政府機關簡任級公務員，固然可由高考及格之薦任級人員，經長期培育訓練，予以擇優升任。惟以政府各部門業務日趨專業化、科技化，各機關所需之高級人才，事實上已無法完全由封閉之文官體系中獲得，而必須有適當的外補途徑，此為我國自五十七年起開始依據修正之考試法辦理相關考試之緣由。」「其次，各機關遇有簡任階級之職務出缺時，固以優先考慮由現職人員晉升遞補為原則，惟現職人員如不適合擔任出缺之職務時，或因所需資格條件不合而無法升任時，亦得依據現行公務人員考試法之規定申請舉辦甲等特考，以求遞補所需之人選。」

報告尾聲，卜達海自我辯護：「剛才王部長有很多對人事行政局的批評，比如說我昏蠻無理，要求他一定要照單全收。我剛才問過主持會議的陳次長，我們人事行政局代表開會的時候有那麼不講理嗎？……另外又說我透過考試委員，在院會中施壓種種批評。我想，擔任人事行政局局長多年，對人事行政的工作不敢說如何完美，但一定是盡心盡力……」[263]

王作榮和卜達海先後報告，與會人士已嗅到濃濃煙硝味。

會議主席吳梓邀請提案人盧修一說明提案。

走上質詢臺，盧修一開宗明義指出：

「甲等特考自民國五十七年舉辦以來，到民國七十九年，一共舉辦十次。每辦一次就受到一次批評，輿論界幾乎把甲等特考當作過街老鼠，人人喊打，實在因為『黑官漂白』長期以來一直為社會所詬病。」

他分析甲等特考施行二十五年來之利弊，認為得不償失。

「不錯，甲等特考在過去以外補方式進用高級文官人才，以彌補內升的不足，這是事實，其中固有不乏憑真才實學獲得錄取，分發進用者；但為權貴子弟及特權開後門，以空降方式替『黑官』漂白，也是事實；此外，甲等特考對國家文官體制的破壞，對基層文官士氣的打擊，更是事實。得失之間，我們衡量的結果，認為是『得不償失』。」

盧修一直指，甲等特考不是法律問題，而是政策問題，眼下正是改革契機：

「今天的專案報告，目的不在決定八十二年度甲等特考是否依法辦理，用人機關提出用人計畫是否符合第三條所謂的『特殊需要』，而是如何提升到更高的層次，和對於這種政策問題應如何看待與了解，以作為決策之依據。

要修改公務人員考試法其實很快。我們知道，去年獨臺會案發生後，在舉國輿論下，一夕之間，懲治叛亂條例馬上逕付二讀，予以廢止。也就是：只要政策一制定，法律就會跟著走。這不是拘泥於法條的解釋及依據，而是政策應維持或廢止的問題。如果維持，那麼所造成的弊端能否避免；如果廢止，是否需調整考試制度，這是個改革的契機。」

在新竹清華大學教授憲法多年的盧修一，將這個議題拉到憲法格局來分析。他直指，我國雖實行「五權憲法」，考試權卻不受尊重。相較之下，受行政院重視的「人事行政局」在憲法上卻是地位未明：

「人事行政局的存在，是依據（動員戡亂時期）臨時條款第五項的規定：『授權總統為適應動員戡亂需要，得調整中央政府之行政機關、人事機構及其組織』，但在沒有法律或憲法依據的特殊情況下，乃成為憲法的大違建，現憲法增修條文第九條又繼續賦予它存在的依據。第九條規定『行政院得設人事行政局，其組織機關應以法律定之；但在未完成立法程序之前，原有機關組織規程可以繼續適用到民國八十二年十二月三十一日。』換句話說，人事行政局目前仍『妾身未明』。但二屆國大的修憲可能會正式賦予它法定地位，卻又有破壞憲法規畫的五權體制之虞。我們認為，儘管五權憲法的設計不盡完善，但它一開始就沒有受到尊重。今天，我們探討甲等特考的問題，一面牽涉到它的存廢，另一方面也涉及人事行政局的地位問題……」

末尾，盧修一強調對事不對人，以及健全考試制度之必要性：

「在探討甲等特考存廢問題時，聲援王部長是理所當然。我們不在乎王部長是否留任，究竟是部長走路，還是院長走路；我們在乎的是制定國家重大政策時，如何面對新環境，而有新的思考，如何樹立健全的體制，以帶動國家的政治發展。本席謹做以上簡單說明，敬請各位指教，謝謝。」[264]

盧修一語畢，退到場邊運籌帷幄。

也就是說，盧修一搭起這場舞臺，供其他登記發言的立委發揮；不獨占發言臺與鎂光燈的他，在場邊積極運作取得立委共識，促使法制委員會做出決議：停辦甲等特考[265]。

繼而發言者是曾任宜蘭縣長、熟悉文官體制與實務的無黨籍立委陳定南。

陳定南首先向王作榮致敬。而王作榮在陳定南勸慰下，率直地將考試院院會中退席前發表的四點聲明公諸於世：

「當時考試委員沒有討論就直接交付表決，我當然心裡有點不愉快，於是做四點聲明：第一，身為考選部長，我有權依公務人員考試法第二條第二項的規定，看人事行政局送來要求審核的名單，是否適應特殊需求；若否，我有權拒絕辦理。這是在我的職權範圍之內，我並沒有濫權。第二，據我了解，有許多考試委員接受外界的人情關說，在院會中對我施加壓力，要考選部舉辦甲等特考。如果我屈服於壓力而辦了甲等特考，不但一來違背了我的職務，更出賣了我的人格。所以我當然予以拒絕。第三，各位考試委員的意見我當然要尊重；院會的決議，我也要尊重。但是，支持我的二十位立委、監察委員的意見，我更必須尊重；社會輿論、各界來信所代表的民意，我也要尊重。第四，甲等特考的確黑幕重重，很多內情沒有辦法對外公開，這樣的考試，老早就該廢止；假如不但不廢止，還繼續辦下去，實在是使我們國家的考試蒙羞，也使我們國家的考試信用掃地。以上即我的四點聲明。」

陳定南隨後轉為質詢卜達海：「近幾年來，已通過甲等特考而進用者一共有多少人？」卜達海答覆：「五十七年開始舉辦甲等特考，迄今共錄取五〇三人，分發工作者計有三五〇人。」

陳定南又質詢卜達海：「軍職外調轉任公務員者有多少？」卜達海答覆：「五十七年到七十九年，計有一六〇三人。」

此一數據令人咋舌。

陳定南批評，甲等特考、軍職外調皆為特權「黑洞」。而且，名門之後紛紛透過甲等特考「黑官漂白」。

陳定南舉例，李慶中是行政院長暨國民黨要員李煥之子，以美國紐約州立大學科學研究所碩士學歷進入經濟部科技顧問室擔任副主任，但並無任用資格，即俗稱之「黑官」。之後，甲等特考開出「財稅行政人員國庫資訊組」，報考資格僅李慶中一人符合。李慶中錄取後分發至財政部，之後跨到完全不同領域的環保署擔任副署長，導致署內原本能內升之文官無法升遷。

陳定南另舉黎昌意為例。黎昌意原本是經濟部業務投資處代處長，也是一名「黑官」，甲等特考為黎昌意開缺考試，在香港擔任臺灣區代表。

陳定南抨擊，甲等特考使「黑官」漂白並循漏洞「大躍進」到其他領域任官位，追問：「目前中央政府到底還有多少『黑官』？」

卜達海答詢，「自七十四年（一九八五年）有人要求調查『沒有任用資格人員』以後，曾經過一番清查……並將名冊送到考試院。」

陳定南追問：「今年甲等特考開列的六十九名缺額，現已占缺的有幾位？」

卜達海說：「不知道。」

陳定南又問：「既然不知道，你如何能確定沒有？六十九名中說不定已有一半、三分之二以上的『黑官』占了缺。」

卜達海說：「不會的。」

邏輯清晰的陳定南搖頭：「你既不知情，又如何能確定沒有？」

卜達海答得破綻百出：「根據現有資料，所有報至行政院核定者可以保證絕無『黑官』！」

陳定南質疑：「卜局長已經答得不太肯定了。據本席所知，在六十九個名額中，待甲等特考後漂白者大有其人，否則考試院或人事行政局，不至於施加這麼大的壓力。」[266]

接著由陳水扁質詢卜達海。

陳水扁延續盧修一的憲法論點，率先批判人事行政局的組織規程尚未送到立法院審議，根本是「黑機關」。並且批評，國家考試是以高考、普考為主，特考是例外，但例外卻變成常態。陳水扁還拿出數字，證明特考錄取率和占總錄取比例皆偏高，直呼：「特考已是高普考之特權！」

民國三十九年至七十九年	高考	普考	特考
及格率（%）	八・三三	八・二六	一七・九八
占總錄取比例（%）	三・四	三・二	三六

資料整理：陳水扁立委辦公室

陳水扁指出，特考中，錄取率超過九六％者就有十七次，並有多次是百分之百：「這不是特權中的特權嗎？……王部長為了廢除甲等特考及改革國軍上校以上軍官轉任公務人員所遭受的阻力極大，此阻力就是人事行政局主導。局長對此有何說法？」呈報甲等特考考試計畫的卜達海卻推得一乾二淨，竟回答：「這些全部是考選部主管的業務，與人事行政局無關。」

陳水扁又問：「既然如此，對於王部長主張廢除甲等特考，局長是否支持？」

卜達海表示：「本人不支持此理念。」

陳水扁：「局長既然把責任推給王部長，卻又反對王部長的改革。」

卜達海：「因為陳委員剛才提及錄取率偏高等資料，全部是考試院典試委員會之事，人事行政局無法左右此事。」

陳水扁：「既然是考試院的事，那麼考試院要廢除甲等特考、改革國軍上校以上軍官轉任公務員之檢覈，卜局長還有何意見？」

卜達海說：「本人不贊成廢除。」

陳水扁又追問：「考選部要廢除，是人事行政局聽命於考選部，或是考選部聽命於人事行政局？」

卜達海竟說：「最後仍由考試院決定。」

陳水扁一聽，又問：「由考試院何人決定？是否由執政黨去影響考試院的決定呢？本席認為此事根本是一隻看不見的黑手在幕後指揮，包括卜局長在內。」

卜達海又說：「本人不贊成此說。」

經過反覆繞圈式質詢卜達海，陳水扁批評卜達海就是改革的障礙。「由於國軍上校以上軍官轉任公務人員考試及退除役軍人轉任公務人員考試，嚴重破壞考試的公平性，故本席主張廢除。」

隨後，陳水扁轉而質詢王作榮：「請問王部長是否有進一步的改革？」

王作榮表示考選部正草擬修改《公務人員考試法》，規畫將來主要文官皆須通過高普考試；特考只保留電信人員特考、外交人員特考，破壞文官制度之特考皆廢除。王作榮不諱言，「雖然本人遭受極大阻力與批評，但此是本人之職責，本人有一套文官考試制度的構想提報考試院院會，通過之考試計畫皆提報至立法院，本人一定遵守立法院之決定，屆時若立法院之決定與本人理念相悖，或仍有特權干擾考試制度，本人一定請辭。」

王作榮再賭上烏紗帽，也贏得陳水扁敬意，表示「願為王部長改革文官制度的後盾，聲援到底。」[267]

後續質詢的立委紛紛提出甲等特考的弊端。

民進黨立委吳勇雄指出：「卜局長應該對此次考選部主張廢除（甲等）特考負起責任，因為，此次特考粗估需求職缺表中，臺灣省桃園區農業改良場、臺灣省農業試驗所及臺灣省臺南區農業改良場等，並非高級文官單位，有需要高級文官人才（甲等特考）嗎？」吳勇雄又批評，「公共工程委員會連組織法都沒有，就要考二十七位文官，實在不合理！甲等特考早就應該廢除。」[268]

連國民黨立委王滔夫也發言追打：「請辦甲等特考的行政人員資料中，關於新聞編譯職系新聞行政人員西班牙文組二名、統計職系人員三名，與經建行政職系經濟分析人員三名等，其中翻譯人員應該僅需有能力者即可擔任，不必經由甲等特考始可錄用；會計等一般事務，亦無需要辦理特考；其他如經濟分析、國際貿易、科技行政等，誠如卜局長所知，皆是由有關單位（如經建會與經濟部等）委託中華經濟研究院等財團法人辦理執行。如果這些委辦及一般事務都需經由特考錄取人員，實在難以對長年在基層默默耕耘的行政文官交代。」

王滔夫批評甲等特考愈修訂漏洞愈多，還詳細披露「黑官」占缺亟待甲等特考來漂白的內幕：「剛才有委員（陳定南）提到，目前很多機關裡有黑官。卜局長說沒有，可能是你不知道，本席在此提醒局長：像公平交易委員會裡就有，公平會許多占簡任缺的官員，並沒有簡任官的資格；公共工程委員會的情形更嚴重，這次公共工程委員會向人事行政局提出轉給考選部、考試院的案子，要求舉辦考試錄取的六十九名高級文官中，就有二十七位是沒簡任官資格卻占簡任缺，這些黑官沒有任用資格就想要漂白。……而且這些官員還從經濟部和其他單位支薪，這些現象局長應該比本席還清楚……」[269]

王滔夫大爆黑官占缺內幕，卜達海僅表示甲等特考乃「依法辦理」。

會議至此，立委一面倒反對甲等特考。僅少數如國民黨籍陳癸淼認為不應廢除。

六點鐘的會議時間已屆，盧修一將場邊運作的意見透過國民黨集思會立委林鈺祥發言，主張即刻做成決議，「在相關法令修改前應暫停舉辦甲等特考。行政院各機關所需人才，應由現職合格公務人員任用。」

然而主席吳梓卻表示，十七位立委登記發言，僅六位發言，尚未全部發言完畢，「本席認為應參考其他委員的意見，故今天不做成決議。本案另擇期繼續詢答。」

盧修一呀然了：「定期是什麼時候？要確定！很多委員會就是經常不了了之！[270]」

主席裁示：「本案另定期迅速繼續詢答。散會。」

最終，盧修一提案、布局的這場會議，在法制委員會仍由國民黨立委占多數的情勢下，最後未能做出暫停甲等特考的決議。

儘管戰場被迫延長，但是日質詢已一波波舉出實例和統計數據凸顯甲等特考弊端。甚且，做足功課的盧修一更推升到憲法層次。會中揣摩上意的卜達海，與力圖改革不戀棧官位的王作榮，兩位官員之風骨可謂強烈對比。

甲等特考議題由冷轉熱，盧修一可能打鐵趁熱，一舉廢除嗎？

冬眠吧！凍結甲等特考　一九九二年六月三日

自從盧修一在立法院主動質詢揭發，甲等特考議題持續延燒，連國民黨機關報《中央日報》也刊文呼籲廢除甲等特考。

監察院會也開始打老虎了。五月十三日監察院院會，監察委員關切此一議題，點名前行政院長李煥的子女：李慶中、李慶珠皆因甲等特考成為簡任高官。最後，監察院院會決定不侵犯考試院權責，而是交由監察院內政委員會再議[271]。但也因此，各大報繼又追蹤甲等特考高官的人名、報考時間和錄取率。

歷次甲等特考及格曾任黨政職務知名人士名單：

年份	報名人數	錄取人數	錄取率%	知名人士名單
一九六八	一〇〇	三九	三九	錢復、孫以緒、陳水逢、徐立德、徐有守、李模
一九七一	一〇九	三二	二九・三六	周應龍、高銘輝、張植珊
一九七三	五〇	八	十六	陳世芳
一九七六	一〇〇	二一	二一	趙守博、戴瑞明、耿雲卿、曾濟羣、羅森棟
一九七八	七一	一九	二六・七六	宋楚瑜、章孝嚴、黃秀日、楊極東、楊國賜、邱茂英
一九七九	一二四	四六	三七・一	陳庚金、白秀雄、劉盈柯、王月鏡、黃昆輝、姚高橋
一九八一	三一二	九二	二九・三九	黃大洲、柯鄉黨、鄭心雄、高崇雲、張麗堂、紀俊臣、廖正豪、楊紫森、陳孟鈴、賴英照、吳泰成
一九八六	五七七	一三九	二四・〇九	馬英九、曠湘霞、郭岱君、楊朝祥、黃光男、李慶中、吳惠然、龔鵬程、蔣家興
一九八七	九六	一二	一二・五	

一九八八	四〇六	九五	二三．四	毛治國、王志剛、李慶珠、李大維、余玉照、黃鎮台、黎昌意、謝復生

資料來源：《自由時報》〈甲等特考優待權貴子女〉，一九九二年五月十三日，四版。

然而，新聞媒體愈加報導、輿論愈反彈，考試院院會卻愈護航甲等特考。六月二日，考試院內召開甲等特考的審查會，討論籌辦事宜，顯然不顧外界觀感。

盧修一得知，在立法院內積極動作。他繼上回促成五月四日的法制委員會會議，這一回，法制委員會選在六月三日上午開會，續邀王作榮和卜達海說明甲等特考議題。

會中，盧修一聲言：「從過去這麼多的發言與資料來看，它的利弊得失已經很清楚了。傾向廢除的應該占多數，雖然主張維持的人也找了很多理由、舉了很多個案來說明其能為國家拔擢人才，不過兩相比較，贊成廢除的聲浪仍比較大。主要原因便在甲考的存在以既有的考試制度而言是不公平的。從過去實施的情形來看，它造成『黑官』漂白及特權途徑，所以引起許多不滿。王部長上任後已體察到這些缺失之所在，因此也堅持要往廢止甲考的路來做。

但此事現在卻引發許多風波，在考試院也爭論不休，上次院會以票決方式做成決議：八十二年甲等特考仍要辦，但要從嚴辦。而昨天下午考試院又開會討論如何辦理甲等特考……」

盧修一提出「法律休眠期」的做法：

「顯然這個法律已與社會脫節，與社會背道而馳，如果我們抱殘守闕，即使這法律有合法性，但正當性已不存在，因為社會已不能認同它的正當性，再用此法，就是堅持惡法亦法的錯誤態度。

本席認為，應把它解釋成法律冬眠期，像動物面對寒冬，迎接新的一年，其是需要休養、蛻變、調整，不要再有活動，也可以說是法律懈怠。有法律，但不去執行，讓法律在那睡覺，用這個方式，把甲考的法律凍結。核四預算也是可用此方式，這是否可行呢？本席支持部長，但我不能逼你走到法律的懸崖，再逼一步你可能就掉下去了，帶著你的理想與許多人的期望一起掉下去，這是本席不願意見到的情形。」

王作榮聞言，也退一步：「非常謝謝盧委員的意見。我也很贊成盧委員的意見。這不是意氣用事的事，不管是考試委員、或是我本人也好，應非常虛心地討論甲考究竟是什麼性質？有沒有違反文官公平的性質？法律應不應修改？在未修改前是否應把它凍結在那？應該做一個長期的研究，而不需要急急忙忙就發布，在法律上辦甲考係『得辦』，我也不願雙方為了此事不愉快。」

盧修一明確提出解決僵局的方法：凍結甲等特考。

「……今天我們法制委員會針對甲考做了專案報告後，也可以做出決議，要求考試院緩辦。

……這是一個大是大非的問題。今天談甲等特考，很多人只討論技術層面的問題，的確甲考有不少人才，但是否除甲考可進用高階主管人才外，就沒有其他管道了呢？[272]也可不用外補而用內升，相信也可能進用相當多人才。現在就是很多人才被忽略、被壓抑了，所以造成中下層公務員士氣不彰，基層公務員覺得自己努力半天、辛苦半天，不是沒有才華，而是因為璞玉未經雕琢、未被發掘，所以無法綻放光采。

……倘若甲等特考繼續存在，則對現代文官制度建立實屬有害而無利。雖然甲等特考也算法律制度的一項，卻不是合理的法律制度。好比人身上會有毒瘤，卻不應留在身上，而應予割除的道理一樣。[273]」

盧修一強調應即刻凍結甲等特考，因為廢止甲等特考首先需要形成共識、重新探討政策、調整方向，未來只要政策確定，法律就能迅速修改。

盧修一語畢，幾位登記發言的立委如謝長廷、陳哲男、林正杰、蕭金蘭等皆因不在場而跳過；隨後發言的國民黨集思會立委林鈺祥主張先修法再舉辦；國民黨立委周書府則主張應配合行政院立即舉辦；最後發言的新國民黨連線立委李勝峰建議修正考試方法。

會議主席吳梓堅持讓登記發言的立委表達意見，而總算是發言完畢了。最終，吳梓裁示：「報告審查會。經過兩次會議，多數發言之委員皆主張公務員考試法應予修改，並期廢除甲等特考。而在法條未修改之前，多數發言之委員皆主張暫緩舉辦甲等特考。根據多數委員發言，法制委員會現在做成決議，決議如下：

現行考試法有關甲等特考之規定，有違考試公平，破壞文官制度，且歷屆甲等特考之舉辦，其公平性迭遭社會各界詬病，於相關法令修改前，應暫停舉辦甲等特考。

行政院各機關所需人才，應由現職合格公務人員任用。

請問審查會對此決議有無異議？無異議。通過。散會！」274

甲等特考凍結，正義顯揚！這下子，原本占缺等著藉甲等特考漂白的黑官，短時間內是沒機會了，此一決議讓各機關內原可內升的文官升遷不再受阻，可謂還給文官公道！

盧修一向王作榮、卜達海握手，向法制委員會的同事道謝，他步出第二會議室時，步伐和嘴角都同步上揚了。

從四月中至今，盧修一努力近兩個月，雖無法即刻廢除，至少交出凍結的成績單。

只是，數十年積習的國民黨黨國、黨政特權勢力，可能善罷干休嗎？

盧修一可長可久文官制度的藍圖會面臨什麼樣的變數？

不辦甲等特考就滾蛋？　一九九二年六月二十五日

一大早，盧修一翻開《中國時報》，赫見斗大的標題與報導：「甲等特考衝突再搬上檯面——王作榮已言明今年不辦，林金生昨再放話誰不辦誰就走人」。

導火線是，自從盧修一六月三日促動立法院法制委員會決議凍結甲等特考，考選部長王作榮也遵照辦理。

引爆的結果是，考試院副院長暨甲等特考審查召集人林金生大罵，「除非考試院院會重新決議不舉辦甲等特考，否則考選部就應貫徹考試院院會決議，而不是聽立法院法制委員會的話，否則考試院院會的決議以後將置於何地？」並說：「如果他不辦，就叫他滾蛋好了！」[275]

考試委員王曾才並認為「所有用人法律都是由考試院決定，考選部只是辦理試務的機關」，而且「立法院可以修法和中止某些法律，但是需經立法院院會三讀通過，咨請總統公布才算數。而不是由法制委員會做出沒有任何約束力的決議來命令考試院」。

林金生與王曾才之言，其一，推翻了王作榮向來強調「甲等特考乃考選部之職權」之立場，已將考試院和考選部的鬥爭檯面化；其二，質疑立法院法制委員會決議之效力。

王作榮則回應，考試院乃是從行政院分出「人事行政權」，預算受立法院審查，立法院有權制衡考試院，因此支持立法院決議乃依法行政。

反撲勢力進逼，戰火燒個沒完，盧修一如何看待？是日下午三點，立法院法制委員會預定召開第五次全體委員會議。盧修一、會議主席吳梓、集思會立委林鈺祥等力主凍結甲等特考者都有默契，要對此事發言。議題聚焦：立法院法制委員會的決議，對考試院到底有沒有效力？如果沒有效力，為廢甲等特考而不惜辭官的王作榮豈不是要「滾蛋」？

但是這番效力說，卻令盧修一想起核四預算解凍案的決議效力爭議。

不過就在上個月五月十二日，盧修一在立法院會中聲嘶力竭反對國民黨團在院會中強行表決通過核四預算解凍案，而且理由之一，就是反對將如此龐大的預算草率交由僅十三位委員的預算委員會決定[276]，他還強調萬一真的在委員會中決議，也必須再經由院會決議一次。眼下，難道法制委員會決議凍結甲等特考，其效力就高於考試院院會之決議？

核四預算解凍案與預算委員會，之於考試院院會決議與立法院法制委員會決議，兩相比較，豈不相似？

這是兩難，卻也是塊試金石：檢驗立法委員盧修一能不能只問是非、撇開立場？抑或跟絕大多數從政者一樣「雙重標準」？

主席吳梓宣布正式開會，集思會立委林鈺祥針對考試院反彈立法院法制委員會決議一事提出「程序發言」，首先強調立法院法制委員會的權威性，也重申六月三日凍結甲等特考之決議乃是經過委員會充分發言之決議。

林鈺祥不悅：「如果考試院可以不尊重立法院，那麼立法院亦可將考試院的案子擱置，不予審查。立法院乃民意機關，為的是考試的公平，而非干涉考試。然而，本委員會的決議究竟地位如何？今日考試委員如此不尊重我們所做的決議，是否我們以後的會也不需要再開了？請主席裁決一下。謝謝。」

對此，會議主席吳梓主張：「……本席認為，若執政黨黨鞭王委員金平所言『法制委員會單獨所做之決議，恐怕不具約束力』屬實，或如今天報章雜誌刊載，考試院林副院長稱法制委員會決議無效等，皆表明不尊重立法院。法制委員會對此深表不滿及遺憾。」

吳梓舉出核四解凍案加強論點：「假若法制委員會接受院會所交付審查的案子，其所做成之決議無效；則核四廠一案亦由院會交付預算委員會審查，其所做成核四解凍之決議，亦屬無效。因此，考試院對於立法院院會交付委員會審查所做之決議認為無效，乃是不理解立法院。本席代表法制委員會對此深感遺憾，並期各位考試院列席官員，能於適當機會中轉達法制委員會的意見。」

吳梓並附和林鈺祥之議：「假若考試院認為法制委員會的決議無效，則誠如林委員鈺祥所提，今後法制委員會對於考試院的案子，將考慮不予審查。」

到底，法制委員會決議甲等特考凍結之效力如何？

曾任教清華大學執教憲法的巴黎大學政治學博士盧修一也發言了，首先，他反對法制委員會將決議的效力膨脹：

「本席對於剛才林委員鈺祥及主席所發表的一番談話，不敢完全苟同。第一，**法制委員會決議『於相關法令修改前，應暫停辦理甲等特考』**，這完全是屬於政策性立場的表示，且本席當時也是支持做此附帶決議。但是，如果把此附帶決議擴大解釋成法制委員會做成的任何決議，任何政府有關機關非遵守不可，否則將予以杯葛，那麼，就不是法律問題，而是政治問題。」

接著，盧修一對照甲等特考凍結之決議，和核四預算解凍案之決議，兩相說明，立場一貫，強調仍須通過立法院院會這一關：

「第二，把法制委員會的決議與核四預算解凍案相較，本席感慨萬分。當時國民黨悍然不顧民意、不顧反對聲浪、不顧程序正義，而草率通過核四案，是有其政策考量。雖完全違背法定程序，卻多多少少抓到一點依據，因為當時決議是院會認可由預算委員會決定是否解凍。反過來說，如果今日院會授權或文字上同意，由法制委員會可以單獨對甲等特考做成決議，那麼不要說是考試院，連行政院也不敢違背。」

盧修一重申自己是「就事論事」，並強調甲等特考乃政策問題，而非法律問題。在政策確定之前，冷凍甲等特考最為適當，呼籲考試院勿一意孤行：

「本席是法制委員會一員，並非扯自己的臺，而是就事論事，甲等特考要不要辦是一個政策考量的問題；至於在辦與不辦時期有法律存在，而法律是否要依法推行，這是另一個問題。本席上次曾提出，在過渡時期中應『讓法律冬眠』的觀念。考試院在有關法令未修改前，面對十餘年來引起爭議、反對聲浪高漲，並遭要求停辦的甲等特考，應知此是調整修法的時刻，以及應尊重民意與其他機關的看法，不要強渡關山，只為貫徹院會的決議而一意孤行。依本席看，甚至連今日作為全國最高政務機關的行政院也不敢如此囂張。今日在報章上看到考試院林副院長金生說『誰不辦甲等特考，誰就要滾蛋』，講這話就太過分了。」

盧修一也反過來呼籲法制委員會的立委勿自失立場：

「法制委員會不要幫倒忙，我們一方面支持像王作榮這樣有風格、有擔當、有政策且負責任的部長，另一方面應考慮到『愛之適足以害之』，逼得人家集合起來想盡辦法要搞他下來，逼他走路或發瘋都有可能。

法制委員會自己要尊重體制，不能自我膨脹，說法制委員會做成的決議通行無阻，屆時人家策動（立法院）院會做成決議要續辦甲等特考，我們又將如何自處？這就是在政策考量與法律修訂時，所應拿捏的分寸。法制委員會既已適度反映民意，對於一個發生流弊卻執行十餘載的政策提出抨擊、廢止及修法的態度，就已經足夠了；至於考試院是否要用其院會決議逼王作榮部長非辦甲等特考不可，甚至以此為理由逼他下臺，這是另一個問題。假如像王部長這樣好的部長因為不辦甲等特考而下臺走路，那表示國民黨差不多也要下臺滾蛋走路了。

本席在此寄語考試院中不食人間煙火的袞袞諸公慎重行事，至於法制委員會做成的決議要如何辦理，可以到時再視情況處理。以上為本席意見，敬請參考，謝謝！」

盧修一的發言，與吳梓和林鈺祥是異中有同：異，是對程序的看法有異；同是對甲等特考的立場相同。

不過，盧修一雖自認「就事論事」，主席吳梓卻予以反駁。

吳梓首先宣讀了六月三日凍結甲等特考之決議，並強調：「這是院會交法制委員會做專案報告的結論，根據本院各委員會辦理院會交辦專案報告，行之多年的做法，總要有一結論來了結此案。法制委員會在院會交辦下，邀請考試院考選部長和行政院人事行政局局長率同相關人員列席報告，並且對於報告結果做了上述決議，故在程序上並無任何可議之處。」

吳梓重申：「法制委員會做成的這個決議，本身即代表了民意的反映，但其本身並未要求哪一個單位要如何遵守，或形成法律效力；而法制委員會即是在院會交辦下做成決議，也應是代表立法院對此一事件在報告後的看法。今日法制委員會的決議引起考試院的不同看法，甚至認為不能接受考試院院會決議者就應走路滾蛋，這就值得大家再考量。本席為林委員鈺祥的程序問題做以上說明。本席認為，這與院會將核四預算交付預算委員會處理是一樣的道理，因此不再重複說明處理過程，程序問題至此結束。」

既然主席吳梓堅決主張法制委員會的決議代表立法院，就看考試院副院長林金生如何回應。到底林金生會尊重此決議？或是堅持舉辦甲等特考，逼王作榮辭官？

值得玩味的是，這場會議中，考選部長王作榮因故未出席，改由考選部次長陳庚金答詢。立委林國龍、彭百顯等立委質詢陳庚金，考選部是否會舉辦甲等特考，陳庚金答詢：「此事已有法制委員會之決議，相信王部長定會遵守法制委員會之決議。」並語帶玄機表示：「最後一定是喜劇收場。」

四月率先倡議廢除甲等特考至今的盧修一，冷靜自持。可堪玩味的是，吳梓、林鈺祥皆為集思會立委，兩人對甲等特考的態度，已然被外界解讀為代表李登輝意志。

誠如盧修一所說，甲等特考是政策問題，不是單純的法律問題。

年底立委即將全面改選，輿論一面倒要求廢除甲等特考，若考試院一意孤行，會不會燒到國民黨的選情？

國民黨中央出手，甲考撲朔迷離　一九九三年六月二十九日

考試院與考選部鬥爭檯面化，立法院法制委員會大反彈，甲等特考爭議悶燒，深深影響民眾觀感。六月底，國民黨中央黨部終於出手了。

六月二十九日，國民黨祕書長宋楚瑜於國民黨中央黨部召集行政院、考試院有關人員協調，決定一九九三年度不舉辦甲等特考。[277]

隔天，新聞媒體卻報導：「考試院副院長林金生、考選部長王作榮昨對甲等特考未再出現歧見，雙方且已有『從嚴辦理』的共識。至於如何『從嚴』辦理？哪些法規需要修改，目前仍在考試院研擬、協調中。[278]」

外界以為，一九九三年的甲等特考只是凍結，但是愈接近年底，國民黨中央不續辦甲等特考之實情，卻慢慢揭露。[279]

考試院會中，考試委員屢屢表達對考選部長王作榮的不滿。主張甲等特考的林金生聯合七位考試委員逼著考試院長孔德成表態，並揚言：「不是院長走人，就是部長走人。」[280]喧鬧了一陣，考試院後來也不得不找臺階下，讓甲等特考議題暫時落幕。[281]

然而甲考議題仍餘波盪漾，雙方對陣暗潮洶湧。

考試院少數委員不服，發表〈考試院研議從嚴舉辦八十二年度甲等特考經過〉，王作榮也於十一月、十二月兩度發表〈對於是否舉辦甲等特考之聲明〉，考選部認定並無舉辦甲

等特考的特殊需求，並將此認定結果回覆行政院人事行政局。[282]

這段期間，考試院也將不滿發洩到身兼國民黨主席的總統李登輝身上。這是因為，考試院正在審查行政院研擬並送交考試院審查的《公職人員財產申報法》草案。原本草案第二條規範公布財產的公職人員當中並未包括總統和副總統，但是，考試委員卻特意在院內投票，以十一票贊成、九票反對，通過「將總統與副總統納入公職人員財產申報法草案適用對象。」[283]

眼看著盧修一揭竿而起的甲等特考議題，卻無法在一九九二年底——即第一屆立法院最後一個會期（九十會期）廢除。在立法院內，盧修一屢屢受制於國民黨，更期許自己如果能續任立委，邀請更多理念相合的同志加入立法院，他就能釜底抽薪廢除甲等特考，有機會真正建立起公開、公平的文官考試制度。他也才能實踐理想，促進法制轉型正義，建構新政府、新社會的現代化法制基礎。

盧修一能續任立委嗎？

他擘劃的藍圖能否逐步實現？

第二節

新國會的法制領航員

冷門的甲等特考議題轉為輿論熱門話題，擦亮了盧修一在民眾眼前的形象，但那其實才是原本「盧修一教授」在校園裡、學生前的面貌。

這是因為一九九一年十二月三十一日「老立委」退職之後，臺灣選出的增額立委縱橫新國會，既然每一位立委都具有臺灣民意代表性，盧修一等在野黨立委再也無需被迫凸顯受制於「老立委表決部隊」，而以衝突換取議題關注。

正因為大環境的國會結構改變了，國人才見識到盧修一理性問政，堅守立法院把關法制民主化與現代化，不分黨派、立場、只問大是人非與公理的認真姿態，盧修一的形象再也不是過去遭國民黨黨政軍媒體扭曲呈現的「打仔」立委。

不過，老立委退職後的新國會，仍不是盧修一與前輩及同志前仆後繼追求的新國會。真正名符其實的新國會，即將於一九九二年十二月十九日首度全面改選。

盧修一也參選了「第二屆立法委員選舉」，他要爭取臺北縣民託付，進入這反映全臺灣民意的「新國會」，方能實現他對這片土地的藍圖。

他立基於上次參選時的六大政治主張：「新國家、新憲法、新政府、新人民、新社會、新文化」，訴求「正直、專業、清廉的白鷺鷥」，誓言建立新政治文化，有別於國民黨主政多年盤根錯節的金權政治與特權文化。細部來看，他的政見仍不諱於法制議題的冷門性質，提出了：廢除甲等特考、制定「陽光法案」等重要政見。

只是，少有人知，盧修一與其他參選人有別的是，選舉起跑之際，他仍天天到立法院專業問政，公餘才抽空赴選區拜票、造勢。

也因盧修一如此堅持，全家人都卯起來助選。

比如，陳郁秀和父母親到處募款，陳郁秀自己披著「盧修一的牽手」彩帶為盧修一拉票。競選造勢晚會中，就讀中學的盧佳慧、盧佳君登臺演奏，讀小學的盧佳德也帶著充滿童趣的畫作上臺拍賣。盧家總動員，支持盧修一繼續在立法院完成政治理想。

盧修一專業問政的回響甚大，白髮皓齒的他每每鑽進菜市場拜票，就被婆婆媽媽熱情包圍，他也大方互動、毫無架子。

有一回，一位歐巴桑高聲稱讚他：「唉喲，你的皮膚白裡透紅，比女人的還漂亮！」

盧修一不以為忤，反而將臉湊近，開玩笑回答：「那妳要不要捏捏看？」逗得一群歐巴桑眉開眼笑。他親切、促狹、易於親近的性格，很快就能向選民溝通他的政見與理念。

高人氣、有全國知名度的盧修一，不只為自己的競選穿梭，也受邀四處為理念相合的同志助選。因為，團結力量大，新國會需要更多同志鬥陣，才更能實踐理想。

「他不只關心自己的選舉，還四處到其他縣市幫別的候選人站臺。只要別人幫過他忙，他一定去幫忙助選。」盧修一的助選員洪瑞隆觀察。

而且，盧修一為了落實改革新政府、催生陽光法案的決心，他甚至使出奇招：公布財產。（詳見第三節）

酣熱的選情終於來到投票日暨開票日當天。

十二月十九日晚間，板橋的競選總部。盧修一和國會助理、助選員、以及數不清臉孔的支持民眾盯著電視螢幕，觀看開票結果。

一張張選票開出，整座總部的氣勢響徹雲霄。

盧修一的選票一路領先，一分一秒過去，最後，盧修一以十一萬九千六百六十一張選票，高票當選臺北縣立委。

有趣的是，開票之際，盧修一緊盯電視螢幕，卻也不時喃喃自語：「李應元當選了嗎？」「陳婉真（的開票結果）呢？」

「開票時，盧仔對同志的選情，比自己的開票還關心。」站在競選總部裡，和盧修一一起緊盯開票的助選員洪瑞隆形容。

選舉結果揭曉，我國立法院首次全面改選的投票率高達七二・四八％。其中，民進黨有多達五十位候選人當選立委，創下三一・〇二％的得票率；相較之下，國民黨立委九十六席是有史以來最少席次，得票率五三・〇二％。總計，民進黨在此次選戰的成績較上一回立委選舉時大幅成長，但距離過半席次仍有長路要走。[284]

盧修一開心的是，理念相合的同志中，不管是原本在立法院表現傑出的李慶雄、陳定南、彭百顯、陳水扁、謝長廷、葉菊蘭等立委，或是首次投入第二屆立委選舉的新潮流系戰友林濁水，抑或是「黑名單戰士」李應元、陳婉真等人，率皆當選了。

短短幾個月前，李應元、陳婉真尚且是被國民黨以《刑法》一百條嚴懲、坐「黑牢」的「黑名單」人士，但在盧修一等無數戰友奮鬥之下，不僅走出黑牢，更躍登國會殿堂，即將成為臺灣民主政治的改革尖兵。

盧修一能參與、見證此一歷史，幾乎泫然欲泣。

選後，盧修一上回首度參選立委時誓言建立的「新國會」，才總算是建立起來。儘管國民黨立委席次仍多，但是民進黨這批高學歷、改革信念堅定的立委同志，企圖心卻無比強烈。

十二月二十日，盧修一站在宣傳車上，他白髮皓齒、掛著笑容的紅臉蛋再度穿梭臺北縣，向大街小巷內的選民謝票。看見每一雙熱情揮舞的手，他感到民眾望治心切。

像三芝老家拔地飛起的白鷺鷥一樣，清廉且致力改革的盧修一，欲為臺灣建立起可長可久的法制基礎。依他的構想，此一清廉永續的新政府、新社會中，改革文官制度、建立陽光法案等諸多法制至為關鍵。

一九九三年二月，盧修一褪下「第一屆增額立委」身分，正式肩負起「第二屆立委」職權，他即將履行對選民的承諾，與同志並肩實踐理想藍圖。

新國會問政的第一個會期，盧修一將繼續未竟之業，改革文官考試制度：廢除甲等特考。

決戰二屆立委　一九九三年三月三十日

輿論反對的甲等特考，是否會廢止？

一九九二年下半年，國民黨中央出手調停考試院與考選部，並決定暫緩甲等特考，考試院內繼續明爭暗鬥。

與此同時，考選部長王作榮完成《公務人員考試法》修正草案，修正幅度大，而且刪除了甲等特考。草案送進考試院後僅被審查一次，便遭到凍結。部分擁護甲等特考的考試委員以解凍草案為交換條件，施壓王作榮同意辦理甲等特考。王作榮不允。

結果，雙方互相對峙，心結滋長到一九九三年。

一九九三年二月立法院開議，盧修一就任二屆立委，苦等提案廢除甲等特考的時機。

盧修一專業問政的形象深入民間，廣獲好評。

到了三月底，盧修一得知，第二屆國民大會第三次臨時會即將於四月九日召開，李登輝總統將提名新任考試院長邱創煥，而國大臨時會將對新任考試院長行使資格審查權與同意權。

盧修一思忖，即將走馬上任的邱創煥支持甲等特考，但是王作榮堅持考選部長任內絕不辦甲等特考。盧修一擔心邱創煥上任後，「難保政策不會轉向，致使王部長飲恨而去。」[285]

盧修一支持王作榮建立現代文官制度的理念，不忍見改革失去良機、也不願王作榮壯志未酬。是以他當機立斷，搶下甲等特考議題的發球權，先發制人。

一九九三年三月三十日，立法院第一會期第十一次院會，盧修一提出一份獲得三十二位立委[286]連署的臨時提案。

站在發言臺上，盧修一說明提案主旨。

他首先點名當前連戰內閣不少成員由甲等特考進入文官體系，包括：行政院副院長徐立德、外交部長錢復、勞委會主委趙守博、環保署長張隆盛、臺灣省主席宋楚瑜、僑務委員會委員長章孝嚴、人事行政局長陳庚金、陸委會主委黃昆輝。不僅連戰內閣，連監察委員陳孟鈴、前任副署長李慶中等官員也出身甲等特考。盧修一批評：

「這些人當時都是由特權、方便之門進入到高級文官，而且三級跳，升到現在的職位。其中固然有部分是真才實學考取，但很多都是倖進、黑官漂白及特權，引起公務員高度反感。

因此，雖然在第一屆立法委員曾做成決議，在有關法律修改之前，甲等特考暫時停辦。但如今第二屆立法委員改選產生，可以充分反映民意，因此本席等三十二人提案，請考試院有關部會首長及相關人員到本院做專案報告，讓許多新科委員有機會了解歷屆甲等特考辦理之重重黑幕。其中若干人依靠漂白、一路做到部長；另有些人沒有人事關係或背景，一直待在原職無法分發任用，形成最不公平、不合理現象莫此為甚。雖然孫中山先生強調考試是中國優良傳統，今天卻淪落至此，必須開方便之門及特權之門，豈不讓孫中山先生九泉之下淚眼汪汪。

在國家走向民主改革、法治化過程中，甲等特考應該即時廢除。不過，在修改法律前，我們提案請考試院有關首長來本院做專案報告，……我們是為了文官制度的建立、肯定一般公務員的辛苦與努力，亦杜絕特權與倖進的後門，請大家支持此一提案，謝謝！」[287]

盧修一領銜提出這項臨時提案，在院會中無異議通過。

二屆立委首戰先發制人、出師告捷，接下來，就看盧修一布局了。

新民意，法制委員會廢止甲考　一九九三年四月七日

週三上午九點鐘，第二屆第一會期法制委員會第五次全體委員會議，包括盧修一等八

位法制委員會委員坐定，還有來自其他委員會的二十八位立委列席、登記發言。會議即將開始。

盧修一的臨時提案能迅速排進議程，拜民進黨的團體戰之賜。

第二屆立法院第一會期開議後，民進黨團的策略之一，就是呼應盧修一的理想，主打新政府、新社會的法制改革。因此在上一屆立法院，苦守法制委員會五個會期的盧修一，結合新科立委黃爾璇、林濁水、蘇嘉全等民進黨同志進入法制委員會，這些席次讓民進黨在法制委員會取得一席召集委員，並由盧修一擔任，有決定議程的權力。

會議主席劉光華宣布，會議開始。

當日的重頭戲是考選部長王作榮、銓敘部長陳桂華針對甲等特考進行專案報告及備詢。王作榮首先報告：一、甲等特考的緣由，源自已故總統蔣介石；二、甲等特考違背文官制度精神，黑官漂「白」、漂「亮」，如「洗錢」般「洗亮」；三、甲等特考易引發流弊之原因；四、一九九三年度人事行政局申請舉辦甲等特考，考選部認定並未有「特殊需要」且不予辦理；五、建議參考先進國家進用高級文官的四種方法；六、嚴守法律制度並依法行政。[288]王作榮的報告內容與前一年在法制委員會所做的報告雖大同小異，新國會的新科立委卻是首次親身聽聞。

報告中，王作榮還加碼披露驚人內幕。

王作榮說明，一九五九年考試院擬定甲等特考法源，卻遲至一九六二年才獲立法院通過，且直至一九六八年增加許多輔助法規才首度舉辦甲等特考。也就是說，甲等特考自始就未獲立法院認同，後來迫於蔣介石壓力，立法院才放棄堅持。

是什麼強大壓力？

王作榮直言：「乃是民國五十二年（一九六三年）老總統 蔣公在中常會指示所致。因為當時有兩位高級人員——一位任常務次長，一位為總統的機要祕書均無任用資格，老總統非常生氣表示：像這樣的人才都沒有任用資格，那要怎樣的人才有任用資格？於是交代下來必須想辦法解決。在此情況下，立法院才通過決議，開始辦理甲等特考。之所以受到當時立法院堅拒，唯一理由就在其違背文官制度的基本精神。」[289]與會者譁然。

銓敘部長陳桂華接著進行兩項報告：一、甲等特考自一九六二年起的法制建置經過；二、歷屆甲等特考及格及任用，「多數人」升遷循序漸進，並非三級跳。

兩位官員報告之後，立委依序發言。

由於王作榮曾公開表示「歷屆甲等特考，沒有一年不舞弊」。會中，立委陸續舉出歷屆甲考舞弊事件，請王作榮與陳桂華說明。

新科立委蘇嘉全問及法務部長馬英九一九八六年報考甲等特考之著作審查疑似舞弊，並質詢陳桂華，「何以說多數甲考及格者任用是循序漸進？那少數人是誰？」陳桂華答詢：「有些特殊人才如馬英九，他是從副局長開始做起，係不次拔擢的特殊情形，但這不是銓敘部的事。」[290]

列席發言的立委謝長廷以李慶中涉及的甲等特考流弊來質詢陳桂華。由於李慶中的碩士論文為「資訊系統應用於國庫管理之研究」，甲等特考為其特設一組為「財稅行政人員之國庫資訊組」，而此一組別，在李慶中報考之前與之後都未設組，根本就是「因人設考」。因此，謝長廷歸納共三類人參加甲等特考：一、政要及機要人員；二、高級黨工人員子弟；三、權貴子弟。謝長廷反問陳桂華：「李慶中、馬英九、宋楚瑜都不是循序漸進做起的例子。」

陳桂華卻辯解：「我是說多數人都有循序，沒有說全部的人都循序。」[291]也列席發言的立委陳水扁則歸納四種甲等特考流弊：一、因人設科；二、保障名額；三、制度包庇；四、人為真正的舞弊。

陳水扁舉出，監察委員陳孟鈴參加一九八一年甲等特考普通行政類編譯組，該類共分為行政組、法制組、編譯組，陳孟鈴是唯一報考且唯一錄取者，但是錄取後並未做過任何編譯工作。

陳水扁質疑：「因用人機關之需要，才分為行政組、法制組、編譯組，然而參加這個類科考試錄取後卻未從事相關工作，這叫做『實際需要』嗎？」又再舉兩例，一是李慶中報考甲考的財稅行政國庫資訊組，錄取後未從事國庫資訊工作；二是青輔會副主委蔣家興一九八六年通過甲等特考的科目為金屬工程，錄取後從未做過金屬工程工作。陳水扁痛批，「當初就是因為『需要』這種人才，才會舉辦此一類科的甲等特考，但『人才』錄取後並未擔任相關工作，真是太荒唐了！」

陳水扁再爆，李慶中參加甲等特考時的論文審查涉及舞弊，並為此「放棄立委的言論免責權」，點名涉案舞弊人士，要求檢調調查。[292]

「甲等特考如何舞弊？」陳水扁轉而質詢王作榮。

王作榮答詢直言：「我可以用八個字來形容：『因人設科，巧立名目』。」[293]

由於甲考議題早已是輿論焦點，列席立委紛紛踴躍發言。

民進黨立委葉耀鵬反對甲等特考，並要求陳桂華提供甲等特考應考組別與任職不符的資料；國民黨軍系立委王天競堅決支持甲等特考；民進黨不分區立委余玲雅反對甲等特考，並建議未來增加政務官名額，不再透過甲等特考等管道進入文官體系占據事務官名額；國民黨不分區立委嚴啟昌支持王作榮改革甲等特考；立委陳哲男[294]質詢王作榮是否能以甲等特考舞弊撤銷錄取資格；民進黨不分區立委黃爾璇更舉出甲等特考四大缺失要求廢除。

輪到當初掀起甲等特考議題輿論的盧修一發言了，他重申提案舉辦這次專案報告的用意，是讓真正有代表性的民意能反映出來：

「第一屆辦過專案報告，那時還有一些資深委員及僑選委員，我們法制委員會曾做過決議：在相關法令修正之前，暫時停止辦理甲等特考。而在去年立法委員全面改選後，這次方為真正的國會，過去那個不算國會，是假的國會、不完全的國會。經過去年全面改選，選出來的都是具有民意基礎的立法委員。所以對於甲等特考的問題，本席認為有必要讓新選出來的民意代表來表達他們的意見……對於甲等特考引發的種種弊病，可說是異口同聲主張廢除，除了少數人有異議之外……」

隨後，盧修一詢問王作榮，一九九二年九月考選部送進考試院院會的《公務人員考試法》修正草案，「為何考試院遲遲不審議完成送立法院完成立法程序？」王作榮答詢，修正草案將甲等特考在內的所有考試後門都關閉了，但是，「（考試院）院會即以本人不辦甲考，他們就不審查該草案。」

盧修一詢問：「請教王部長，在您的職權內，您可否要求考試院加速審查？因為據本席所知，考試院就本草案只開過一次院會，即予以凍結。」

王作榮答詢：「本人曾拜會過考試院長，並已將審查的日期都訂好了，但是會期卻一延再延，現在則已經沒有下文。」

盧修一：「謝謝部長。那我們來幫您向考試院爭取。我們立法委員自己提案，您千萬別輕易言辭，輕言放棄。」[295]隨後，盧修一退至場邊運籌帷幄。

國民黨立法園黨團廖福本，以及新科立委民進黨籍的陳唐山、林濁水、國民黨籍的高育仁、民進黨籍的劉文慶相繼質詢。最後，會議主席劉光華結論：「多數同仁希望考試院快馬加鞭把辦法修訂出來，廢除甲等特考，乃此次會議的最大收穫和共識。」

這時，盧修一提出臨時提案：

「主席，各位同仁。法制委員會五位委員：盧修一、林濁水、黃爾璇、蘇嘉全、莊金生，包括國民黨和民進黨共同臨時提案，同時主席、饒委員穎奇、洪委員玉欽看過均無異議，本席宣讀一遍，請委員會做成決議：為現行甲等特考嚴重破壞文官制度精神，且自實施以來弊端叢生，其公平性迭遭詬病，應予廢止。據考選部王部長表示，該部已完成公務人員考試法修正草案，對高級人才之掄拔制度多所檢討興革，且業經考選部函請考試院核定轉請立法院審議，惟歷時半年餘（去年九月送出已逾半年），考試院迄未將該案送本院審議，影響國家考試制度之改革至鉅。為加速健全文官體制之建立，建請本法制委員會做成兩點決議：

甲等特考應予廢止，在相關法令修正前甲等特考應停止辦理。

考試院應盡速於本會期內將公務人員考試法修正草案送本院審議。」

盧修一說完，國民黨團幹部饒穎奇卻表示，為了尊重五權憲政體制，此一決議仍需再送到立法院會，由院會送到考試院會做決定，「本報告是由委員提案，再於院會中交下來，邀考試院相關首長做報告，報告案本身並無做決議的例子，本席雖贊同盧委員的臨時提案，但仍不得不補充說明這幾點。」

會議主席劉光華搖頭直言：「本席向饒委員報告一下，在立法院議事先例集第二十一例內，院會交付委員會，邀請相關部會首長列席專案報告並備質詢案，委員會舉行會議後所做決議不用提報院會，由該委員會逕行處理。」

饒穎奇找碴，盧修一也不客氣舉出去年國民黨強行通過的核四預算解凍案為例：

「主席，各位同仁。不是本席愛說話，但本席想問核四案是怎麼解凍的？他在委員會經同意後未報請院會就開始興工了！所以我們不要在技術上刁難，就算送到院會，本席也不怕。因本席有把握可通過，是否願一試？

今天本席在這也是為接受大家意見，原案的文字是更強烈的，明顯表示如果考試院不送來，本席將杯葛所有的預算。這是本席一再讓步的結果。

今天我們並非為崇拜王部長作榮的英雄之姿，而是甲等特考制度底下包含多少辛酸。為了使這個案子看起來不要像全部是民進黨的人，所以本席還把莊委員金生拉進來，把它當成共識，勿淪為黨派鬥爭。本席絕無私心，希望大家也能體諒本席說話有欠圓滑之處。」[296]

忽然間「豬羊變色」，主席劉光華也表示同意饒穎奇的五權憲政體制之說，導致盧修一、蘇嘉全抗議。蘇嘉全尤其不滿饒穎奇在提案前已過目無誤，卻又在會議中質疑決議效力。饒穎奇為自己辯解，但場面已然尷尬，幾位國民黨委員也發言緩頰。

最終經力挽狂瀾，盧修一的臨時提案無異議通過，總算不負這場上午九點鐘直至傍晚五點半的冗長會議。

盧修一部署的這一局，差一點在會議尾聲遭對手翻盤。廢除甲等特考的情勢不容樂觀，盧修一會怎麼做？

戰場拉回院會　一九九三年四月八日

為了廢除甲等特考，前一天，盧修一在法制委員會提出臨時提案，決議效力遭國民黨立委質疑。是日，盧修一將戰場再拉回院會。

他一如去年以來在甲等特考議題採取的攻勢，繼續先發制人。此回擬定一項臨時提案，取得跨黨派多達七十三位立委連署[297]，可以說，全體立法院一六一席立委逾四五％席次都支持此一提案。事實上，在場僅八十多位立委，就有多達七十三位連署；可說新國會十足反映了新民意。

傍晚五點鐘，議場內尚在召開立法院第二屆第一會期第十四次院會，會議近尾聲，盧修一提出直接刪除甲等特考法源的臨時提案。提案案由如下：

「本院委員盧修一、謝長廷等七十三人，為公務人員考試中之甲等特考，有違文官制度精神，且實施以來，其公平性迭遭社會詬病，爰提案要求修改公務人員考試法第三條第二項，改為『為適應特殊需要，得舉行特種考試分乙、丙、丁三等』；並刪除同法第十七條。將舉辦甲等特考之法律依據予以廢除。是否有當？請公決案。」[298]

主席：「本案做如下決定：『交法制委員會審查。』請問有無異議？」「無異議。通過！」

就這樣，盧修一廢除甲等特考法源的臨時提案，在充分反映民意的情勢下完成了一讀，毫無程序瑕疵，可望送進審查會。眼看考試院長邱創煥即將走馬上任，身為法制委員會的召集委員的盧修一制敵機先。

考試院會大轉彎　一九九三年四月十五日

盧修一在立法院過關斬將，新國會一面倒的新民意是否能撼動考試院？

四月十五日，考試院院會。

考選部長王作榮在會中舉出三點理由，指出民國八十二會計年度（一九九三年）無法辦理甲等特考：

其一，八十二會計年度即將結束，所餘經費不夠辦理甲等特考。

其二，第一屆立法院八十九會期曾做成附帶決議，敘明考選部於民國八十二年度非必要時不得動用第二預備金辦理甲等特考。

其三，立法院法制委員會有暫停辦理甲等特考之決議。

支持方與反對方激辯，王作榮不發一語。最後，考試院長孔德成裁示依照考選部所擬意見通過。換句話說，孔德成在卸任前確認了民國八十二會計年度不舉辦甲等特考。

對盧修一來說，這是莫大的好消息。

從去年盧修一主攻甲等特考議題至此，這是考試院第一次立場大轉彎，總算向輿論暫時做出了交代[299]。不過，院會上並未討論甲等特考是否永久廢除。

盧修一為了避免即將上任的考試院長邱創煥恢復甲等特考，於是，他繼續出招。

審查會通過　一九九三年四月二十一日

上午九點鐘，法制委員會第八次會議。會議主席由盧修一擔任。

身為法制委員會召委的他，不僅將甲等特考審查案排進當日議程，更排進會議開始的第一、二案。為了確保審查順利，盧修一親自出馬擔任主席。

會議開始不久，隨即進入討論事項。第一、二案皆為盧修一領銜提案，分別是：一、審查盧委員修一等七十三人擬具「公務人員考試法第三條及第十七條條文修正草案」；二、審查謝委員長廷、盧委員修一等二十六人擬具「公務人員任用法第十三條及第十六條條文修正草案」。

擔任主席的盧修一先表明：「首先進行第一、第二案，請提案人說明，並請相關部會首長報告後進行詢答，其次因本席為提案人之一，故請劉委員光華代理主席。」

劉光華站上主席位：「請原提案人盧委員修一說明提案旨趣。」

盧修一發言：「主席、各位首長，各位同仁。本提案是關於甲等特考之存廢問題，由本席與謝委員長廷等七十三位委員連署提案，修改公務人員考試法中有關甲等特考之規定。**我們主張修法廢除甲等特考的理由為，鑒於公務人員考試中，甲等特考自民國五十七年實施迄今，歷經十次舉辦，弊端叢生，迭遭詬病**。其中涉及的詬病如下：

一、黑官漂白的問題，有很多權貴或特殊人士，雖未具任用資格卻於占缺後，透過甲考取得任用資格，且占高缺任用。

二、大開後門：為了引進或安排特定人士進入政府部門擔任某重要職務，而「因人設考」舉辦甲等特考，甚至加倍錄取保障過關。

三、打擊公務人員士氣：從國家設立文官制度經考試後，進用不少優秀人才，其中大多為全國之菁英，但進入文官體系後，因升遷管道受阻，加以私心自用或特權壟斷情況下，事實上基層公務人員，難以循序漸進，依工作表現晉升。故有所謂終身科長，一做幾十年，最多升到九等科長直到退休。

從整體與論觀之，還是採廢止為宜。此一作法並不表示要杜絕國家進用高級人才之管道與可能性，而考試院本身亦已對考試制度做全盤檢討與修正，故委員們希望透過修法以廢止甲等特考之主張，事實上也是呼應考試院有關考試制度的修改動作，藉此促使考試院早日完成整個考試制度之規畫、檢討與改進。

在一個國家邁入民主體制及現代化階段下，文官制度的公平性、客觀性，以及能否進用適當人才為國所用、為人民服務，是大家共同的期待。因此在當日現場八十多位委員中無論民進黨、國民黨之各流派或無黨籍委員，以占絕大多數比例，幾乎是一面倒的情況下，由七十三位委員連署支持廢除甲等特考。當然，我們是秉持審慎態度並尊重委員個別意見，希望今日委員會能根據大多數委員意見，針對此一問題做一政策性處理。以上說明敬請參考，指教，謝謝！」

盧修一語畢，主席劉光華說：「現在請第二案提案人盧委員修一說明提案旨趣。」

就此，盧修一再發言：「主席、各位同仁。本案為謝委員長廷及本席共同提案。目的是呼應公務人員考試法第三條及第十七條之修正，一旦甲等特考廢止了，則相關之公務人員任用法第十三條及第十六條亦應隨之修正。詳細情形請考本席等之提案。

在此要附帶更正一點：原先提案時，考慮有欠周詳，以致第三條第二項修正後條文有所疏漏，將原本經過甲考任用之人排除在外，將來可能會發生問題，因此第三條第二項在審查時可能仍須修正。」[300]

代主席劉光華將第一案與第二案合併同時審查，並請王作榮、陳桂華兩位部長說明。

王作榮首先向提案的盧修一等七十三位委員致謝，並強調：「將來政府若擬延攬某些特殊人才或高級人才，理應大方地攤在陽光下公開說明現在要任用哪些人員，而這些人並未侵犯正常文官系統，如此方可解決問題，不要再以甲考方式為之。」

王作榮又說：「個人曾擔任過六年的考試委員，深知甲考之弊病，因此自任考選部長一職後，即決定不再舉辦……但在此要強調：個人乃依法行事。且身為一政務官自有其理想與抱負，若不能堅持，只好去職。此事經過一年多爭論，社會各界均已諒解。而且中、基層公務人員反應強烈，個人在此籲請大院委員能盡快廢止此一規定，請社會大眾都能確知此事。」[301]

隨後發言的國民黨立委葛雨琴不贊成廢除甲等特考，國民黨立委陳癸淼[302]也不贊成廢除，甚至主張待《公務人員考試法》修法後再議。盧修一、黃爾璇則反對再將此案擱置。黃爾璇更率直主張：「做善事應愈快愈好，本席主張即刻刪除甲等特考。」

兩方各執己見互不相讓之際，陳水扁質詢王作榮的立場。

王作榮答詢表示：「我對盧委員、謝委員所領銜幾十位委員連署要將甲等特考廢止，我個人表達由衷感激並敬表接受。」旋又說明，「剛才陳癸淼委員曾提到等公務人員考試法修改案送大院後再一併處理，我說這個考試法牽涉範圍極廣，不知道會在考試院審議多久，而送大院後也不是短期內即可通過。但是人事行政局已將八十三年度甲等特考的案子送到考選部來，於是，從七月一日開始，我就要面臨舉辦甲考的壓力。」

陳水扁問王作榮：「部長有無信心做好第一個把關工作？」

王作榮答覆：「我一定盡力而為，但是壓力非常沉重。考試院中有委員要求要辦，或者新來的院長說要辦，這樣的壓力就十分沉重，所以我還是希望貴院能早點廢止它。」

果然不出盧修一所料，新任考試院長邱創煥很可能恢復甲等特考，壓迫王作榮辭官。

民進黨立委聞言，廢除甲等特考的立場愈加堅定。身為主席的盧修一依序請陳水扁、蘇嘉全、劉光華、林濁水等立委發言完畢後，又宣布會議暫停兩、三分鐘並在場邊協商。隨後，盧修一再度宣布開會時，如是裁示：

「報告審查會，協商結果如下：廢除甲等特考已經是大家的共識；且廢除甲等特考是個催生的手段，希望能對考試制度做全面的檢討。

另做附帶決議如下：為求慎重，先做結論，欲廢除甲等特考，應修改相關法規。」

盧修一態度謹慎，不容審查會再有任何閃失。他先將上午的審查會做出協商結論，才宣布中午休息，待下午兩點三十分時再度開會。

時間來到下午兩點半鐘，主席盧修一宣布審查會再度開始。

在場的法制委員會人數僅六位，盧修一詢問請議事人員宣讀《公務人員考試法》修正條文第三條：

公務人員考試，分高等考試、普通考試兩種。高等考試必要時，得按學歷分級舉行。為適應特殊需要，得舉行特種考試，分乙、丙、丁三等。

盧修一詢問在場委員有無異議？陳癸淼表示異議。盧修一遂宣布表決。在場委員六人，表決贊成者四人，多數，通過。

盧修一接著處理《公務人員考試法》修正條文第十七條：刪除。

在場委員無異議通過。

接著處理、順利通過附帶決議：

一、甲等特考廢除後，引進高級人才進入文官體系的管道仍應維持，請考試院通盤規畫更公平、合理的人才考選方案，盡速提出考試法修正草案，送本院審議。

二、除公務人員任用法外，其他與甲等特考有關之法律，亦請考試院盡速配合修正，於本會期內送本院審議。（主席裁示，此項決議列於公務人員考試法修正案之後。）

隨後，盧修一宣布處理《公務人員任用法》修正條文第十三條。亦即刪除原條文的第一項第三款：特種考試之甲等考試及格者，取得簡任第十職等任用資格。但初任人員於一年內，不得擔任簡任主管職務。

經討論，在場委員無異議通過。

盧修一接著處理《公務人員任用法》修正條文第一六條。修正為：高等考試、特種考試之乙等考試及格人員，曾任行政機關人員、公立學校教育人員或公營事業人員服務成績優良之年資，於相互轉任性質程度相當之職務時，得依規定採計提敘官、職等級，其辦法由考試院定之。

在場委員也無異議通過。

最後進行附帶決議：為保障甲等特考廢除前考試及格者之權益，原公務人員任用法所定「特種考試之甲等考試及格者，取得簡任第十職等任用資格。但初任人員於一年內，不得擔任簡任主管職務」，應於施行細則中明定。

此一附帶決議無異議通過。303

經此一役，審查會大功告成！這是盧修一與同黨同志謝長廷、國民黨立委劉光華等七十三位跨黨派立委同心協力的成果。

可以說，從去年三月至今，盧修一挺身而出、領銜提案，使社會各界關注此一特權考試漏洞，並創造出公平、公正、公開的風氣，創造了新社會的新文化。而他在意見與黨派立場紛陳的立法院中，能以一介在野黨立委，異中求同、求同存異，傑出的理性論辯與協商功力獲得許多人肯定。

這段期間，盧修一已先成功迫使考試院放棄民國八十二年度的甲等特考；眼下，此案在法制委員會中通過審查，這意味著，新任考試院長邱創煥將失去舉辦民國八十三年度甲等特考的正當性。

盧修一等人的提案通過審查會之後，下一個階段就是二讀。

二讀會順利通過嗎？要等待多久？

廢甲考，搶攻二讀會　一九九三年十二月二十三日

立法院第二屆第二十五次院會。

確認議事錄的時間，不少跨黨派立委砲轟尹清楓命案與拉法葉軍購弊案；盧修一也直指曾任參謀總長、國防部長逾十年的前行政院長郝柏村應為軍品弊案負起責任。

不過，盧修一的重頭戲是甲等特考。

好不容易，法制委員會審查通過廢除甲等特考法源的相關修正草案，歷經約半年至今，總算被程序委員會排入今日的院會，進入二讀。

這半年來，考試院歷經八次審查，終於在七月一日通過《公務人員考試法》修正草案，考試制度大幅變革，以高考、普考、初考為公平公正公開的文官考試主軸；刪除了甲、乙、丙、丁等特考，並且規定未來特考錄取者須「特考特用」，僅限服務於申請考試的機關，不得轉調其他機關等[304]；草案同時送進立法院審議，盧修一所屬的法制委員會已著手審查。

此一《公務人員考試法》修正草案的變革幅度大，受改革的對象如軍方強烈反彈。同

時，法制委員會在審查《考試院組織法》時要求考試院長邱創煥[305]列席，但邱創煥不允。因此，民進黨團在法制委員會提案表決通過罷審考試院相關法律，國民黨團也發動釋憲連署要求大法官解釋考試院長應否列席立法院，兩相僵持不下[306][307]。換句話說，考試院版《公務人員考試法》修正草案的審查「卡關」，盧修一深恐甲等特考死灰復燃，於是制敵機先，向程序委員會爭取，排定今日院會處理廢除甲等特考案二讀。

眼下，時間來到上午十一點二十分，院會議程進入討論事項，第一、第二案分別是「公務人員考試法第三條及第十七條條文修正草案」和「公務人員任用法第十三條及第十六條條文修正草案」。院會主席立法院副院長王金平請提案人盧修一說明。

盧修一站上發言臺，再度重申提案原委：「主席、各位同仁，此次本席與謝委員長廷等人之所以提案修改公務人員考試法及其相關的公務人員任用法，基本目的在於廢除甲等特考。甲考在過去是一種黑官漂白的途徑，它破壞整個文官制度，造成基層公務人員莫大的反彈。一般公務人員雖然辛苦任事，而且考績優良，但是升遷管道窄，想升遷，簡直如駱駝要穿過針孔一樣困難。

基層公務人員辛苦了一輩子，升遷到一定程度就升不上去，但有許多人頂著碩博士的高學歷，只要透過甲考一途，馬上就是簡任十職等，再轉個兩圈就可以擔任主管，甚至到各部會擔任司長之職，然後就是次長、部長，一路扶搖直上。今日舉目所見國民黨高層的司長、次長、部長之流，許多人都是當年透過甲等特考，進入政府決策階層，進入政務官系統，所以普遍引起全國公務人員的不滿與不平。

基上所述，甲等特考為一特權倖進、黑官漂白的不合理管道，我們認為應予廢除。關於此一問題，許多委員過去質詢時也都曾提及，後來我們認為應採修法途徑來解決。」[308]

盧修一接著說明「《公務人員考試法》第三條及第十七條條文修正草案」，和日前考試院主動送立法院審查的《公務人員考試法》修正草案版本的異同。他說道：

「事實上，廢除甲考已成為社會共識，考試院也深知潮流所趨，他們也往文官中立之途努力邁進，所以考試院業已提出考試法整本的修正條文，而且已送達本院，目前正由法制委員會審查中，在進度上，已完成第一、第二、第三條之審查，其餘條文則於下次會議再討論。

考試院版的考試法修正案，也將甲考廢除，將國家高考分為一、二、三級，而將來的特考係採取特考特用的原則，不是如現在經過特考一關，職務即可隨處調動，這打擊公務人員士氣甚鉅，也對文官制度破壞無遺。我們就是為了建立合理的文官制度，才提出考試法部分條文修正草案，敬請各位支持。謝謝！」

盧修一說完，主席宣布進入廣泛討論階段。

這時，國民黨立委魏鏞發言支持廢除甲等特考，但提醒應適度擴大政務官範疇。接續上臺的國民黨立委劉光華雖是支持廢除甲等特考的「戰友」，卻發言希望民進黨團別再堅持邱創煥到法制委員會報告並罷審考試院相關法律，如此，法制委員會可繼續審查考試院版的《公務人員考試法》修正草案，未來三讀通過，甲等特考廢止案即能自動生效。從盧修一在法制委員會的「廢甲考戰友」劉光華「倒戈」可知，國民黨護航邱創煥的態勢，恐怕影響到今日的二讀。

隨後發言的新黨立委陳癸淼、國民黨立委陳志彬反對廢除甲等特考。謝長廷則發言反擊，強調「我們今天若廢除甲等特考，可謂大功德一件，請院會支持」。

院會主席王金平宣布逐條討論。議事人員宣讀「《公務人員考試法》第三條及第十七條條文修正草案」審查案（二讀）。

《公務人員考試法》修正條文第三條：

公務人員考試，分高等考試、普通考試兩種。高等考試必要時，得按學歷分級舉行。為適應特殊需要，得舉行特種考試，分乙、丙、丁三等。

這時，盧修一的「廢甲考戰友」劉光華再度「倒戈」。劉光華發言表示，在考試院版的《公務人員考試法》修正草案通過前，本條不宜廢止。

盧修一再度發言，出乎意料公開說出「祕辛」。

他說，當初他之所以緊急提案要求修改《公務人員考試法》和《公務人員任用法》有關甲等特考的規定，是因為當時邱創煥被提名為考試院長，而王作榮又數度表示任內絕對不辦理甲等特考，他擔心支持甲等特考的邱創煥「一旦上任後難保政策不會轉向，屆時可能使王部長飲恨去職，為了避免『痛失良才』，本席才會提出臨時提案，經院會同意後付委審查。」他繼續說明：「現在，考試院從善如流，對考試法提出修正草案。其實，本席反對的是甲考的流弊，對國家引進高級人才，本席則持支持的立場，而在考試院所送的草案中，計畫將國家考試分高等、普等與初等三種，其中高等又分一、二、三級，使高級人才有進用的管道可循。因此，對於考試院所送的草案，基本上已受各方的肯定與支持。」

對於目前僵局，他提出建議：「總之在處理本案時有兩個途徑可循，一是照審查會通過的條文，將甲考廢止，使之功成身退、壽終正寢。因為即使不修正，甲考也是不會舉辦的，為了對全國公務人員長期的不滿有所交代，理應加以處理才是；二是採取協商的方案，即只完成二讀，不進行三讀，等正在審查中的考試法修正後，屆時甲考也就自然消失了。

不過，本席擔心考試法的修正恐怕仍夜長夢多，固然在法制委員會內應不致有問題，然而到了院會，由於涉及甲考、軍方等方面，是否遭到杯葛，使良法美意無從實施。而且在漫長的等待中，是否會發生其他變化，恐怕沒人敢保證。所以，本席以法制委員會召集委員及提案人的身分，還是希望今天能夠完成三讀，將政策與制度做更大的修正。敬請參酌與支持。謝謝！」[309]

儘管盧修一態度懇切，但是，接下來發言的國民黨立委王天競仍主張保留甲等特考。隨後，主席王金平裁示進行二讀：「公務人員考試法第三條條文照審查會會修正條文通過，請問院會，有無異議？」「有，有異議。現在做如下決定：公務人員考試法部分條文修正草案，第三條、第十七條另定期表決。」

主席接著也裁示將「公務人員任用法第十三條及第十六條」條文修正草案也另外「定期討論」。[310]

年底了，第二屆立委第二會期將進入尾聲，甲等特考廢止案恐難在會期完成三讀。盧修一雖擔憂，卻也只能且戰且走。甲等特考的法源「去留」，會再有變數嗎？

力挽狂瀾，起死回生　一九九四年十二月二十九日

十二月二十九日上午九點鐘。

一年將屆，逼近尾聲的立法院第二屆第四會期，召開第三十一次院會。

盧修一在第三、第四會期因故轉任內政及邊政委員會，但仍對甲等特考案念茲在茲，為了讓甲等特考廢止案順利三讀，好不容易經過朝野協商，確定在今日排上院會議程。

時間近中午，院會主席劉松藩進行「《公務人員考試法》第三條及第十七條條文修正草案」的逐條討論，這時，議事人員宣讀了去年審查會已經通過的第三條修正條文：

公務人員考試，分高等考試、普通考試兩種。高等考試必要時，得按學歷分級舉行。為適應特殊需要，得舉行特種考試，分乙、丙、丁三等。

主席劉松藩：「請問院會，對第三條有無異議？」

不料，這時國民黨立委江偉平卻出聲喊：「有！」

盧修一大為激憤，沒想到國民黨籍的僑選立委江偉平竟推翻了先前的朝野協商。

劉松藩隨即裁示：「有異議，第三條暫保留繼續進行協商。因第十七條與第三條有連帶關係，故一併保留。本案做如下決定：『本案另定期繼續討論』，請問院會，有無異議？」「無異議，通過。」

這一天，為了這一天，盧修一等關心甲等特考的七十三位立委已等待二十個月。沒想到國民黨又推翻朝野協商，令向來講究誠信、遵守承諾的盧修一怒不可抑。

盧修一無法接受主席的裁決，他怒斥國民黨拖延甲等特考法源廢除案，「以一人之私，推翻朝野協商！」劉松藩也來到場中與盧修一、江偉平等進行協商。盧修一堅持此案下午再審，否則技術性杯葛今日其他法案的三讀。由於是日預定三讀的法案相當多，儘管江偉平不甘願，劉松藩仍同意盧修一提議，於下午院會中以復議的方式再審。[311]

盧修一動作迅速，擬定了復議案，並取得包括江偉平在內三十三位跨黨派立委的連署[312]，預備於下午提出。

經過朝野協商，盧修一的殺手鐧奏效。

下午三點五十六分。主席說明：「報告院會，現在繼續開會。方才有朝野委員自動進行協商，協商結論如下：一、今早另定期討論者有考試法等兩案，決定採復議方式提出；二、餘二十三案，除土地法第三十七條之一保留外，其他二十二案均於今日無異議通過。」不久，進行「《公務人員考試法》第三條及第十七條條文修正草案」的復議案。

議事人員宣讀：「本院委員盧修一三十三人所提《公務人員考試法》第三條及第十七條修正草案及《公務人員任用法》第十三條及第十六條修正草案，前經決議：『另定期討論』，因具時效性，擬於本次會議繼續討論，特提請復議，並於海關緝私條例修正案處理後繼續討論處理，是否有當，請院會公決。」

主席：「此案已經協商通過，現在進行處理，因早上已經宣讀過審查報告，現在就不再宣讀。進行逐條討論，宣讀公務人員考試法第三條。」

於是，《公務人員考試法》修正條文第三條及第十七條條文修正草案，終於依照審查會的版本，完成了二讀與三讀。[313]並通過附帶決議：「一、甲等特考廢除後，引進高級人才進入文官體系的管道仍應維持，請考試院通盤規畫更公平、合理的人才考選方案，盡速提出考試法修正草案，送本院審議；二、因取消甲等考試後，考試院應在一年內提出進用高學位人才之方案。」

隨後進行《公務人員任用法》修正條文第十三條及第十六條條文修正草案，也依照審查會的版本，完成了二讀與三讀。[314][315]

當主席敲下議事槌，兩案皆三讀通過，從此，「甲等特考」成為歷史名詞。

這是勝利的光榮時刻，也是公務人員考試制度轉型正義的關鍵法案。

盧修一喜不自勝，「這個修正案從去年四月就在法制委員會中審查通過，遲至今天才完成三讀。相信日後可促使考選部通盤規畫人才考選方案，建立健全的文官制度，澈底斷絕『黑官漂白』管道。」[316]

他也迫不及待致電「寧辭官也不辦甲考」的考選部長王作榮，告知三讀通過的好消息。王作榮欣慰表示：「立法院三讀通過很好，甲考不會再考了！[317]」

從一九九二年盧修一首先揭發甲等特考議題，主持正義，屢屢為此發聲、提案，至今終三讀通過。盧修一穿越第一屆立法院民意代表性不足的舊國會，來到第二屆的新國會，雖然身處朝大野小的在野黨，盧修一以正義感、理性問政、跨黨派的好人緣，蹲在冷門的委員會內運籌帷幄，終於使甲等特考案在今天畫下句點，成就這場全民與考生的大勝利。過程中，也數度化解王作榮被迫辭官求去的危機，使王作榮有機會將現代化文官考試制度的構想逐一實現。[318]

「盧修一最重要的建樹之一，就是推動廢除甲等特考，從此，大官子女再也不能藉由甲等特考當官！」民進黨立委李慶雄指出。

「在整個（甲等特考）風波中，立法委員在法制委員會及院會中仗義執言，並主導修法，使此一破壞文官制度，弊端層出不窮之考試制度得以廢除者，有吳梓、林鈺祥、李慶雄、盧修一、彭百顯、林濁水、劉光華諸先生，盧修一委員幫助最大，特在此申謝。」[319]

王作榮在自傳中特誌。

這看似冷門又枯燥的主題，經盧修一主動提案檢討，終於拆除掉國民黨黨政高官世襲、特權任命的共犯結構。此役，朝野不分黨派願意放下嫌隙，齊心為國家建立一套拔除特權、有尊嚴的文官考試制度。

從此，高喊臺獨卻痛恨特權的臺籍菁英盧修一，已經贏得剛正不阿卻痛恨臺獨的外省菁英王作榮的敬佩，兩人惺惺相惜。

這一天之後，「廢除甲等特考」、「王作榮」、「盧修一」是三組互相畫上等號的名詞，我國政治史、法制史因而閃現有尊嚴的火光，成為我國法制轉型正義初階段的重要成績。

「此一考試（甲等特考）曾引起重大風波，我幾乎因之去職。雖在李總統支持下仍然留任，然影響我的前途甚鉅。而在我國考選史上及我為堅持公平考試之決策上，亦將留下紀錄。」[320]王作榮在自傳中如是說。

枯燥、冷僻的法制委員會，盧修一苦心孤詣、異中求同的心血，並不只限於甲等特考。但是對於不沽名釣譽、不掠人之美的他來說，廢除甲等特考卻是他最難再將功勞歸諸其他立委的法案。

在第二屆立委任內，盧修一為新政府、新社會的法制現代化，還奔波過多少足跡，翻轉過什麼樣精采的身影，發表過什麼樣的睿智雄辯？

儘管無法一一深探細數，仍可再述一二，以曉後人。[321]

譬如，陽光法案的首部曲——《公職人員財產申報法》雖非由盧修一領先提案，但他卻是最功不可沒的推手。

面對朝大野小，盧修一仍積極尋求跨黨派共識，關注不受媒體重視的冷門議題，致力於國家社會的法制現代化。

第三節

陽光法案，照亮黑暗

我對臺灣當前的金權政治深感厭惡，公布財產可以說明我在立委三年任內沒有與任何財團掛勾。

盧修一，一九九二年十二月九日[322]

早在一九九二年十二月九日，盧修一召開記者會，主動公布他與妻子陳郁秀的財產。宣示他制定「陽光法案[30]」的決心，並列為主要競選政見。會中，全數經由會計師核閱的財產資料，盧修一夫妻名下財產一一攤開，供新聞媒體

[30] **#陽光法案**：第二次世界大戰後，世界各國為追求吏治清明，減少公務人員違法、濫權、貪瀆、預防利益衝突、圖利，紛紛引進財產申報、利益揭露等相關制度，公開資訊供公眾監督，這系列制度或法案象徵著讓陽光照進黑箱的角落，故稱「陽光法案」。陽光法案內涵眾多，常見有：公職人員財產申報法、政治獻金法、遊說法、利益衝突迴避法、資訊公開法等。財產申報常是各國最先引入的制度。盧修一主動公布財產，恰是陽光法案的具體實踐。

記者查閱與報導，昭告天下。

放眼政壇，盧修一不僅開風氣之先，成為少數主動公布夫妻財產的立法委員，更是少數公布夫妻財產的公職人員。

選在我國首度國會全面改選前夕公布財產，盧修一爭取臺北縣立委連任的信念溢於言表：清白從政，清廉的白鷺鷥，猶如他一頭招牌的白髮。

盧修一的大動作獲人民稱許，卻也惹得政壇不少「金牛立委」不快。畢竟，在財團、立委、官員、產業專家學者競相掛勾，「金權政治」橫行的政壇，他這位每天駕駛陽春國民車到立法院上班、公職薪水全數支付助理薪資，僅靠清華大學兼課鐘點費支應自身生活費的「平民立委」，可謂國會中的少數族群。

連就讀中學的長女盧佳慧也知道父親盧修一沒有「財力」：「爸爸沒什麼錢，他名下不只沒有財產，還常跟我們募款調度，要我捐出零用錢。」

盧修一公布財產了，盧佳慧還嘲笑：「爸爸推那個陽光法案絕不會見光死，因為你名下根本什麼都沒有。」

在立法院，盧修一雖非第一位提出陽光法案的立委，但是，公布財產已等同是為陽光工程鳴槍起跑。

十二月二十日，國會全面改選結果揭曉，盧修一再及於臺北縣高票連任。在當選感言中，他宣布將實現政見：推動陽光法案的立法。

盧修一公布財產之前，立法院內推動陽光法案的歷程是什麼？盧修一參與之後，為這系列法制扮演了什麼角色？

我國陽光法案背景　一九八九年至一九九二年底

早在盧修一在民進黨中央黨部工作，還未參選立委時，一九八九年四月，時任國民黨籍立委的趙少康等十六名立委已連署提出《公職人員財產申報及操守法》草案，堪稱陽光法案的濫觴。然而草案提出後並未喚起社會共識，院會一讀後遲遲難以「付委[31]」，可謂送進了「冷凍庫」。

其後三年間，在國民大會和立法院中，四十年未改選的老委員提案增加薪酬惹來「老賊自肥」爭議；而一些立委涉入公共工程令輿論譁然，名之為「金牛立委」，導致民眾唾棄「金權政治」。

一九九一年三月十五日，盧修一已經就任第一屆增額立委。時任民進黨立委的林正杰等二十名立委連署臨時提案，提出《公職人員財產申報法》草案，盧修一也簽名連署。這份草案總說明，醒目標題名為：「反金權革命宣言」。文中洋洋灑灑遍數我國金權政

㉛ **#付委**：交付委員會審查。

治的流變，並指出，由財團、政客、國際資本、產業學者組成的「政商俱樂部」，透過酬庸買賣、遊說施壓、直接參政，或找代理人參政（亦即人頭政客）來左右國家機器，目的是在立法、預算分配、行政裁量上壟斷決策或訊息，將導致托拉斯不斷肥大（諸如關係企業獨占、壟斷、寡占；不公平競爭、不公平交易、利益輸送、不當得利），進一步造成不平等、低品質的社會（包括貧富差距日大、公共資源浪費、經濟發展失衡、生活品質低劣）。

「反金權革命宣言」還呼籲，「為了防止金權政治勢如破竹地狂飆下去，以致無法節制的地步，反對黨、具有社會正義觀念的媒體、新社會運動團體、知識分子、農工、薪水階級，以及中小企業，迫切需要結合成共同防衛的聯盟，進行一場反金權革命。最起碼的工作，是要建立起一套防止金權遊戲的遊戲規則，即『財產申報法』、『遊說法』、『政治獻金法』、『政治倫理法』，以及提供政治透明化的『陽光法案』。」[323]

檢閱林正杰版本的《公職人員財產申報法》草案，第一條條文如下：「為端正政治風氣，確立公職人員守正不阿，廉明誠信之行事，特制定本法。」條文清楚說明了宗旨。

草案提出了，但儘管民眾唾棄金權政治，囿於立法院既有的老立委投票部隊生態結構，導致該提案遭到「冷凍」。直到一九九一年底老立委全數退職，一九九二年初，《公職人員財產申報法》草案才出現轉機。

一九九二年一月二十一日，時任立法院副院長沈世雄疑似賄選，財產遭質疑。沈世雄在輿論壓力下公布財產。至此，輿論要求公職人員須公布財產的氛圍已然形成，但是，立法院內卻未形成共識，正反意見仍極端。

持反對意見的立委，比如經營企業又擔任國民黨立委的王令麟，認為公布財產於法無據，而且應該保障隱私權。

支持方如盧修一則強烈要求公布財產，並認為可減少圖利、使公職人員專謀其政。「公布財產將可減少民意代表、官員利用職務圖利的風氣，所以我贊成將其制度化。但這個制度須有下列四項環境相佐：選民自主意識、正軌之政黨政治、輿論的監督及完善的法令制度配合。」[324]盧修一堅信。

為何需要這四項相佐？

他進一步說明，「當選民能自主行使權利時，民代、官員自然不敢公然圖利；其次，在正軌的政黨政治之下，執政黨不敢隨意提名素行不良的金牛，反對黨則能扮演充分監督角色，使不法無所遁形；第三，有利的社會輿論可以有效遏阻公職人員圖利之心；最後在完善的法令制度下，讓民代、官員在其位專謀其政。」[325]

只是，哪些公職人員該公布財產？

盧修一認為，「可以政務官、縣級以上民意代表為限。公布範圍則以當事人個人為原則，亦可考慮擴及配偶……有關政務官、民代之財產，政府單位本已有詳細之資料，公布之舉是在取信於民，所以政務官、縣級民代公布財產是當做、可做之事。我會將其列為競選連任政見之一。」[326]

盧修一強力主張《公職人員財產申報法》，而且公開表明要列為競選立委連任的政見。不久，一九九二年二月，第一屆立法院第八十九會期開議之始，民進黨立法院黨團召開該會期的策略研討會，會中決議將陽光法案、遊說法、公布財產相關法案列入該會期的優先工作重點；盧修一與該會期黨團幹事長李慶雄更強調應該列入政黨協商。[327]臺大法律系教授林山田也直指金權政治是經濟犯罪，應該由國家司法單位揭發、打擊特權。

正值此段時日，一樁樁特權與弊案連環爆出，包括一九九一年第二屆國大自肥案、一九九二年開春之後監察院副院長選舉賄選、國代自肥支領酬勞等，已經醞釀出反金權政治的輿論，民意支持《公職人員財產申報法》草案立法的呼聲不斷。

一九九二年四月十日，林正杰版本捲土重來。包括轉為無黨籍的林正杰等四十八位立委再度連署提案《公職人員財產申報法》草案，盧修一也是簽名連署的立委。

這回聲勢浩大再度提案，輔以反金權政治的輿論，逼使行政院會同考試院研擬政府版本的《公職人員財產申報法》草案。

當下，盧修一著眼於打造可長可久、清廉健康的文官制度，一方面領軍提案廢除甲等特考，更認為該推動陽光法案。

但是，該怎麼做，才能降低公職人員的抗拒？

於是，他以身作則，於一九九二年十二月九日率先公布他與陳郁秀的共同財產，並將推動陽光法案列為他參選年底國會全面改選的政見。

第二屆立委大選之後，選舉結果顯示，不少「金牛立委」或財產屢受質疑的立委落選，顯然民眾已對「金權政治」投下反對票。

盧修一順利連任立委了，他將如何催生陽光法案？

草案解凍，優先排審　一九九三年三月十一日

從一九八九年至一九九三年初，《公職人員財產申報法》草案的立法延宕近四年，肇因於行政院消極，加上反對者認為會打擊公務人員士氣、無法確實防止貪汙等因素。儘管趙少康、林正杰先後提出草案版本，盧修一也已率先公布財產，立法仍看不到進度。

終於，一九九三年一月十一日，行政院版《公職人員財產申報法》草案在立法院院會提出，立法院院會決議將行政院版與趙少康版、林正杰版併案交付審查。

一九九三年二月，全面改選後的第二屆立法院開議。

朝野兩黨協商中，民進黨立院黨團要求將《公職人員財產申報法》草案列為優先審查。此外，由於民進黨立委席次在國會全面改選後增加了，因此取得六席程序委員，有

助於排定院會議程與優先順序，遂將《公職人員財產申報法》草案列為優先審查法案。

新國會上路了，第一個會期盧修一一如他上一屆擔任立委時的選擇，繼續待在法制委員會。與上一屆不同的是，他在法制委員會擔任召集委員，取得排定法案審查的權力。

而為了催生陽光法案，盧修一出手了。

他發出議事日程，將林正杰版與行政院版的《公職人員財產申報法》草案排定三月十一日，於法制、內政、司法等三個委員會的聯席會議中審查。

議事日程的公文發出後，民進黨又有張俊雄、尤宏兩位立委各自研擬並提案《公職人員財產申報法》草案，盧修一也連署了張俊雄版的草案，而最早提出草案的趙少康又再度提案。最後，立法院院會將張俊雄版、尤宏版、以及一九八九年即冷凍的趙少康版草案一起交付審查。

一種法制卻多達五種版本草案，該怎麼審查？

盧修一仔細比對這五個版本之後認為，「其中以行政院會同考試院所提版本最差，其餘四案則各有優劣，他們都希望陽光能真的普照。」[328]

但是多達五個版本，而且差異極大，光是翻閱各版本就會造成審查不便。這樣如何確保立法品質，還要加快審查效率、兼顧速度？

盧修一商請法制委員會的議事人員加班趕工，整理出一個參考版本，方便聯席會的立委對照、討論。換句話說，這個整合版即是第六個版本。[329]

就這樣，被冰封近五年的《公職人員財產申報法》草案審查，終於揭開序幕。

盧修一擔任聯席會主席，召開第一次會議。這也是國會全面改選後的立法院新會期開議以來，法制委員會排審的第一個法案，可見盧修一對這項法案的重視。

會議伊始，盧修一邀請各草案版本的提案人說明。

首先是行政院版本。

法務部長馬英九：「申報財產事涉個人隱私權益，如何合理規範公職人員之財產申報，同時兼顧個人隱私權益之保障，實為立法上首應斟酌之要務。」並強調：「各國財產申報制度的設計，公開是少數，不公開是多數，本草案之設計，則屬於局部的公開。」[330]

立委張俊雄的提案版本方面，張俊雄指出，鑒於行政院版本對於申報財產採取「有條件之公開」，「若是申報之後，資料予以密封且存放於檔案中，就會如外界所批評的變成『抽屜法案』，無法發生作用。」[331]

張俊雄也表示，公務人員已有多種法律可適用，因此他的版本要求民選總統、副總統、省市長、縣市長、國會議員等必須申報。而且為了顧及行政系統吸納人才，除了具有決策權的事務官需公開，其他人員為有條件公開。他也主張，政黨申報財產應於《政黨法》或《人民團體組織法》規範；候選人申報財產應於《公職人員選舉罷免法》中規定。

張俊雄申言：「威權統治結束後，政商關係出現不尋常跡象，有諸多不法利益輸送情事，金權政治有惡化趨向，為遏止此一情況延續，必須制定陽光法案，《公職人員財產申報法》只是陽光法案的第一步而已，尚需周邊計畫、周邊配合，更要有諸多相關法案配合，如政治獻金法、遊說法等，所以，我們希望跨出第一步不要將標準訂得太高，應先考量其可行性，盡速完成立法程序，以利邁出第一步。」[332]

林正杰說明提案時，首先批判行政院版保守落後。他指出，行政院版的申報對象是政風單位，而目前的政風單位就是以前的「人二室」，且隸屬於法務部，設置於一般行政機關中，因此，「恐難發揮應有的功能，很難使一切曝曬在陽光下，不符陽光法案的精神。因此，本席認為民選人員之申報受理單位應為中央選舉委員會，其他人員之申報受理單位應為監察院。」[333]

至於誰該申報財產，林正杰版本規定公職人員本人、父母、配偶、子女都需申報。至於何種職位應申報，他強調應逐期實施，由高級官員開始而後建立整個申報系統，最後包含行政人員、民選人員、軍職人員、司法人員、公營事業人員五大類。他特別強調，「『資訊公開』、『公開閱覽』，『政府官員的財產一定要公開，而且要供閱覽』，這是我們提案與政府所提草案的幾個不同之處。[334]」

輪到立委趙少康說明提案，他語重心長地表示：「這個案子是本席於民國七十八年四月第一次提出，經過三年多才有機會在委員會審查，所以我覺得這是一件大事，對於我國政治倫理的建立及反對金權政治而言都是很重要的事。」[335]

他強調，有人認為申報不能解決全部問題，但是，他相信申報能解決部分的問題。「特別是公職人員，利用政治權力牟取私利，無論是將未上市的股票讓其上市，或上市的股票利用特權到銀行去貸款，在違規時以關說減少，或是變更都市計畫以炒作土地等手段，都是非常嚴重的情形，但是以往都無法約束，也因此才要提出《公職人員財產申報及操守法草案》。**有錢不是罪惡，罪惡的是，錢是從哪裡來的？**」[336]他疾言厲色批判。

他也主張財產公布後必須公開：「對一個公職人員而言，要他公布財產，而且必須公開，確實已經侵犯到個人的隱私權。但是，一旦他選擇擔任公職人員，就必須體認到需做出某種程度的犧牲。在美國有一種說法，一個政治人物就有如玻璃缸中的金魚，一搖頭一擺尾都看得到，事實就是這樣，這是他們必須付出的代價。」[337]

他也進一步提出「利益迴避」，因為公職人員離職後到原任職單位能掌控的民間機構任職，可能造成政商利益交換，應及早規範。他還指出民意代表在與自身利害相關議題上應該事先表明，避免利益輸送，應該課以政治責任。

至於新科立委尤宏的版本，則是對規範方式提出細部的建議。

他首先表示：「從這次選舉後，以及連大院長（行政院長連戰）富有的家世曝光以後，大家眼睛都非常雪亮，他們均質疑：這些公務人員怎麼那麼會賺錢！那些候選人每次選舉投入那麼大的經費，是不是當選之後會再賺回來！[338]」尤宏版本中，公職人員關係人除了其他版本所列的父母、子女，還增列「姻親」。至於公布範圍，不只有其他版本所列的財產權、準物權、金融機構，還增列「控制權」，亦即在其他上市公司或其他公司的控股。尤宏版本提出的罰則為一百萬到三百萬，是所有版本中最重的罰則。

五個版本的提案代表一一說明完畢後，會議主席盧修一語帶詼諧地提出他的審查策略——「取大同，捨小異」。他說：

「……目前共有五個提案，如要併案審查，依往例觀之，拖個兩、三年實在是稀鬆平常的事……因此，我們是否能達成共識：現在這個法案是由三個委員會聯席審查，參與審查人數眾多，就依過去審查大學法為例，先經委員會審查後送院會，院會又退回來，說不定等這一任委員卸任後，法案還在那裡。剛才林正杰委員說：『好不容易才從冰箱拿出來。』立法院的冰箱效果還不錯，冰了兩年還不會壞掉，而且立法院的冰箱太大了，什麼法案都放進去冰凍，也見不得陽光，剛拿出來，還沒解凍就又放進去冰了，而且冰愈積愈厚，恐怕永無解凍之日，那豈不變成作秀性質，大家只是表態而已？無法為陽光法案、為反金權、為確立一個公平合理的社會制度而獲致任何成果？

因此，本席今天主持這個會議是抱持著嚴肅的態度，希望各位能『取大同，捨小異』，不要太過堅持，否則這個案子沒辦法審。今天，法制委員會召開審查會的第一個案就排

這個案子，表示我們對陽光法案的重視。無論從政局的發展、從社會的期待、從時代潮流而言，這個案子應該、而且必須，在這個會期完成審查，否則我們將辜負選民及社會的期待。」[339]

為求本會期完成立法，盧修一強調自己將超然、中立主持審查會，他如是說：

「本席身為召集委員來主持這個會議，完全依照議事規則，秉持超然公正的立場，務期使議事順暢進行，同時也將本席所見或聽到的意見，提供給大家做參考，本席仍將尊重審查會的決議。」[340]

經此番昭示，盧修一裁示開始詢答，由三十三位登記發言的立委逐一發言。

不過，發言的立委針對行政院版與法務部長馬英九詢答時，馬英九頻頻「跳針」的答話方式令立委們咋舌，連盧修一也被惹毛了。

盧修一問馬英九：「你早就應該想好再來回答的。你是匆匆忙忙就任的嗎？」

馬英九竟回答：「是啊，沒有錯。」

盧修一又說：「那是說需要給你一點見習的時間了？」

馬英九又說：「我現在已經在進入情況當中……」[341]

沒進入狀況的不只馬英九，還有新科立委。

尤宏詢答時竟將話題轉到「調查局人員牽涉女祕書被強暴」議題，顯然已失焦。嫻熟議事規則的盧修一只好說：「本席提醒尤委員，今天是審查公職人員財產申報法。」[342]

直至下午四點五十八分，詢答終於告一段落，盧修一宣布下週四（三月十八日）進行大體討論，隨後宣布散會。

聯席會審查《公職人員財產申報法》草案首日，詢答可謂毫無焦點。盧修一決心在新國會第一個會期完成立法的目標，可能達成嗎？

兼具效率和協調力，完成審查　一九九三年三月三十一日

全面代表臺灣民意的新國會上路後，不少新科立委不諳議事規則，拖累議事效率。盧修一目睹《公職人員財產申報法》草案審查第一天的詢答怪現象，和三月十八日第二次聯席會的鬆散結果之後，決定修正策略，額外召開協調會來整合意見。

協調會選在三月二十三日上午十一時至下午二時十分，盧修一邀請各提案人，還有法務部次長、銓敘部次長、政風司、人事行政局相關人員參加。盧修一更親自與朝野兩黨黨團幹部打過招呼，包括民進黨團幹事長陳水扁、國民黨團幹部廖福本、饒穎奇、洪玉欽，請他們盡量整合意見。其中，林正杰雖然無法與會，仍負責任地提出七點書面意見供協調會參考。[343]

協調會召開之後，三月二十四日及三月三十一日還舉行了兩次聯席會議，總算完成了草案審查。也就是說，**盧修一只召開四次聯席會議，就完成了草案審查，驚人的效率令**

人嘆服。

眾所周知，立法院向來議事效率不彰，但這次盧修一主持聯席會，堅持中立立場，爭議部分盡量採取朝野協商，不讓議程因為細節而落人僵局。成果出爐後，提出草案的幾位立委：趙少康、林正杰、尤宏都滿意此「協商版」草案、肯定盧修一的協調能力。

盧修一雖一路肩負主持與協調的工作，但並不居功。

他認為，順利完成審查，是與會立委為了滿足社會的期待，呼應他「取大同，捨小異」的原則，因而達成共識。四點共識如下：

「一、盡速審查，趕快立法。……朝野協商將陽光法案列為本會期第一優先審查的法案，因此，審查會中特將其他法案擱置下來，全神貫注，全力配合，無非想加速審查進度，俾對社會大眾有所交代。……因為版本多、歧異又大，大家均以大局為重，盡量取大同捨小異，不堅持自己的立場與個別的主張……陽光法案不過是整個陽光工程的第一個案，今天縱使能踏出健康的第一步，將公職人員財產申報法完成立法，也不表示從此就能天下太平、陽光普照，再也沒有陰影、烏雲或暴風雨；相反地，日後還需遊說法、政治獻金法等相關周邊工程陸續完成立法，才能把陽光工程弄好，真正讓陽光永駐人間。但是我們仍需踏出成功的第一步。

二、採取公開及強制原則。不公開，即不是『陽光』，不強制，就無法達到公開的目的。

三、適用範圍有限：由於本案只是制度的第一步，為使其有可行性及必要性，在適用的範圍、對象上，均認為範圍不宜太大，且分期實施。即先實驗一下，留下迴旋及修改的空間。所以，不應馬上擴大範圍，對象一大堆，致無法落實實行，而應合理、審慎加以斟酌。四、四項強制原則：（一）強制申報，（二）強制公開，（三）強制信託，（四）強制處罰。」[344]

眼下，《公職人員財產申報法》草案通過審查，陽光法案的第一砲重量法制可望送進院會進入二讀。

不過，盧修一不敢高興得太早，因為尚未送到院會，都可能有變數。以往就有被翻案的前例。一九九一年下半年，他切身參與的《刑法》一百條就曾在司法委員會審查時表決通過刪除，最後卻在院會遭執政黨翻案。

這份草案送進院會後，能順利二讀、三讀嗎？

執政黨翻案聲起　一九九三年四月九日

盧修一發揮跨黨派的溝通、協調能力，拉攏國民黨非主流派的立委合作，加上嫻熟的議事準備和主持技巧，讓《公職人員財產申報法》草案在聯席會完成審查。然而，執政的國民黨隨後不斷提出質疑。

翻開報章，執政黨要推翻這項草案的各種說法甚囂塵上，主因是行政院與部分國民黨民意代表反對。

國民黨真的要翻案嗎？

國民黨立法院黨團書記長廖福本證實這項翻案的決定：「目前法制委員會通過的陽光法案有四項強制，即強制申報、強制公開、強制信託和強制受罰，而其中強制信託和強制公開可能引起很多問題。」並指出國民黨團接獲許多官員和國代反映，財產公開將導致綁票、勒索等後遺症，並說「執政黨不是反對陽光法案，但是如果規定太嚴格，一下子跑太快，恐有不利影響。」[345]國民黨政策會執行祕書饒穎奇也表示，執政黨初步了解，多數官員與民代認為強制信託會發生糾紛、錢交給銀行，自己不能再有意見，是否與當今民主政治、時代背景不合。[346]

聽到國民黨可能翻案，最早提案的國民黨非主流派立委趙少康氣憤地說，申報後不公開，陽光法案就會變成「烏雲法案」。民進黨團幹事長陳水扁尤其忿忿不平，質疑國民黨的朝野協商根本不可信，諷刺廖福本尚未正式就任黨鞭之前的「朝野協商竟然都不算數！」[347]

盧修一更批評：「如果執政黨率爾翻案，則委員會審議和朝野協商功能盡失，這是執政黨特權心態作祟。」他決心全力阻止國民黨翻案，即使癱瘓所有法案審議也在所不惜，讓社會公評是非。[348]

盧修一要如何防堵執政黨翻案？

國民黨拖字訣，延宕院會二讀　一九九三年四月十五日

上午十點五十二分，立法院院會進行討論事項第一項，《公職人員財產申報法》草案準備二讀。

執政的國民黨力求卡關《公職人員財產申報法》，外界睜大眼睛關注此法是否能如期二讀的此刻，盧修一有所覺悟，執政黨既然執意翻案，今日的院會顯然不會有結果。

十一點七分，院會議事人員終於宣讀完《公職人員財產申報法》在聯席會的審查報告。但是，議事人員宣讀的方式大有問題，令盧修一搖頭。

他率先以審查此案的主審委員會召集委員的身分發言，首先對議事人員「宣讀內容跳來跳去，讓人搞不清楚」的方式提出異議；他並舉例，議事人員宣讀不重要的部分，但是竟然「將本案最重要的強制信託、強制申報、強制處罰等四大強制跳過去」。他建議，「以後宜改變方式，由最清楚來龍去脈的主審委員會派代表宣讀審查報告，或由議事組事先照會主審委員會，讓主審委員會做一個簡報。」[349]

盧修一向來想方設法增進立法品質、改善立法流程和提升國會議事效率，此刻仍不厭其煩提出建言。

接著，他嘆道：「公職人員財產申報法在大家千呼萬喚下始出來，但仍猶抱琵琶半遮面，當大家以為即將撥雲見日之際，卻又烏雲重重，實在令人感慨萬千，希望大家能建立共識。」

他簡述本案的背景，強調盡快立法為陽光法案踏出第一步共識，與四項強制原則（強制申報、強制公開、強制信託，強制處罰）。他呼籲與會者不要杯葛此案：

「我們不敢說審查會的意見已是盡善盡美，但從審查報告可以得知，很多同仁對某些條文有意見，甚至，柴松林教授也說不夠嚴謹，怕若規定得太嚴，就不要擔任官員或委員，本席亦抱持此種看法。但是，有委員認為仍不夠周延，無法發揮作用，只是裝模作樣而已；也有委員認為本法的訂定太厲害了，將來只好『走路』離開臺灣。

由於我們正處於民主政治中的多元社會，每個人對每件事的看法原本就是見仁見智，不過，最後仍要捨異取同，以大局為重，回應社會要求為重，希望大家共同配合，不要過分堅持，更應開誠布公，不要以冗長發言特意杯葛，而應使『陽光』普照臺灣，如果美麗的寶島有『陽光』普照，對大家的生存與健康均有最大的保障，否則，任『金權政治』繼續氾濫下去，臺灣未來將不會亡於外來的敵人，而是亡於內部的腐化。以上說明敬請大家支持。謝謝！」[350]

下午四點二十分，又一批立委發言拖延時間，而登記的立委尚未發言結束，時間已近尾聲，盧修一再度以主審委員會召集委員的身分上臺補充報告。

針對發言立委屢屢質疑「四項強制」原則，他除了提出說明，也對執政黨拖延議事表達不滿，呼籲應注重立法效率。他提出數據說：

「據本席手上的資料，至四月一日為止，各委員會累積審查的法律案多達三百四十六件，其中以內政委員會最多，為八十一件，法制委員會有六十件；累積在院內待審之法律案有七十三件。

經本席計算後發現，一年包括延會期間有十個月，院會能審理法案的天數為一百天，扣掉總質詢、總預算質詢，只剩下七十天可審查，若以一天一個案來計算，正好可消耗掉七十三個法案，但是委員會若以同樣的天數及速度來審理案件，則委員會一百天可審理一百個案子，送到院會又要積壓，換言之，立法院根本無法立法，應予以解散。

本案經由委員會召開四次全天會審查法案，但今天送到院會後，只有十三位委員完成發言，尚有五十多位委員尚未發言，那麼立法院之立法效率[351]如何呢？拜託大家尊重委員會之專業分工，否則立法院絕對沒有辦法達到國會之功能。政治要腐爛，要貪汙掉就從立法院開始！……委員會的審查結果雖非很完美周延，但大體上是不錯的，可以接受的。在此拜託大家，本院應是反映民意的立法機構。」[352]

盧修一發言不久，院會時間已屆，主席裁示本案另擇期討論。

亦即，執政黨拖延戰術奏效，《公職人員財產申報法》並未完成二讀。

盧修一該怎麼做，才能完成這部法律的立法，真正為我國踏出陽光工程的第一步？

跨黨派抗爭，排入院會第一案　一九九三年四月二十九日

由於行政院將《公職人員財產申報法》草案從立法院本會期十大優先法案名單排除，而且，國民黨立法院黨團違反了朝野協商結論，竟然在程序委員會將這項草案從優先審查案挪到最後一案。眼看著這會期要通過可能遙遙無期了，盧修一使出絕招，結合趙少康為首的「新國民黨連線」立委，展開跨黨派合作抗爭。

四月二十九日一早，盧修一、趙少康、謝長廷即奔走連署，要將最後一案改回第一案。立法院院會進行確定議事錄的議程時，民進黨的盧修一、張俊雄、謝長廷、洪奇昌，和新國民黨連線的趙少康、周荃等立委連番利用議事錄發言，要求重新提回第一案。

盧修一等民進黨立委發言抗議，《公職人員財產申報法》不調回第一案，就讓院會開不成。張俊雄發言直指：「從十八標案到最近的中油高雄總廠廢水工程弊案，顯示再沒有陽光法案，弊端和貪汙事件將影響臺灣的發展。」[353]

議事幾近癱瘓，而且支持《公職人員財產申報法》草案二讀的立委人數占院會優勢，國民黨團書記長廖福本只好和民進黨及新國民黨連線立委協商，並簽署協議書。

朝野協商完成，院會主席王金平裁定，達成三點結論[354]：

一、總質詢期間五月份院會停開，改審總預算。

二、《公職人員財產申報法》今日列為第一案優先討論。

三、事後院會討論法案時，《公職人員財產申報法》每次均為第一案優先討論；本會期並以該法案為最先審查完成的法案，程序委員會不得任意變更。

這場跨黨派合作，證明是一場漂亮的突圍，順利讓《公職人員財產申報法》成為本會期院會第一案優先討論，並列入紀錄。

經此一役，院會總算進入草案的大體討論；不過，討論仍遲緩，會議時間已屆，尚待下次院會再討論。

戰火看似在五月稍歇，底下支持、反對各方勢力仍繼續悶燒競合。

而執政黨抗拒《公職人員財產申報法》的二讀，逼得盧修一為主的民進黨立委必須與新國民黨連線立委合作，至此正式絞進了國民黨內主流派與非主流派的嫌隙與鬥爭。

發動輿論戰，創造形勢　一九九三年五月

五月，立法院進入總質詢，盧修一也施展實力，緊抓陽光法案炒熱輿論話題。

五月中，盧修一所屬的民進黨「新潮流系」決議以五月十七日為基準點，開始進行財產清理，要在五月底前公布財產。

身兼新潮流系總召集人的盧修一指出，新潮流系立委此舉是為了促使陽光法案中的

《公職人員財產申報法》早日立法，因為將陽光法案完成立法，是反金權政治的重要指標之一，只有民意代表自身率先公布財產並交付信託，才能讓反對者無話可說。新潮流系發言人、盧修一的子弟兵國代賴勁麟也指出，新潮流系國代及省市議員也將在新潮流系立委公布財產之後，分兩批公布財產，展現支持陽光法案早日立法的決心。[355]

五月下旬，民進黨立院黨團跟進支持，決議在六月十八日集體公布財產。黨團幹事長陳水扁說，陽光法案的立法目的就是將申報資料公諸於世，供社會大眾檢視，強制公開是陽光法案無可妥協的重要原則。[356]

對於民進黨團此一宣示，盧修一認為民眾殷切企盼政府能夠遏阻金權政治，但是政府迄未展現魄力；他直指：「如果行政院長連戰不能公布財產，以為表率，我們期待由李登輝總統帶頭公布，屆時看連戰究竟做或不做。」[357]

相對於盧修一與民進黨團堅持「四大強制」原則：「強制申報、強制公開、強制信託、強制處罰」，訴求輿論支持，五月二十四日，國民黨召開黨政協調會議時，卻決議「反對強制信託」。

對此，民進黨立法院黨團總召集人施明德批評，「執政黨不能以沒有信託法作為反對公職人員財產申報的藉口。」

盧修一也批評，「執政黨老是使出拖字訣，不願針對時弊、痛下藥石。[358]」他並表示，民進黨可以縮小「強制信託」的對象或項目；還一語雙關表示，執政黨對陽光法案的態度，不必分「主流」與「非主流」，只要以「清流」與「濁流」來檢驗即可明朗化。

五月的總質詢即將近尾聲，六月一日起，程序委員會已將《公職人員財產申報法》草案排定院會優先審查。

這部法案是否能成功完成二讀？還會有變數嗎？

陽光法案首部曲，三讀通過　一九九三年六月十五日

六月一日院會，《公職人員財產申報法》草案排定優先審查。

國民黨主流派立委再度使出拖字訣，逐條討論草案內容延宕議事；但是，支持「四大強制」原則的民進黨立委與國民黨非主流派的立委總席次，大於國民黨主流派的席次，因此，情勢傾向於支持《公職人員財產申報法》盡速通過。

這些日子以來，《公職人員財產申報法》草案審查期間，由於弊案叢生，包括「十八標」、「捷運弊案」、「匈牙利公車採購弊案」、「停車計時器採購弊案」、「三五快砲採購弊案」、「中油廢水處理工程弊案」，在在使得民意要求端正政風、肅清吏治的聲浪不斷。外有輿論力挺，內有跨黨派盟友合作，盧修一誓言完成的《公職人員財產申報法》草案，終於在一九九三年六月八日完成二讀，並於六月十五日三讀通過。

這項劃時代的法制，使我國的陽光工程終能踏出第一步，盧修一很欣慰。

「特別感謝輿論界形成一股監督的壓力，才使得四大強制能夠貫徹。而這項陽光工程的第一步，對立法院的形象也有提升的作用，往後清流將形成主流，民進黨與其他『友好人士』構築的優勢，又是一股推動進步的力量。」他也期許，「未來《公職人員財產申報法施行細則》的制定及法律的貫徹都十分重要，監察院與各級政風機構必須扮演好各自己的角色，始能達到澄清吏治的目的。」[359]

陽光法案正式施行　一九九三年九月一日

陽光法案的首部曲——《公職人員財產申報法》三讀通過後，政壇仍捲起千推雪。六月十八日，行政院長連戰要求行政院提出修正案。新法尚未實施，修正案儼然已蓄勢待發。

對此盧修一氣得把話挑明了講，《公職人員財產申報法》在立法院審查階段，行政院副院長徐立德與法務部長馬英九便不斷對外宣布反對強制信託的立場，如今「強制信託」仍獲立法院三讀通過，按理說，徐立德與馬英九應該為政策遭重大修正而辭職下臺，「但三讀過後，我們看到的是行政院在法尚未實施，便不斷找門路要以『窒礙難行』來推翻強制信託，這在法理上根本說不過去。法都還未施行，何來『窒礙難行』之理？行政院擺明就是要推翻強制信託，卻又不敢提覆議案，只因此刻適值主流與非主流的政爭敏感時刻，萬一非主流與在野黨聯手『倒閣』，豈不是對主流派的一記重創？」盧修一直指，行政院要推翻「強制信託」，除了提覆議案、修正案，已無第三條路可走，但環視現階段政治生態，當然是提修正案的做法較穩當。[360]

盧修一搶先向新聞媒體公開了此番行政院的算計，行政院後來盱衡情勢，並未立刻提出修正案。[361]

一九九三年七月二日，《公職人員財產申報法》由總統公布，九月一日施行。

秉持初衷，堅定信念，為前進而戰，新國會的第一個會期，盧修一成功領軍跨黨派立委，為我國搭起陽光工程的第一根桁架。[362]

旭日初昇
白鷺鷥領著陽光飛去
黑幕乍散
豁然開朗[363]

審查會召集委員盧修一（下左二）跨黨派串聯民進黨立院黨團團幹事長陳水扁（下左一）和堅決主張維持「四大強制」原則的新國民黨連線立委趙少康（下右一）等人在《公職人員財產申報法》完成二讀程序前不斷溝通協調。（中央社、大成報提供）

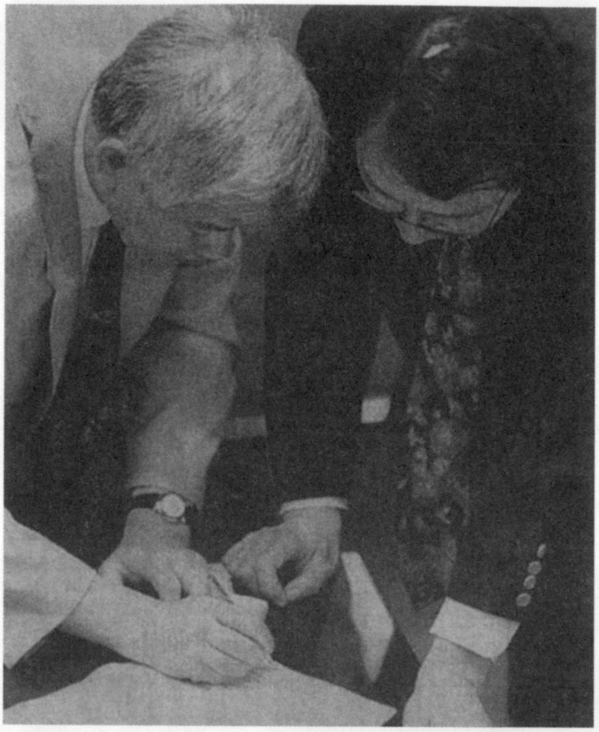

（攝影／中國時報林少岩）

「陽光法案」火車頭。同樣關注並催生「陽光法案」的盧修一和趙少康在《公職人員財產申報法》完成逐條審查的法制等聯席會後相互握手慶祝。

（聯合報提供）

第四章

用生命愛臺灣

愛得不得了

修一

第一節　扎深文化之根

盧修一連任第二屆立委之後，也贏得「文化立委」美譽，這緣於他兼具感性與理性的問政風格，積極為文化事務發聲、投入文化立法。

「立法院內關心文化事務的立委不多，盧修一是少見的異數」，盧修一的競選戰友洪瑞隆觀察。

滬尾文史工作室，草根文化運動挽救基層文化

其實，早在一九九〇年三月，盧修一就與一群志同道合人士：蘇文魁、李志仁、紀榮達、吳春和、李雲霖、駱文民等人，組成「滬尾文史工作室」。

起因是前一年，盧修一初征第一屆立委選舉時，一方面切身體會到淡水豐富的人文與自然資源，卻受限於過往戒嚴時期而無法深入調查整理、公諸於世；另一方面則深感臺灣風起雲湧的政治與社會運動，仍無法立即反映在文化與環境議題上。

「臺灣文化早就被大中國制式文化抽離出這塊養育它的土地與人民，也被功利取向的社會異化為懷古幽情，文化成了都市競逐遊戲之外的休閒生活飾品。那種人間愛、鄉土情的文化內涵若被掏空，對百病叢生的臺灣社會也只能袖手旁觀了。」[364]盧修一感嘆。

但是，他不容自己僅止於感嘆，因此從草根、基層、在地開始進行文化保存、環境保育和社會改造的扎根工作，與朋友共組「滬尾文史工作室」。

滬尾文史工作室舉辦認識淡水文史的系列活動，包括文化扎根、調查文史、古蹟導覽、培訓解說員等，並出版《滬尾街》季刊，報導淡水文史典故，由盧修一擔任發行人。**「《滬尾街》的發行和工作室的活動是一項新的實驗，將濃烈的鄉土歸屬感和使命感，提升為實際行動；對腳踏的鄉土做最落實的耕耘，以獲取活潑盎然的本土文化力量，創造另一條臺灣文化的出路。這種挽救行動是以草根文化運動來填埔基層文化的闕漏。」**[365]盧修一強調。

滬尾文史工作室更積極搶救文史、古蹟，參與的搶救事件不計其數[366]，諸如：搶救小白宮、湖南勇古墓、參與保護淡水河行動聯盟、搶救淡海新市鎮生態、處理貝塚遺址、推動雙圳頭水道、多田榮吉舊宅指定古蹟、程家古厝指定歷史建築等。

搶救文史資產可謂篳路藍縷，然而，初期的搶救成果並不全然順遂。

淡水「白樓」㉜就是一例。

一九九〇年十月，盧修一大聲疾呼保留淡水百年古蹟「白樓」。他還特別寫了一篇文章，以深情的口吻緬懷這因祝融之災將遭拆除的百年建築，呼籲各界正視淡水文史古蹟的保存與復舊修繕。他也批判《文化資產保存法》之荒謬。他如是寫道：

「聽到白樓要拆了！我實在感慨無量；這座落在山坡上的洋樓，在我念淡中時每次上下課途中，都會因它斑駁的外貌而生親暱之情，成了我鄉土情懷的一部分。

我不由自主地去翻我岳父的寫生集，他不少的淡水作品中，都有它的蹤跡。白樓是他的最愛；他老人家一定和我一樣，為白樓惋惜不已。

我們實在沒有理由去責怪屋主不尊重古蹟。這棟百餘年的老厝，大家都肯定它是古蹟，但從來沒有人、沒有團體或單位，要協助他們維護這間古蹟，拖到現在樓塌梁裂又遭火災。一方面還在喊要保存，另一方面有關單位卻又認定它是危樓非拆不可，否則出事要吃官司。白樓的最後一口氣，似乎是留來嘲諷我們《文化資產保存法》的虛假與荒謬。不過，這不就是我們對臺灣文化、古蹟所一向抱持的態度嗎？

白樓象徵著淡水過去的繁華，那題著『受天祿』、『富貴春』的火焰形大門。是黃金時代的見證，然而今日的殘破荒廢，卻無情地說明了淡水的沒落與衰微。淡水河帶給它和這個小鎮生命，這條河也結束它們的生命。

十月，停了快四十六年的渡輪又開航了，相信淡水的河口優越地位，將會再度被人重視。我一再主張立刻全面整治淡水河、基隆河，讓淡水恢復為全島船運網進入臺北都會區的入口，和淡水內河流域船運系統的起點。畢竟淡水的前途必須再度回到這條河去找。相信再加上捷運系統的完工、淡江大橋、河濱道路、新漁港，和我正在爭取的北投通水堰頭隧道若完成，淡水必定還有第二個『富貴春』和『受天祿』。

但是，若在追逐繁榮的過程中，失去有形、無形的文化資產，失落淡水人的文化素養；如此，一個蒼白失血如塑膠花船的鬧熱市鎮，哪裡像淡水呢？

誠願我愛的淡水能因著文化的重建，再度迸發充沛的生命力，開出健康繁茂的花朵。」[367]

身為淡水三芝人，盧修一關心的視角不囿於家鄉，更擴及一水之隔的八里。在八里出土，證明臺灣早在史前時代即有輝煌文明的「十三行遺址」，盧修一正是搶救急先鋒。

搶救十三行遺址　一九九一年四月三十日

一九九一年四月，面積廣達四萬平方公尺[368]的「十三行遺址」，這攸關一千七百年的臺灣平埔族文化遺址，卻因政府將之劃為汙水場用地而危在旦夕。

㉜ **#淡水白樓**：建於一八七五年，創建者為馬偕醫師的學生嚴清華。白樓曾是淡水知名豪宅，陳澄波、陳植棋、倪蔣懷、張萬傳、陳慧坤等畫家皆曾以白樓入畫。樓房幾經易主，一九九二年因傾頽而拆除改建公寓。

「十三行遺址」在哪裡？

為何輝煌的史前平埔族遺址會被劃入汙水場用地？

早在一九五七年，中研院的考古學者已在臺北縣八里鄉頂罟村，發現史前一千兩百年至一千七百年間的平埔族先人遺址。

然而，國民黨中央政府的兩個錯誤決策，卻使「十三行遺址」頻遭蔑視。

其一，一九八〇年間，內政部召開「臺閩地區古蹟評鑑會議」，結論指「本遺址相當重要，然現址已定為汙水處理場用地，為配合國家重大建設，不指定為古蹟。」[369]

其二，一九八七年，臺灣省政府住宅及都市發展局（今內政部營建署城鄉發展分署），也就是「八里汙水場」的施工單位提出環境影響評估報告書[370]供行政院環保署審查。但是，報告書中因未將「十三行遺址」列入，使得文化部門，包括文建會（今文化部）、內政部、教育部官員，和相關的古蹟研究學者皆未參加會議、說明，更遑論到現場會勘遺址，也就導致環境影響評估順利通過。

事件發展至此，一群關心臺灣史前文化的研究人員不忍看見古蹟被埋沒，遂自力救濟，著手搶救。

一九八八年，中研院歷史語言研究所開挖遺址。

他們一方面協調施工單位——臺灣省住都局——延後汙水場施工，俾使研究人員有時間挖掘、搶救文物；另一方面，研究人員卻又受限於人力經費，直至一九九一年六月，挖掘文物的進度僅完成〇．四％。研究人員眼看著與施工單位約定的時限將屆（一九九一年五月與八月挖掘完畢），只能嘆息怪手摧毀古蹟。

盧修一得知此事，深感不可思議。

一九九一年四月，他率先前往遺址會勘，隨後在立法院發難。他首先提出一項緊急書面質詢，強調這座遺址的珍貴價值、國際地位，並要求國民黨中央政府依法解決：

「臺北縣八里鄉十三行史前文化遺址，係臺灣地區少數擁有豐富古物的遺址，且對於臺灣與大陸，乃至於東亞地區、各族群間的互動關係，有其重要性，可謂是臺灣史最珍貴的文化資產之一。現已由有關單位專款補助，成立『十三行文化史前遺址搶救計畫』負責採掘。但省政府住都局為加速在該遺址上興建八里汙水處理廠，限該搶救計畫在六十天以內完成挖掘工作。而據中研院評估指出，為減少該工程施工造成古蹟的毀壞，至少須將施工期限展延至八月。為保存珍貴文化資產，爰要求行政院，依《文化資產保存法》第十八條及第三十三條之規定，盡速責成主管機關與臺灣省政府協調溝通，暫緩該工程施工，以利搶救計畫順利進行，特向行政院提出緊急質詢。」[371]

第二波發動同志在議場猛攻。盧修一聯合洪奇昌、戴振耀、葉菊蘭等「新國家聯線」

立委，加碼於五月七日再提出質詢。[372]同月，民進黨立委張俊雄也跟進質詢。

第三波是文攻。六月，盧修一親筆投書報刊，文情並茂向社會大眾訴求，要動員輿論呼籲中央政府正視。

盧修一要求中央政府收回成命之際，也期許民進黨籍臺北縣長尤清出力。他向尤清呼籲，臺北縣政府應依《文化資產保存法》第十七條與第十八條[373]，排除中央的限制、勇於承擔。他慷慨激昂為遺址悲訴，質疑國民黨中央政府「重中國輕臺灣」，竟要斬斷臺灣歷史的根：

> 「我們不禁要問，政府在做什麼？
>
> 我們的考古學者所認定的古蹟，卻被幾個內政部管理古蹟的人，以似是而非的『重大工程優於文化考古』一筆抹殺。
>
> 然而抹殺的，不是破銅瓦罐，不是一堆白骨，而是我們先人的遺物！
>
> **沒有遺物古蹟，我們如何追求自己的根？**我們的廟宇、古厝在兩、三百年之譜者，都列為古蹟，供人憑弔，可是，**十三行遺址中一千兩百年以上至一千七百年的古物，卻將被怪手摧毀殆盡**。我們不禁要問，是否臺灣的歷史文物微不足道，只有放在外雙溪的故宮才是歷史文物？
>
> ……一九五七年即被歷史學者發現的十三行遺址卻沒有列入環境影響評估的範圍，是官員沒有認真執行環境評估？還是對於「臺灣文化」視而不見？

……我們竭誠希望臺北縣政府加入搶救遺址的行列，寧可讓汙水處理場延後半年或十個月施工，也要將我們先人的遺物保存下來。

我們都知道——臺灣只有一個，歷史只有一次！」[374]

就這樣，盧修一從一九九一年四月到六月中旬發動三波攻勢延燒此一議題。

其後，輿論形成，六月至十月間，各黨各派立委都陸續表態了，包括執政的國民黨籍立委劉興善、陳癸淼、民進黨籍的魏耀乾等人紛紛提出質詢，批評政府輕視文化，要求中央政府重視文化資產保存。

態勢漸漸明朗，終於，盧修一的苦心沒有被辜負，十三行遺址終搶救成功，起死回生。

一九九一年十月上旬，盧修一收到一封公函，是由行政院函覆[375]盧修一、洪奇昌、葉菊蘭、戴振耀等質詢立委。

公函詳述十三行遺址的保存工作進度：

一、文建會保存遺址A區與D區，並加速其他區域之文物挖掘至九月底止；二、汙水處理廠設計變更，由行政院公共工程建設督導會報主辦，經費由環保署與臺灣省住都局分擔；三、現階段B、D、H區文物搶救及爾後F區挖掘的文物整理與分析，經費由內政部和文建會分攤，經費撥交中研院負責執行；四、遺址D區煉鐵作坊模型及爾後有關十三行遺址等文物陳列館由教育部主辦並負擔經費。煉鐵作坊由中研院併案辦理。

盧修一力挽狂瀾搶救十三行遺址，為我國文化政策、文化行政掀起莫大的改革力道。在文化法律興革方面，行政院審查中的《文化資產保存法》修正草案，因此增列「大型工程策定規畫前應調查工程範圍內有無古蹟及自然文化景觀等資產」等條文。在古蹟遺址調查方面，內政部與文建會也將共同辦理「全國遺跡調查」並建檔，避免未來類似情形再發生。

可以說，盧修一成功搶救、保存十三行遺址㉝，既撼動行政官僚窠臼，也創下文化資產保存的經典案例。不僅如此，他革新了中央政府、國人與國會議員的觀念，更願意重視文化立法，他也促使後續《文化資產保存法》修正案三讀通過，使古蹟保存計畫更加完善。㉞

儘管這位呼籲「重視文化、發揚文化」的「文化立委」促使我國文化政策邁進一大步，但是，他自身卻也曾因「重視文化、發揚文化」而付出昂貴的代價。

白鷺鷥歌謠授權鬧「雙包」　一九九二年下旬

「白翎鷥，車畚箕，車到溪仔墘，跋一倒，抾到兩仙錢……」

宣傳車所到之處，人們聽見這首人們耳熟能詳的〈白鷺鷥〉備感親切。

這是一九九二年年底盧修一競選立委連任，付費取得授權隨宣傳車播放的臺灣民謠

〈白鷺鷥〉。

但是，隨後卻有人向競選總部自稱是該曲的著作權人，並要求授權費。

盧修一很訝異，因為總部已付費取得授權，怎麼還有人聲稱有著作權來要求付費？

「因為使用歌曲的著作權鬧雙胞而深受困擾。」[076]盧修一苦惱地說。

競選總部為了不使選舉活動失焦，以和為貴，於是並未追查著作權的真正歸屬，乃付費解決了事。

只是，這首歌的著作權究竟屬於誰？疑問仍擱在盧修一心中。

盧修一採用傳唱百年的民謠作為競選宣傳歌，正是因為「重視文化、發揚文化」，希望喚起選民的在地文化情感、薰陶文化素養。他的競選活動最大的特色之一就是音樂，比如在選區舉辦「臺灣之愛」系列活動，帶人民欣賞戲劇、音樂，觀賞水鳥。

「只有親自辦一場音樂活動，才知道臺灣的城鄉差距㉟有多大。」盧修一和陳郁秀異口

㉝ **#十三行博物館**：十三行遺址經盧修一發聲搶救、保存、呼籲建館；直至二〇〇三年，臺北縣十三行博物館建成並開館，為我國第一座保存、展示史前文化的博物館。今名為新北市立十三行博物館。

㉞ **#搶救十三行遺址與修正《文化資產保存法》**：盧修一率先搶救十三行遺址使得《文化資產保存法》於盧修一任內，在一九九六年三讀通過增訂第三十一條之一和第三十六條之一；一九九七年再度三讀通過修正第二十七條、第三十條、第三十五條、第三十六條，古蹟保存計畫與相關辦法更趨完善。

同聲說。[377]

「臺灣只有一個，歷史只有一次！」盧修一的提醒如暮鼓晨鐘。

史前古蹟等有形的文化資產尚有立法委員呼籲搶救，那麼，無形的文化資產[36]呢？

盧修一夫婦化理念為行動，於一九九三年六月七日成立「財團法人白鷺鷥文教基金會籌備處」。

「當政治人物畢竟是一時，推展文化才是一輩子的事。」盧修一與陳郁秀語氣堅定。籌備處甫成立，他們就迫不及待下鄉舉辦「弦歌琴聲」[37]系列音樂會。第一場音樂會就在一九九三年六月十八日於臺北縣石碇鄉演出。

成立文教基金會，創造臺灣文化活水　一九九三年

人人朗朗上口的民謠〈白鷺鷥〉，如何活化再創造，同時賦予新意？

白鷺鷥文教基金會成立初始，以推廣本土藝文活動、建立真善美社會為宗旨。盧修一為了表現這個宗旨，親自寫詞，並由音樂家黃新財作曲，鎔鑄原作，創成新作〈白鷺鷥之歌〉：

太平洋　美麗島　青翠的草木　可愛的鄉土

白鷺鷥　白鷺鷥　山明水秀好逍遙　自由又自在

這裡是我的故鄉　這裡是我的故鄉
讓我祝福　讓我祝福　志在千里趕時代
（白翎鷥　車畚箕　車到溪仔墘　跋一倒　抾著兩仙錢）
太平洋　美麗島　青翠的草木　可愛的鄉土
白鷺鷥　白鷺鷥　民主旗幟飄也飄　花開一大片
這裡是我的故鄉　這裡是我的故鄉

㉟ **#一九九〇年代初期的文化城鄉差距**：比如臺北縣人口多達六十萬的中和、永和地區缺乏表演場地。石碇鄉有一所國中、五所小學，卻沒有音樂老師，遲至一九九三年上半年，石碇國中才終於有了第一件樂器——鋼琴。陳郁秀猶記初次參訪石碇國中，學生圍過來，她朗聲問：「你們想唱什麼曲子，可以跟我說，我彈給你們聽！」學生們卻不約而同回答：「我們只會唱國歌！」此使陳郁秀不敢置信。事後，盧修一就說：「妳看！妳們音樂家都不知道，古典音樂跟民眾實際生活差距太大了，文化需要推廣、需要普及！」不過，陳郁秀在石碇國中的演奏受學生的熱情迴響也使她感觸：「如果請觀眾來聽音樂比較難，那麼不如自己走到觀眾裡。」她發願要在一年內跑遍臺北縣二十九鄉鎮，為中、小學生舉辦音樂會，愈偏遠就愈要去。此為成立白鷺鷥基金會的原因之一。

㊱ **#活用臺灣民謠**：制式教育長期將音樂化約為中國歌曲、西方古典音樂家的作品。但是，傳唱民間數百年的臺灣歌謠呢？盧修一和陳郁秀認為，臺灣民間流傳數百年的民謠是臺灣自己的文化資產，是人民不可不知、不可不唱，而且應加以活用的無形文化瑰寶。此一理念也成為白鷺鷥基金會的宗旨之一。

㊲ **#弦歌琴聲系列音樂會**：從石碇的首場音樂會，直至一九九七年六月二十四日在萬里國小舉行的「畢業音樂欣賞會」，「弦歌琴聲」系列音樂會克服偏遠與場地限制，在臺北縣各鄉鎮共舉辦三十七場音樂會。

盧修一（中）是國會中少數關注文化政策、議題的立委，並和夫人陳郁秀（右二）籌辦「臺灣音樂一百年」等活動，讓更多人重視臺灣在地文化。

盧修一在白鷺鷥文教基金會成立當天和夫人陳郁秀上臺演唱〈白鷺鷥之歌〉。

讓我祝福　讓我祝福　前進腳步真矯健
（白翎鷥　車畚箕　車到溪仔墘　跋一倒　抾著兩仙錢）

太平洋　美麗島　青翠的草木　可愛的鄉土
白鷺鷥　白鷺鷥　稻浪滾滾閃金光　田園吐芬芳
這裡是我的故鄉　這裡是我的故鄉
讓我祝福　讓我祝福　立業美夢不虛空
（白翎鷥　車畚箕　車到溪仔墘　跋一倒　抾著兩仙錢）

盧修一寫作的〈白鷺鷥之歌〉充滿本土關懷，歌頌美麗家園，爭取民主、自由，祝福未來遠景，要表現當代臺灣人最真切的心聲。

「歌詞裡的白鷺鷥就是代表咱所有生長在臺灣這塊土地的臺灣人，白鷺鷥勤勞打拚，善良、合群，相信所有臺灣人的努力一定會為臺灣創造光明的前途！」[378]盧修一說。

這首歌曲於一九九三年九月二十二日，財團法人白鷺鷥文教基金會正式成立之日，在「白鷺鷥之夜——心靈的樂章」音樂會中首演。

此後，盧修一與陳郁秀同心領軍白鷺鷥基金會，傳承、活用、發揚、創新臺灣本土文化，初期以音樂推廣為主，無論偏鄉或城市，都有他們的足跡。純民間的白鷺鷥基金會可謂民間版的「文化臺灣的推手」。

他們兩人預見充滿歷史意義的關鍵年：一九九五年之到來。一百年前（一八九五年），清日戰爭簽定《馬關條約》，大清帝國將臺灣割讓給日本。為此，盧修一與陳郁秀構思以白鷺鷥文教基金會之力籌辦文化性的紀念活動，包括「臺灣音樂一百年」、「臺灣繪畫一百年」、「臺灣戲劇一百年」等。

不過，各文化領域專家受邀研商後認為，以民間之力舉辦太過困難，最後，盧修一夫婦決定專注於音樂主題，籌辦「臺灣音樂一百年」系列活動。於是，充滿使命感的兩人同心協力募款，邀請專家籌辦。

理想遠大、過程艱鉅，盧修一夫婦齊心打拚著。

授權「雙包」如何解？　一九九四年三月

盧修一雖然創作了〈白鷺鷥之歌〉，只是，當年「白鷺鷥」一曲鬧雙包的謎團，仍不時在他心中盤旋。授權雙包事件也使盧修一有切身之痛，深深體認到我國著作權問題複雜難解，已使善良的使用者感到困擾。

不過，觸發盧修一扛起著作權修法重擔，並不是因為攸關自身權益。

簡單來說，不是因為「白鷺鷥」鬧雙包，而是「三陽設計圖」鬧雙包。

一九九四年三月，盧修一走進內政部著作權委員會，欲求見主委王全祿。

那是王全祿第一次見到盧修一。

盧修一求見乃是因為一九九三年喧騰一時，纏訟至一九九四年的三陽公司控告下游廠商侵害設計圖著作權案。[38]訴訟雙方正在立法院發動遊說戰。為此，盧修一偕同三陽案的律師來到內政部著委會。

主委辦公室，會客時間一到，林秋琴律師、三陽工業的代表人、立委盧修一都來拜會王全祿，了解該案與《著作權法》的關係。

王全祿一看到三陽工業的代表，就忍不住大聲抱怨。

「你們這些人，為了一個訴訟案，我幾乎有兩年時間都沒辦法好好工作。」聲音宏亮的王全祿對於訴訟雙方頻繁派人來拜會、遊說，害他常常必須暫停工作而疲憊不已。

「這個案子已經進入訴訟了，三陽和幾十家下游廠商都來找我，我不是司法機關，我只

㊳ #**三陽公司控告下游廠商侵權案**：一九八四年和一九八五年間，三陽工業以野狼一二五CC活塞圖等引擎設計圖向內政部著作權委員會登記著作權。但廠商朱來旺等人認為該設計圖乃抄襲自日本，認為三陽沒有著作權，因此朱來旺等人取得日方授權後向內政部著作權委員會登記著作權，鬧出「雙包案」。由於朱來旺曾任三陽工業助理設計師，三陽工業董事長黃世惠便控告朱來旺等十多家下游廠商侵權，朱等人則反告黃世惠偽造文書、誣告等，此案喧騰多年，但也凸顯專利法與著作權法的漏洞。詳見：《聯合報》〈著作權法專利法有重大漏洞〉，一九九五年九月十四日，六版。

是行政官員，依法不可能介入訴訟案。在立法院你們兩邊都修理我。現在是怎樣？到底是哪裡『喬』不好？」王全祿愈講愈氣。

這時，王全祿注意到，三陽工業的代表人不知所措，頻頻向盧修一使眼色。但是，盧修一並未作聲。

王全祿的大嗓音迴盪室內大約半小時，盧修一終於說話了。

「我是全天下最凶的，但我一進來，看你比我還凶，你們部長對我講話還很客氣，你一個行政主管竟然這麼不客氣。我就很認真很仔細地聽，聽你到底為什麼比我還凶。我聽完之後覺得，你說得很對、你做得很對，我欣賞你，我支持你！」盧修一以幽默口吻化解尷尬，頻頻讚賞王全祿。

王全祿與盧修一素昧平生，只從電視新聞看過國會質詢氣勢驚人的盧修一，卻沒想到盧修一本人溫和又幽默，一點也不盛氣凌人。王全祿獲得盧修一當面盛讚，一時對盧修一留下深刻的印象。

王全祿或許不了解，盧修一向來欽佩有風骨、會做事的官員，王作榮就是一例。

在這場拜會，盧修一並未提及三陽工業設計圖訴訟案，倒是想起自己親身經歷的「白鷺鷥著作權雙包案」，遂就此直接向王全祿請教。

說起來，盧修一早已付費取得該詞曲的使用授權，問題是，竟然還有其他人聲稱是該詞曲的創作人，顯然凸顯音樂著作權的登記、授權與使用亟待管理。

討論中，王全祿向盧修一解釋，內政部著作權委員會正在草擬《著作權仲介團體條例》，若三讀通過並實施，著作權人可發起組成合法的「著作權仲介團體」㊴，並將授權事宜交由該團體，日後，「使用者」可以向該團體付費並取得授權。

這次會面之後，王全祿就沒有再私下見到盧修一。王全祿隨即忙於領導會內同事草擬《著作權仲介團體條例》草案。

一九九四年九月十二日，這項草案通過行政院院會，送交立法院審議。

「立法院有這麼多法案排隊。這個法案恐怕會在立法院躺很多年吧？」王全祿心想。

王全祿毫無預期，不到兩星期後，立法院就傳來消息。

主導程序，著作權仲介團體條例一讀　一九九四年九月三十日

一九九四年九月三十日，立法院第二屆第四會期第七次會議，一如慣例，院會由院長劉松藩主持。

㊴ **#著作權仲介團體**：由於科技工具與大眾傳播蓬勃發展，著作的利用人增加、利用方法多元，使得利用人與著作權人個別簽訂利用契約的情形已不可能，主因是過程繁瑣，且在急於利用著作的情形下已產生不便。因此，由著作財產權人組成「著作權仲介團體」，此團體介於著作權人與利用人之間，由此團體代著作權人行使權利，向利用人收取使用費。各國音樂著作財產權多以此為之。利用人只需向「著作權仲介團體」查詢、申請、協商費用並付費即可順利取得授權，運用著作內容。此名詞的法源，來自於一九九二年增訂的《著作權法》第八十一條。

藉由程序委員會，盧修一強力主張，讓《著作權仲介團體條例》草案排入院會討論。

其他先前送進立法院的法案，有的一躺數十年，毫無受到審查的機會；相較之下，九月十二日甫經行政院函送至立法院的《著作權仲介團體條例》草案不僅排入院會，院會還無異議順利通過一讀。

主席劉松藩宣布：「交由內政及邊政委員會和司法兩個委員會共同審議。」[379]

這個好消息傳到內政部著作權委員會，王全祿真是又驚又喜。

盧修一關注《著作權仲介團體條例》，緣於他切身遭遇過的音樂授權糾紛，體會到著作權授權問題複雜、嚴峻、在臺灣社會糾葛多年。欲健全臺灣文化環境，重視文化、活用文化、鼓勵創作，此條例無疑是關鍵法案。

只是，立法有各階段的門檻與關卡。

委員會的召集委員掌握該委員會的排案權。而盧修一在這個會期並不是內政委員會或司法委員會的召集委員，也就沒有權力將此案排入委員會內審查。

換句話說，除非這兩個委員會的召委有意願，否則要進入審查階段，恐待東風吹起。

一九九四年底，臺灣省長大選、北高市長選舉，盧修一忙於立法院工作，也因為擁有全國性高知名度而奔波於各競選場合站臺。他熊熊地燃燒著自己的健康，渾然不覺胸口上的一點陰影，已然漸漸擴大。

第二節　抱病為文化奮戰

「臺灣音樂一百年」並不只是一場音樂會，而是一系列數十場、大規模的文化活動。這項艱鉅的工程，在盧修一的支持下，陳郁秀帶領白鷺鷥文教基金會同仁積極籌備，從一九九四年起，基金會就陸續推出前導活動。終於，一九九五年三月起，在國父紀念館、國家音樂廳、國家演奏廳、國立師範大學、臺北市延平北路慈聖宮等地，舉辦十二場講座、學術研討會、攝影展，以及在臺灣音樂史上具有重要意義的各種主題音樂會。

盧修一雖忙於國會，陳郁秀也忙於教職，但是對於「臺灣音樂一百年」的籌備與展演，兩人投入的拚勁不亞於公務。

「臺灣音樂一百年」系列活動[40]的意義，是要呼籲國人用寬容健康的心態，讓臺灣百年來的悲情化為美麗的音符，再一次審視臺灣音樂傳統的變化與面貌。

活動開幕時，陳郁秀站上舞臺感恩致詞：「要感謝的不只是參與活動的學者專家，還有那些勇於面對心靈困境的勇敢的樂界先輩，他們足以代表當時臺灣人的心聲。」

驚惶的白鷺鷥，淒清的父親節

然而，就在這系列活動如火如荼進行之際，天外卻恍如擊來一束閃電。

誰也沒料到，陽光燦爛的盧修一將墜入生命最夜闇的深淵。

這次的對手不再是曾構陷他於黑牢的中國國民黨，而是：病魔。

這一年夏天，盧修一感覺胸部不適，赴臺大醫院檢查後，赫然得知自己罹患了肺腺癌。醫師保守估計，他的餘命僅剩半年至兩年之間。

盧修一擔心妻兒煩惱，瞞著家人安排手術時間，隻身收拾了小包袱，就到臺大醫院切除惡性腫瘤。

「你們怎麼都沒有人陪盧委員來開刀？」心疼的臺大醫院醫護人員致電盧家。接到電話的陳郁秀呀然而將近昏厥，打起精神趕到臺大醫院探病，見到慢慢醒轉的盧修一，憂心忡忡卻又歉疚不已。

陳郁秀記得，一九九一年「四一二事件」時，盧修一在議場遭暴警四度痛毆，後來由民進黨同事送進臺大醫院時，醫生曾語意模糊地說他胸部有一塊陰影，日後須追蹤檢查云云。怎奈，出院後兩年之間，盧修一忙於推倒舊國會、廢除《刑法》一百條等惡法、國會全面改選、倡議制憲及修憲、推動臺灣入聯合國公投、為臺灣省長和北高兩直轄市長大選助選，儘管曾再到臺大醫院做追蹤檢查，卻沒有聽出醫師模擬兩可的弦外之音，致令健康蒙上陰霾。

八月八日父親節，盧家向來笑聲滿溢的客廳，見不到幽默的男主人，熱天裡卻彷彿空氣冷凝，低氣壓籠罩，盧家人連嘆息聲也發不出。

昂揚的白鷺鷥因雷擊而驚惶翻飛，再拍翅，已帶著一抹愁緒。

病榻前，讀高中的次女盧佳君和讀國中的盧佳德也來了，他們看到漸漸康復的盧修一，如釋重負。

只是，眨著一雙大眼，柔美聰穎的盧佳君，心中隱忍、積累一股難言的痛惜：「他不是最愛自己，也不是最愛媽媽。他如果最愛自己，就不會勞碌成這樣，不眠不休，連坐下來好好吃一頓飯都不可能。我覺得爸爸最愛的應該是臺灣吧！其次才是愛我們。他為了臺灣，真的好熱心，不必睡覺似的。以前他在立法院為什麼要這麼拚呢？為什麼要這麼

㊵ **#臺灣音樂一百年系列活動**：一九九五年三月四日至一九九六年十二月二十九日，陸續舉辦「認識臺灣音樂入門」市民講座、「臺灣音樂一百年」學術演講會、「臺灣音樂一百年巡禮——開鑼之夜」音樂會、「室內樂之夜」音樂會、「臺灣音樂一百年」師大講座、「鑼聲響起——南北管之夜（北管之夜）」音樂會、「鑼聲響起——南北管之夜（南管之夜）」音樂會、「臺灣歌謠思想起——族群篇」音樂會、「臺灣歌謠思想起——在地篇」音樂會、「西樂在臺灣——管弦樂之夜」音樂會、「影像中讀臺灣音樂史」攝影展、《回故鄉情 展望未來——歲末新臺北》歲末音樂會。

打抱不平呢？為什麼會氣到要和別人發生肢體衝突呢？他最愛的就是把臺灣變成政治上理想的境界。」[380]

前一年（一九九四年）夏天遠赴美國紐約留學，長女盧佳慧從越洋電話中得知盧修一的病況，驚異、傷心又心疼，「爸爸個性就是這樣，他寧願自己躲起來，也不願讓我們看見他的痛苦，替他煩惱。」

看著盧修一憔悴的面容，陳郁秀曾動念欲控告醫師，但是盧修一勸阻她：「與其如此，不如把時間拿來好好照顧我。」

盧修一休養之際，期望能恢復健康、看到三個兒女長大並完成夢想。

競選第三屆立委連任

手術後半年，就是第三屆立委大選了。

每一任立委的任期三年，盧修一已經問政六年了，他該挑戰第三任立委嗎？

盧修一輾轉反側，念念不忘自己「新國家，新憲法，新政府，新社會，新文化，新人民」的從政初衷。

術後，他的身體漸漸康復，情況連醫師都肯定。

於是，白鷺鷥再度飛起，遨翔天際。

盧修一出席「臺灣音樂一百年」系列活動，舞臺上，人們見到神采奕奕的他，比自己健康還開心。

是年，盧修一以「用心愛臺灣」的訴求參選第三屆立委，這一次，他不再如往年那般幸運抽到籤王一號，而是三十四號。

選舉是政壇最激烈的戰場。在同一個選區內，盧修一的助選員聽見其他候選人的助選員許多不堪入耳的攻擊：

「不要投給盧修一啦，他生病了，投給他是浪費啦！」「盧修一不會好了！」「請珍惜你的票，投給健康的○○○！」「不要投給盧修一，讓他好好去養病！」

亂竄的耳語無異於宣判盧修一政治與生命的死刑，總是聽得盧修一的助理和助選員悲憤難平，最後，他們往往念及盧修一的風範而隱忍下來。

心胸寬大的盧修一看盡世事，他了解人性，也對明暗各處來的搶票行為了然於心。他不反擊他人的攻訐，而向選民如是說：

「感謝您的關懷與祝福，懷著感恩的心，白鷺鷥即將再出發，為了追求真善美的新臺灣，我將全力以赴，期待您再疼惜、再支持，給臺灣一個機會，也給盧修一一個機會。」[381]

陳郁秀也曾在拜票時被質問：「他不是得癌症了嗎？」她當場紅了眼眶。

盧修一則是笑著握住選民的手說：「我祝你身體健康！」結果對方反而羞紅了臉。

他標舉清白從政的理念和軌跡，一如白鷺鷥。他強調在過去的兩任六年立委，「我沒有

忘記自己是臺灣的子民，反對黨的一分子，更沒忘記自己是鄉親所託付的民意代表。因此，我堅持三點承諾：第一、做一個清清白白的民意代表，不搞特權、不包工程、不非法關說；其次、做一個全心全力的專業立委，全力出席會議，全心審查法案，隨時反映民意；最重要的是身為臺灣反對黨的一員，我要做一個堂堂正正的反對黨國會議員，為維護臺灣人尊嚴、堅持臺灣獨立理念、實現民主憲政而奮鬥……[382]**」**

盧修一的心念隨著〈白鷺鷥〉歌謠穿街過巷，選民們低吟著歌，對盧修一依舊寄予殷殷厚望。

一九九五年十二月二日晚間，投票結束，選票開出，盧修一以七萬五千二百零三票再度連任立委。

在同黨同志競爭下，一心為臺灣做事的盧修一仍獲廣大選民支持順利連任。

雖然他不再是該選區的第一高票，但可堪告慰的是，他的票源被同黨的其他立委瓜分，可謂多護送了幾席同志當選。

讓臺灣歌謠源源不絕　一九九六年三月

一九九六年二月，立法院議場，盧修一宣誓就任第三屆立委。

第一個會期，盧修一加入內政委員會，並被選任為該委員會的召集委員，享有排案權。他排定許多重要法案審議，包括《著作權法》修正草案[383]和《著作權仲介團體條例》草案。但優先順序仍需與另一位召委（國民黨籍）溝通。

好不容易，趕在該會期結束之前，盧修一主動將《著作權仲介團體條例》草案排進內政委員會審查時程。

他規畫在六月十七日上午舉辦公聽會，下午進入實質審查，六月十九日也排定審查。

盧修一如此迫切將《著作權仲介團體條例》草案排入議程、加快立法效率，一言以蔽之，他與時間賽跑有幾個原因。

遠因是可預見的未來。網路、衛星電視、多媒體興起，勢必使用到許多著作，若不盡快立法管理，這類糾紛會愈來愈多，也將無法活化臺灣文化、鼓勵創作。

近因是眼下的著作權糾紛叢生，已導致臺灣歌謠文化難以推展、危害文化創作。

諸如，有人自稱是某歌謠的著作權人而收取高額版權費，也有人冒名向內政部著作權委員會登記著作權人，還有就同一首歌向使用者重複收費的情形；臺北市政府還因舉辦「二二八美展」邀請音樂團體演奏臺灣歌謠，卻因版權問題而改弦易轍。盧修一注意到，著作權亂象已使臺灣歌謠文化蒙上陰影。[384][385]

「根本解決之道在於重新修訂著作權法，而音樂著作權仲介團體林立也是其中一大亂源。[386]」國策顧問暨「中華民國音樂著作權人聯合總會」會長許常惠一語道破。

總之，盧修一實踐理念，他扛起重擔，欲在立法院召開公聽會、主導《著作權仲介團體條例》審查，為此，他還拜會音樂界大老許常惠教授，獲得許常惠應允出席公聽會。這一來，音樂界各山頭紛紛同意出席公聽會。

東風吹來，盧修一矢志要在這個會期內完成這項條例的審查。

眾聲喧嘩的公聽會　一九九六年六月十七日上午

六月十七日，可謂文化界的盛事。

上午九點鐘，立法院第三會議室，場內座無虛席。

這是立法院第三屆第一會期內政及邊政、司法兩委員會審查《著作權仲介團體條例》草案第一次聯席會議。公聽會的主席，也是內政及邊政委員會召集委員的盧修一，正是召開此一會議的推手。

環顧全場，共有十九位立委出席、二十二位立委旁聽，還有眾多列席官員：內政部著作權委員會主任委員王全祿、內政部政務次長楊寶發、法務部政務次長林錫湖、法務部參事張明珠等人；不僅如此，眾多著作權相關人士及機構代表也都前來旁聽。

王全祿屏氣凝神，靜待會議開始。

這是王全祿第二次見到盧修一。

以執政的國民黨過去前例來看，國民黨努力護航的法案，通常會比較快進入審查，甚至迅速三讀通過。然而，國民黨力拚加入ＷＴＯ的關鍵法案——《著作權法》修正草案在四月五日院會中完成一讀後，並未被內政委員會等聯席會排入審查，反而是兩年前（一九九四年九月三十日）完成一讀的《著作權仲介團體條例》草案，終於可望實質審查。[387]

對王全祿來說，不論《著作權仲介團體條例》草案或《著作權法》修正草案都是內政部著作權委員會同仁努力的結晶，如今草案終於能進入審查，相當欣慰。尤其，王全祿即將離開服務多年的內政部著作權委員會，轉任考試院考試委員，若能在任內完成審查，也算了卻一樁心願。

眼下，出席委員達到法定人數，盧修一宣布開會，直指今日的重頭戲：「行政院函請審議《著作權仲介團體條例草案》」。

盧修一首先說明《著作權仲介團體條例》草案送來立法院近兩年遲未能排入議程。他身為召委，安排星期一、星期三，期望能順利完成審查。上午先舉行公聽會，邀請專家學者列席。

他也指出，內政部所擬定的《著作權仲介團體條例》草案，法源是一九九二年增訂的《著作權法》第八十一條：「著作財產權人為行使權利、收受及分配使用報酬，經主管機關之許可設立，得組成著作權仲介團體。前項團體之許可設立、組織、職權及監督、輔導，另以法律定之。」

公聽會開始，主席盧修一首先邀請此條例的主管機關——內政部著作權委員會主委王全祿報告。

王全祿首先說明為何現況會有多達十幾個著作權仲介團體㊶，並指出現況眾多仲介團體是依《人民團體組織法》成立，未來立法院通過《著作權仲介團體條例》施行，仲介團體即需依此條例成立、運作。

王全祿直指草案最大的爭議是：仲介團體數目是否需加以規定？

「現在團體愈發多元，單一團體很難面面俱到，而且人團法開放了，再回頭限制僅能有一個著作權仲介團體，會引發很大的爭議，所以我們內政部提出來的條文是沒有限定。」王全祿說明。

盧修一早已將草案研究透徹，他指出草案中可望解決現況仲介團體眾多、著作權人重複授權、使用者重複付費問題的三個條文：

「《著作權仲介團體條例》第三條：『同類著作財產權人依照本條例組織登記成立』，何謂同類？第十條『著作財產權人不得同時參加兩個仲介團體』，就是一馬不能配雙鞍；另外，第四十三條規定，在本法通過後，現在所有的仲介團體一年後如果不辦理登記便會失去管理的權利。」

隨後，盧修一邀請眾多著作權仲介團體發言。

「中華民國音樂著作權人聯合總會」會長許常惠教授首先肯定此一條例的必要性，「音樂著作權仲介團體最早成立於一八五一年，到今天已經有一百四十五年，我們已落後了一百多年，現在我們還在討論，這是一件很悲哀的事。」

㊶ **#主管機關立場——為何會有數十家仲介團體？**：遠因是「母法先天不良，子法難以擬定，人團法箝制」。一九八五年版的《著作權法》第二十一條要求，著作權人和使用者合組一個團體，結果卻窒礙難行。理由有二：一、著作權人和使用人的立場對立，而且全國百姓都是使用者，很難與著作權人合組一個團體；二、著作權法未規定該如何設立團體，只能依《動員戡亂時期人民團體組織法》，且人團法規定一種團體只能一個。

近因是「人團法修法，仲介團體暴增」。時序演進，主管機關決定在《著作權法》增訂第八十一條，使主管機關可以依此訂定特別法來管理團體。不料，第八十一條尚未通過，《人民團體組織法》卻修法了，而且不限團體數目。這導致：一、團體暴增；二、著作權人參加很多團體重複授權；三、各團體都向使用人要求付費。

「一個國家的文化水準可以智慧財產權的保護程度為衡量標準……它的維護關係到藝術、文學的創作與推展，這是不能忽視的。以音樂著作權在當前的社會來說，它是非常特殊、無形的，但在傳播上卻是最廣，也最容易侵犯的。基於此特殊性，我們需要專門的法令與專門的機構來管理。」

許常惠主張著作權仲介團體應該分類，同一類成立一個仲介團體，並強調他觀察全世界的經驗，音樂著作權「只有一個團體才能管得好」。並反對現況光是音樂著作權相關仲介團體就多達十四家[42]，呼籲音樂著作權人團結，「如果我們不團結，音樂仲介團體是做不起來的！」

許常惠細數問題的源起與轉變提出許多建言，主席盧修一也加以歸納：「許會長在發言中沉痛指出，從一八五一年法國立法以來，我們現在已經落後人家一百四十五年了。另外，他也認為仲介團體應該一元化[388]，而不應該多元化，以避免紛爭；但是根據著作權母法，並未有此明確規定，加上部分亦牽涉到民法有關規定，因此必要時也該同時做一修正。」

接著上臺的是「臺灣歌謠著作權人協會」理事長林二。

林二：「我以一個音樂家的立場，向各位道歉，因為這其中的原因之一，便是由於我們音樂家本身不團結所導致。……過去著協（中華民國著作權人協會）裡有許多音樂家以外的理監事，因此得不到音樂家的信任而紛紛離開，才造成今天的局面。」

林二也主張，同一類的著作權人應組成一個仲介團體。

㊷ **#音樂著作權人立場——為何會有數十家仲介團體？**：許常惠指出，早期我國著作權被亂用、輕賤，三家電視臺在未取得授權甚至無任何知會下就使用他的音樂，還表示：「我是看你名氣大才用你的作品，人家拿錢來要我們打歌，我們還不一定用。」他曾邀集音樂界人士向內政部提出成立音樂智財協會，卻因動員戡亂時期而不予成立。一九七六年，我國盜版、盜印的書商太多，政府限於內外壓力成立「中華民國著作權人協會」，但是未進行分類，而是包括所有著作權。

一九八五年《著作權法》修止，敗筆是第二十一條，「它規定音樂著作權人可以和音樂著作使用人合組仲介團體。但這是絕對不可能的，因為兩者只有衝突，屬於勞資雙方的問題；音樂創作者屬於勞方，電視、廣播、電影公司屬於資方，試問弱者如何跟強者談呢？」

當音樂著作權人和使用人依據第二十一條欲合組仲介團體時，法律適用問題出現了。「一九八五年人團法還沒有開放，到底人團法在上，還是著作權法在上？我們都搞糊塗了，因為著作權法規定可以成立，人團法卻規定不能成立，政府法令讓人搞不清楚。」許常惠說。

根據《人團法》，由於先前已經有一個著作權團體——「中華民國著作權人協會」（以下簡稱「著協」），因此音樂著作權人和使用者只好勉強在「中華民國著作權人協會」之下成立「中華民國著作權人協會音樂著作使用協會」（以下簡稱「音使會」）。但是「音使會」成立後無法產生太大作用。「音樂界的人非常不滿，原因是大家認為光是音樂就夠複雜了，這麼多性質的團體擠在著協裡，音樂占不了多少。此外音樂人認為何要勞資雙方呢？為什麼電視公司、廣播公司都要進來呢？」許常惠說。

一九八九年，《人團法》開放，值此契機，音樂著作權人合組成立「中華民國音樂著作權人協會」（簡稱「音協」）。「音協」籌備時曾獲「著協」、「音使會」承諾，將把相關業務合併。「然而『音協』成立之後，『音使會』並未移交相關業務。『音使會』的食言更造成了音樂著作權人對『著協』，乃至『音協』的不信任。」許常惠說。此後，音樂著作權人紛紛離開「音使會」、「音協」，仲介團體如雨後春筍成立，光是音樂著作權有關的仲介團體就多達十四個。

「站在國家發展的長遠立場來看，無論對使用者的便利或在經費的考量上，都應該以一個為恰當。……剛才我也和許教授說過，我們兩個作家協會要開始合作。」林二也建議，「既然現今法制下無法限定一個（仲介團體），本人以為以功能來分也不失為可行的辦法，例如錄音、公開播送等分類。」

其後發言的著作權人代表陳俊仁亦主張音樂著作權應該另外成立仲介團體，並限定以一個為宜。並主張，「為保障真正具創作水準或出版實力之音樂著作權人之各項權益，避免『人頭音樂作家』之欺矇侵害，音樂仲介團體必須於組織章程上嚴格要求音樂著作權人之資格認定」。

對此，主席臺上的盧修一表示：「**對於是否另外單獨成立一個音樂著作權人協會，是值得考量的，法國在一八五一年時就已經單獨成立了。等一下我們請列席的官員代表對此說明。**」

但是，對於團體數目，「中華民國著作權人協會」汪渡村卻有不同看法。

汪渡村發言：「值得重視的是憲法中關於人民結社權保障的問題，如何能強迫音樂著作權人加入哪個唯一的團體？……要強制成立一個單一的團體，恐怕必須要有一個很強的公益理由，否則是有困難的。」汪渡村並認為，仲介團體單一與否與保障著作權人利益並非必然關係，唯有認真監督與有效管理才能保障著作權人利益。

至於著作權人資格的認定。根據草案第三條「由同類著作之著作財產權人依照本條例組織登記成立」，汪渡村問：「『何謂同類著作之著作權人』？是否一首歌也算？即像剛才一位先進所言的『人頭音樂家』的問題？……我們著協的理事雖然有些並不是十分有名，但也不能排除他身為音樂著作權人的資格。」

汪渡村也質疑草案第七條給予主管機關過大的權限來許可仲介團體成立。

聽到汪渡村的反對意見，盧修一快速歸納：

「現在問題愈來愈多了，例如，音樂著作權人仲介團體是否只限於一個，是否可在第三章組織中增設，等會請列席的王主委說明。至於若限定為單一的仲介團體是否牴觸母法？是否需再修正值得考慮。」

「而第三條中『同類著作之著作財產權人』中『同類』的定義為何？是狹義還是廣義？另外，第七條中內政部的權限是否太大？這些都值得斟酌。」

接續發言的是使用者代表，「中華民國廣播電視音樂著作使用人協會祕書長」周從熹。

「我們希望仲介團體能以單一為限。我們現在已經面臨重複授權、重複付費的情況，希望這個問題可以得到解決，不要讓我們再被剝很多次的皮。」呼籲主管機關明訂音樂著作和錄音著作合而為一，由單一仲介團體管理。「建議先行通過過渡條款，自即日起暫時凍結任何音樂使用或錄音的團體，並希望主管機關出面協調，使現行的仲介團體合而為一……讓使用人合理付費，以正面鼓勵詞曲創作者與錄音工作者。」

周從熹另建言，應明定使用費率、管理費率的計算與標準，「並且由主管機關、利用人及仲介團體共同研究訂定。」周從熹並要求付費能確實分配給著作權人。「我們並不清楚目前分配的狀況，但希望所付出的金錢都能到每一個著作權人的手上。」

由於周從熹提及不少技術性細節，盧修一特別說明：「條例通過之後，乃有關仲介團體的母法，而未來還有施行細則、辦法、要點等，所以並不一定所有內容都要規定在此條例中。」

接續發言的既是使用者也是著作權方，「中華民國錄音著作權人協會」祕書長李瑞斌。

李瑞斌表示著作權是一種私權，應該自由競爭，不能強迫加入哪一個團體，「站在錄音著作權人的立場，我們支持成立多數的仲介團體。」並表示，「任何一個詞曲作者或錄音著作權人並不一定要加入哪一個單一團體，他可以委託律師主張他的權利，因此，剛才使用人代表對於單一團體的主張，仍然不能解決需要面對的權利人的問題。」

另外，李瑞斌質疑草案第四十三條的矛盾，既提到「本條例生效公布前已管理之事務尚未了結者應繼續處理」，卻又提到「本條例公布前已依法成立為著作財產權的管理之團體，自本條例公布生效日起不得管理」。李瑞斌強調，現況是仲介團體與使用人已簽有合約代為收費，「但是在談續約時，條例通過了，那麼按照規定，這些團體不得處理新事務，此種方式將會破壞現有團體和使用人建立好的秩序。」

李瑞斌也指出「概括授權」的問題，質疑草案第二十六條「……會員退會前，仲介團體與利用人訂定之個別授權契約或概括授權契約，其效力不受影響」。李瑞斌舉例，「假設甲加入A團體，後來離開A團體加入B團體，可是A團體仍然可以就甲所有的授權繼續管理，因為這牽涉到概括授權。如果這條文未經修正而通過的話，我們可以預估，取得合法授權的仲介團體無權管理著作物，反而是已經終止授權的仲介團體還可以管理仲介物，將帶來困擾。」

著作權人和使用者的代表陸續發言完畢，盧修一先邀請王全祿答覆。

盧修一接著邀請法律專家發表看法。

首先發言的是律師蔡雪苓。

蔡雪苓強調業界對《著作權仲介團體條例》期待已久，而且重點在於音樂著作權與錄音著作權之仲介。並支持團體以一個為宜。「世界各國中，除了極度強調契約自由、經濟自由的美國之外，幾乎每一國只有一個仲介團體，本人也認為如此較為合理。」

此外，蔡雪苓建議主管機關能完善運作、監督仲介團體收費、分配金額。

至於先前李瑞斌提及的「概括授權」議題。蔡雪苓建議，會員先前訂定的個別契約或概括授權契約應繼續維持，建議修改該條文的但書。

盧修一接著邀請律師蕭雄淋發言。

蕭雄淋指出，草案應明確界定著作權仲介團體是公益團體還是公司；若是公司，未來主管機關若缺乏嚴格管理，是否會對使用者不利？

此外，蕭雄淋也認為草案第三條「同類著作」的分類標準並不明確。另外，關於同類仲介團體應該設立單數或多個，蕭雄淋指出，德國、日本、比利時的仲介團體都是一個；惟美國雖有三個，但美國人口是臺灣的十倍。因此建議在條例中明定同類仲介團體只能設立一個。

至於使用費率，蕭雄淋認為依草案來看，未來仲介團體壯大並擅自提高使用報酬率而造成對使用人予取予求的可能性極大，建議參考日本立法例，由主管機關設立一個著作權審議及調解委員會，並強化審議與調解委員會的專家功能。

對於會員退會後的契約效力，蕭雄淋直指恐造成「雙重授權」情形。

接著，盧修一再請著作權方代表發言，先邀請「臺灣區視聽錄音工業同業公會」總幹事關介福發言，關介福也同時代表「中華民國有聲出版事業協會」表達立場。

關介福主張仲介團體應以多團體為之，價格由政府依照《著作權法》在審議時做調整；而且為了費用的計算與支付，「仲介團體依需要可隨時請求使用人提供使用清單。」

關介福也針對解釋範圍提出建議，「音樂著作應該以公開演出為一範圍，錄音著作應該以公開播送為其範圍，而視聽著作應該以公開上映為其解釋範圍，且個人認為必須有兩家以上的團體，如此才有選擇的空間。」

關介福也問到，依草案條文規定，凡著作權人即符合會員資格，「那麼，如果著作者是外國人，其授權於臺灣，是否也算會員，或是須先經我國駐外單位認可後才被承認？」

另外，「關於第二十五條內容後段，一定期間內不限次數使用仲介團體所管理之全部著作財產權，本人在此代表兩會建議改為依雙方約定。因為若是不限次數，恐怕會帶來相當大的困擾。」關介福直指。

盧修一接著邀請著作權人代表李修鑑發言。

李修鑑堅決表示：「站在作家的立場，希望仲介團體數目只有唯一一個。根據國外經驗，單一仲介團體才能妥善地保護管理著作權人的權益，所以單就此點，個人非常堅持。」並且建議，規定仲介團體不得代為管理非會員的著作財產權，否則應予處罰。

盧修一接著請版權代理人林明輝發言。

林明輝對現況感到憂心，認為這場會議難以解決著作權人受侵害的亂象，原因諸如：一、臺灣僅兩千萬人口卻存在各種名目的仲介團體；二、某些仲介團體未取得著作權人同意，即已代向使用人收費，並遲遲不付費給著作權人；三、草案規定「使用人不提供使用清單或使用清單錯誤情節重大者，得終止其契約」，卻無訂立罰則，無法保障著作權人權益；四、許多歌謠自先民流傳，原創人不可考，因而統稱民謠。「但後人賦予新曲新律譜成歌曲進而發揚光大，引發出歸屬不明的著作權問題，此時有誰能提出可供證明的具體資料？所以本人認為在著作權人無法獲得基本的尊嚴及重視，且旁人既不明察又無的放矢時，即使訂定法律，依然無法有效解決著作權問題。」

盧修一接著邀請師範大學音樂系主任陳郁秀發言。

陳郁秀雖是盧修一的妻子，卻是正式受邀來參加公聽會，並以著作權的使用者立場表達意見。她說道：

「今日本人是以一個使用者的身分來提供些許意見，期盼能成立一個單一、公平、互惠、具公信力的仲介團體。首先為權利人之確定；其次為權利人權益的享受期限及標準；再者為權利人授權之範圍及期限；此外，是使用報酬之標準。」

「另，個人於師範大學任教、負責國中小學教科書的編制標準，在評定標準時，製作了許多民謠，但是由於許多權利人下落不明、尋找不到，導致在製作時發生了許多問題。而且，當製作輔具教材錄音帶時，由於每首曲目皆要付費，使得每卷製作成本遠遠超過政府所給付的費用，所以個人衷心期望能夠盡快成立單一的仲介團體，讓大家有所依循。」

盧修一接著邀請英國倫敦大學訪問學者，研究「新科技對著作權影響」的葉茂林發言。

葉茂林強調，草案中應該針對未來多媒體使用著作權將衍生的問題加以解決。諸如：一、應明訂重製權，因為未來多媒體要運用到著作權的機會實在太多；二、多媒體的成本遠不如唱片公司，將來訂定授權金收費標準應該將多媒體產業另外考慮在內等；三、草案規定在會員退會維持原有的概括授權契約效力。但是，站在權利人立場，對於許多現今尚未開發，但未來將發明的科技，利用人是否可以利用此概括授權的契約並付相同的費用，實在值得商榷。

這時，上來發言的是立委蘇煥智。

蘇煥智說：「今天盧委員開始審查此一法案，著實讓我感到意外。因為《著作權仲介團體條例》是一個非常複雜而專業的法案，坦白說，像我們這種曾經擔任律師，而且在執業律師時期對著作權也花費了許多時間鑽研的人，離開律師職業之後，其實有很多東西仍無法在短時間內充分掌握。」

蘇煥智先是「話中有話」，後又強調著作權包羅萬象，真正有此仲介團體需求的就是音樂著作權人，認為應針對最有迫切需求的音樂界，擬定「音樂著作權仲介團體條例」才是務實之舉。

此外，蘇煥智也贊同蕭雄淋律師，「仲介團體應明確地定位在公益社團法人」，否則，「將來這個團體長大以後，可能會成為『兩邊通吃』的『怪獸』；它既『吃』著作權人，也『吃』一般的相關人員。」

與盧修一同屬民進黨籍的蘇煥智於一九九三年起擔任第二屆立委，晚盧修一一屆進入立法院。事實上，蘇煥智也曾在立法院召開公聽會討論《著作權法》議題。觀其發言內容，似有別苗頭之意味。

待蘇煥智發言完畢，盧修一也在主席位上回應：

「謝謝蘇委員的高見，不過，您的建議恐怕在實際運作上有困難；因為我們剛才講過是根據《著作權法》第八十一條審理《著作權仲介團體條例》，事實上，我們也不能只顧及解決音樂著作權的有關問題。

當年在美國『三〇一』條款的壓力下進行《著作權法》大翻修時，我已經在立法院了。不過，現在回想起來，還好有美國的壓力，否則還不知道《著作權法》何時才會修訂呢。說實在的，我們法律的修訂趕不上社會進步的速度，因此衍生出許多問題，尤其以立法院目前的議事效率來看，要想順利通過此一條例相當不容易。」

盧修一接著邀請中華民國音樂著作權人聯合總會祕書長汪臨臨發言。

汪臨臨首先批露，該會向KTV收取會員之音樂著作權供該演出費時出現困難，訴諸法律後，該會在一審、二審均敗訴，法院認為依據「默示權」原則，亦即詞曲作家創作並交由唱片公司出版後當然知道它會做成錄影帶、錄音帶，並由使用者公開播放或公開演出，因此判定該會無權收費。

汪臨臨不滿地說，「既是如此，今日審查《著作權仲介團體條例》豈非多餘？個人以為正義的最後一道防線——司法機關若未能注意到著作權主管機關保護著作權人的基本精神，是非常遺憾的事。希望相關主管機關對此議題有一調合之共識。」

汪臨臨也要求嚴審著作權人資格，「既然仲介團體不一定會整合成一個，政府主管機關在允許仲介團體成立之前，希望能嚴審其所有提供資料及相關條件，務必杜絕有不法紀錄及違法行為之團體『漂白』闖關。」

繼而發言的是家喻戶曉的廣播節目主持人、「臺灣歌謠著作權人協會」常務理事李季準。

李季準為民謠未受法律保障抱屈，並提醒，「光復」後我國才開始讓著作權人登記著作權，因此「光復」前出版之歌曲如〈望春風〉、〈補破網〉、〈雨夜花〉等，創作者均無著作權且未受法律保障；過去三家電視臺的綜藝節目每星期只允許播出一首歌。

李季準也呼籲，莫忘不計名利研究音樂歌謠的專家學者，「我們在主張權利的時候，不妨想一想前人付出的心血……如果要成立一個以音樂為主的著作人仲介團體，一定要容納那些走在前面披荊斬棘的人，因為原本可能散失的好作品，幸虧有他們的努力才能保存到今日。原住民的音樂、雕刻、藝術也一定要曾經到過高山研究、了解它們的專家學者，才可能幫助他們維護應有的權益。」

聽見李季準談起臺灣民謠，主席盧修一也說話了：

「四年前我競選第二任立委時，曾經因為使用歌曲之著作權鬧雙胞而深受困擾，剛巧這個會期我有機會擔任本委員會召集人，有優先安排法案審查的權力，才將此一法案排入議程，否則還不知道要擱置到什麼時候。」

旋即，他向與會者訴求「存大同而捨小異」以求完成審查。

「……我們今天的會議絕不是爭權奪利大會，更不是批鬥大會，我們在今天的會議裡要先達到『存大同而捨小異』的共識，將《著作權仲介團體條例》制定完成，讓政府有法源依據可以輔導、獎勵甚至監督這些仲介團體，使他們逐漸走上正軌。」

接續發言的國民黨立委趙永清也支持盧修一，「我希望今天能夠審查出一個結果，詳細的條文若有修正，還可以在院會上進行。」

新科民進黨籍立委陳其邁建議利用今日場合直接整合現有團體：「過去蘇煥智委員曾經出面整合著作權相關團體，結果誠如王主任委員（王全祿）所言，似乎愈整合這類團體反而愈多。基於前述事實，我建議主席藉由今日幾乎全臺所有與著作權相關團體都來此參加會議的機會加以整合，相信對未來著作權的保障比較有利。」

會議預定結束的時間（十二點鐘）將屆，講求效率的盧修一見幾位立委尚未發言，便裁示延長會議時間。

國民黨立委黃國鐘主張：「我希望在建立著作權仲介團體時，能有競爭的機制，不需要每個地方只成立一家，也不要每個行業只成立一家。我專研競爭法（公平交易法），深知限制營業競爭對著作權人或創作人都是非常不利的，待進行逐條討論時，我再提供法理或文字修正的意見。」

許常惠教授一聽，要求第二度發言。

「我們音樂著作人的意見大概都希望只有一個仲介團體，至於如何達成此一目標，還是需要所有的音樂著作權人團結起來，並請內政部和立法委員為我們協調。」並強調「今天就算仲介團體成立了，後續的工作還是千頭萬緒，比如一首民歌如何處理的問題、公益團體的價格標準如何等等，都非常複雜，我想後續的工作仍應持續做下去。」

盧修一綜合回應：「內政部目前登記有案的團體有十四、五個之多，其中與音樂相關的團體較多，的確需要加以整合。」並表示，「今天在立法院是以法案審查為主，至於其他有關協調折衷事宜，每個人都有責任去做。」

蕭雄淋律師也要求第二次發言。

研究著作權多年、著書多本的蕭雄淋指出，「每次撰寫有關著作權的書時，我都感覺著作權法的不夠周全，在學校授課時，詮釋此類法律時也備感困難。」蕭雄淋話鋒一轉，稱譽「今天盧委員能將此一法案排入議程，實在非常難得。」並建議改變程序，下午或晚上先針對公聽會中提及的幾個爭議點凝聚共識，再進入條文討論。

盧修一畢竟審查過無數的法案，熟悉流程與恐有的波折。他說明：

「立法院審議法案不可能一下子就通過，本項法案下午會請部長或部會首長來備詢，委員登記質詢者眾，可能一天問不完，詢答完以後，進行大體討論，就法案內容及相關法律探討有無相競合之處，然後進入逐條討論，我們希望能在本週三以前完成審查會。」

「至於何時排入院會（二讀、三讀）議程，則不得而知。**內政委員會主審的法案，目前**

有兩百五十幾個，這（著作權仲介團體條例）是其中之一；院會待審的法案更多。所以，你們以後選立法委員時，一定要慎重投下神聖的一票。」

盧修一說得幽默，與會者不禁莞爾。

公聽會尾聲，盧修一請內政部著作權委員會主委王全祿回應公聽會中提及的爭議點。

王全祿說：「首先非常謝謝盧委員將這個法案排期審查，因為這個法案已送到大院兩年了。其次，由於時代不斷變遷，任何法律均不可能放諸四海而皆準、都很理想。所以我們希望此一法案能盡速產生，即使規範不周延，起碼已有規範，總比沒有好。」「關於報酬率由三方審議，這在世界各國沒有先例，像日本那樣由主管機關審議的例子也不多。」王全祿並坦白指出，「若要著作權審議委員會審查，我們可能無能為力。」

至於草案第二十六條「概括授權契約」，王全祿承認擬定草案時有疏忽，會再檢討研究。至於申訴委員的問題，王全祿認為事屬會員與團體之間的爭議，應由內部解決。有關外國著作權人的問題，王全祿表示，「只要符合相互保護或互惠條件，世界各國都沒有限制。現在若有國家限制，可能會違反WTO國民待遇原則。」

王全祿也提及主管機關即將改隸的問題，「八十二年（一九九三年）時，行政院已決定在經濟部設立一個專責機構，目前已送至大院的《經濟部組織法》，一讀是列在經濟部，但目前仍放在內政部……將來大院通過組織法，《著作權法》第二條及《著作權仲介團體條例》就會修改為經濟部。」

而有關多媒體使用著作權的問題，王全祿強調，「我們馬上就要面對高科技的著作權問題了，諸如多媒體和網路等，當然多媒體的仲介使用也非常重要。我們現在有一個高科技的研究小組在研究高科技作品所衍生的著作權問題，此處是否要特別予以規範，請各位斟酌。」

主席盧修一宣布，公聽會[389]結束，下午兩點半將進入法案的實質審查。

就這樣，整個上午長達三個小時又十五分鐘的正式公聽會總算結束。

公聽會中，頭角崢嶸的各方立場不同、第一手意見角力各擅勝場，雖然冗長，但經盧修一抓重點、歸納，會議條理分明、百花競放。

綜觀整場公聽會，最大的爭議仍在於仲介團體的數目。

大多數音樂創作人、使用人都支持同類著作權的同種權能只成立一個仲介團體，主管機關雖然也認為一個最適當，但仍待日後讓市場自然而然減少至一個；就此，有些支持自由化論調的立委認為應任其自由競爭，且限定家數有違憲之虞。若真要限定為一家，則應由政府成立公辦民營機構，才能便利使用人與著作權人雙方。

種種質疑、擔憂、期許，都留待審查會了。

這項條例的審查，是否能如盧修一期待，在一天半的工作天內完成？

參與公聽會人士的殷殷期盼，能否促使立委們同心協力達成目標？

盧修一（中）在著作權仲介團體條例草案送立法院審議前，召開公聽會廣徵各界意見。
（攝影／中國時報鄧惠恩）

審查著作權仲介團體條例：詢答　一九九六年六月十七日下午

下午兩點半，主席盧修一宣布審查《著作權仲介團體條例》。

這一階段是「詢答」，是立委對立法政策方向加以質詢。接受詢答的主管機關代表有內政部次長楊寶發、法務部次長林錫湖、內政部著作權審議委員會主委王全祿等人。

主席盧修一宣布開放立委登記「詢答」，他同時也邀請楊寶發對草案進行總說明㊸、法務部次長林錫湖說明草案的罰則㊹。

盧修一：「報告聯席會，現在有五位委員登記發言，稍後依此次序進行詢答。」

第一位登記質詢者是民進黨籍立委許添財。

許添財就幾項基本爭議質詢楊寶發：一、現今著作權人或因不具相當財力以控告侵權

㊸ #**著作權仲介團體條例草案總說明**：內容大致為：一、著作權仲介團體係由著作財產權人組成，須以團體名義對外授權第三人利用著作而為各種行為，並收取使用報酬分配給會員，爰定位為社團法人，規定其設立應經主管機關許可及有關之設立程序；二、規定著作財產權人不得同時為兩個以上辦理相同仲介業務之同類著作權仲介團體之會員，並規定符合資格者中請入會，團體不得拒絕；三、規定著作權仲介團體之組織及其權利義務；四、對著作權仲介團體課以強制管理義務，另對利用著作人規定擬制授權利用，促進著作之利用。使非會員的著作人其著作亦可經由著作權仲介團體管理而提供大眾使用。而需利用著作人在符合團體的規定下可准其利用團體管理之著作，以避免團體藉其強勢地位阻礙利用人合法利用的管道；五、規定主管機關對著作權仲介團體之獎勵、輔導與監督職責；六、明訂罰則，以處罰違法行為；七、訂定過渡條款，以因應現勢需求。

者，以致無法受實際保障；此外目前著作權法對著作權定義過於嚴苛，對創作物之流通及商品化形成窒礙；二、設立著作權仲介團體是否真能保障著作權？；三、著作權仲介團體乃由著作人加入而形成，專家學者或熱心著作權事務的人士是否可加入？；四、日後是否可開放專業人士組成著作權仲介公司並使著作權仲介得以專業化？；五、本法明訂著作財產權人不能參加兩個以上的仲介團體。如果同一著作財產擁有兩種不同著作，應該按著作性質不同加入不同仲介團體，或是在一生中僅能加入一個仲介團體？

楊寶發請王全祿代為答詢表示：一、著作權本身屬於財產權，屬告訴乃論性質，須由受害人至法院提告，不得由政府以公權力代為上訴。受害人須自行蒐集證據及委任律師，因此或有財力不足之情事發生。另外，使用人在使用著作時或有無法找到原創者付費之困擾；若法律對著作權保護太過，恐造成使用者動輒違法之情形；二、著作權仲介團體成立後，創作者即可安心從事創作，將其著作權交由該仲介團體行使並施予保護、管理使用者付費相關事宜，萬一使用者拒付費，該仲介團體也可出面替原創作者爭取權益；三、著作權仲介團體為純粹權利人之結合，具有會員制性質，因此必須由著作權人組成該團體；四、著作權仲介團體乃為行使著作財產權人之權利，其目的與一般公司不同，無法由著作權人以外之人士組成著作權仲介公司。主管機關考量許久後仍決議成立著作權仲介團體以「管理」著作權之各項權利行使；五、一個著作權人有兩種以上著作，可按其性質不同，加入不同仲介團體。另，同一性質的著作也可能因功能不同而成立兩個仲介團體，此係因其著作內容或可分為製造及公開播送兩種權能，此時自需成立兩種仲介團體。

質詢時間已屆，許添財建議，「應使相關仲介團體具有本身的自主性及民主化程度，以保障所有著作權人，勿使有老人欺負新人的情形產生。」

主席盧修一接著邀請第二位登記詢答者，民進黨籍立委陳其邁。

陳其邁提出這份草案的幾個「漏洞」，強調應修法保障原創作者。他指出根據草案第十條，仲介團體的會員應為著作財產權人。再就《著作權法》的三十六條[390]規定，著作權可以轉讓或部分讓與。

「舉例而言，連戰之妻連方瑀女士在連戰參選副總統期間曾出版一本著作。假設這本書事實上是連方瑀委託他人所作，且其所有著作權均讓與連方瑀，則她是否即具有競選著作權仲介團體會長的資格？」

㊹ **#著作權仲介條例草案罰則**：林錫湖說明內容約為：一、未經設立登記為仲介團體，而擅自執行仲介業務者，處一年以下有期徒刑、拘役或併科新臺幣二十萬元以下罰金；二、仲介團體經停止執行仲介業務、撤銷許可或命令解散後仍執行仲介業務之處罰，違反上開規定執行業務者處新臺幣四萬元以上二十萬元以下罰鍰；三、本條例施行前已經為著作財產權人管理著作之團體，未取得許可，仍繼續管理著作財產權之行為，處新臺幣四萬元以上二十萬元以下罰鍰；四、對仲介團體妨礙主管機關查核、檢查或命令，處新臺幣一萬元以上五萬元以下罰鍰；五，未依限繳納罰金，將移送法院強制執行。

王全祿回答：「任何人只要為著作財產權人，自然得行使加入著作財產權仲介團體的權利……」

陳其邁問：「就此情形而言，當初通過著作權法欲保障創作自然人權益的目的實際上已消失，而且會造成參與仲介團體之成員多為著作權受讓人，而非原創者的情形。」這意味著，如果資方出錢要求勞方創作，並要求勞方讓與著作權，因為勞資關係不平等，將導致法律最終並非保障真正創作人。

王全祿再言：「只要擁有著作權，依法仍須准予其加入。」

陳其邁強調：「若是通過本條例，則創作自然人在仲介團體內的主導地位將被相對占多數的著作權受讓與人稀釋掉。」堅持應先修正現行《著作權法》第八十一條的「著作財產權人」文字，改為「創作自然人」，《仲介團體條例》草案的文字也應修正為保障「創作自然人」。

接著，陳其邁又問：「根據本條例草案第四條規定，仲介團體之設立發起人需半數以上為中華民國人。若是美國唱片公司將其著作權讓與臺灣的某個個人，則該位『個人』是否參加我國之仲介團體？」

王全祿答詢：「依法可以參加。」

陳其邁又說：「因此，本席認為本條例制定之目的仍屬經濟上的交易，無法完全保障創作自然人的利益。同時也會變相導致原創作者如作家及作曲家等參與所屬仲介團體的人數低於著作權受讓者人數……」

王全祿答詢：「如果原著作人未讓與其權利，則自應保障其權益；但若已讓出其權利，則自應保護該受讓者。」

陳其邁指出，著作權讓與規定，過往在立法院審議時曾引起很大的爭議，當初是在美國三〇一條款要求下通過。然而當初所犯錯誤，現在應改正。尤其現今《著作權仲介團體條例草案》正在審查，《著作權法》修正草案也待審，應該改正過去的爭議，「美國也規定即使讓與著作權，二十年後著作權還是要還給創作自然人，不然對創作自然人不尊重，所以要搞清楚立法保障的對象。」

王全祿強硬答詢：「有著作財產權人是因為有創作人啊。所以保障創作人，當然是要保護著作財產權人。使用著作是對著作財產權人徵求同意，而不是對創作人徵求同意。除非要限制著作權不能轉讓。」

陳其邁說：「臺灣包括美國，除非修訂成著作權不准轉讓，才能保障著作權人。」

王全祿強硬答詢：「爭議會更大。」

陳其邁再強調：「有關著作財產權人應該很明顯地改為創作自然人。我們是要保護創作人。仲介條例不是拿來規範買與賣的交易行為，立法目的是保護創作人。」

王全祿回應：「是要保護創作人沒錯，可是除非他不轉讓著作權。而依法創作人是可以讓與著作權。」

就這樣，雙方唇槍舌戰，卻是在不同的觀念層次對戰。

陳其邁追問：「你看有沒有可能到最後，連方瑀當選這個團體的理事長？有可能吧！最後，其他的唱片公司或著作權受讓對象稀釋了整個仲介團體市場，造成當初所要保障的創作自然人規定沒有達到目的。」

陳其邁質詢時間已屆，主席盧修一也同步宣布：「現在截止發言登記。」

盧修一接著請國民黨立委林宏宗詢答。

林宏宗表示，一、草案應明訂仲介團體數目；二、若著作權的授權費用過高時，公權力應介入；三、網路使用著作的問題也該規範。

王全祿答詢，一、仲介團體不宜規定數目，因為凡是符合條件即可成立；二、著作權屬於私法，公權力不宜介入費率訂定；三、網路衝擊著作權的問題已成立專案小組研究。

林宏宗一聽，反問：「等研究出來再審，不好嗎？」

王全祿也堅持：「問題是不斷產生的，現在的問題怎麼能不趕快解決？而且高科技發展帶來的衝擊，各國都是以著作權法解決。」

雙方就網路問題你來我往，直至詢答時間已屆，林宏宗只好離開質詢臺。

主席盧修一看不下去了，出言提醒：「**著作權法大翻修是在民國八十一年（一九九二年），內政部是在八十三年（一九九四年）九月將著作權仲介團體條例送來審查。因此，還是趕快把累積的功課做完。**」接著邀請立委黃國鐘質詢。

專研公平交易法的立委黃國鐘認為不該限制仲介團體數日，而且不應規定著作權人的同類著作只能參加一個仲介團體。

黃國鐘說：「你規定創作人授權只能參加一家時，很明顯對創作人不利。真的只有一家時，請王主委回去鄭重考慮由政府辦這一家。為什麼？因為你想想，男朋友為什麼會愛你？是因為有潛在第二位男朋友的可能性存在，這是原則。千萬不要是死會，說什麼只能交一位男朋友。」

黃國鐘的「男友論」一出引起哄堂大笑，氣氛瞬間輕鬆不少。

黃國鐘接著強調，「在最適規模上，它不會產生自然獨占的情形。我大膽猜測，仲介團體市場沒有自然獨占的情形。請你以後在有人申請許可時，你的許可準則不能只准許一家，要有很多家。這對雙方都有利。」

幽默的盧修一回應：「**黃委員國鐘剛才所發表的男女交往心理的觀點，可以申請著作權法的保護。**」

接著質詢的新黨立委高惠宇針對草案提出疑問，大多數王全祿已在上午的公聽會解釋過了。不過，王全祿仍一一答詢。

最後，王全祿言簡意賅答覆：「著作權仲介團體成立後，可以選擇加入團體、不加入團體自行處理，或請人代為處理……這幾種方式。」

盧修一接著邀請立委尤宏上臺。

尤宏問，依照草案精神，著作權人加入團體成為會員後，自己不能行使權利，以免重複授權。「這樣就出現了一個問題，假如著作權人有一項作品不願交給團體，想要由自己行使著作權，法律卻規定他要將著作權交給團體來處理，那樣不是形同賣身契嗎？」

王全祿答詢：「一個著作權人在加入團體前，可以在契約上註明要保留自己部分作品的著作權。……我們的用意是使重複授權的情況不會發生，使用人也能明確知道付費對象……著作權人可以選擇對自己最有利的情況。他可以在加入團體後，發現對自己權益有損時，隨時退出……雖然加入一個團體後不能再重複委託；但是也可以選擇不加入團體，委託律師處理。」

盧修一接著邀請立委蘇煥智質詢。

蘇煥智先質疑一部著作是否能依不同的權能㊺參加不同的仲介團體，比如一首歌參加了公開播送權的仲介團體和公開演出權的仲介團體。

話鋒一轉，卻說：「本席一直認為，處理著作權仲介團體條例是大而無當的……」蘇煥智並批評，依照這本草案，十種著作標的物均可成立仲介團體，而每一種標的又依不同權能而可衍生為不同仲介團體。

蘇煥智批評，這本草案最嚴重的問題是，未處理使用者報酬率、使用者報酬率爭議的程序、會員與仲介團體發生權益爭議之仲裁程序。

他強調，「仲介團體應明白定義為公益性社團法人，而非依公司法成立者。」並且二度建議，現況最有仲介團體需求的是音樂，應該只針對音樂立法。

詢答時間將屆，蘇煥智竟向盧修一直言：「本席的結論是，主席積極推動這個法案的用意很好，著作權委員會也很辛苦，可是這個草案的瑕疵還很多，值得再三思，不要輕率通過。謝謝。」

儘管同黨的蘇煥智反對本草案，盧修一仍輕鬆回擊：「所以我建議蘇委員晚上繼續留下來開會。」

接著輪到盧修一詢答，但他放棄，輪到民進黨立委李俊毅質詢。

李俊毅首先大吐苦水，說出身為「使用者」的心聲：「主席把著作權仲介團體條例排在這個會期，希望能盡快完成委員會審查，立意原本很好。我想主席本身可能深受其害，本席在此說明我也是受害者，因為在有線電視法通過之後，很多有線電視業者以及FM的社區小型電臺合法設立後，出現了使用著作權過程的爭議。本席曾因此被法院通知兩次違反著作權法。我對此感到莫名其妙，因為我們播出的影帶或音樂帶都經過合法授權，但為何會出現違法爭議，問題就在於使用者（利用者）在利用著作物時並不知道要向哪個單位（團體）接洽；另一方面又有著作財產權人對其著作出現重複授權或管理的

㊺ #**不同的權能**：根據一九九二年五月二十二日修正的《著作權法》第二十二條至二十九條，著作財產權可分為：重製權、公開口述權、公開播送權、公開上映權、公開演出權、公開展示權、改作權、出租權等權能。

現象。」李俊毅建議應考量使用者、加強保護消費者。

王全祿答詢，這部草案就是要解決現有著作權授權與利用問題。並指：「（授權金）價格上若對方獅子大開口，而使用者不得不用時的解決途徑有：一、內政部的爭議調解委員會可協助；二、透過公平交易法管理。」

質詢將屆，李俊毅結論：「如何保護消費者，讓價格合理化；授權具方便性，在立法上的考量上恐怕還要再加強。像我本身就是一位受害者，價格任由人開價，若未經授權播出又要受法律的制裁，這是很不公平的事。」

此時，民進黨立委蘇貞昌到場：「登記發言的程序已經截止了，可否請主席給我十分鐘的發言機會？」

盧修一在競選第三屆立委連任時，蘇貞昌陣營與他在同一選區激烈交鋒。但是選戰結束後，盧修一仍一秉高風亮節，一笑泯恩仇。兩人在民進黨內雖隸屬不同派系，選後同樣在立委崗位上努力監督中央政府施政、把關法案。

主席盧修一徵詢與會者：「剛剛蘇委員貞昌來的時候沒有馬上登記，因為他很慎重，但是後來進入會場時卻已經截止登記發言了。請問各位，給蘇委員貞昌十分鐘發言機會有無異議？」

無異議。盧修一請蘇貞昌質詢。

蘇貞昌申言，「老實說，著作權仲介條例早該立法，先進國家早在幾十年前甚至一百多年前就已經立法了。此條例的立法既方便於管理也有利於使用者之利用。」蘇貞昌接著向王全祿提出「每種仲介團體成立家數」、「仲介團體到底是營利性或公益性社團法人」等問題，儘管類似問題在公聽會與方才的立委質詢中屢被提出，王全祿仍一一答詢。

詢答階段終於完成，主席盧修一裁示：「詢答完畢，請列席首長退席。」並宣布休息。

審查著作權仲介團體條例：逐條討論　一九九六年六月十七日下午

休息過後，這場審查會的與會者除了幾位立法委員，還有內政部著作權委員會主委王全祿、法務部參事張明珠。

主席位上，盧修一宣布：「現在繼續開會，進行逐條討論。名稱：著作權仲介團體條例。」「請問各位，對名稱有無異議？」

就此，陳其邁提議改為「著作財產權仲介團體條例」，因為「事實上在整個仲介團體條例中，仲介項目只有著作財產權而已」。經過一番闡述，王全祿強調原名是來自於母法《著作權法》第八十一條；其後蘇貞昌也表示，名稱以不改為宜。

主席盧修一問：「本法名稱仍維持為著作權仲介團體條例，請問各位，有無異議？」在場無異議通過。接著要求議事人員宣讀第一章章名。

議事人員：「第一章『總則』。」

盧修一問：「對於第一章章名『總則』，請問各位，有無異議？無異議。通過。」接著要求議事人員宣讀第一條。

經盧修一循序漸進引導，整部《著作權仲介團體條例》草案，每一個條文都經過在場立委仔細檢視。不過，原本應有二十幾位立委進行審查，卻只有五名立委出席，有時甚至僅餘三、四位立委在場；包括民進黨的盧修一、陳其邁、蘇貞昌、李俊毅、國民黨的林宏宗、新黨的高惠宇等人。

謹守崗位的立委逐條討論、把關之際，主席盧修一邏輯清楚，對於每一位立委質疑的爭議點，都能適時舉出草案或母法中相扞格之處，使未做足功課的立委知難而退，但也同時保留該立委面子，並順利化解爭議、繼續審查。

協商求同

碰到難解的爭論，盧修一會暫停會議，親自主持協商，拉近兩派立場。

比如審查到第三條時，兩派意見南轅北轍，盧修一即宣布：「現在休息協商。」

盧修一耐心拉近雙方距離，並聽取官員說明，確定達成共識才繼續開會，宣布結論。

盧修一：「現在繼續開會。第三條第一款的『仲介團體』是公益性的社團法人，或不具完全公益性，但仍具公益性而與依一般公司法所成立的公司不同的社團法人？這部分我們做了許多討論，而內政部（所擬訂的草案）最後參考了法務部的意見，因為這畢竟涉及買賣雙方交易，有利潤，並受市場機能影響，若明訂其為公益性社團法人，是有些問題，所以後來便把『公益』二字拿掉。」

「第二個問題，陳委員其邁提到，是否要在第三條第一款[391]加入『同類』？但在這裡應該任它自由發展，將來如果出現嚴重的法律問題，還可以再修改。」

「另外就剛才各位的發言，可歸納為兩點：第一、它不是公司；第二、它是具有公益性質的法人，但是我們不必在文字裡明定。所以本席建議，本條照案通過。請問各位，有無異議？（無）無異議，通過。」

保留條文存異

盧修一為了兼具充分討論與審查效率，在逐條審查過程中，若有已經充分討論，但某些立委仍堅持己見，或各立委的主張互相矛盾，盧修一則宣布「除該款暫行保留之外，其餘皆照案通過」，或「本條照案通過，○○○立委保留院會發言權」。並待審查會最後再回頭檢視先前「暫行保留」的條文，避免陷入泥淖。

比如，針對第四條第一項第四款，仲介團體發起時，應向主管機關申請並檢具「使用報酬率及管理費之費率或金額」，李俊毅認為使用報酬率不應只由仲介團體單方面訂定；林宏宗則要求此款先不予通過，因為「主管機關本身沒有基本的計酬費率可循」；黃國鐘認為應該刪除此款，「讓仲介團體到自由市場上去運作」且主管機關「千萬不要介入價格與費率的訂定」。

盧修一聽完立委同僚針鋒相對的意見，也苦笑了：「主管機關既不能管使用報酬率及管理費的費率問題，又不能讓仲介團體隨意訂定，似乎有點自相矛盾。」

既然僵持不下，盧修一就宣布：「現在進行處理。第四條第一項第四款暫行保留之外，其餘皆照案通過。請問各位有無異議？。（無）無異議。第四條第一項第四款暫行保留之外，其餘皆照案通過。」

就這樣，與會立委一邊吃便當一邊逐條審查。

儘管主席盧修一已發揮調合各方意見的能耐，但是直至晚間七點三十五分，整部草案僅討論到第七條：「有左列情事之一者，主管機關對仲介團體設立之申請應不予許可……」

而且諸立委聚焦於「每一類仲介團體只以一家為限」或是「不能超過兩家」的爭議點。眾說紛紜之際，盧修一出招了。他總結：「綜合言之，剛才提出的修正意見是增訂第七條第三項，其中又分甲案和乙案，分別是明定『以一個為限』和『不得逾兩個』，這是立法技術問題。」

他歸納，「王主任委員早上也說過立法權在立法委員手上，法律訂定之後會不會引發違憲的問題，那是後來的爭議。如果不明定一個為限，而給予主管機關相當權限的話，又怕將來王主任委員離職後會有問題；再加上又有外國公司[392]的問題。因此我們今天就予以定案，也就是說第七條等下次會議繼續討論。剛才高委員惠宇、李委員俊毅、賴委員來焜提的修正意見，也就是專家蕭律師（蕭雄淋）的意見，我們先列入紀錄作為一個提案，下次會議繼續討論。」

「今天會議討論到第七條為止，第七條以下條文，俟下次會議繼續討論。散會。」

是日緊湊的會議結束了，大家都累得打呵欠。不過盧修一沒有立即離開，而是離開主席位，一一向與會者握手道謝。

盧修一原本就預定召開兩次審查會，才能完成這部草案的審查。眼下，進度雖然不是特別快，但至少在逐條討論中都能一一檢視、修正。

歸納今日整場審查會的詢答和逐條討論可知，針對這部草案，立委明顯分為兩派觀點：一派認為仲介團體具有公益性，無論團體的設立、家數、費率等，皆應由主管機關介入管理。但是另一派認為著作權為私人所有，政府不應介入，應讓其自由競爭，才能顧及著作財產權人和使用者雙方最大的利益；若政府執意介入，則應由政府主持一家仲介團體，使權利人和使用者都知所依循。

為了讓我國的著作權保障、授權與使用進入正軌，嫻熟議事主持、審查技巧、立法技術的盧修一，能如願在兩天後的第二次審查會完成這部草案的審查嗎？

繼續審查著作權仲介團體條例：逐條討論　一九九六年六月十九日

上午九點鐘，立法院第三會議室，盧修一坐在主席位靜候。

立法院第三屆第一會期內政及邊政、司法兩委員會審查《著作權仲介團體條例》草案的第二次聯席會議。出席的立委共十四位，另有十六名立委列席；列席官員僅有內政部著作權委員會主任委員王全祿、法務部參事張明珠等人。

出席委員已足法定人數，盧修一宣布開會。

議事人員宣讀完上次會議的議事錄。盧修一問在場委員：「請問各位，上次會議議事錄有無錯誤？（無）無錯誤，確定。」繼而進入討論事項第一項：繼續審查「行政院函請審議《著作權仲介團體條例草案》案」。

立法技術高超

喧騰的意見經過沉澱，上次提案或發言的立委，在這次會議中對一些意見改採保留態度，提振了審查會的節奏。

首先，主席盧修一運用立法技術，以新增條文（增加第四條第四項）的方式，明快解決了前次會議無法通過的條文：第四條第一項第四款。[393] 他如是說：

「上次會議審查至第六條，但由於第四條第一項第四款涉及仲介團體成立時所使用的報酬率及管理費之費率或金額等問題，有委員同仁認為如單由仲介團體申請許可時所訂定的費率通過，如此將造成使用者的困擾，並容易引起糾紛，因此乃暫予保留；而且另有委員亦針對此提出因應方案，故第四條其他各款雖已通過，但第四款尚未通過，因此第四條視同未通過……」

「由於使用報酬率涉及使用人權益，如仲介團體所提之使用報酬率不合情理地過高，只圖利一方，為免失去著作權所保障普遍使用的原則，為避免以上衝突發生，是以應成立一審議委員會或調解委員會，以中立的立場對使用報酬率有一較慎重的審議。」

「對此現有一項提議，主管機關於審核仲介團體許可時，應將所涉及的使用報酬率提交予著作權審議及調解委員會審議。易言之，著作權審議及調解委員會對於仲介團體所提出之使用報酬率合理與否，應予審慎處理以昭眾信。」

「如今委員對於使用報酬率應再經審議一項已達共識，不片面經由仲介團體及主管機關許可來決定。因此，第四條第一項第四款照（原）案通過，再從後面條文的修訂達成管理機制。」

「請問各位，對於第四條第一項第四款使用報酬率及管理費之費率或金額，有無異議？（無）無異議，通過。」

「第四條增訂第四項：『主管機關審核仲介團體許可之申請時，應將使用報酬率提交與著作權審議及調解委員會審議。』請問各位，有無異議？（無）無異議，第四條增訂第四項。」

至於前次會議結束討論未竟的第七條，各立委延伸討論後仍沒有交集。最後，盧修一宣布，僅修改一個字（將「左列」改為「下列」），在場立委無異議照原案通過。

揉合兩派立場

逐條討論的過程中，與會立委總是繞著「自由競爭市場派」和「公共利益管制派」各說各話。由於極端對立，盧修一為了調和兩方觀點，往往必須以先前已通過的法條作為基礎，請王全祿說明，必要時，盧修一還必須離開主席位表達觀點，最後再做出裁決。

比如第九條：

「未依本條例組織登記為仲介團體者，不得執行仲介業務或以仲介團體名義為其他法律行為。

違反前項規定者，其所定之個別授權契約或概括授權契約無效；因而致他人受損害者，行為人應負賠償之責。行為人有二人以上者，連帶負責。」

就此，立委黃國鐘措辭強硬要求刪除第九條，因為第一項限制營業競爭，第二項違背民法契約自由的法理。

相反的，立委蘇貞昌卻強烈主張應該訂定第九條，因為，著作權的保護必須藉由國家公權力介入才能有利於公共利益，否則將形同無政府狀態，「這與一般買賣不同，一般買賣取決於市場機制，完全取決於契約訂定及內容自由，但這種情況不同，故有此條文訂定，若拿掉此條文，則其他的條文也都不必訂了！」

黃國鐘聞言，譏諷蘇貞昌是「法律萬能論」，並說，「若一定要通過此條文，本席將建議考試院舉辦考試，因其涉及公共利益。」

主席盧修一詢問黃國鐘：「請具體表示。」

黃國鐘答：「本席主張刪除第九條，且蘇委員煥智已針對本草案提出諸多疑慮，但蘇委員今天未出席，本席覺得應將他的意見表達予諸位了解。」

盧修一隨即反駁：

「我們並未偷渡法案，早就預告星期一及星期三全天審查，且蘇委員煥智過去曾為此案舉辦過公聽會，本席亦曾說希望關心此案的委員留下參加。大家都很關心又不來參加審查會，如此立法院一點用也沒有。無論是不是委員，亦不論專業背景及實務經驗如何，都希望能在審查會中盡量整合大家的意見。」

後來，黃國鐘請李俊毅代為表示已同意訂定第九條，且僅就第二項的文字修訂，建議將「行為人負賠償之責」改為「行為人應負賠償責任」。

盧修一請法務部參事張明珠說明。張明珠表示，民法用語係採「應負賠償責任」，贊同修正文字。

李俊毅再度發言肯定兩法的用詞統一。卻又說：「剛才黃委員國鐘對此條的堅持已不再堅持，但必須對仲介業務嚴格解釋，若依第三條規定嚴格執行應不會產生問題。」

盧修一一聽，隨即說：「本席現在離開主席立場表達意見。」

「根據本席理解，第三條已對著作權仲介業務說明清楚，只是以仲介團體名義辦理此項業務，既然現在要通過設置仲介團體，表示未經合法登記設立之仲介團體不可擔任仲介業務，否則此條文形同具文，但跑單幫者不在此限。只要不是用仲介團體名義辦理業務仍被許可，例如律師或私人辦理皆可，不論著作財產權人有無參加團體，著作財產權人可直接委託律師或私人辦理，或將其著作財產權依不同類別著作分別委託不同律師或私人辦理。故此點疑慮不存在。」

語畢，盧修一回到主席位，依照李俊毅代表黃國鐘提出的文字修正建議，詢問在場立委：「第九條第二項倒數第二行文字修正為『行為人應負賠償責任』，請問各位，有無異議？（無）無異議，修正通過。」

法案老手，提點後進

審查過程中，有立委堅持將《著作權仲介團體條例》的條文訂得較為嚴謹，但是這麼一來，必須連母法《著作權法》都要修改。亦即，《著作權仲介團體條例》之審查時因《著作權法》修訂而延宕，且《著作權法》大修訂也將影響我國加入WTO的時程。因此，盧修一再度離開主席位，以個人身分勸服對方。

比如，陳其邁在前一次審查會中就強調應真正落實保障創作自然人，希望能嚴格限制著作財產權的「受讓人」擴權。這次的審查會，審查到第九條時，陳其邁又問到：「錄音著作財產權人有可能是音樂著作財產權人之讓與人，因為音樂著作部分財產權可能讓與錄音著作財產權人，請問仲介團體如何處理此財產權？」

王全祿答：「若受讓著作清楚知道是何種著作、何種權能，又可根據此種身分談……」

陳其邁又說：「問題是現在臺灣有很多錄音著作財產權人，多是音樂著作財產權人之受讓與人，例如唱片公司同時為音樂著作財產權人之受讓與人，亦是錄音著作財產權人，使得一首歌之利用人欲使用其音樂著作時，不知要向錄音著作財產權人辦理？還是向音樂著作財產權人辦理？抑或兩者皆可？這是著作權部分讓與所產生的問題。」

王全祿答：「不會有問題啦！若我今天是錄音著作權人，又是音樂著作財產權人，具有雙重身分，故須參加錄音及音樂兩個團體，利用音樂的到音樂團體去談，利用錄音的到錄音團體去談，規定就是如此。」

陳其邁表示，這樣使用人很難付費，在臺灣實際發生的情況並非如王全祿所言簡單。王全祿回應，「實際的狀況確實如此，因為很亂，所以要弄成不會亂。」於是，陳其邁下結論：「所以說，著作財產權之部分讓與將會造成此種情況。」

王全祿一聽，嚴肅地說：「陳委員的問題，如果要根本解決，則……著作財產權不能轉讓。目前世界上只有德國的制度可以做到，可參考德國的制度訂定，但目前我們的法不是採用此種制度，即使想引用亦會發生問題，否則就要全盤考慮照抄德國制度的可能性。」

就此，盧修一離開主席位，以立委身分詢問陳其邁：「請問陳其邁委員是否還堅持剛才的意見？若因此而必須改成德國的制度，將茲事體大。」

陳其邁在席位上說，「只要（條文）訂得明確，（問題）應該不會發生。」

盧修一欣然：「既然陳委員認為不會發生，而法律之訂定又以精簡為原則，如果不需要立法，又無發生之可能性，本席則認為不訂定。至於修法的問題，若母法修改，相關條文當然要隨之修改。」

然而，陳其邁仍堅持：「若第九條條文能如本席建議之內容予以明定，就不會發生這些問題。」

盧修一畢竟已經連任第三屆立委，法律條文審查的經驗較為豐富，他向陳其邁說明：「**這是根據著作權法訂定的，若著作權法修訂，立法院自然應配合修改相關條文，就算後法優於前法，且其為上游法案，所以不會有影響。這是本席對法律的粗淺見解，若這種問題不會發生，請陳委員不必堅持，應等著作權法修改後再來修改相關條文。**」

經盧修一釋疑，陳其邁就不再對第九條提出異議。

切換離題發言，回歸主軸

有時，少數立委半途才進入會議室，發言卻嚴重偏離主題。盧修一一方面緊抓主軸，不讓該立委的發言掩蓋主題；另一方面則言簡意賅地為該立委敘述來龍去脈，再讓討論回到主軸。

比如，討論到草案第十五條：

「總會除第一次會議由發起人召集外，由董事會召集之，每年至少召集一次。

總會之決議除有特別規定外，應經表決權總數過半數之會員之出席，出席表決權過半數之同意行之。

左列事項經表決權總數過半數之會員之出席，出席表決權三分之二以上之同意行之。

一、章程之變更。

二、使用報酬率之收受及分配方法之變更。

三、使用報酬率之變更及管理費之費率或金額之變更。

四、個別授權契約、概括授權契約或管理契約範本之變更。

五、第三十四條事項之辦理。

會員有平等之表決權。但章程另有規定者，從其規定。

第二項及第三項之出席數及同意數，章程有較高之規定者，從其規定。

仲介團體解散之決議，適用民法第五十七條規定。

李俊毅表示，依照第四條第四款，仲介團體申請成立時，使用報酬率必須經審議及調解委員會審議，那麼在第十五條第三項第三款，使用報酬率變更時，應該要再送審議及調解委員會審議。

對此，王全祿直指，若所有變更都須審議，主管機關恐無法負荷。

李王兩人你來我往，盧修一出聲了。

盧修一主張：「使用報酬率若主管機關要介入，態度應前後一致。如果讓使用人發現有問題，再來申訴，主管機關也會覺得麻煩。當初審議的使用報酬率如果有變更，降低就不管，提高就必須介入。」

王全祿也很認同：「主席能考慮到降低這一方面是很高明，本人也同意主席的意見。」

盧修一又說：「這牽涉到會員本身權益的問題。當他考慮到市場機制或競爭力時，可能降低價錢。但是如果超過審議許可標準時，就應該再送審。關於這條還有其他意見，我們休息一下再審。」

休息協商過後，盧修一宣布繼續開會，並宣布協商結果：「……關於剛才所提，使用報酬率提高時要重新審議的問題，請王主委進行文字的修訂。」

原本已經要通過第十五條，不料，國民黨立委趙永清針對表決權的條文「二分之一出席，三分之二以上表決通過」，認為這是公益性質社團，應依《人民團體組織法》。對此，著作權委員會組長何鈺燦回答，草案當初設計時就是要排除《人民團體組織法》。

趙永清又追問到底哪些條文排除《人民團體組織法》？

何鈺燦逐一回答後。不料，趙永清又繞回前一次會議已釐清的議題：「這些仲介團體是否屬於人民團體？」何鈺燦只好再回答：「不是。它屬於民法上的社團法人；廣義來說，民法上的社團法人也屬於人民團體，但是仲介團體適用狹義法，所以偏重在民法的設計上。」

如此偏離主題恐怕沒完沒了，這時，盧修一言簡意賅說明：

「對於此法有兩派主張。像以黃委員國鐘為代表的使主張輔導、少介入；另一派則主張要介入；現要明定一個主張，使以公權力介入方式排除另一個之成立。現主管機關送來的（草案）基本上是輔導，我們希望多加一點介入，所以才有所謂由著作權審議委員會、調解委員會來對使用報酬率之審議，變更也要經過它（審議）。因為這牽涉到使用人的權益，**但因其也適用於公司法，是買方、賣方之間的關係，所以並非完全公益之性質**；再則當初有公聽會所提將『社團法人』改為『公益之社團法人』未予採用，以及草擬過程中法務部於法理上之意見，不適用於『公益』兩字……這樣說夠清楚了吧！因為本席從頭聽到尾，趙委員你中間有一陣子不在，難免有脫落之處。」

聽聞此言，趙永清仍繼續偏離主題：「這是可以討論的問題，到底是不是要讓它如此自治、自主？」

盧修一又說：「是可以討論。但這是應該詢答時提出的問題。詢答是一立法政策之方向，今日逐條審查應是無此問題。」

由於法案審查有其先後次序，在審查初始有詢答，之後進入大體討論、逐條討論。因之，趙永清此時提出這些議題，可以說是狀況外。

趙永清猶不死心，繼續堅持己見，經盧修一批駁，兩位官員何鈺燦、王全祿逐一說明後，盧修一才接著請李俊毅發言，讓話題拉回原本要修正的第十五條。

討論過後，在場無異議通過第十五條的修訂方式。

充分討論，迅速通過

審查中，仍不時有立委偏離主題、繞回先前已通過之條文；盧修一總是在充分討論之後，見在場立委並未附議，而發言者也並未堅持的情況下，迅即通過無異議的條文。比如第二十二條：

仲介團體應依法令、章程及總會之決議，為會員執行仲介業務。

仲介團體依前項規定執行仲介業務時，應依所訂管理費之費率或金額收取管理費。

前項管理費率或金額之訂定，應以仲介團體為維持其正常運作所需經費為標準訂定之。

黃國鐘發言：「主席、各位同仁。本席這個新科立委上任也有幾個月了，整體來說，本席相當佩服盧委員修一、洪委員奇昌、洪委員秀柱等三位召集委員。比方說，盧委員就相當能把握住議事的重點。……坦白說，自開議以來，各多數委員會常常是吵鬧收場，只有本委員會仍在審查這個重要的法案。」

不過黃國鐘話鋒一轉，建議：「對於本條，本席建議第二項末句修正為『收取管理費不得高於所訂管理費費率與金額。』」

法務部參事張明珠一聽，只能說：「黃委員的意思好像又回到第四條管理費費率與金額的問題。」

黃國鐘：「本席的重點是『高限』……因為第二十二條第一項末句的文字是『應』，具強制性，所以本席建議費率規定高限即可。」

這一來，李俊毅、蘇貞昌、黃國鐘紛紛表示意見，結論莫衷一是。

最後，主席盧修一以「如此修正是否將影響前後條文的一貫性」為由，裁示：「主要是會員維護自己權益的問題。就文字上來看，本條應無問題，現已經過各位充分討論，請問各位，對第二十二條有無異議？（無）無異議，通過。」

爭取時間，化繁為簡

後續審查中，最具爭議性的有兩條：第三十二條和第三十五條。

第三十二條是關於使用人須提供使用清單，李俊毅屢屢發言指出，如此對於使用人課以太大的責任。由於大多數立委並無異議，最後，盧修一以「保留李俊毅在院會發言權」的方式通過第三十二條；換句話說，等到審查會結束後，全案送到院會進行二讀時，李俊毅仍能就該條表達意見。

另一爭議條文是第三十五條，草案授權仲介團體發現使用人侵權時，可以代替著作權人打官司。王全祿主委、張明珠參事和盧修一都認為這種創新立法便於管理。

黃國鐘指出代為管理和代為訴訟極為不同，不應明訂於法律條文，應訂於契約中即可；亦即，由著作權人決定是否要將訴訟權委託給仲介團體，願意委託者則寫在契約中；黃國鐘也指出，根據程序法「一事不再理」的原則，和實務上仲介團體與侵權者有串通之可能性，如果法律明訂授權仲介團體代打官司，反而無法保護著作權人。

由於第三十五條爭議不休，盧修一先宣布「暫行保留」此一條文，繼續進行其後的條文審查。直到通過最後一條（第四十六條）時，盧修一才終於宣布處理第三十五條。經過一番討論後，第三十五條以原條文無異議通過。

尾聲的復議案

晚間七點半，會議看似即將結束之際，李俊毅卻領銜提出「復議案」，且由盧修一、高惠宇、蘇貞昌等人簽名連署。

所謂「復議案」就是對先前已無異議通過的條文，重新提案修改。而李俊毅等人所提的復議案，是將草案第五條增訂第四款[394]：「非實際創作同類著作之人，或未以本名或眾所周知之別名公開發表同類著作之人」，不得為仲介團體發起人。

盧修一指出：「……因我國著作權法第三十六條規定著作財產權得全部或部分讓與，同一著作得分由三十人以上分別享有著作財產權，可能導致一著作成立一個仲介團體之問題。而且，著作財產權受讓者多係資方，且為著作財產權的利用人，例如音樂著作權的受讓人大多是唱片公司。因此，若非實際創作著作之人才得為發起人，則利用人即得藉其經濟優勢取得仲介團體的決策權，致無法解決目前音樂著作權團體紛立的問題，而喪失本條例立法之目的。」

「尤其，我國著作權的市場不大，若無法與國外著作權團體相互授權，勢必無法維持正常運作。若不予限制發起人資格，外國著作權團體可能以讓與著作財產權為手段，在我國申請設立『純』外國的仲介團體。例如，美國著作權團體可以將其較無市場價值的著作權分割讓與十六個我國國籍的員工，再加上十四個美國籍的著作財產權人，即可在我國成立『純』外國的仲介團體，此時，本國的仲介團體將無法與其競爭，致本條例可能變成為外國著作財產權人利益而立法，殊為不當。本席等四人乃提出增列第四款之復議案。」

對此，王全祿認為不至於發生此一情事，而且如果限制外國人為發起人，可能影響國民待遇。

立委陳其邁則是支持此一復議案，並指出，依據著作權法第十一條[395]條文，著作權可以移轉，導致喪失此一草案要保障創作自然人的立法精神。陳其邁回顧，週一的公聽會中，「與會者大多為創作自然人，而他們之所以要離開原屬團體，就是因為該團體已被利用人或其他團體把持之故。實際上，若創作自然人享有仲介團體決策權力的話，方能達到保護著作權人之最初立法目的。」

但是王全祿認為，現況「乃是因為臺灣早期音樂創作家不了解何謂著作權，很可能將著作權轉讓給唱片公司，而所得報酬很低，之後其創作的歌曲大為流行，結果只有唱片公司賺錢，他們並沒有分到一杯羹，因而存有心結，所以他們希望以法人不能作為創作人來解決問題，但這樣會產生更多問題。」王全祿認為，有些著作是以法人型態為著作人，不可能限制法人成為創作人；而且除了德國之外，國外也保障法人作為著作權人。

陳其邁仍一如先前他在兩次會議的立場強調，「上次許教授（許常惠）就提到，他們辛苦奔走所成立的仲介團體，結果決策權仍在著作財產權受讓與人手上，這並不是立法院所樂見的！」並強調，一九九二年修訂《著作權法》第十一條時將原受雇人著作權轉移到雇用人，即為不合理；反觀美國，著作權有保護期限，並非永久歸屬於雇用人。

王全祿又強調，世界各國皆保障法人作為著作權人，僅德國規定法人不能為創作人。

由於兩人再度各說各話難以達成共識，該不該為復議案繼續加開會議？

最後，原本支持復議案的主席盧修一讓步了。

他說：「依民法慣例，法人等同於自然人，自然人的權利義務不會高於法人。方才許多委員關心的是現狀，若現狀會因仲介團體條例通過而有所改善的話，那是我們所樂見。

只是我們有些疑慮才會提出復議案，增訂排除條款；即根據著作權法第十一條、第十二條[396]產生之法人，受讓與而成為著作財產權人不作為發起人，避免發生流弊、紛爭。但經過列席官員的說明之後，本席認為這些流弊應不至於發生，若真的產生問題，應正本清源從著作權法第十一條、第十二條修訂著手，而不是在此條例中防堵，從法理上來看，這可能不大適合。」

言下之意，盧修一主張將此問題延伸到《著作權法》修訂時再議。

聞言，李俊毅也表明撤回復議案，並說：「若有委員還是堅持的話，那就在院會二讀時再提出修正之提案。謝謝！」亦即為二讀再提此復議案另埋伏筆。

既然復議案撤回，整本草案審查終告尾聲。

如是，主席盧修一宣布：「本案決議：一、本條文全部審查完竣，條次或引用條次有需調整者，依序予以調整，並提報院會公決；二、院會討論本案時，推請盧委員修一補充說明；最後，感謝各位同仁的參與，也感謝內政部、法務部列席代表的說明，除此之外，還要特別感謝蕭雄淋律師提供專業的意見，供聯席會參考。現在散會。」

就這樣，盧修一運用立法技術主導、兩天馬拉松式的公聽會與審查會，終於在六月十九日晚間七點五十二分完成。接下來，只待程序委員會將整本審查完竣的《著作權仲介團體條例草案》排入立法院院會進入二讀。

二讀的東風何時來？盧修一與關心著作權的人士引頸期盼。

第三節　為土地鞠躬盡瘁

一九九六年九月，立法院第三屆第一會期。盧修一被選任為民進黨立法院黨團總召集人，這個會期，他轉任外交及僑政委員會。然而，他仍不時關注《著作權仲介團體條例》是否能被送入院會二讀？其實，自從白鷺鷥文教基金會籌辦「臺灣音樂一百年」系列活動之後，盧修一和陳郁秀更切身體會著作權議題之嚴峻。

音樂臺灣　一九九五～一九九七年

「生長在臺灣的你，不能不了解臺灣的歷史；我們用臺灣歌謠背後的感人故事，講述臺灣上百年來的滄桑史，陪伴你走出悲情的過去，邁向希望的未來。」[397]盧修一感性地說。

早在前一年（一九九五年），白鷺鷥文教基金會籌辦「臺灣音樂一百年」紀念活動時，盧修一和陳郁秀即構思，既然已耗費許多人力、物力、財力蒐集、走訪調查前人遺留的珍貴音樂文化資產，還研究探討出臺灣百年來的音樂傳統與變遷，那麼，何不出版專書與影音，留給後世？

於是，「臺灣音樂一百年」系列活動落幕之後，白鷺鷥文教基金會便著手萃取這項大型文化工程中的歷史與音樂元素，欲企畫出版《音樂臺灣》專書，並規畫由盧修一錄製「一世紀的音樂歷史說唱」CD專輯。

盧修一對臺灣史可說是如數家珍，他們規畫在專輯中，盧修一每講一段歷史，就播放當時最具代表性的歌謠，用淺顯動人的方式呈現臺灣史。然而製作過程中，他們卻屢屢受限於一個關鍵環節：著作權。

為什麼？

陳郁秀選擇了二十首人們耳熟能詳的歌謠，希望收錄專輯中，包括原住民的〈飲酒歌〉、臺灣民謠〈丟丟銅仔〉、〈雨夜花〉、〈望春風〉、〈望你早歸〉、〈補破網〉、〈白鷺鷥〉，以至流行歌曲〈綠島小夜曲〉、〈小城故事〉、〈愛拚才會贏〉、〈向前走〉等。

殊不知，每一首動聽的歌謠都飽含挑戰。

白鷺鷥基金會光是為了取得每一首歌曲的著作權，就耗費了無數心力去尋找作詞人、作曲人、唱片錄音版權等；不僅如此，取得著作權人同意的過程中，還屢屢意外出現其他人聲稱擁有著作權。

為什麼想讓臺灣音樂傳唱千年這麼辛苦？為什麼為臺灣文化做事如此困難？陳郁秀再度體會到，面對著作權，一位良善使用者的心力交瘁。

不只如此，先前盧修一於一九九六年六月十七日為《著作權仲介團體條例》草案舉辦的公聽會中，陳郁秀以使用者身分受邀出席時直指，她以師大音樂系教授身分編製國小音樂課教材時，為求著作權人授權如大海撈針，費用也遠超過政府預算。

不只使用者辛苦，著作財產權人也有苦難言，第四臺（非法有線電視）如雨後春筍成立之後，大量播出未取得合法授權的音樂，侵犯了他們的著作財產權。

創作者也滿腹苦水。早年著作權觀念未興，不少創作者在作品出版時就將著作權賣斷，使得著作財產權人不見得就是創作者，致使使用者即使找到創作者，創作者也無法授權。

因此，使用者、創作者、著作財產權人不約而同在問：《著作權仲介團體條例》已經通過審查了，為何遲未能進入院會二讀、三讀？

儘管條例還未三讀通過，盧修一與陳郁秀也不讓現實影響規畫。

白鷺鷥文教基金會沿用現行《民法》，一一奔走尋找每一首歌謠的著作權人，包括詞、曲、編曲、演唱者、錄音共五位著作權人；換句話說，選用二十首民謠，至少就要與一百多位著作權人洽談。

最後，「著作權的授權合約書簽了一百多張，厚厚一疊。」盧修一苦笑。

挑戰艱困，陳郁秀仍然完成了兩人的構思。

基金會聘請一流的音樂家將民謠改編成交響樂版本，製作團隊更千里迢迢遠赴俄羅斯，與俄羅斯交響樂團合作錄製，終於完成精采的民謠交響樂錄音作品。當盧修一第一次聽到團隊帶回來的初步成果時，真是百感交集。

隨之，專輯進入後製工作，輪到盧修一撰寫文稿、進錄音室錄音了。但是同一時間，盧修一心上卻落下一件重擔亟待定奪……

擦身而過的盧縣長，選民惋惜的驚嘆號　一九九六年十月四日

盧修一早在第一屆、第二屆立委選舉，都於臺北縣高票當選，是以，許多選民皆期許他有朝一日轉戰臺北縣長。

儘管盧修一在一九九五年發現罹癌，但由於術後恢復良好，所以當他連任第三任立委時，地方上、朝野都一致看好他角逐一九九七年底臺北縣長大選。[398]

時序進入一九九六年秋冬之交，盧修一雖仍有大志，但眼看著民進黨內參選登記日提前到一九九六年十月十二日，時間一天天逼近，盧修一卻「天人交戰」，舉棋不定[399]，他輾轉反側：

「如果我參選，第一，會誤了自己。也許我可以好好調養，多活兩、三年，但如果參選則情況難以掌握；第二，會誤了整個黨。民進黨不是只有我可以參選縣長，有許多優秀的人才可以投入；第三，會誤了選民。如果勉強上陣就算當選，縣政工作不比立委質詢，要不斷參加會議，面對繁瑣的行政程序，絕對是立委工作量的數倍以上，萬一有差錯，無法工作，豈不是對不起選民？」[400]

最後，盧修一心意已決。站在縣民的角度，應該宣布退選，好讓民進黨內有意角逐的同志能提早布局。

他徵得陳郁秀的認同，也親筆寫信給遠在美國讀書的盧佳慧、盧佳君；他也向立委同事洪奇昌表明心跡。

於是，十月四日，由洪奇昌陪同，盧修一在立法院召開記者會，「以健康和家人意願」為由，宣布放棄參選一九九七年底的臺北縣長。

盧修一退選的決定，不啻為臺北縣選情投下震撼彈。

臺北縣選民遠多於臺北市，盱衡國民黨、民進黨、新黨在臺北縣長選舉的布局，眼下，呼聲最高的盧修一退選，牽動隔年全國的縣市長選情。

「盧修一是一位有擔當的人，失去這樣的對手，感到強烈的失落感。」國民黨內有意參選縣長的立委林志嘉表示將繼續爭取國民黨提名。也有意參選臺北縣長的新黨立委周荃則說，「雖然失去了一位勁敵，但是並不會幸災樂禍。」[401]

眼尖的記者注意到，盧修一準備從記者會離去之際，同黨的臺北縣立委蘇貞昌也到場致意。

與盧修一在黨內分屬不同派系的蘇貞昌曾說過：「如果盧修一參選，我就不選，如果盧修一不選，我就當仁不讓。」眼下，盧修一宣布放棄參選，民進黨內曾表態有意參選的人士，就屬蘇貞昌和現任臺北縣長尤清屬意的臺灣教授協會會長張國龍。「我有臺北縣的行政經驗，相信能完成盧修一的理想。」張國龍說。蘇貞昌也說：「我下週將正式宣布參選。」[402]

盧修一被記者問到，日後將支持誰參選臺北縣長？

這感傷而敏感的問題，倒是洪奇昌代答了：「我和盧修一將同樣站在輔選的地位，支持民進黨提名的人選。」

走出記者會場，盧修一卸下心上最沉重的巨石，卻清晰感覺心口的痛楚。

「我內心很痛苦，寂寞、失落感湧上心頭，但我知道這不能怪別人。」[403]

回到家，牆上懸掛著他寫的字「難捨能捨，來得去得」。

那是在一九九二年時揮毫寫就的，瀟灑的字跡，沉穩的墨色，像是在肯定他這番艱難的抉擇。

是的，難捨能捨，來得去得。放下此一牽掛，先前對選民的許諾，還等著他繼續承擔。

「第一，做一個清清白白的民意代表，不搞特權、不包工程、不非法關說；其次，做一個全心全力的專業立委，全力出席會議，全心審查法案，隨時反映民意；最重要的是身為臺灣反對黨的一員，我要做一個堂堂正正的反對黨國會議員，為維護臺灣人尊嚴、堅持臺灣獨立理念、實現民主憲政而奮鬥。」[404]

盧修一調整作息，全程參加院會、議事，從不缺席，「把立委的工作做好，是我目前最重要的事。把病交給醫生，把命交給天，把生活還給自己。」[405]

審查著作權法修正草案　一九九六年十月九日、三十日，十二月二十一日

身為第三屆立委第二會期民進黨立院黨團總召集人的盧修一，猶然等待立法院程序委員會將《著作權仲介團體條例》排入院會二讀之際，執政黨國民黨籍立委卻積極了起來，將《著作權法》修正草案排入審查。

為什麼？

為了加入ＷＴＯ[46]。

---

[46] #**WTO**：World Trade Organization，一九九五年一月一日正式成立，正式名稱為「世界貿易組織」。我國為了加入，修訂了許多相關法律。《著作權法》也必須修訂，至少必須符合ＷＴＯ內「與貿易有關之智慧財產權協定」（TRIPS）保護之最低標準。因此，此次修法乃是為了加入ＷＴＯ而配合修正。

在兩岸三地，我國和中國皆積極爭取加入ＷＴＯ以提升國際競爭力，而香港已經是ＷＴＯ會員國。然而，中國即將在一九九七年收回香港，外界研判，如果中共因香港的因素，提前在一九九六年底加入ＷＴＯ，我國即使想要加入，可能因法案無法配合而功虧一簣。

為此，十月二日，總統兼執政黨（國民黨）主席李登輝親自協調國民黨籍立委，要求將我國為了加入ＷＴＯ必須配合修訂的四十九個法案，盡速排入立法院議程，避免一旦中共在年底加入ＷＴＯ，我國卻卡在法律未充分配合而不能加入的窘境。李登輝說重話了，國民黨籍立委積極起來，將《著作權法》修正草案排入審查。[406]

聽聞此訊，盧修一站在臺灣人民和民進黨立院黨團的立場看待此事。「加入ＷＴＯ關係臺灣的國際發展前途，與臺灣人民利益息息相關，民進黨當然支持，更不會惡意杯葛。」盧修一指出[407]。

很快地，十月九日，立法院內政、教育、司法三個委員會特召開聯席會議審查《著作權法》修正草案。

這場審查會的重要性自不待言。

行政院已完成檢討國內不符ＷＴＯ標準的諸多法律並提出修正草案，諸如《專利法》、《營業祕密法》、《積體電路布局保護法》皆已提升至ＷＴＯ水準。但是，行政院官員直指，待審的草案以《著作權法》修正草案最棘手。

乃是因為，我國長年不尊重智慧財產權，被國際控以「海盜王國」惡名，因此一九八〇年代以來屢被美國祭出「三〇一條款」、「特別三〇一條款」貿易報復威脅，歷經多次「臺美著作權談判」，我國被迫屢次修訂《著作權法》。

此次為了加入WTO，內政部嚴防《著作權法》成為我國加入WTO的絆腳石，因而戒慎恐懼擬定修正草案，並於一九九六年上旬通過行政院院會，立法院也迅即於一九九六年四月五日通過一讀，終於在一九九六年十月九日召開第一次審查會。

此回的《著作權法》修正草案有兩大方向[47]。但是，因為條文影響業界甚鉅，審查挑戰極大。

---

[47] **#草案兩大方向**：其一，依據「與貿易有關之智慧財產權協定」（TRIPS）檢討應修正條文；並秉持兩大原則保護我國產業：一、最有利的過渡條款；二、條文在我國加入WTO之後才開始生效。據此，應修正條文包括：（一）明確規定表演之保護（草案第八條、二十二條、二十四條、二十六條、二十八條、二十九條）；（二）廢止現行法第三章第三節第五款有關翻譯強制授權規定；（三）修正新舊法過渡條文，尤以第九十七到九十九條回溯保護條款為重要。

其二，現行法（一九九三年四月二十四日修法）中室礙難行且迫切應予修正的條文，包括：一、增訂雇用關係完成著作及出資聘人完成著作之著作財產權歸屬規定，以杜爭議（修正條文第十三、十四條）；二、修正著作同一性保持權規定，以利著作之利用流通（修正條文第十七條）；三、擴大公開展示權涵蓋之客體，以符實際（修正條文第二十七條）；四、刪除著作財產權之最低讓與價格及使用報酬規定，以符實際（修正條文第三十六條）；五、增設合理使用概括條款，肆應各種應屬合理使用之著作利用型態；六、修正音樂著作錄製強制授權規定，以利音樂著作之流通（修正條文第六十七條至六十九條）；七、廢止著作權登記制度，以落實創作保護原則（現行法第三章第四節）；八、刪除製版權規定，以符國際趨勢（現行法第四章）。

會議主席在哪裡？

《著作權法》的關鍵修法，於十月九日召開第一次審查會。

會議即將開始，會議的主席國民黨立委韓國瑜卻未現身。

不僅盧修一在會議室內苦等，還有十七位出席的聯席會立委和三十九位列席的立委，內政部、教育部、法務部等十數位官員。主席不來，該散會？

最後，國民黨立委徐中雄出面，表示要代替韓國瑜擔任主席，這下大家鬆了口氣，審查會終於能開始。

先前等待之際，一些立委早已離席，徒剩幾位關心著作權與文化的立委在場。

盧修一、陳其邁就是會中少數僅剩的立委。

明明盧修一在這個會期隸屬外交委員會，卻仍當仁不讓，出席這場審查會。

為什麼？

其一，盧修一深知，《著作權法》是攸關臺灣文化百年大計的重要法律，卻因龐大複雜又冷門，即使聯席會立委都甚少關心；其二，他知道，我國《著作權法》長期受外國壓力而「扭曲立法」[48]，更需要站在臺灣的立場來把關。

於是，聯席會立委鮮少出席，反而是盧修一、陳其邁（該會期隸屬國防委員會）等身負使命感、卻非聯席會的立委在認真審查。

就這樣，儘管審查過程漫長又孤獨，盧修一在十月九日、十月三十日、十二月十一日的三次聯席會，皆坐鎮其中，逐一縝密審查各條文。

總之，盧修一偕同年輕一輩陳其邁力守《著作權法》修正草案的審查會，在尊重加入WTO之前提下，力圖導正先前扭曲立法所致的法制缺失。

比如，盧修一和陳其邁都希望能比照前立委林壽山所提出「以保障創作自然人為宗旨，而非保障法人」的版本。又如，他們也都希望加入「鄰接權㊾」專章，區隔原創者與二次創作者（如表演人、錄音著作製作人、傳播機構）的權利㊿。簡單來說，就是「原創者享有著作權，二次創作者享有鄰接權」。

㊽ **#外力壓迫的扭曲立法**：在美國「三〇一條款」的貿易報復威脅之下，《著作權法》歷經一九八〇年代、一九九二年、一九九三年的屢次修法，都是配合臺美著作權談判的結果，因而修出不少不利於我國文化與產業發展的法條。這一回行政院再度提出的《著作權法》修正草案版本更是以加入WTO，而非以文化發展與保障創作自然人為前提。長期因應外力而「扭曲」修法，已經對創作自然人和文化、產業發展產生不利影響，盧修一在主持《著作權仲介團體條例》草案審查會時就已經發現此「扭曲的母法」的大問題。

㊾ **#鄰接權**：neighboring right，此概念源自於二十世紀中期之後，電視廣播出現後，欣賞表演的主控權移轉到觀眾的遙控器，影響了表演者的生計，原創著作的表演機會也減少了。雙方因此謀求改進之道。一九六一年有德、日等三十九國簽訂「關於表演者、錄音著作之製作人及傳播機構保護之國際公約」（俗稱《羅馬公約》），此後，鄰接權獲得國際認定，德國、日本等大陸法系也將此列入國內法保障。鄰接權有別於原創著作，乃是利用原創進行加工的作品，具有低度原創性或原著的二度利用；此外，鄰接權的保護期間通常比著作權為短；鄰接權的內容不同於著作權，權利內涵較著作權薄弱。詳見賀德芬著，《著作權法論文集下輯——著作權的實務個案》，華藝數位，二〇一二年四月初版，頁三一六至頁三一八。

然而，政府官員（內政部著作權委員會執行祕書林美珠）、國民黨立委群起反對，曾任著委會主委的王全祿也列席說明表示，加入鄰接權專章，將使《著作權法》的立法架構重新翻修，嚴重延誤修法進度，亦拖延我國加入ＷＴＯ。

顧全大局的盧修一、陳其邁只好先行讓步。

儘管如此，三次審查會中，盧修一仍細心挑出不合理條文，要求修改。但是，林美珠卻每每表示，更動草案條文會影響我國加入ＷＴＯ。這使得不斷隱忍的盧修一愈來愈不能接受。政府官員的態度，使盧修一感到立委僅是行政院的橡皮圖章，立委的職權與尊嚴已遭到剝奪。

不做橡皮圖章

十二月十一日的第三次審查會，盧修一的不滿已累積到頂點。

當日，盧修一質疑罰則過重，他舉第八十三條[408]的最低刑責規定為例，認為我國的刑責比起日本、韓國、美國、德國都來得嚴峻，是否僅為「殺雞儆猴」？只抓販賣大補帖的小販卻不抓背後的黑道？並建議應仿效前列諸國，刪除最低刑責之規定。

林美珠卻表示：「ＷＴＯ雖然沒有這種規定，但這是我國現行法之規定。如果目前更動條文，時值我國加入ＷＴＯ之際，我國可能會遭受是否降低著作權保護標準之懷疑。」

盧修一動怒：「……如果扣上一頂加入ＷＴＯ的帽子，立法院只能照本宣科，條文一點都不能動，那還審查什麼！」409

林美珠又強調此次修法目的是為了加入ＷＴＯ，還表示此次修法完成並三讀通過之後，馬上會有第二次的修法，例如專屬輸入權問題、刑責問題都會列入下階段的修法中。

盧修一旋即反問：「根據妳的假設前提是：目前不修法，一旦加入ＷＴＯ之後即馬上修法，把刑罰降低和照本席方才所提的合理主張修改。本席請問林祕書是否能代表內政部或行政院做此承諾？」

林美珠卻又表示：「我不能做此承諾……」

盧修一的態度也強硬起來，堅持刪除條文的八十三條最低刑責的規定。

氣氛僵持不下，陳其邁也發言緩頰：「剛才內政部著委會也提到這次修法是為了加入ＷＴＯ，本席也支持盡快通過這次修法。不論執政黨和在野黨都很關心這次修法，尤其是盧修一委員，雖然身體欠安，一大早仍坐鎮委員會，在此本席表示對本黨總召集人盧委員修一的敬意。本席支持盧委員取消所提第六章『罰則』部分最低法定刑責之議。請問是否為了怕引起ＷＴＯ會員懷疑我國保護著作權的誠意才不敢取消最低法定刑？」

㊿ **#鄰接權為何未入法？**：一九九二年我國《著作權法》修正時，學者專家強烈建議應加入鄰接權專章，內政部也曾提出一個加入鄰接權專章的修法版本，但後來提出的修法草案版本仍刪除了鄰接權專章。詳見賀德芬著，《著作權法論文集下輯——著作權的實務個案》，華藝數位，二〇一二年四月初版，頁三二四至頁三三〇。

林美珠表示：「我國必須合乎國際標準。」
陳其邁追問：「是哪一國規定？美國有沒有最低法定刑的規定？」
林美珠卻改口說：「TRIPS對世界各國都有規定保護標準，也就是應給予犯罪者適度懲罰。」
陳其邁又說：「是適度懲罰，但不能懲罰過當。」
林美珠仍強硬地說：「目前如果刪除最低法定刑責六個月以上有期徒刑，在我國為了加入WTO之際，會導致其他WTO會員國認為我國降低保護標準，在入會時可能會受到阻礙。」[410]
陳其邁說：「這和降低保護標準沒有關聯。在第八十三條以前就已經有很多保護措施。」
林美珠又回：「第八十三條以後有關罰則規定也是一種保護措施。」
陳其邁見林美珠牛頭不對馬嘴，直言：「從林祕書和盧委員對話中，本席覺得妳對臺灣的司法制度似乎沒有信心，這些交予法官自由量刑即可。有些人不小心觸犯著作權法規定，一律處六個月以上有期徒刑，本席認為罰責太重。再者世界各國也沒有最低法定刑規定，這並不符合普遍原則。」
雙方你來我往，但是林美珠仍堅持己見。最後主席裁定朝野協商。
協商結果，將盧修一所提的書面意見列入紀錄並刊登在立法院公報上。[411]

身體不適的盧修一鍥而不捨，甚至連「附則」（內容係有關「過渡條款」，乃未來《著作權法》三讀通過後，有些因應TRIPS而修訂的條文須待我國加入WTO才開始生效，讓我國享有兩年的緩衝期）都不放棄，克盡職責提出有疑慮的個案質詢官員，直至確認未來WTO生效後，著作權人的相關權益仍受保障且具有緩衝期後才停止。

就這樣，十二月十一日午間，《著作權法》修正草案審查會終於大功告成。[412]於是，盧修一堅守崗位，完成了他自我敦促的審查職責。

嗣後，審查會條文將送交院會準備二讀。只是，院會何時才能進行二讀？未來還會有變數嗎？

整合著作權仲介團體　一九九七年一月七日

盧修一放棄選臺北縣長，放下心頭巨石後，最大的心念就是做好專業立委，致力於他長期以草根文化運動挽救基層文化、活用臺灣文化的理念。

在立法院，身為民進黨立法院黨團總召集人的盧修一總是坐在席位上，神態莊嚴地參與會議、審查法案；議事極度混亂時，他也不再像以往衝鋒陷陣，而是提起毛筆寫字，靜待會議在混亂中達成共識。許多新科民進黨立委都喜歡近身向盧修一請教問題；嫻熟議事技巧、立法技術與議會攻防的盧修一毫不藏私地提點祕訣，立委陳其邁就常求教於他，深深佩服盧修一的學養、智慧與經驗。

第三屆立法院第二會期結束了。

雖然盧修一念茲在茲的《著作權仲介團體條例》草案沒有被排入院會進行二讀與三讀，但他仍主動邀集現況三家歷史最悠久的著作權團體，協商合併事宜，期望能解決仲介團體眾多，和使用者不易取得授權的問題。

這三家團體分別是「中華民國著作權人協會」（理事長楊崇森）、統攬流行樂著作權的龍頭「中華民國詞曲著作權仲介協會」（理事長吳楚楚），以及國策顧問許常惠領銜的「中華音樂著作權人聯合總會」。盧修一認為，如果這三家最具規模的團體願意合併，將起示範作用。

「我希望能在一九九七年完成二讀，但即使法案通過，也要等一段時間才能有效運作。」盧修一邀請三家團體的代表餐敘，共商合併事宜。[413]

先前，盧修一在主持《著作權仲介團體條例》的草案審查時，公聽會上大多數與會人士期待仲介團體以一家為宜，但審查會最後並未形諸於條文，而是希望市場上能自然整合成一家。眼下，充滿使命感的盧修一出面整合，即使能收效，日後仍待《著作權仲介團體條例》三讀通過，才能依法成立合法的新仲介團體。

只是，現有團體各據山頭，盧修一想使其合併整合，挑戰很大。但他仍願努力。

「一世紀的音樂歷史說唱」出版　一九九七年一月十六日

深夜，盧修一從立法院下班，來到錄音室。

為了錄製白鷺鷥基金會《一世紀的音樂歷史說唱》CD專輯，盧修一並未偏廢公務；然而，即將進錄音室之際，醫師卻警告他，如此繼續勞累，不好好休息，身體會撐不住。

盧修一卻反問：「有沒有什麼特效藥，能讓我有體力完成錄音？」

醫師經不起盧修一的苦苦哀求，提供了幾個方法。其中之一，就是自費施打每支逾萬元的昂貴針劑。於是，盧修一打了針就去錄音。剛踏進錄音室時像充飽電的電池，但很快就沒了力氣。挨了無數支針劑之後，才終於錄完他的口語解說。

終於，一九九七年一月十六日，《音樂臺灣——一世紀的音樂歷史說唱》正式發表。

發表會中，盧修一隻字不提他為了錄音而打針吃苦，只是幽默地說：「錄音感性講話，跟立法院搶麥克風完全是兩回事！」[414]語畢引來全場哄堂大笑。而音樂界人士，包括國策顧問許常惠、〈阮若打開心內的門窗〉的作詞人王昶雄教授、詩畫家席慕蓉都現身道賀。

將這張CD置入雷射播放機，平日逗趣幽默的盧修一，瞬間化身為「說書人」，以原住民的〈飲酒歌〉為起始，說起臺北芝山岩遺址、圓山遺址、八里十三行遺址、臺東長濱遺址考證，追溯數萬年前的臺灣史前原住民文化。

政權遞嬗，他漸次拉近到這一百年的發展，播放他與陳郁秀從民間採集所得的「七字調」〈臺省民主歌〉，娓娓道出這首歌的歷史背景，也就是甲午戰爭後臺灣遭清國割讓給日本，臺灣巡撫唐景崧宣布成立「臺灣民主國」卻旋而失敗退走唐山的史實。

隨後，歌手蔡振南悲戚的歌聲響起，盧修一講述〈一隻鳥仔哮救救〉的歷史背景——日軍入臺，抗日義軍在嘉義諸羅山（今嘉義公園）遭圍困，這首歌表達著抗日失敗的悲情、臺人打不死、不屈服的奮鬥精神。

音樂中呈現的臺灣史，可從盧修一講述、陳郁秀編選製作的二十餘首曲目得知梗概。CD專輯中邀請的演唱者囊括了蔡振南、陳明章、楊秀卿、李靜美、李碧華、蔡幸娟等歌手，在在與時下社會的流行歌謠生活相呼應。

為什麼用音樂來展現臺灣史？

盧修一認為，一八九五年之後這一百年，臺灣人歷經無情戰火、殖民統治，反而蘊蓄生命力、挑戰坎坷的命運。他發現一九八七年解嚴後，社會自由化、政治民主化，人們開始尋根溯源，從豐富的本土文化尋找滋潤與養分；在此之際，卻尚未有人從音樂來探討這一世紀的歷史，「因此《音樂臺灣》系列的製作，可以說是一項新的嘗試！」他說：

「音樂感動人的力量無遠弗屆，音樂不僅能直接表達情懷、抒發感受，而且透過民間的歌謠，我們更能了解某時代人民的心聲及社會背景。

《音樂臺灣》選錄了二十多首這一百年來不斷被人所傳唱的代表性歌謠，從敘述「臺灣民主國」建立伊始的〈臺省民主歌〉，三〇年代悲苦的〈雨夜花〉，日本人退出臺灣後的

〈望你早歸〉、〈補破網〉，到二十世紀充滿鬥志和希望的〈愛拚才會贏〉、〈嘸通嫌臺灣〉、〈白鷺鷥之歌〉。優美動聽的歌聲配上旁白，娓娓道出歌謠背後一個個感人的故事，同時也讓我們回顧先民這一世紀來走過的坎坷與辛酸，體會他們的哀傷、憤怒，分享他們的快樂、希望。

《音樂臺灣》專輯系列就是希望透過音樂這個有聲世界，呈現過去臺灣的種種面貌，以一顆關懷的心來對這一百年來的歷史，展開溯源與探究；更希望憑藉音樂，讓每個人都能『打開心內的門窗』，迎接春光，使暴戾之氣和不必要的紛爭消弭於無形，帶給社會溫馨、祥和與進步。

藝術文化是我們生存和發展的原動力，而唯有了解自己的過去，扎下穩固的根基，我們才能踏出穩健的步伐，開拓更美好的未來。

因此，儘管我自己不是音樂或藝文方面的專業人士，我仍然以十分虔誠、認真的心來參與這個有意義的工作，也深切期望藉著《音樂臺灣》的出版，能夠拋磚引玉，號召更多人一起投入認同本土、愛護文化的行列，一起為開創真善美的社會而努力！」[415]

盧修一對音樂文化的投入，不只體現在這套CD書。為了「號召更多人一起投入認同本土、愛護文化的行列」，白鷺鷥基金會已於一九九六年底在國家音樂廳舉辦「回顧鄉情，展望未來，歲末新臺北音樂會」，將專輯中的歌曲搬上舞臺，一九九七年也在臺北縣舉辦一系列的音樂會

盧修一忙於出版《音樂臺灣》專書與「一世紀的音樂歷史說唱」CD專輯之餘，七月間成功攻頂臺灣最高峰玉山。

其中幾場音樂會，遠在美國讀書的盧佳慧、盧佳君都返臺演奏，共襄盛舉，盧修一欣慰之情溢於言表。

放下縣長大志、認真投注文化的盧修一，回身擁抱這溫馨的音樂家庭；親情與音樂洗滌了盧修一，氣色也恢復紅潤。病魔的陰霾是否能遠離他？

抱病協商製版權　一九九七年四月二十四日

第三屆立法院第三會期，盧修一重回法制委員會；這是他從政以來參與最多的委員會，法制雖冷門，卻也是他最嫻熟的領域。

盧修一專心在立法院問政，午仔、丁琪後也前往立法院附近的白鷺鷥基金會董事

打定心意，要將立法院多年來累積的經驗、知識與議事技巧傳承給年輕人；他也打算一九九八年不再競選連任，他要回到家鄉淡水，致力於文化工作。

三月，民進黨內的臺北縣長提名初選結果揭曉，蘇貞昌勝出，確定代表民進黨征戰一九九七年年底的臺北縣長大選。

不久，盧修一出席蘇貞昌的造勢大會，喊出：「支持蘇貞昌，就是支持盧修一！」不僅如此，盧修一下令自己的子弟兵（白鷺鷥連線）與多年來的輔選幹部為蘇貞昌助選，此舉，形同將盧修一多年在臺北縣耕耘的成果灌注給蘇貞昌；盧修一所屬的新潮流系也表態力挺蘇貞昌。

隨後，與蘇貞昌同屬福利國系的臺北縣長尤清，也宣布支持蘇貞昌。一時之間，民進黨在臺北縣長一役展現超強的團結氣勢；相較於國民黨與新黨尚未整合出人選，蘇貞昌已經先吃了一顆定心丸。

專注問政的盧修一在這一個會期，許多他曾主導、無役不與的法案，又面臨必須與時俱進修正的命運，《公職人員財產申報法》修正案就是一例。

一九九七年四月二十三日，盧修一與朝野立委合作，在法制委員會初審時將需申報的公職人員大幅擴增至十四萬人，同時增加罰則、以異動申報取代強制信託，圖使政治更

清明。[416]

只是，盧修一力推的《著作權仲介團體條例》草案即使排入院會，卻因仍需朝野協商而遲遲無法在院會完成二讀。

而盧修一用力甚深的《著作權法》修正草案，明明我國為了加入WTO而必須緊迫通過，卻因草案衝擊業界過大，因此屢屢排入院會經數度朝野協商仍未取得共識，無法完成二讀與三讀。

關鍵因素之一，就是製版權。

一九九七年四月二十四日夜，為了製版權，朝野兩黨都派出立委協商，盧修一也從醫院抱病來到現場。

製版權是什麼？

法源來自一九九三年四月二十二日修正，一九九三年四月二十四日公布的《著作權法》第七十九條、第八十條[51]。

簡言之，市面常見的一些古籍刊本，是出版界從「無著作財產權」或「著作財產權消滅」的文字著述或美術著作，整理、編排後出版，而且根據現行的《著作權法》，製版人享有十年的專屬權利保護。

然而眼下，一九九六年行政院送到立法院的《著作權法》修法草案，已經將製版權刪除[52]。而在審查會中，出席審查的立委並無異議，已於一九九六年十二月十一日完成審

查，等待立法院院會排入二讀，

不料，一九九七年四月十五日立法院院會準備二讀之際，出版業界召開座談會，強烈不滿製版權遭刪除，並希望立委協助搶救製版權。為此，新黨立委高惠宇在立法院斡旋，要為製版權翻案。她表示，廢除製版權，將使出版者不再投資古籍出版，真正受傷害的是國家的文化大計，影響甚鉅。

於是，四月二十四日晚上，高惠宇主持朝野協商，向來關心著作權議題的盧修一、蘇

㉛ #**製版權法源**：一九九三年《著作權法》第七十九條（無著作財產權或著作財產權消滅之規定）：「無著作財產權或著作財產權消滅之中華民國人之文字著述或美術著作，經製版人就文字著述整理排印，或就美術著作原件影印首次發行，並依法登記者，製版人就其排印或影印之版面，專有以印刷或類似方式重製之權利。

製版人之權利，自製版完成時起算存續十年。

前項保護期間，以該期間屆滿當年之末日，為期間之終止。」

第八十條（製版權準用之規定）：

「第四十二條及第四十三條有關著作財產權消滅之規定、第四十四條至第四十九條、第五十一條、第五十二條、第五十四條、第六十四條及第六十五條關於著作財產權限制之規定及第七十五條至第七十八條關於著作財產權登記之規定，於製版權準用之。」

㉜ #**行政院版《著作權法修法草案》為何刪除製版權？**：一九九六年十月九日，立法院內政、教育及司法三委員會併案審查「著作權法修正草案」第一次聯席會，內政部長親口報告，行政院版修正草案「刪除製版權規定，以符合國際趨勢」；另一原因是著作權已經取消了登記制，而製版權向來需要登記，是以，修正草案就廢除了製版權。

煥智、陳其邁等民進黨立委也都出席了。

協商後，出現了戲劇性轉折，朝野協商得出結論，內政部著作權委員會也同意恢復製版權。而且，製版權不限於本國人的文字著述或美術著作，也適用於外國人的著作，亦即擴大了製版權的範圍㊸。

可以說，盧修一抱病「開夜車」參與並完成協商，為出版界撥開一線生機。「為了製版權問題，盧委員還特地從病房抱病參加法案協商，令人十分感動。」[417]旁觀此次會議的律師蕭雄淋心有戚戚焉地說。

著作權仲介團體條例：二讀、三讀　一九九七年十月九日

自從一九九六年六月十九日盧修一主持並完成《著作權仲介團體條例》草案的審查會，其後卻遲遲無法進一步，這部草案在立法院整整躺了十個月之後，院會才終於決定採取朝野協商㊹的方式來處理。

修法工作繁複，牽一髮動全身，就像一場大病後需多次入院複診，尚不一定能痊癒。

一九九七年十月九日，距盧修一完成審查會已十六個月。終於，立法院院會將《著作權仲介團體條例》草案依照先前三次的朝野協商結論，迅即完成了二讀與三讀。[418]

「如果不是盧委員，著作權中介團體條例不會這麼順利三讀通過，」曾任內政部著作權

委員會主委的王全祿感佩地說。王全祿已在一九九六年九月一日轉任考試委員，然而對著作權相關法案仍有著捨不下的關心。

---

(53) **#朝野協商試擬的文字**：第七十九條（無著作財產權或著作財產權消滅之規定）：

「無著作財產權或著作財產權消滅之文字著述或美術著作，經製版人就文字著述整理排印，或就美術著作原件以影印、印刷或類似方式重製首次發行，並依法登記者，製版人就其版面，專有以影印、印刷或類似方式重製之權利。

製版人之權利，自製版完成時起算存續十年。

前項保護期間，以該期間屆滿當年之末日，為期間之終止。

第一項登記之辦法，由主管機關定之。

(54) **#三次朝野協商獲得結論**：協商共三次。第一次朝野協商是一九九七年四月二十一日下午三點三十分在立法院議場三樓會議室。由立委周陽山擔任主席，協商代表為：蔡正揚、洪性榮、杜振榮、蔡中涵、李友吉、傅崐成、陳瓊讚、林忠正。協商結果為：《著作權仲介團體條例》草案，除第十三條第四項、第三十六條第一項請黃國鐘、陳瓊讚再行協商內容外，其餘法條內容依審查會意見通過。

同一天稍後進行朝野再協商，獲致結果為：第十三條第一項修正為「以自己之名義，為他人之計算」，增列「之計算」三字。

第三次朝野協商於一九九七年五月十三日下午三點在立法院議場三樓會議室。由立委周陽山擔任主席，協商代表為：柯建銘、李友吉、林忠正、陳瓊讚、陳一新、林瑞卿、高惠宇、陳文輝、陳其邁、施台生、蘇煥智。協商結果有二：（一）草案第二十三條第一項、第二項維持審查會通過之條文。第三項修改為「為文化、教育或其他公益性之目的而利用著作者，仲介團體應酌減其使用報酬，其利用人無營利行為，仲介團體應酌收其使用報酬，並應將酌減或酌收支標準明定於使用報酬收費表」。（二）第三十條維持審查會通過之條文。

每凡立法院審理著作權相關法案，皆全程到場的律師蕭雄淋也感觸甚深。

蕭雄淋回顧，一九九四年九月行政院版的《著作權仲介團體條例》草案送立法院審議，卻遲至一九九六年盧修一擔任內政及邊政委員會的召集委員，這個草案才被拿出來審查。如馬拉松般緊湊的兩個整天的審查會，蕭雄淋全程列席，旁觀盧修一卯足全力召開會議，帶領眾人求同存異，將法案審查完成，送出審查會。

蕭雄淋還記得，盧修一曾開玩笑說：「如果我不審查這個法案，我太太就不理我了。」「盧委員的夫人是學音樂的，他知道這個法案對音樂文化發揚的重要性。果然，著作權仲介團體條例在盧委員的推動下，於民國八十六年十月在立法院通過，該條例大部分的草案修正都是在他手中完成的。」[419] 蕭雄淋親身見證，對盧修一不住肯定。

《著作權仲介團體條例》雖然通過了，著作權糾紛是否因而減少？

盧修一最擔心的是，「未來的仲介團體數目，是否有可能擴展至無限多個，呈現百家爭鳴情況？希望不會如此。」[420]

沒有一部法律堪稱完美，沒有一部法律不需與時俱進、適時修訂。面對《著作權仲介團體條例》，盧修一已可功成身退。

只是，縈繞盧修一心頭的《著作權法》修正案，是否也能順利完成二讀，三讀通過？

十一次二讀，著作權法修正案協商牛步　一九九七年十月三十日

盧修一雖於一九九七年四月二十四日抱病完成製版權的朝野協商。但是，《著作權法》修正草案卻仍牛步。

其後，歷經五月九日、五月三十一日，跨進第三屆第四會期（盧修一擔任內政委員會委員）的九月二十五日、十月二日、十月九日、十月二十三日、十月三十日等多次院會，雖然都排進二讀程序，朝野卻持續因為一些細部條文卡關，未能完成協商，無法通過二讀。

盧修一關心這部法律的進度，因此每逢院會要二讀，他一定出席。

十一月十一日院會，盧修一原以為能完成二讀，會中卻出現兩案提起復議[421]，院會主席裁示「另定期處理」。

從醫院請假出來開會的盧修一忍不住出聲：「另定期處理已經幾個星期了，請主席定出時間，**如下次院會表決要說清楚。**」

院會主席又說：「大家的意見是繼續協商。」

盧修一激動地說：「協商不成才會這個樣子。」

主席又說：「對，現在要繼續協商，至於協商成功與否尚不知道，這是昨天朝野協商的決議。」

盧修一又強調：「委員主持協商會議就是要表決、要處理，還沒送來啊！」主席又回：「協商又撤回了。」[422]

罹癌之後甚少激動或動怒的盧修一，對於《著作權法》修正案的二讀效率如此牛步，感到相當無奈。他也知道，主因是朝野協商尚未制度化。其實，他在第一屆立委任內起，就參與朝野協商制度化的相關法制建置[423]，可惜這些國會改革的相關法制尚未進入審查程序。

眼下，《著作權法》修正案的二讀一延再延，而盧修一的癌症復發、住院的次數也愈發頻繁了，他還能看到《著作權法》修正案三讀通過嗎？

關鍵時刻，選情告急　一九九七年十一月二十五日

這一天，盧修一住在臺大醫院進行詳細檢查，少了風趣，卻多了憂心。

盧修一的病情不穩定，經常入院，但他仍期待看到《著作權法》修正案完成三讀。不過眼下讓他無比懸念的，暫且不是《著作權法》修正案，而是縣市長大選。

十一月二十九日的縣市長選舉投票日逼近，臺北縣選情詭譎，更使長期關心臺北縣選民的盧修一坐立難安。

民調顯示，國民黨候選人謝深山、民進黨候選人蘇貞昌分居前兩名，脫離國民黨參選

的林志嘉、新黨候選人周荃則排在其後。

此刻已是選前三天，檢調單位卻以臺北縣地政局長莊育焜涉及臺北大學土地弊案，介入偵辦。消息傳出，全國譁然，重擊了選民對民進黨與臺北縣長尤清的信心，不僅可能影響臺北縣選情，更可能導致民進黨籍候選人在各地方縣市長的支持度下挫。

儘管昔日立法院戰友——臺北市長陳水扁以旋風般的魅力陪同蘇貞昌拜票造勢，各地基層傳來的消息卻顯示，不少對民進黨失去信心的選民表示「不會出來投票」。

盧修一坐在病房內深思，幾位他一手提攜的「白鷺鷥連線」子弟兵，包括臺北縣議員陳世榮、國大代表賴勁麟、李文忠等人都來了，他們一直全力輔選蘇貞昌，但面對當前的變數，個個表情凝重。

「該怎麼做，才能幫助選情？」盧修一想著他曾經為可愛的家鄉、這片土地與人民擘劃的願景，從環境與生活、親子與老人福利、教育資源、反核與安全，以至地方自治法制化、民主政治的落實，這些根基都需要有人繼續穩穩扎下。

當晚，他與少數幾位多年來的革命同志聯繫。

其中一位在電話中建議他：「要麼你就現身造勢晚會，跪下來替蘇貞昌求票。」

不過，盧修一並未作聲。

坐在病房裡，他望著窗外，那曾經是日治時代俗稱「三線路」的中山南路，幽怨的臺灣民謠〈三線路〉彷彿在他的耳邊響起。

月色照在三線路，
風吹微微，
等待的人，
那未來？
心內真可疑想不出彼那個人，啊——怨嘆月夜。

這個星期，陳郁秀前往法國舉辦音樂會。出發前，陳郁秀原本想取消這場音樂會，但是盧修一勸她不能失約，也勿為他的病情煩惱。

就這樣，盧修一不為自己的身體憂心，仍顧念著三天後的選情。

他該採取那位革命同志的建議嗎？

他輾轉難眠了。

驚天一跪，病體惡化　一九九七年十一月二十八日

走上板橋造勢晚會的舞臺，看著全場逾十萬位民眾時，盧修一不禁感到陣陣寒冷。

暖冬，強光照射的舞臺上，每一位上臺的助講員皆汗流浹背，只有盧修一打著哆嗦、

不住心悸。招牌的白髮與白夾克，臉上掛著的微笑，掩飾了他早上從醫院打完化療針劑的虛弱。

當盧修一站上臺，強光一照，他一陣昏厥，腿一軟，站不穩便陡地滑了下來，幸好助理詹守忠就站在背後，撐住他，就這麼在臺上跪了下來。

「……為了咱們臺北縣的發展，我在這裡就誠心誠意要跪下來向大家拜託……」盧修一交握的雙手舉在面前，嘴裡喃喃地說。旁人為他拿的麥克風，就這麼將他勉力而虛弱的聲音傳送到現場，透過衛星電視SNG連線傳到全國的電視機前。「拜託拜託，支持蘇貞昌……拜託……」現場觀眾一片悲鳴。

這一幕也感動全國人心。

盧修一是擁有全國知名度的政治家，從他擔任第一屆立委衝破舊國會封閉的政治體制，第二屆與第三屆立委任內建立我國各項政治、社會、外交、文化永續發展的各項法制，並擘劃臺北縣政願景，卻因罹癌而放棄的一幕幕印象，湧現人們腦海中。噙著眼淚凝視這一幕，少有人能不鼻酸。

月色照在三線路，

風吹微微，

盧修一原本欲離開造勢現場，然而，剎那間，他改變了心意。

他在舞臺深處坐定，他要靜候蘇貞昌到來。

他知道，這個關鍵決定，將使他孱弱的身體付出高昂的代價，那代價是壽命，那代價不可逆，那代價將伴隨著生不如死的痛楚與嘔吐；但是，為了臺北縣民，他孤注一擲，他願用生命來成全。

等待的人，
那未來？

秒針一格一格走著，對於一位剛做完化療的病人，人聲鼎沸、混雜而喧囂的空氣，每一秒都像是提前為生命敲響喪鐘。

盧修一冷得不時打顫，但他的心意堅定。

心內真可疑想不出彼那個人，啊——怨嘆月夜。

「我事前完全不知道盧仔會出現，還下跪，我們大吃一驚，沒命地往板橋奔去。」蘇貞昌接到消息，從掃街拜票的現場趕抵板橋造勢晚會的大舞臺，急急奔到盧修一身邊，握住盧修一冰冷的手，當場更改講詞，滔滔說起他與盧修一的淵源，盧修一對臺北縣民的抱負與願景，與他能接手為盧修一完成的使命，講著講著，造勢現場氣氛早已逆轉。

盧修一回到家時已經無法言語，虛弱地癱在床上，不時起身嘔吐。黨內同志紛紛趕到盧家，看到的卻是他槁木死灰的臉。

十一月二十九日大選，開票結果，蘇貞昌不僅贏得臺北縣長，而且共十二個縣市長由民進黨勝出，首度翻轉縣市長地圖，取得全臺各縣市長過半席次。

「盧仔為蘇貞昌的最後一跪，是民進黨贏得十二個縣市長過半席次的關鍵因素」，以高人氣為蘇貞昌造勢的臺北市長陳水扁如是說。

盧修一向選民「驚天一跪」之後，從法國趕回臺灣的陳郁秀堅強地面對外界的疑問，轉過身，卻默默地以淚洗面。

向來浪漫、「最愛臺灣」的盧修一，難道就此「化作春泥更護花」？愛屋及烏的選民們揪起一顆心。

著作權法修正案，製版權朝野協商　一九九七年十二月十九日

驚天一跪後，化療孱弱的身體禁不起感染，盧修一再也無法到立法院開會。

這天，立法院新黨黨團辦公室，民進黨、國民黨和新黨的朝野協商代表：高惠宇、陳

一新、陳漢強、陳其邁、陳鴻基、黃國鐘、謝聰敏、蘇煥智等立委，針對《著作權法》二讀版本的「製版權」等條文再度進行朝野協商。

這一回，盧修一雖不克前來，原本堅持己見的同黨立委蘇煥智顧慮到盧修一，決定同意協商結論。於是，蘇煥智在簽名下方處寫了一個附註：「考量盧委員健康，依盧委員意見。」424

就此，排入院會二讀已達十次的《著作權法》修正案，終於達成朝野協商。

或許該說，盧修一無私的情操感染了立法院同事們。

著作權法修正案二讀通過　一九九七年十二月二十三日

立法院第三屆第四會期第二十六次院會。

掐指數來，這一天，是院會第十一次將《著作權法》修正案排入二讀。

陳其邁坐在議場，屏息等待《著作權法》二讀逐條宣讀。

一進入立法院就蒙受盧修一的指點，陳其邁自承，盧修一不分派系、不藏私地傳授議事技巧給後進的風範，使陳其邁如沐春風。

而陳其邁在《著作權仲介團體條例》、《著作權法》等各種法制審查時，總是和盧修一共同打拚。

為了終於完成二讀的此刻，陳其邁事先到醫院去探視盧修一，記錄盧修一的想法，希望能代為發言，讓立法院公報為一位國會議員的偉大身影留下見證。

主席：「請問院會，對第一百一十五條之二有無異議？」

這時，心懸盧修一身體狀況的陳其邁忽然舉手，上臺發言[425]：

「主席，各位同仁。行政院版的著作權法修正草案送至立法院已達五年之久，而本院林委員壽山及蘇委員煥智都曾提案，今日本席上臺發言並非有意杯葛或反對此法案，在整個著作權法的審查及著作權仲介團體條例的審查過程中，本院盧委員修一居功最鉅，從委員會的審查至院會的朝野協商，盧委員始終有所堅持、有所退讓，因此本案今天得以通過，應該在此向盧委員表示敬佩之意。」

陳其邁回顧盧修一的風範，激動地說：

「盧委員從最初健康狀況十分良好的情況，以至月前肺癌已經擴散到腦膜，他仍念茲在茲叮嚀本席在針對著作權法進行朝野協商時，哪邊可以妥協、哪邊應該堅持，其用心值得各位同仁尊敬及學習。

接著，陳其邁提及盧修一用力最深的《著作權仲介團體條例》：

「在著作權法通過之後，本席希望能同時關切盧委員念念不忘的著作權仲介團體條例，盧委員擔心的是未來的仲介團體數目，是否有可能擴展至無限多個，呈現百家爭鳴之情

況，並希望不會有。故本席希望著作權法通過之後，著作權仲介團體條例也能加速審查通過[426]，至於著作權仲介團體之設立辦法，亦希望著委會（內政部著作權委員會）能盡速通過。」

盧修一對主管機關的建言，陳其邁也代為表達：

「關於主管機關，盧委員認為應由主管文化部門，如文建會等相關部門為主管機關，所以本席希望增訂一條款，規定在未來兩年或五年之內完成將主管機關由內政部著委會移轉到文建會或其他文化相關部門工作，相信對落實著作權的保障有所助益。」

發言尾聲，已然噙著眼淚的陳其邁說：「**本席很唐突地在此發言，無非希望讓各位同仁有所省思，並且希望盧修一委員的身體恢復健康，能與大家一同審查著作權仲介團體相關條例。**」

主席明白陳其邁的心意，接著繼續逐條宣讀，十數分鐘後，主席終於宣布：「本案已經全部經過二讀，做如下決議：『全案經過二讀，另定期進行三讀。』」

歷經十一次院會，盧修一心心念念的《著作權法》修正案屢經波折，完成二讀。這部攸關我國文化發展的大法何時能三讀？我國何時才能可望加入ＷＴＯ？當好消息傳來時，盧修一來得及聽見嗎？

著作權法修正案三讀　一九九七年十二月三十日

「盧委員個性就是這樣，他承諾的事情他一定要做到，而且要把它做好。」陳郁秀說。

這一天，《著作權法》修正案預計被立法院院會排入三讀，盧修一的照顧者很緊張，深怕他會爬出病床，偷溜到立法院去。

但盧修一病得無法走出門，他手寫了一張請假單，向民進黨立法院黨團請假。

當《著作權法》修正案完成三讀的好消息傳來時，盧修一微笑了，隨即不住咳嗽。雙眼盯著天花板，他忍不住想著，《著作權仲介團體條例》有些條文似乎應該隨之再修正，但是，以他目前的病況，是無法再寫提案徵求朝野立委連署了。

「難捨能捨，來得去得。」

盧修一轉動著眼珠子，將眼珠當作毛筆，在白色的天花板揮毫著這幅他從政歷程最艱難的抉擇，卻也是生命態度最瀟灑的一幅字。

窗外，一隻白鷺鷥飛過。

牠展開清清白白的羽翅，彷彿在天空臨摹著同一幅字。

牠很可能飛過盧修一踏查過的三芝老厝、淡水下坡路；也飛過由盧修一和夥伴們搶救並保存下來的淡水古蹟白樓、前清淡水關稅務司官邸，以及八里十三行遺址古蹟；也許，牠還聽見人們哼唱著那首盧修一寫就的歌詞：

太平洋　美麗島　青翠的草木　可愛的鄉土
白鷺鷥　白鷺鷥　山明水秀好逍遙　自由又自在
這裡是我的故鄉　這裡是我的故鄉
讓我祝福　讓我祝福　志在千里趕時代
（白翎鷥　車畚箕　車到溪仔墘　跋一倒　抾著兩仙錢）

太平洋　美麗島　青翠的草木　可愛的鄉土
白鷺鷥　白鷺鷥　民主旗幟飄也飄　花開一大片
這裡是我的故鄉　這裡是我的故鄉
讓我祝福　讓我祝福　前進腳步真矯健
（白翎鷥　車畚箕　車到溪仔墘　跋一倒　抾著兩仙錢）

太平洋　美麗島　青翠的草木　可愛的鄉土
白鷺鷥　白鷺鷥　稻浪滾滾閃金光　田園吐芬芳
這裡是我的故鄉　這裡是我的故鄉

讓我祝福　讓我祝福　立業美夢不虛空
（白翎鷥　車畚箕　車到溪仔墘　跋一倒　抾著兩仙錢）

白鷺鷥回返，停駐草地上整理著羽毛。或許，牠也像你我一樣正在等待奇蹟，盼著病房裡為前進而戰的白色身影，再一次衝破宿命，逆轉命運……

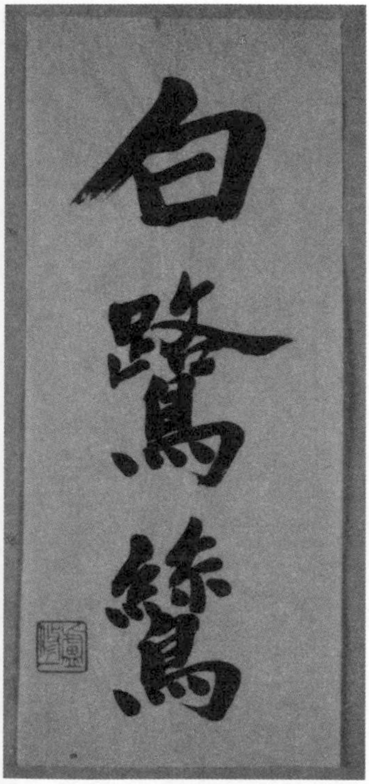
白鷺鷥

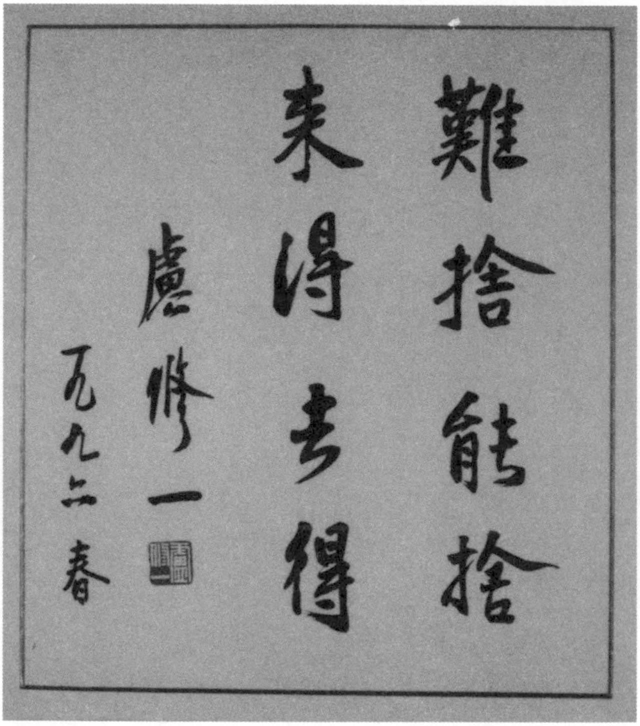
難捨能捨
來得去得
盧修一

尾聲

白蝶

二十二年後，緬懷一個政治家典型

一九九八年，八月六日，凌晨三點二十七分

秒針倦了，再也走不動。

於焉，白鷺鷥終於長眠。

「我們做了很多努力，以為會有奇蹟出現，沒想到爸爸還是走了。」盧修一的長女盧佳慧泣不成聲。盧修一病榻圍繞著他鍾愛的親人陳郁秀、盧佳慧、盧佳君、盧佳德。林義雄、洪奇昌、陳菊等許多同志和子弟兵接到噩耗急急趕來，痛哭失聲；醫護人員也在一旁靜靜流淚。

一個典範就此殞落。

一個時代畫下句點。

「盧仔這樣的人，在臺灣已不多見，他真情、努力，他熱愛家園、為臺灣背負苦難，他為民主自由坐牢、在國會殿堂為爭取公平正義而被痛毆——這樣的盧修一，我們怎麼能任他在死亡邊緣掙扎、浮沉；但，終究盧仔還是揮灑衣袖，悄然而別。」陳菊感嘆。[427]不日，哀戚肅穆的告別式上湧入無數民進黨同志、跨黨派政治人物，連盧修一最敬佩的廢除甲等特考戰友王作榮都來了。「我是盧委員不分黨派、不分族群、以國家利益為前提的政治風範的受益者之一。」[428]想起盧委員戮力挺身廢除甲等特考一役，王作榮百感交集，頻頻嘆息「哲人其萎」。

淚眼婆娑的陳郁秀恍惚中彷彿看見一隻白蝶；用力眨了眼，再定睛看；真的，那是一隻白蝶。

主持告別式的陳菊也注意到了，白蝶飛過之處，掀起一片騷動。眾人紅腫的雙眼追隨蝶的振翅而光彩閃爍：看！那隻白蝶翩翩，刻正舞過微微飄顫的白幡。

送葬之行啟程了，人們自動走在棺木後方，綿延數百公尺遠。白蝶悠悠巡禮，彷彿在閱讀每一位弔祭者的傷懷不捨與肯定；它優雅獨舞，宛若親向每一張面孔致謝。

而抬眼望向白蝶的人們，心念旋即附繫於那雙輕盈透光之薄翼，颯颯然，翻漩而來的念想，光速轉回當年與盧修一相識相熟的動人片刻。

他們不知道，直到二｜二年後，這些記憶仍牢牢地銘刻在他們的心底。而生前幾乎以立法院為家的盧修一，曾和他一起奮戰的夥伴們感觸尤深。[429]

（攝影／詹守忠）

戴振耀[430]**：我用臺語質詢，盧仔都會上來幫我翻譯。二〇一七年四月二十四日**

「我跟盧仔於一九八九年以『新國家聯線』當選立委。隔年進立法院之後，和洪奇昌、葉菊蘭、李慶雄共同成立『新國會辦公室』，並出版了《新國會會刊》；我是農業團體立委，其他幾位都談法律議題。我們『新國會辦公室』也率先提出了農業基本法。」

「我都用臺語質詢。行政院長先是李煥，後來才是郝柏村；我質詢時他們都不理我，還好盧修一都會上來幫我翻譯，李慶雄、陳定南也會聲援我。我若說不好，他跟定南都會上去幫我補充。」

「盧修一很執著，他認為對的事就一定抗爭到底。他思路非常清楚，除了本科的政治學之外，其他法案都有涉獵；我只談農業政策和臺灣主權，其他議題上我都是支援的角色。我們互相協助。」

「我有事都會請教他。盧修一本身擁有政治專業，加上他曾經入獄，因此他在立法院時積極改革不合理的法條。」

「一九九〇到九二年，民進黨反國民黨威權的政治運動比較集中在這段時期，民眾也期待民進黨有好表現。但民進黨立委少，而且體力都沒有我好，因此盧修一每次上去講話，我都去扮演『打手』的角色保護他。有一次梁肅戎動用警察權，把盧修一拉到茶水間打他、踹他，我趕緊跑進去救他。他們用的力道很重，還會踹腰椎，抓到你衣服都撕裂。盧仔才從議場出來，他們又把盧仔帶到後面打，我也被打在地上。後來其他立委才把我們救出來，送到臺大醫院。盧仔先被送進去躺在病床，大家都跟他致敬；我進去時已經沒病床了，只好躺在盧仔旁邊的小床上。我住了十天，他住了七天；不過住院期間盧仔都唉唉叫，我較能忍痛沒有喊，所以大家都以為他比較嚴重。」

「盧修一很受民眾歡迎，那時候我跟他要租聯合服務處，我們橋頭這邊有人聽說是盧修一要找服務處，就說要便宜租給我們。」

「我診斷出癌症時，第一個就想到他們兩人：盧修一和陳定南，而且他們都沒抽菸。我還跟朋友說，是不是可以不做化療，不過後來我還是接受了。我想到外婆過世之前，盧仔和定南都有來我家，盧仔還題字給我。他很幽默，跟我說這幅字框起來會值錢。我有個茶杯上的題字修一，就是他題的。」

李慶雄[431]：他不為己謀，這一點民進黨無人能出其右。二〇一七年五月二日

「他雖然過世了，但是他還活在我們心中。他真誠、純情、至性、不算計，他是剛柔並濟，鐵血柔情。」

「我跟盧修一第一屆就進立法院。他長期在法制委員會；我學法律，做過檢察官、法官，長期選擇待在司法委員會，法制、司法都是非常冷門的委員會。我曾覺得奇怪，很多人都要擠熱門的委員會，盧修一卻是一以貫之，堅持待在法制委員會。我們共同努力很多冷門卻重要的法案。」

「剛進立法院傻傻的，不知道議事規則和程序委員很重要。程序委員會的作用是排法案的審查順序；盧修一很注重這一點。到了第二屆時，我建議程序委員應該由黨團幹事長來擔任，方便排重要的法案，指揮全局。所以第二屆開始，盧修一做幹事長很受人尊敬。」

「甲等特考是大官子女漂白當官用的。考選部長王作榮雖想改革，卻是盧修一提案才得以廢掉，這要歸功盧修一。」

「盧修一人緣很好，他在一些議題上也能跟國民黨溝通協調。我就不行，我跟國民黨完全沒來往。」

「我晚婚，五十六歲時才得子，那是一九九四年十二月二十九日。盧修一特別來看我兒子，一直稱讚：『這天公仔子！你們夫婦做好人，所以天公疼惜你們，五十六歲生兒子！』孩子很健康，盧修一說要認他做乾兒子，後來兒子五、六個月大還抱到盧修一家裡去。」

「一九九五年我參選第三屆立委卻高票落選，晚會上盧修一來跟我抱頭痛哭，很捨不得，那很感人。之後我就比較少跟他見面了。」

「一九九七年底的臺北縣長選舉，如果沒有盧仔這一跪，歷史恐怕要重寫。那一跪影響多大？尤清留下的局面，蘇貞昌能選得上嗎？沒人有把握。在那之前，只有自己跪自己選情的，沒有跪別人的，這種人格特質，沒人勝過盧仔。第一他無私，第二他病入膏盲，第三醫生嚴禁他外出。當晚他一上臺，全場歡呼，但他已經體力不支了，他跪下是全場動容，還要人攙扶才能起身，他那一跪有溫度，讓人有感，他熱情、熱忱。TVBS一直重播不是要捧蘇貞昌，而是要凸顯盧修一的情操，那是天下無敵。」

「你真正認識他，會感佩他，怎麼有這種人，他就是性情中人，都沒有算計。政治人物沒有算計的很少，可說幾乎沒有，都會想這樣做下去對自己有沒有傷害？但盧修一是做就對了，不計後果。全臺灣政界我看過的，沒有第二個人。他不為己謀，這一點民進黨沒人能出其右。」

「盧修一生病見報後謝絕會客。陳菊說盧修一病得不成人形，她在病房痛哭。盧修一同意我去探病，我去醫院看，他在病房地上畫了一條白線來回走，看自己能不能走直線；兩個月後我再去看他，他說他眼睛霧霧的，我看他瘦了，不能下床，不到一個月，他就走了（嘆）。我跟盧修一的感情不是很綿密的，卻是濃中有淡，淡中有濃。」

王金平[432]：他對法制的變革有非常重要的貢獻。二〇一七年五月十日

「我在八十一年（一九九二年）擔任國民黨書記長，八十二年我做立法院副院長，那時大概有事就由劉松藩院長處理。盧委員一直參與很多，因為法制上很多要改變。他在法制委員會，那是關乎國家制度、政府體制最重要的委員會，所以他都在那裡，奉獻出他重要的專業。在法制的變革上，他做出非常重要的貢獻。他做事非常堅持，也非常執著。」

「有人問我，這麼多法案當中，影響臺灣最大的是不是廢除老賊和刑法一百條？國會的變革當然最重要，因為（一九九一年底）整個國會結構改變，老委員都退了，他們於民國三十六年當選，三十七年就職，隨後整整八十八個會期都沒有再改選。審查退職條例時，盧委員就爬上發言臺或桌子上杯葛，他和朱高正都是。弄到（國民黨）沒辦法了，張俊雄上去打梁肅戎院長一巴掌，梁肅戎就叫警察把盧委員抬出去，梁肅戎就沒再出來主持（院會）了。這都是時勢所逼，我在民主制度上是絕對不會動用警察權。」

「八十一年是新委員的時代，但還是屬於第一屆的最後一個會期。梁肅戎已經不在國會了。像刑法一百條都是協商的結果，那時候還去旅館開房間來討論的。盧委員他是很執著、很認真的人；立法院重要的法案都是私下協商，在臺上你一言我一語的泛談是很難協商的。刑法一百條在臺灣政治上太重要、也太關鍵了。我記得最早是李鎮源在外面要求廢除。院外有廢除聲浪，院內也受迫之下，國民黨就要好好來談。那時我擔任書記長，跟祕書長宋楚瑜一起代表國民黨來談判這件事。我在國民黨中央提出，宋楚瑜再向李登輝主席報告；後來民進黨派代表來找宋楚瑜，談完之後修法才通過。我記得一〇一條、一〇二條到一〇三條，張燦鍙夫人張丁蘭來找我陳情，我再將此事向宋楚瑜要求，宋楚瑜也頗開明，他聽罷隨即去跟李登輝報告；李登輝當然也都說臺灣這些問題能解決就盡快解決。」

「那時的協商沒有紀錄。民國八十年，因應動員戡亂臨時條款解除，大法官會議要求所有相關法律案都要在八十一年七月三十一日以前全部配合修正。差不多在八十一年六、七月間，當時似乎是延會，上百條法律要修。我負責協商。第一天的協商由我主持，洪玉欽代表國民黨；另一邊是陳水扁、謝長廷、盧修一、李慶雄，共五、六人進行協商。大家中午十二點院會結束後就來吃便當，那時下午三點多才開會，不像現在兩點半。連續三天，第三天洪玉欽沒來，就我跟他們開會協商，盧委員他不會很難協商。上百個法案中修了二十六個重要的，有的沒那麼快，但都在七月三十日前配合修正完成。」

「那時有一個小龍會，都是屬蛇的參加，大家約吃早餐。包括許信良、施明德、黃主文、盧修一、白秀雄、鄭逢時，趙守博、陳瓊讚，張有惠比較少來，還有莊金生、黃國昭、黃正一、蔡兆陽、詹春柏等人。在九六政爭之後，小龍會就沒再辦了。盧修一是小龍會第一期的，我有去參加他的告別式。好快，他已經過世二十年了……」

黃主文[433]：我由衷對盧修一表示敬意。二〇一七年五月十一日

「盧修一是一九八九年選舉，一九九〇年進立法院。一進來他就參與民主的推動。民進黨那時候比較強勢推動好幾個變革。他們可以走街頭，我們集思會只能在立法院攻防，臨門一腳。我在一九八四年二月開始擔任立委，當時是威權體制，蔣經國還在當總統，我就開始推動民主……一九八八年李登輝接任總統之後，五權沒有一權，立法院還是四十年不改選的老委員。於是我們幾個國民黨立委在一九八八年四月成立了集思會，我們抓住好幾個議題，包括國會全面改選、廢核四開始戰。洪秀柱還說你國民黨怎麼會走本土路線？站在黨的立場怎麼會反核四？梁肅戎當主席時，我站上發言臺說老委員應該退，他就在上面罵我紅衛兵。……集思會那時的立場和民進黨的立場一樣。廢除懲治叛亂條例、廢除黑名單也是我提的。有集思會之後，李登輝不便說的，我敢說啊，我替他推。李登輝要把總統做得穩，集思會當然要做先鋒。我們常常跟李登輝見面，但我都不講。」

「我跟盧修一一起參加了兩個會，一個是三一俱樂部，另一個是小龍會。小龍會是吃飯不談政治；三一俱樂部是由康寧祥發起的，名稱源自立委當時三年一任，黃信介、盧修一都參與了，遇到重大議題有共識就一起推，包括全面改選、刑法一百條等改革。」

「盧修一一進立法院就在推動這些改革，我非常清楚。我對每一位立委同僚都很敬重，但對盧修一是特別尊敬。他問政上相當認真，在關鍵時刻都會站出來。包括各種改革，我還記得陽光法案。他在反老賊的抗爭時被抬出去四次，像是一九九一年四月十二日，梁肅戎動用警察權把他抬出去。以前從來沒動用過警察權，以後也沒有動用過，那是唯一的一次，也是最後一次。盧修一總共被抬出去四次，我看到警察把他圍起來私下毆打他。他們是故意打的，而盧修一被扛走時也沒有反抗。」

「除了三一俱樂部之外，盧委員又當幹事長，會和大家不斷談起一些問題。整體來說，我很少對一名立法委員感到尊敬，但我確實由衷尊敬盧修一。」

「盧修一他在每件事上都很積極，戰力很強。他這個人很客氣，問政卻很犀利，又敢衝。直到之後當了幹事長，在一些法案上他就把自己放得較後面，不那麼衝了。畢竟幹事長的角色要在幕後協調、全面性掌握，不能個人主義地出去衝。」

「獨臺會事件後，我提出廢除懲治叛亂條例。為什麼立法院可以很快廢除，其實都是情勢所逼，也跟推動全面改選有關。老賊已經成了全民公敵，形勢比人強，老委員也知道撐不下去了，沒多久就要退職。再加上李登輝當時也有了更多的權力。」

「關於刑法一百條，民進黨的立場一直是只廢不修，盧修一做幹事長時也是。直到一九九二年五二〇之前（當時民進黨幹事長為李慶雄）才塵埃落定。我說塵埃落定，是由於一〇〇行動聯盟李鎮源也同意我的看法；我說李登輝如果被政變算不算叛亂？李鎮源說是啊。我說那廢掉就叛亂了啊，誰都可以把軍隊開進去啊，他們認同我的訴求才急轉直下。媒體雖報導是在一九九二年五月七日兩黨協商之後才底定，其實之前就塵埃落定了，我那時先進行了協商。……刑法一百條修法時，我不太記得盧修一曾說過哪些話，但是他的路線我都記得。」

「（臺北縣長選舉）他那一跪喔，我看電視，感覺是驚天動地的，我在桃園看電視都會感動，那是全民的感動。現在想起來，我的雞皮疙瘩還會冒出來，會感動啦！而且他病重，真要跪下來還會發抖，很不容易。我一看到就說，蘇貞昌贏了！可能沒有他那一跪，蘇貞昌不會當選。原本大家看好謝深山，這麼一跪又都改口說蘇貞昌贏了，真的是全民感動啊！他的形象、他在立法院的表現，以及他病重後不帶私心沒去選縣長，甚至臨門一腳幫助民進黨勝選，這些都讓我印象深刻。」

林濁水[434]：他推翻了舊典範，摧毀了虛假的質詢威儀。二〇一七年五月十六日

「一九八九年盧修一出來選立委，我們對他很有信心。他形象鮮明，就是臺獨，理念清楚；他的立場也清楚，不搞地方利益。有別於一些地方派系的黨外人士，盧修一是通過民主運動出來的。」

「盧修一在立法院有一個有趣的地方。在整個臺灣民主政治發展的過程中，康寧祥曾是非常重要的領導者。專制時期立法院沒多少立委用心，形式上行政院把法案送到立法院，立法院就行禮如儀地通過了；老康在那樣的立法院裡認真質詢，曾被時代雜誌列為風雲人物。但是後來朱高正、盧修一進立法院，這是萬年國會真正過渡到民主的時期，他們摧毀了萬年國會虛假的威儀，國會、民主是什麼？他跳到桌上去教你（國民黨）、罵你（國民黨），在民主過程中造成非常巨大的衝擊，也讓情勢完全翻轉。那時的博士很稀奇，歐洲回來的更是響噹噹的。盧修一跟朱高正都是留學歐洲的博士，在大學教書。也就是說，舊的典範內涵空洞化之後，本來就要被推翻。盧修一就是在推翻。我們那時候是一個傳奇性的時代，把國民黨推翻，建立一個講道理的民主體制是我們的目標。」

「我做不到盧修一這樣（驚天一跪）。人要做到這地步很不簡單。但是他願意為民主、為他的朋友這麼做，真的很震撼。」

「我印象最深的是他的愛情。我看到他跟他太太，覺得一個人怎麼疼太太可以疼成這樣子？我覺得，做他的太太很幸福。」

彭百顯[435]：他不在凸顯什麼是勇敢，而是凸顯什麼是同志。二〇一七年五月十八日

「第一屆立法院，媒體封號民進黨黨團有四把刀，阿扁是大關刀，謝長廷是彈簧刀，盧仔是刮鬍刀，我是手術刀。」

「民進黨立委很服從黨團決議。第一屆立法院，盧仔是黨團第三任幹事長，我是第四任。盧仔的動作很政治，要把國民黨拉下來。第一屆第三個會期（一九九一年二月到六月）時正要進行國家預算審查，我的專業是財經，已經研究預算審查很久了。盧仔是幹事長，他把『制憲列車』帶進黨團，黨團決議退出議場，走向街頭，到全臺灣各地推動『制憲列車』，等於把民進黨在立法院這個舞臺的階梯撤掉。林正杰那時對盧仔說：『你這樣對彭百顯不公平！』我惦惦，因為幹事長說什麼我們就做什麼。『制憲列車』是為了拆解國民黨不合理的憲政結構，訴求我們是反對黨、訴求國家體制正常化。改革，一種是體制內改革，一種是體制外，盧仔的『制憲列車』是體制外改革，沒有他就帶不起來，因為民智未開，大環境那種氛圍，他直接把焦點帶到『制憲列車』，要制憲、要公投。直到『制憲列車』最後一場，立法院階梯又搭起來了。……那半年我們都在外縣市做政治訴求。我還記得去澎湖看到菜瓜，我就說盧仔是澎湖菜瓜『雜唸[436]』！他很能講，我跟他不論去南非參訪，或是在『制憲列車』，盧修一會把各種問題再論述一遍，而且最後結論都一樣。」

「民進黨團很服從黨團與幹事長決議。第四會期由我當幹事長，面對刑法一百條，民進黨團決議只廢不修，我的壓力是只廢不修，但事實上做不到；反閱兵之後，民進黨還通過臺獨黨綱，郝柏村揚言解散民進黨，我找歷任幹事長阿扁、謝長廷和盧仔開會，三人結論是『幹事長說什麼就是什麼，沒有全贏的，你自己決定，我們服從』。我要救人（郭倍宏、張燦鍙等被抓進看守所的黑名單人士），還要救黨；救人姿態要強硬，救黨姿態要柔軟，我思前顧後，就去見郝柏村。那半年（一九九一年年底老委員退職到一九九二年上半年）是臺灣前途的分水嶺、國會的分水嶺，也是民進黨的分水嶺。李登輝透過集思會進行刑法一百條修法，並釋放黑名單人士。」

「第二屆立委時民進黨人才很多，派系分明，但盧修一並未顯露出一副派系領導人的姿態。大家都很尊敬盧仔，他帶領過黨團；不帶領時，也服從黨團領導者的指揮。」

「（臺北縣長選舉的驚天一跪）他不是為了去凸顯什麼是勇敢，他凸顯了什麼是（同黨的）同志。」

柯建銘[43]：他立下了一個典範。二〇一七年六月五日

「臺灣社會對一名立委的懷念與評價，永遠不會改變的少之又少。臺灣做立委三屆、四屆、五屆的一大堆，但是三屆沒做滿，到現在大家還懷念且沒有負面評價的，除了盧委員，沒有人啦！」

「盧仔比我早一屆進入立法院。我剛進來（立法院）時還是小咖，開會都聽阿扁、葉菊蘭、盧仔、信介仙他們講話。直到兩千年我當總召、領導黨團，才受到完整的訓練。」

「我進立法院時都待在經濟委員會。有個會期，盧仔來經濟委員會請教我。印象很深刻，這個前輩很客氣。坦白講他是黨內前輩，雖然我在經濟委員會比較久，他卻不會因為自己是前輩就擺身段。他來經濟委員會是來擋下核四的，核四曾經廢止過一次，就是第三屆時我們合作擋下來的。」

「盧仔能嬉笑怒罵、插科打諢，幽默化解了許多嚴肅的事。政治人物很需要幽默感，能把很多衝突化解掉。」

「他長期在法制委員會。司法、法制非常重要，各部會預算包括總統府都在司法法制委員會。他在大學教憲法，國家體制他很清楚，他將臺灣逐步建構出一個獨立國家的正常國家的架構。比如『國會五法[438]』。一九九九年一月十二日，『國會五法』公告，早期並沒有這些，從一九九三年起就推動了，是盧仔組成『國會改革小組』，這小組每屆都改組更新；盧仔在司法法制用力很深，我會看他怎麼做，這法案直到他離世後才通過。很可惜，他沒辦法看到他自己的心血。無論是陽光法案還是憲政改革，他都很用力推動。他認為憲政改造和國會改革要一起做，才是真正的配套，但很多人搞不清楚。他對政治架構是據理力爭的，一條可以講一整天。」

「很多人當過立委，但是人們說不出來那些人做過什麼；盧仔不是。盧仔對臺灣的意識、對民主的想法，還曾因臺獨案被關，直到一九九七年那驚天一跪。他終其一生，是真正的政治人物。」

「盧仔雖隸屬新潮流系，卻不會用派系的性格去處理事情。他為了國家拚，那種氣度是用身教在帶領大家，他立下了一個典範。」

「他提攜很多人，林錫耀、陳景峻……很多人都是他帶出來的。」

「二〇二二會議室後面有個小房間，有一次我在裡面抽菸，盧仔坐我旁邊。我忘了他有肺癌，他卻笑笑說：『我要保命，要逃開了。』他很幽默，總帶著微笑，不會責備你怎麼抽菸、我都得癌症了什麼的。我感到很不好意思，就看著他離開，結果我還是繼續抽……（嘆）」

姚嘉文[439]**：他如果多活二十年，貢獻會很大。二〇一七年八月十二日**

「大家都很懷念他。他是個性情中人，很直、很潔癖、很愛太太。有些人當立法委員會濫權，酒色、弄錢、到處關說。他沒有；他憑他的智識、憑他的身分跟人家拚黨務、拚國事。」

「他最有趣的是，每一次我們一起吃飯喝酒，他都把他太太抱著、拉著他太太的手一直親。他愛就愛，也表現在政治活動上，不管是黨務活動或立法委員，從來沒聽過他濫權、撈錢或到什麼場所。他是有理想的人，他對臺灣的愛，用他的智慧與努力，認真追求。我很喜歡這樣的人。我也想做這樣的立法委員，但我比不上他，我鄉下出身又經過美國的律師訓練，顧慮較多，不像他敢說敢做，他想講什麼就會站出來。像國是論壇他會站出去，我不會，我不會因為有什麼意見或想法就舉手出來講話。他這一點很受人尊敬。」

「他（尚未當立委前）在做民進黨外交部主任時就很盡責。我（當民進黨主席時）請他把黨部的四一七決議文，透過他的關係傳到海外去，他就翻譯成各種語言到處去送。這影響很大，後來臺教會成立就支持臺灣主權獨立的立論作為臺教會成立宗旨。當時不是所有人都贊成四一七決議，很多人有意見，有人還說臺灣主權未定。盧修一身為外交部主任到處請人翻譯宣傳，讓這個理論擴散得很廣，他對這件事貢獻很大。」

「他在民進黨外交部時，我們相處愉快，理念也一致。我們推動運動不是用喊的，而是先建立理論基礎，第二步是列入黨綱，第三要制定臺灣憲法，一步一步來。現在中國要求蔡英文承認九二共識，就是要打掉臺灣主權獨立的觀念，我們當然不能接受。我常用男女關係來比喻，如果我是你的太太，我不想跟你在一起，我就要離婚；如果我不是你的太太，我就是不想嫁給你。我們是後者，拒絕中國併吞。」

「我第二屆進立法院，我做民進黨團總召時，盧修一是幹事長，負責跟國民黨及其他政黨協調，還有黨內委員之間的整合。他當幹事長時非常強勢，有時候我說了他也不聽，他會堅持他的意見。其實當時黨團主要使用抗爭的手段，我的個性比較不喜歡肢體激烈抗爭，但那時推動很多事情必須如此。」

「盧修一特殊的是，他每一次在院會一定要發言。大多時候就是程序發言，就上臺說：『主席，程序發言。』其實都跟程序無關，就借題發揮各種議題。當時我們還是少數，抗爭是主要工作，還無法主導立法。他在程序發言時不會講很久，但會上臺。而那時媒體較少，都在二樓聽眾席前去拍他、也會寫，這讓他有了名氣，跟陳水扁一樣成為話題人物。後來立法院覺得這樣不是辦法才改成國是論壇，要去登記、限定發言時間，然後談正事。」

「他不像別人動不動就要脫黨，黨也對他很好，如果不是身體因素，本來黨要請他出來選臺北縣長。很可惜，他如果多活二十年，貢獻會很大。」

蘇貞昌[440]**：無私、盡力、真感情，是他真正了不起的地方。二〇一七年十月十七日**

「我比盧仔小六歲。我跟他的第一次交集，是一九八九年他選上立委，我擔任臺灣省議員兩屆之後選屏東縣長，他來鑿丁看我演講。我那時候質詢很有名，他來問我第一句是要怎麼質詢？第二句是要怎麼不喝酒？我跟他說，你到底可不可以喝？愛不愛喝？不是很能喝，也不是很愛喝，那你就要自始至終始終如一。你如果在這裡說不喝，卻在那裡喝到起酒瘋，那你就信用破產。」

「他比較浪漫、愛說話，為人好親近。我跟他同事是在第二屆立法院。其實我沒教他，我不太需要教他啦，我只是想表達盧修一是個很客氣的人。他見多識廣、學歷高，還做到大學系主任，又是國會議員，來問我如何質詢是客氣啦！不過我教他不用喝酒，這招倒是有用的啦！」

「他本身有足夠的涵養，他是正港為臺灣、不縮不閃；第二是接地氣，他不只是純粹看個資料去念經、朗誦文章的讀書人。他幽默風趣、活潑又好相處，他是個活水，不是人家寫好一篇稿他去唸一唸。」

「盧修一他確實有心要為臺灣人民做事，他一步一步都在做準備。其實他有在準備做臺北縣長……但一九九六年立委上任後半年，他的身體就出了狀況，他跟我說他沒辦法出來選……盧修一確實無私，而他最讓人懷念的是他真正做到無私。政治人物要做到這個最難。」

「盧修一宣布不選後，實在讓人很不捨，如果不是身體這樣，這是他的人生規畫。但他能馬上轉為『我們需要來贏』的氣勢，他不是用他自己或新潮流系的立場看事情。接著，我的第一場募款餐會在三重，他還帶太太一起來，跟阿扁上臺唱〈愛拚才會贏〉；後來他身體很虛弱，沒辦法再助選。我一直拚。選前有一次我去臺大醫院看他，他撐著四腳助行器出來跟我說，這場民進黨非常難選，國民黨誓言要拿下臺北縣，全力輔選五任立委出身、又做過勞委會主委，黑手出身的謝深山，他一直煩惱『歹選了，歹選了！』他反而很少談病情。」

「他掛慮很重，但他還在養病，所以我們也不敢請他來（助選）。十一月二十八日晚上我辦了三場造勢，跟我一起造勢的是陳水扁，他當時是臺北市長、很紅……第一場中和來了兩萬人、三重三萬人，壓軸板橋場在文化路，十萬群眾把廣場擠得滿滿，主持人是陳菊，節目安排我跟阿扁從三重趕來，沒有安排盧修一登臺。我在三重接到電話說盧仔來板橋還跪過了，非常意外。掛上電話就馬上跟陳水扁衝到板橋，我從後臺上去抱住他。那時候盧仔已經跪過了，又磕頭拜託大家明天要出來投票支持蘇貞昌，最後我以兩萬票的差距贏了那場選舉，如果沒有盧仔出來跪，我們相信很多人不會出來投票……我後來在各種場合都說，我做這個臺北縣長，很感謝盧修一驚天一跪，我做我的理想，所以我很拚、沒日沒夜。」

「盧修一讓人懷念、讓人肯定，如果說他為我，不如說最重要的是他對臺灣有一個夢，對我有信心，所以他用他最後一口氣，求臺灣人站出來，一起選贏。今天如果要看盧修一這個人，人生的每一個階段在做抉擇，他都不是為了一己之私。他真正是個有感情的人，很真。他是有信念的人、很盡力、是一個真正層次高的人，我認為這是今天盧修一值得讓人懷念，被人肯定的地方。有誰能做典範？能令人效法？就是盧修一，他值得，而且當之無愧。他的無私、盡力、真感情，是他真正了不起的地方。」

洪奇昌[441]：他為臺灣主體性扮演了關鍵的典範。二〇一七年十一月十五日

「盧仔有他獨特的幽默感。他留學法國，對藝術有高度的愛好，妻子陳郁秀也是一個音樂的奇才。他很風趣、很浪漫，他對幕僚的要求很多，但是會買禮物或花送助理，他就是一個體貼的人。」

「他很愛乾淨、有潔癖。一九八九年七、八月這段時間我在美國，盧委員來美訪問，我們住華盛頓同一間飯店房間。那幾天生活在一起，他會提筆寫家書給陳郁秀，還會寄卡片，幾乎每天。」

「我們進立法院的時候，還有接近三百位終身職的老立法委員。盧委員憑藉理念在抗爭，他認為這些人毫無民意基礎，怎麼可以來審預算、審法案？這些人代表的僅僅是以前的老法統。民進黨當時還是少數，面對多數的政權與暴力，必須用抗爭來展現。盧委員都會站在第一線，他好多次在抗爭時和軍系委員發生肢體衝突（遭軍系立委毆打）。甚至有一次立法院長動用警察權，盧仔被毆打還被抬到臺大醫院去。也因為那一次入院檢查到肺部的一小塊陰影，當時沒有立即追蹤處理，以致未能早期發現早期治療，這點非常遺憾。盧仔是非常真誠的人，他不是為了搏版面，他抗爭全是因為理念，他所有時間都花在立法院了，立法院開會時他都在，因此他向老委員抗爭的畫面就特別多；他都會顧議場，全力顧好這些工作。」

「盧修一在那樣的關鍵時刻，除了全力幫忙蘇貞昌選舉，包括盧委員的夫人陳郁秀老師也一同參與支持。所以我們在臺北縣那麼大的縣，蘇縣長可以在那裡當選，這也是盧修一用他的生命，來為臺灣這塊土地的民主發展，為了臺灣這個國家主體性發展，所扮演的很重要的角色。他是一個典範，大家都非常想念他、尊敬他。」

「很多人說他是頑童，或說是政治頑童，就是來自他的真誠。我覺得對盧仔來說，政治是藝術，是專業，是真誠，也是投入。很可惜，可以作為我們國家領導人的一位政治家，二十年前就這麼離開了。」

「盧仔的最後幾個月我們都會去和信醫院看他。有一次接近聖誕節，病房裝飾了聖誕樹，我們跟他聊完天後，他從病房慢慢走出來，把禮物放到聖誕襪裡，再慢慢走回病房，找出一些還有意義的小東西，再走回樹旁放進襪子裡。」

「他的身體已經很痛苦了，但是他還是用樂觀的態度，感謝病房的工作人員，包括護理人員和所有照顧他的人。他真心待人，那反映出真正的人性，不只在政治的專業面上，他是充滿感情的人。」

「他在很多事上很謹慎，他的謹慎有時會讓人覺得很雜唸，但那就是一種叮嚀跟提醒。他是很優秀的一個前輩，他比我大十歲，他是我的兄長，也是我的典範。」

蘇嘉全[442]：他在立法院建立起專業權威。二〇一七年十一月十八日

「一九八六年我當選國大代表時，盧仔是民進黨外交部主任，我們當時到處演講，宣傳國會全面改選、解除黑名單、開放媒體、廢除刑法一百條、總統直選也在訴求內……我們在各縣市巡迴演講，晚上一起吃飯時就分配主題，出他來談國際化、民主化的例子。」

「國大代表是六年一任，我在國代第一屆的後三年他就進入立法院，所以他早我一屆進立法院。那時他連任立委在臺北縣拿了十二多萬票，而他已經有非常好的議事攻防相關經驗。他對目標很執著，他當立委時選擇的委員會是內政和法制，大家都在搶經濟、交通，他只待在內政和法制。我也大多是內政和法制，所以我們常在一起。我記得非常清楚，我們一起推動陽光法案。那時候姚立明當董事長的國會觀察基金會還對推動陽光法案的立委進行評鑑，評選出對陽光法案有功的立委，修一跟我兩個人都上榜，陽光法案就是在法制委員會成功推動的。」

「他的思路非常清楚、質詢又精準，尤其他有第一屆的經驗，加上學術背景，言之鑿鑿。第二屆立委質詢行政院長是立委問十分鐘，行政院長回答十分鐘，但只有第一個問題行政院長會回答，其他就叫部會首長回答。不像現在一問一答，彼此間可以對話。我們都記得盧仔質詢連戰時，只有盧仔可以跟連戰吵起來，很好玩。印象中是交通建設相關議題，行政院執行力不好，盧仔就批判：『你的特別預算執行力不好，要不要負起政治責任？』劉兆玄上臺說，『我會負政治責任』。盧仔回他，『我不是問你，是問院長要不要負政治責任』。連戰一副不想回應的態度，兩人就罵了起來。盧仔問政執著、堅定，在在展現出他永不妥協的個性。」

「在他任內通過的重要法案，包括廢除甲等特考、勞基法修正和全民健保等等，他還當了好幾任幹事長領導幹部、議事杯葛。記得審查全民健保法，輪到他發言時他就慢慢走到發言臺，採取蝸牛戰術，他想表達『我在走啊，但是你這個法案我不同意啊』。主席也對他沒輒，他最後一個小時才走到，但是規矩是要等到發言才開始計時，走路不算，所有人笑得半死。他總是能想出這些招數。國民黨也無可奈何，連主席也認定這合乎議事規則，因為他有在移動。以前的媒體不像現在那麼多，只會關注在幾個重要的議題或有爆炸性新聞的立委身上，盧修一就是其中一個，他在哪裡鎂光燈就在哪裡。」

「臺灣民主化過程，從殖民時代到威權，進到民主，每個時代背景都有相關的法令規章，像戒嚴也有法令的依據，在這個過程當中非常多關鍵點，都是在盧委員這第二、第三屆立委任期中，我們共同做了一個非常關鍵的突破；應該說，這些都是轉型正義必然經歷的改革。從民主化到改革過程的相關法案，大概都是在那段時間展開第一階段的處理，到現在才是第二階段處理。」

「和盧修一在一起很快樂，他很愛講笑話、質詢功力也強、嫻熟議事規則，尤其在法律的素養上，這一點值得現在的立委好好學習。他在審法案，對於法案的內容該朝那個方向走，都抓得很精準，不只著作權法相關法案，只要他提出的建議，在委員會中大家大致上都比較能接受，因為他已經在立法院建立起專業權威了。此外，他很介意法條中的用字遣詞，他會將立法內容的文字修正成符合法律用語，他非常用功。他和陳定南都很注重用字，畢竟兩人都很龜毛，但是他比陳定南幽默。」

「那時候交通不方便，我住屏東，陳定南住宜蘭，我們晚上就住大安會館。晚上滿無聊的又少應酬，盧仔就會說『來來來晚上有沒有事？來我家吃飯』。我記得他家裡擺一臺鋼琴，他有時候會請陳郁秀彈奏，飯後陳定南剛好跟盧委員湊一對，一個洗碗、一個倒垃圾，一起收拾廚房。會館到他家只有兩條街而已。那時候（第二屆立委）民進黨非常團結，一百六十幾席立委，我們才五十個，感情非常好。」

「他在第三屆立委時已經發現罹癌了。他原本規畫參選臺北縣長，而以他的支持度一定會當選，但是他認為既然身體有狀況，無法對縣民交代，於是提早宣布不選，讓蘇貞昌有時間準備，這讓我們非常敬佩。他後來在立法院變得比較安靜、祥和，他沒發言時就坐在位子上寫字，看他那個樣子我們都很不忍心，因為我們幾個立委正在規畫縣長選舉的事。選前之夜，他忽然向臺北縣縣民下跪，拜託他們一定要讓蘇貞昌當選，那一幕不僅撼動了結局，也改變了臺北的政治生態。我想滿多人都算虧欠了盧委員，不只在於他對臺灣人民的貢獻，以政治的角度來看，許多政治人物也都虧欠他。」

「他也栽培很多年輕後進，李文忠、賴勁麟、林錫耀都是他拉拔上來的。真是令人懷念的政治人物。他從未辜負臺灣或人民對他的期待。」

陳其邁[443]**：他生病了，還是抱病審法案。二〇一七年十二月十一日**

「他提攜後進，真的是無私。他的臉上都掛著微笑，沒有派系之分。我們第三屆新科立委剛進去，連議事規則都不懂，很少上去（國是論壇、院會、審查會的發言臺）發言，都是聽他講。他很親切，我們比較不懂的都會問他，他也會一一指導我們。像是審預算要掌握什麼原則、每一條要怎麼追蹤，還有議事規則、議事慣例、議事攻防、預算結構，他都給予我們許多建議；法案也都一個字一個字改，甚至會跟我們講歷史。」

「他就是典範，什麼事情都做給你看。審查會、二讀、院會三讀，通常出席的人（立委）不多，都是盧仔在顧（盯場）。他是一個字一個字看，法律用語都很清楚，他幾乎每一條都上去發言，而且言之有物。他很資深，還是從頭講到尾；有時候還講笑話緩和氣氛。你進去，看前輩就坐在那裡，你怎麼走（中途離席）？他堅持國會要正常化、專業化，這對我們民國八十四年進來這批（民進黨立委）影響很大。基本上我們都不會走，民進黨席次少，一定得在立法院顧著；我們早上九點進去，晚上九點離開，都從頭坐到尾。」

「他是個硬漢，一定會撐住（民進黨團對法案的底線），後來他生病了，還是抱病來審法案。」

「一九九八年，我要競選年底的立委連任。那時他住院，還幫我錄影推薦，不因派系不同而婉拒。但我競選時沒有用這段影片，我不忍心，我希望大家記得他健康的樣子……」

陳水扁[444]：他是政治的理論家、運動家與預言家。二〇一七年十二月十六日

「一九九〇年二月一日，我們這批二十一個（民進黨與無黨籍）立委進到國會殿堂，包括盧委員、長廷兄都在其中。進去後要成立黨團，要產生總召集人、副總召、幹事長。我們菜鳥立委剛進去不可能做總召，那絕對是資深立委或民主前輩來做，所以只能爭取幹事長，事實上那時真正做事的靈魂人物就是幹事長。第一個會期的幹事長非常受到矚目，我跟長廷兄競爭，後來用抽籤的，我抽中當第一會期的幹事長，第二任就是長廷兄，每一任都是一個會期半年。長廷兄要求一次選出三任幹事長，所以盧仔是第三任，委屈他了。一九九三年二月一日，第二屆立委報到，比照上一屆的模式，就沒有爭執了。」

「雖說只有二十一席，但是我們戰力十足。那時候還是萬年國會，老賊還在，我們怎麼樣去扮演少數的力量？我們很清楚，我相信盧委員也很清楚。我們進入這樣一個所謂中華民國的萬年國會的體制，不是我們認同這個體制，也不是我們願意接受這個體制，我們進入這個體制就是為了診斷、改變，再來推翻。我們和老委員在同一個天花板下，立場、想法卻截然不同。他們代表老法統，我們代表新民意。無論如何，進入國會只是我們第一個舞臺、管道和工具，來推動臺灣的民主法治，成為一個新而獨立的國家。盧仔也流著這樣的血，有著這樣的默契。」

「進去第一件事就是要廢除刑法一百條，臺灣有那麼多政治犯，盧委員就是政治犯，我們如何讓政治犯成為歷史名詞。一九九〇年三月十五日，我們正式在院會提案廢除刑法一百條，我們是第一個提案的，在那個時空背景談何容易。盧委員還參與了一〇〇行動聯盟……後來一九九二年修正了刑法一百條，雖不滿意但結果可以接受。」

「第二是國會改造，一九九〇年三月二十七日我們開記者會宣布申請大法官解釋。之後野百合學運要求廢除國民大會、老賊下臺、國會全面改選，我們認為立法院這座高牆一定要推倒，直到六月二十一日，大法官二六一號釋憲案通過，終結了老委員的時代，帶動民主改革、國會改造的理想。當初誰想得到向大法官申請釋憲的提案能在立法院通過？畢竟議事決定權在立法院長梁肅戎手上，他也是老賊（老委員），而我們讓這些老委員沒舉手異議。他們想不到後來（大法官）真的解釋（要他們退職）……這就是整個時代的潮流。我們這些領銜的、帶頭的、走在第一線的腳步一致，並有志一同完成大法官二六一號釋憲案，隨後老委員、老代表在一九九一年底全部退職，九二年底選舉第二屆的立委，我們才有幸跟盧委員成為第二屆立委的同事。」

「立法院絕對不是只有武場（打架），而是要文也要武。提出釋憲案、法律廢止案都是文場，武鬥只是一種肢體語言，是為了凸顯我們為什麼要爭取民主改革和國會改造，也是少數聲音要在國會發揮力量絕不可少的途徑。盧仔不只扮演起武的角色，他在文的角色常被大家所忽略。民眾的一般印象中，盧仔會為了阻擋老賊表決某些法案，被法警打、打了之後扛出去，又跑進來打出去三、四次。那就是願意衝撞、不怕犧牲形象的精神，博士耶！留法巴黎大學博士、大學教授為什麼要扮演這種角色？所以當時在推動國會全面改選、在很多議題的抗爭上，他是『余豈好武哉，余不得已也』，為了民主理念，就把民主殿堂視為實踐理想跟信仰的舞臺，發揮得淋漓盡致。」

「盧仔在文鬥方面也值得誇獎。大學自治、大學法的修正也鬧了一陣子，要怎麼改，當時盧仔除了在內政委員會擔任召委，長期都在法制委員會，對於國家在民主進步的建置、制度化奠基的貢獻上極具歷史性的意義。不只大學法，還有陽光法案、公職人員財產申報法、政治獻金法，政治獻金法直到二〇〇四年才完成立法，但是陽光法案的觀念是盧仔開始推動的，然而這些都非一蹴可幾，很多觀念都要循序漸進往前推，不後退就是進步。」

「盧委員也廢除甲等特考。廢除前，我們把甲等特考的弊端、特權等烏煙瘴氣的不堪事蹟揭發，我一九九三年就揭發環保署副署長李慶中作弊，他烏紗帽被摘下來，他妹妹李慶珠僑委會第二處處長甲等特考的論文是抄襲來的，罪證確鑿。我們感謝當時考選部長王作榮把關非常嚴，嫉惡如仇地調查。所以我揭弊，盧委員提案廢除。考試最重要的是公平，但這些特權分子哪有公平？馬英九也是甲等特考出身的，誰知道？」

「我一九九四年轉任臺北市長，我們最感謝盧仔在立法院擔任法制委員會的召委。在他的堅持下修改了地方自治法，只願讓步警察局長、人事處長、主計處長、政風處長這四個局處首長必須要符合任用資格，其他一律開放政務任用，這是最大的變革。現在大家覺得沒什麼，包括縣市議會、縣市政府很多人事都政務任用（政務官），但是依照舊法都需要（事務官）任用資格。若是這樣我們就死棋了，我們哪有人能做那麼大？有幾職等幾職等？我們沒有那種高級文官。意思就是說，（如果不是盧委員修改地方自治法）也沒有後來所謂阿扁的政務團隊，也更不可能有所謂（宋楚瑜的）省府團隊。修法後是政務任用，所以我們可以用過去沒做過公務人員，但是有能力做的人，這是為國家舉才很重要的法制修改，人事任命這條路就此打開[445]。盧仔讀政治學，他知道人事如果這麼僵化，那我們未來進一步從地方到中央執政這條路就堵死了。」

「法制委員會是很冷僻的委員會，沒人要去。雖然冷門，對整個國家制度的奠基非常重要。盧委員在裡面卻是樂此不疲，他就做一個新國家的建築師，要實踐真正正常國家的法制理念。事後再來看，他是對的，但是當時他多寂寞？」

「盧委員有學問、有墨水，最重要的是他的人格特質。他非常浪漫、熱情、笑頭笑臉，最主要他人緣好、包容心大，不與人為敵或劃設小圈圈，對政治工作者來講這一點非常重要。在立法院，大家都愛跟他當朋友，也都很歡迎他，他幾乎沒有敵人，都是朋友，很難得。他跟大家非常親近、非常平民化，沒有架子，不會感覺一個教授高高在上，對他的印象非常好。可惜的是，如果他不是五十七歲離開我們，我認為阿扁後來變成臺灣總統以後，民進黨的第二位總統絕對是盧修一。」

「一九九七年那次縣市長選舉，我帶領寶島希望助選團全國走透透，氣勢如虹。臺北縣長選舉我特別盡力。當時蘇貞昌不是靠尤清給他交棒，而是和一水之隔的臺北市長陳水扁合作無間，他的對手是李總統的愛將。李登輝為謝深山站臺八次，是非贏不可。我也下了全力，到臺北縣幫蘇貞昌十七次。我跟蘇貞昌在三重講完接到報告說盧委員最後一跪非常感人，我跟蘇貞昌趕到現場已經結束了。我們看到整個氣氛非常凝重、非常感動，掉淚的掉淚，甚至淚都乾了，所以我助講完全配合那樣的基調和氣氛。隔天贏了大概兩萬多票。所以你看影響多大？雖然盧委員不能做盧縣長，但他是臺北縣長的maker，沒有他，也就沒有蘇縣長接棒。」

「因為身體狀況不許可，他急流勇退，讓出了選縣長的機會，光是這一點就不是每個人都做得到。也有些人、甚至民主前輩身體欠安或來日無多還是堅持訴求『賜我光榮死於議壇』……盧仔也是來日無多，但是他念茲在茲他那一條路既然沒辦法自己走，就要有人幫他走，延續他的遺志。他那種心情，那樣一跪有感情、真情流露，是從來沒有人做得到的事；跪下去，他遺願已了，他也不管對身體有多大影響，他覺得他完成了，可以離開了。這是他偉大之處。他犧牲小我，完成大我。那一次，全國地方自治的版圖有很大板塊的移動，民進黨頭一次拿下十二個縣市，其中一個因素當然跟他的最後一跪有關係，加上張博雅在嘉義市、彭百顯在南投縣，十四個非國民黨籍的縣市長，十二個就過了臺灣本島的半數；一九九三年時只有六縣市。所以，一九九七年之所以非國民黨籍可以過半，何嘗不是盧委員所帶來的？其實他出來選也可以當選，但他就是『成功不必在我』，爭與捨，爭容易，捨不容易，但他捨了。」

「盧仔不只是政治的理論家，還是政治的運動家、政治的預言家。我印象最深的是，一九九八年初我召開記者會說我要尋求臺北市長連任，五月他生日前，我去和信醫院看他。當時民進黨有四年條款，選總統、選黨主席、選市長只能三選一。而林義雄爭取黨主席，二〇〇〇年一定是要爭取選總統[446]，所以我知難而退，唯一尋求臺北市長連任。我到了醫院後，他在病榻對我說：『阿扁啊，你會做總統！』在我的想法，我怎麼可能做總統呢？我已經放棄黨主席和總統，要尋求臺北市長連任了。我就惦惦沒說話，想說這是不可能的。他是第一個跟我說我會做總統的人。我看他神智清明，完全不清楚到底他為什麼講出這句話，也不知道他是怎樣看出來的。但事後我選市長連任失利，然後變成臺灣總統，第一位政黨輪替的臺灣總統。證實了他的預言。」

謝長廷[447]：他是我們公認的典範。二〇一七年十二月二十六日

「我特別懷念跟盧修一在立法院做同事、一起打拚的時代。在那個時代，你做事別人不會懷疑你懷有什麼卑鄙的動機。那個時代就是犧牲奉獻，一方面要衝破老立委的銅牆鐵

壁，一方面要建構一個新的法治國家制度，代價就是犧牲啊。」

「盧修一的特性第一是有正義感，論理也能浪漫，但他又比較直率，富俠義感。他不是那種沒有頭腦的暴衝，也沒有學者身段，他能做的就撩下去真心做。如果看學歷、學問，他是書生，有國際觀；但他也可以去踢議場的桌椅，讓很多自稱『理性』的民眾對他產生質疑。我常講，那些民眾是『不道德的理性』，有時候非理性是道德的。盧修一在我來看就是堅持正義與道德，大小聲或是衝上主席臺都需要膽識和道德勇氣，這一點他比較不一樣，這是『司馬光打破缸』，要救起缸內溺水的人。他並不是真的要打架，他穿西裝，和平、講理，他真正的目標是要做一個和外國民主國家一樣的國會議員。」

「一九八九年的時候還有很多老立委，他們全體坐交通車來上班，把菜放進冰箱，去量個血壓，然後就去睡覺了，等到國民黨按電鈴動員時再跑來表決。社會當然會覺得太不合理，而我們臺灣選出的立委統統百分百舉手也只占非常少數，肢體衝突凸顯他們（老委員）的多數暴力。但我們不是為反對而反對，我們希望趕快建構一個法治的民主國家。最重要的法案都是在那時期訂立的：教師法、大學法、公共電視法、有線電視法、集會遊行法，過程很辛苦，尤其大學法，我和盧修一都很關心，我們兩人都得到教育改革促進會的金蘋果獎，這是很辛苦守在委員會裡的結果，教育議題較少人關心，記者也不會來報導，那是無邊的寂寞。好在有一些監督的民間團體，記錄下來誰講的有道理、誰出席率高、誰發言積極、誰有研究，盧修一跟我兩人才因此受到好評，促成諸如立法讓師資培育養成自由化，改變以前只有師範體系才能當老師的問題。現在的公共電視法也是我們打拚出來的，很多法案都是我們一起努力的成果。」

「一九九六年盧仔就生病了……講起來蘇貞昌和他並不同派系，但是他很偉大，即使初選競爭，但一切是為了更大的目標。他讓人很感動的是，即使顧慮身體因素，但他為了臺北縣的未來，決定顧全大局。他（在臺北縣長選前之夜）上臺時完全沒力氣大喊，所以氣氛就變了，很多人看他這樣都哭了。他毫不造作，自然流露。」

「他無私、有理想性，感性又能抓住要點。民進黨內雖有派系，盧仔卻能把臺灣放在黨之上，把黨放在派系或個人之上。這一點我認為他是我們公認的典範。」

後記

衝破威權時代的光

陳郁秀

寫這篇後記，是想回答，為什麼要出版這本書？為什麼願意付出這麼多時間？因為這件事非常重要。

我的婚姻欠缺了父母親的祝福，雖然在大女兒佳慧出生後，父母已完全釋懷我這個叛逆的女兒，但對於從政的修一，一直是有意見的，即使在修一逝世後，某一次談話中，有長輩稱讚修一是國家的奇才，也是一位好女婿，父親仍脫口而出：「他讓我的女兒吃太多苦了！」這是父親不捨我人生的遭遇，深深疼愛我的一句來自心中的話。

一九八三年正月，修一因投入反對運動被捕，坐了政治黑牢。他最初被拘禁在警備總部景美看守所，聽到「軍法看守所」，我不禁毛骨悚然，但父親慈祥地對我說：「爸爸陪妳去，不要怕。」就這樣，父女一同前往，並與被捕後的修一第一次會面，這時距修一被捕已是一個多月後了。

一見面，修一的一頭白髮讓我倏然淚下，他摸摸頭笑著說：「這樣也帥喔！」虧他想得出這樣的說詞，無非是想博我一笑。會面中談起修一被捕初期，我曾赴花園新城拜訪前輩柏楊，柏老搖著頭嘆息說著：「以修一的狀況，二條一等著伺候他。」「二條一是死刑一條路」，當時我內心一陣絞痛，未來要如何過日子呢？現場突然死寂無聲。

父親試圖緩和氣氛說：「不要太悲觀，可能有辦法，一段時間後就可以再回社會。」修一沉默了一會，眼睛注視著父親，緩緩地說：「爸爸，我知道可能是二條一，逃不過刑法一百條，就是死刑一條路，萬一運氣好、有奇蹟，就算能回到社會，很抱歉，我不會改變初衷，我會更加全力投入反對運動，希望臺灣有朝一日能夠獨立。」七十六歲的父親氣到說不出話來。接著修一又說：「郁秀才三十出頭，還年輕，不要為了我誤了她的一生，所以如果她有任何離開的要求，我都認為是合理的。」這下換我淚流滿面，傷心憤怒無言以對。修一就是這麼沉穩堅定，當下我們父女深深了解，為了臺灣，他竟然寧可犧牲家庭，他的志業是至死不會改變的。臨走前，修一說：「爸爸、郁秀，我說這些話，傷了你們的心，但我要對自己、對家人誠實……」當父女兩人拖著沉重的腳步離開時，父親對我說：「不要擔心，三個孩子，爸爸、媽媽會陪著妳，把他們扶養長大。」

進入立法院初期，修一放下大學教授身段，犧牲文雅的形象，以身體衝撞不義的體制，當他被立法院警察打昏，全身傷痕累累送到醫院急救醒來之際，我問他：「你就從來沒想過我和三個孩子嗎？為什麼要受這麼多的苦？」他對我說：「天下沒有白吃的午餐，民主不會自動形成，一定要有犧牲才會有所斬獲，只要一步一步往前走，這不會是永遠不變的局面，當情勢有所改變時，到時候我會調整的，對於家人只能抱歉了……」。後來真的如修一所言，社會各界逐漸認同，也紛紛投入反對運動，立法院生態有所轉變，而他也進入「理性問政」時期，方法改變但戰鬥力不減，有時搭配街頭抗爭，我們的國家體制就是這樣慢慢往前行的。

從激烈的議會體制抗爭，到裡應外合的縝密問政及立法過程，修一的理想和態度始終沒有改變，他從未有一絲一毫的遲疑。激烈的國會議事交鋒，是媒體的最愛，人民都能經由電視、報章雜誌中了解，然而裡應外合綿密的立法過程，卻鮮有人加以說明分析，這是我一直以來想要更深入了解，留下紀錄呈現給眾人的心願。

《為前進而戰：盧修一的國會身影》這本書的出版，圓了我多年來的心願，獻給所有曾參與其中，有理想、有抱負、有熱情的臺灣人民，期盼這種堅毅、執著、為前進而戰的信心與毅力，內化成為臺灣人民的精神，讓世界看到臺灣，讓臺灣走入世界。

臺灣在百年來的全球民主思潮中，從蔣渭水所領導的「臺灣文化協會」啟發臺灣人意識、一九七〇年代「鄉土運動」的崛起、一九四九年至一九八七年長達三十八年戒嚴時期的終止、報禁與黨禁的相繼解除、國會全面改選、總統直選，到二〇二一年因COVID-19，臺灣逐漸獲得許多國家的認同與支持，這一切都是臺灣人民一路傳承下來，犧牲奉獻努力耕耘的可貴成果，這正是「臺灣精神」、「臺灣品牌」的關鍵所在。為前進而戰是基本精神，期許臺灣人能繼續同心協力，以智慧、愛心和堅毅的精神，耕耘臺灣成為子子孫孫永遠快樂生活的沃土。

二〇二〇年至今，值此時刻，香港、緬甸的局勢正是臺灣半世紀前的景象，正如修一所說：「自由民主不會從天而降，是要犧牲奉獻、自己爭取來的！」在那個時代，我們用了我們的方法，克服了重重的困難，以這本書中提到的一些推動法制的過程為例來說故事，嘗試讓年輕人了解。而接著屬於你們年輕人的時代，你們會遇到什麼樣的困難，我們並不知道，但那是你們要去解決的。因此，出版這本書的意義，就是希望將盧修一當年的精神傳遞下去，希望年輕人能知道，在你們的世界裡，你們要有你們的核心價值、專業跟熱情，找到屬於你們的方法和舞臺，一起為前進而戰。

作者後記

寫了這本書，我才深刻認知到，一位好立法委員可以是什麼樣貌。

初衷

二〇一六年底，我採訪、撰寫完成四十五萬字、上下兩冊逾九百頁的《李遠哲傳》，正需要休假喘息之際，財團法人白鷺鷥文教基金會創辦人陳郁秀老師約了我見面。

她提及，她有個遺憾。當年盧修一委員一大早就到立法院簽名登記發言，往往深夜才踏進家門，她深知盧委員為了關鍵法案付出的心力，遺憾的是，她當年沒能了解盧委員推動每一部法案的細節。

尤為重要者，她認為，在二〇一四年太陽花學運及其後，許多年輕人對臺灣的政治改革充滿期待，出現一股青年參政的趨勢，也有不少年輕政黨與新鮮臉孔的立法委員紛紛進入國會，是時候讓年輕人了解一位認真、負責、清廉的立法委員是怎麼做事的。

陳郁秀老師委以重任，盼我來執筆寫這本書，將盧委員政治生命中最精華的時光——在立法院苦心孤詣為臺灣打下法制基礎的這九年——加以呈現。

我很認同陳老師的談話。我觀察，長久以來，民眾普遍對立法委員存有「天下烏鴉一般黑」的刻板印象，如果立法院內真有典範人物；如果這些典範人物故事能被記述、傳誦，無疑有益我國的民主發展。

歷程

這四年來，我訪談將近七十位受訪者，四處蒐集並分門別類堆置書房連篇累牘的國家檔案資料、立法院公報與新聞媒體剪報，挖掘歷史般埋首研究、抽絲剝繭。儘管速度緩慢，卻總算拼湊出一部部法案如何從無到有，也總算摸索出左右每一部法案三讀通過與否的立法院生態和互為因果的社會動態，有證據的就下筆，沒有史料佐證就割捨。其間，歷經家母重病、家父猝逝的生離死別，因而對盧委員寧鳴而死不默而生、化作春泥更護花的璀璨生命，別有一番心痛的深切體悟。

在每個日以繼夜的孤傲燈下，寂寂然以寫作融鑄生命故事，並在事實的推敲與掙扎中，我逐漸領悟：

原來，要做一位真正愛臺灣、肯做事的立法委員，自身會付出的最大代價，就是生命。

那代價，源於對這塊土地火燙燙的愛，由是融化了人們的淚腺。至今，人們談起那樣一位立委，往往就瞬間眼眶盈淚，嗓子沙啞地久久說不出話來。即便是當事人仙逝二十二年後的今日，亦然。

這位立委，正是盧修一。

不只是扭轉歷史的驚天一跪

至今，人們對盧修一最深的印象，停留在一九九七年底，民進黨臺北縣長候選人蘇貞昌在板橋舉辦的選前之夜。那晚，盧修一出乎十萬名群眾意料，站上了舞臺。偌大的舞臺上，一身白衣的盧修一，撐持著化療後孱弱而極易感染的身軀，這位血性男子，即使過往遍歷國民黨黑牢、出獄後遭體制百般凌辱也從未卑屈投降，卻在臺灣民主轉折的關鍵時刻，捐棄個人成敗與榮辱得失，為了這塊土地上曾對他寄予厚望的人民，有情有義地雙膝下跪，拜託選民將珍貴一票投給同黨同志蘇貞昌。（見序章）

這驚天一跪不僅將蘇貞昌送進臺北縣府，更逆轉了當年民進黨在全國性的大選結果，首度贏得地方縣市長過半的執政席次。

這是臺灣民主政治史上最戲劇化的情節之一；然而，盧委員對臺灣的貢獻，豈只這一跪？

「只用驚天一跪來看盧委員，是把他的格局窄化了。」曾任盧修一多年國會助理，法務部綜合規畫司副司長廖江憲斬釘截鐵地說。

那麼，他對臺灣的貢獻是什麼？

身處滾滾歷史洪流中的同代人物與人民，往往難以看清面貌；但是，時間拉長到二十二年後，意義倏忽清晰了。

我們來不及認識的立委典範

盧修一，改變臺灣歷史的教育家、街頭運動者、社會改革者、立法委員、文化工作者。在他五十七年短暫且曲折的生命中，無論身處牢獄、街頭或國會殿堂，都堅持理念，百折不撓地實踐他對臺灣的愛與理想；即使後來病苦於癌症，也甩開親情的包袱，燃燒自我到最後一刻。

這位血性男子應該沒料到，身逝二十多年後的如今，政權遞嬗，總統府已歷經第三次政黨輪替、遍經多次憲政改革。然而，臺灣民主之路仍橫陳險阻，外敵對我國政治、經濟、軍事與外交上的侵逼威脅一次比一次更加嚴峻；凶惡的敵鄰甚至大舉滲透、兵臨城下、鯨吞蠶食臺灣的民主基礎。

我們被逼到懸崖邊上了，能代表人民，力守臺灣民主自由的最關鍵角色之一，就是立法委員。

許多人想問，這二十二年來，我們的國會議員稱職嗎？我們可曾見過立法院出過典範人物？若有，誰又是跨黨派一致肯定與懷念的典範？

臺灣民主的築底打樁者

「立法院是合議制，一件法案的成敗並不能都歸功於某個人……很多事都透過私下協商而沒有會議紀錄。」見證盧修一當年活躍於立法院，因緣際會一路從國民黨籍立委再到立法院院長的王金平，在二十年後受訪時說。

儘管如此，當一位充滿使命感的人所擁有的意志力大到能凝聚成一股共識，進而促動一部部攸關國家永續的優質法案通過，那麼，就不能不歸因某些人了。

或是，儘管一群人的共識大到跨越黨派，而那有權設定法案優先順序的人也願優先排入某項重要法案，是則，那項法案也可能會通過。

盧修一就是這樣一位渾身使命感的立法委員。

儘管，他從來不將功勞攬在身上，總是歸功於同志們。

看似感性激昂的他，在立法院擔任三屆共九年（盧修一在任時的立委法定任期為三年）

立委，角色卻有著戲劇化的轉變，那是經過思量的策略。

回顧一九八〇至一九九〇年代，若用建築工程來比喻臺灣的民主政治，那麼，戒嚴時期可謂一灘爛泥。一九八七年解除戒嚴後，民主政治乍現曙光，有志者須齊心為這灘爛泥打樁、築底，改良土質，如此，民主政治的巨廈才真能建築起來。

盧修一眼看著臺灣鬆軟的民主政治體制，如果未能好好築底打樁，隨時都有崩塌之虞。該由誰來「打樁」呢？

於是，盧修一拿下高票進入國會後，第一件事就是脫下大學教授斯文理性的西裝，捲起袖子，不計毀譽並有意識地承擔起一名怒髮衝冠、衝撞議場的「打樁者」。

在封閉保守的政治風氣下，盧修一精準選擇議題，每打一次樁，都用千萬噸重的龐大力道、發出震耳欲聾的聲響。也因而，他每打一次樁，土地都為之撼動了盤根錯節的既有利益結構。

儘管形象鮮明，這位打樁者與同志各司其職，終於為這片爛泥插下劃世紀的頭三根關鍵基樁：老委員下臺、國會全面改選、廢除《刑法》一百條。

一九九二年底國會重新改選，臺灣人真正能票選代表他們心聲的委員進入立法院，再度高票當選的盧修一，也已完成了第一屆立委任期的策略性角色。

在第二屆立委任內，他繼續為這塊土地打樁、築底，不同的是，大環境的民主風氣大開，他選擇回歸理性與感性兼具的「盧教授」，形象幡然改觀。

法制審查大多枯燥，盧修一卻甘於坐在毫無媒體鎂光燈的冷板凳上，即使沒有聽眾，即使該出席的立委很少到場或提早離席，他也堅守法案審查與議場，「顧到最後」。於是，每一次訴求，每打一次樁，都在為臺灣先天體質不良的民主軟泥改良土質。當基樁一一立起，他繼續進行築底工程，將臺灣民主永續所需的人才、文化等各項法制工程一一推進議場，立法三讀。

儘管他在第三任立委後期癌症惡化，他仍堅毅地撐起病體，在議場與審查會中用清晰的論點為這片土地「打樁」，力求法制的完整與永續。

切換角色，捨我其誰

以戲劇比喻，如果立法院是一個大舞臺，那麼，盧修一為了替臺灣建構一個正常國家永續應有的法制基礎，理性慎思後，捨我其誰地「演出」了他該扮演的角色：

他是導演（歷任民進黨團幹事長、總召集人）。

他是編劇（提案、走訪選區、出訪會見國外議員與國內社會團體、奔走爭取各黨派連署、白鷺鷥文教基金會創辦人……）。

他是男主角（在議場剴切陳詞、發言臺上爭搶麥克風、被警察暴力拖出議場痛毆送臺大醫院治療、站在議場桌上高喊廢除《刑法》一百條、在委員會中逐條審查錙銖必較、在選區協調民眾爭端或解決民眾陳情……）。

他是男配角（走在每一個爭公義的街頭、熬夜靜坐為民主人權……）。

他是舞臺監督（法制委員會召集人、內政委員會召集人……），也是發通告買便當的助理導演（立法院棒球隊、桌球隊成員、立法院跨黨派「小龍會」成員、兩黨祕密溝通平臺「三一俱樂部」成員）。

由是，盧修一變化角色，在每一個關鍵時刻為重要法案推波助瀾，鍥而不捨，同時靜觀時機、主動設定議題、援引社會力、發動跨黨派連署，屢敗屢戰，攻克不公義的威權城池，為臺灣的民主法治打下一根根永續的法制基樁。

每一位立委必定同意，每一個會期立法院通過的法案多達上百件，但在二十二年後的今日，值得再談論、稱頌的，其實並不多。

然而在許多受訪者眼中，盧修一九年的立委公職生涯雖不算長，和同志們齊力，苦心打下的法制基樁卻皆有目共睹，難以一一羅列。

限於篇幅與個人能力，筆者僅選取具劃時代深遠意義之法案加以書寫。

諸如：終結「資深中央民意代表」（俗稱「萬年代表」）並實施國會全面改選、廢除《懲治叛亂條例》、《刑法》一百條修正案三讀通過、提案並廢除「甲等特考」杜絕黑官漂白、提案折衝排審並三讀通過《公職人員財產申報法》、《著作權法》修法、排審且三讀通過《著作權仲介團體條例》（今名《著作權集體管理團體條例》）。

只是，儘管筆者耗時寫就全書，仍不免感嘆，盧修一為臺灣民主政治完成的築底工程，豈僅只這些呢？

再之，當前大環境的實情是，在數位科技的衝擊下，即使將盧修一的所有法制建樹一一列舉與細數，又能將多少眼球從手機發光體前吸引過來呢？

文字的紀錄片

不過是二十、三十年前發生的事，對於數位影音世代的讀者來說，歷史何其遙遠？於是，筆者苦思該如何穿越文字與歷史的障礙，讓讀者易於理解和認同。

為此，寫作時企圖還原歷史發生當下的時空與場景，期待讀者能身歷其境，彷彿將盧委員的故事搬上舞臺、電影，用一幕幕場景與對白，帶讀者見證那個大時代中，慷慨激昂的「新國家建築師」、「法制工程師」盧修一，奮不顧身推動那些迫切變革法制的身影。

有些篇章限於考證所得史料不夠充分，或協商缺乏會議紀錄佐證，或史料雖精確但場景對白不夠生動有趣，因而只呈現盧委員的思考邏輯、理論依據、議事技巧、立法技術，不免較近似單聲道的「說書」。然而，筆者一切寫作都以還原史實為依歸。畢竟，筆者不是在寫「傳奇」，而是寫「傳記」。

這段將近四年的採訪、研究、寫作，最感謝的是白鷺鷥文教基金會創辦人陳郁秀老師的耐心鼓勵與支持。幕後則欲感謝盧委員的前任助理——資深國會助理詹守忠先生協助資料蒐集與審閱，還有鋼琴家好友盧佳慧、小提琴家好友盧佳君、美術設計師好友張培音，以及五十餘位盧委員生前在黨外、民進黨或立法院的同事、助理、好友受訪，共同促成這本書的誕生。深感歉疚的是，限於篇幅，仍須割捨不少受訪者的訪談內容。最後，特地感謝向陽老師慨予襄助，擔任本書的審訂工作；感謝陳芳明老師、周婉窈老師、楊斯棓醫師為書作序，並不斷主動協助校對、給予鼓勵、加油打氣，使我倍感溫暖。

每一次行經關渡，來到鄉間，看到徐行而下的白鷺鷥，那優美的飛行弧線，那徒步溼地的氣宇軒昂，總使我遙想起盧委員。

一直覺得，盧委員的生命活得很精采、漂亮，也一直感覺他的生命並未結束，氣息與姿態仍在。君不見每當政局變幻，就有論者感嘆「如果盧委員還在，他一定會如何如何」云云？

真心期待更多有志之士能感染他的精神，接續他的建築工程，為臺灣永續的民主政治上梁、立下更多里程碑。

我也想對許多二十世代無緣親見盧委員風範的年輕朋友們說：

生命是永恆的，

這一生會終結，

故人去到彼岸，
此岸的人繼續懷念故人，述說故人行誼。
是以，
生命永在。
所以，想好此生要做什麼了嗎？
為前進而戰吧！

藍麗娟完稿於二〇一九年十二月二十日

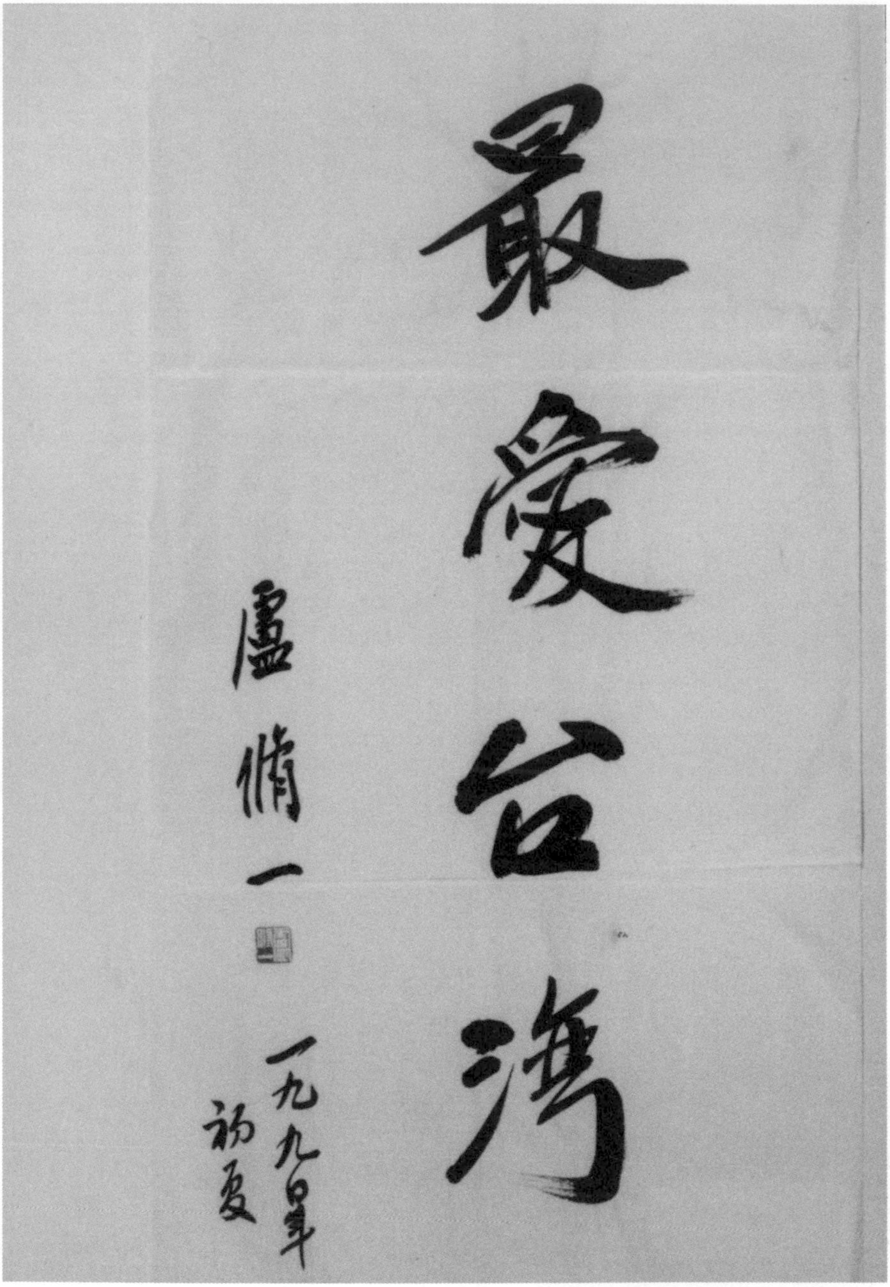
最愛台灣
盧修一
初夏

附錄

盧修一博士 大事年表*

一九四一－一九九八

一九四一年

- 五月二十二日，出生於臺北縣三芝鄉北新庄店子村，祖父盧鐵樹曾任北新庄店子村長多年，父親盧振榮，盧修一為獨子。

一九四七年

- 爆發「二二八事件」及清鄉白色恐怖。父親盧振榮於三月底意外身亡，留下寡母盧葉蜜與孤子相依為命。

一九四八年

- 進入臺北縣三芝鄉興華國小就讀一年級。

一九五二年

- 轉學至淡水國小就讀六年級。

一九五三年

- 淡水國小畢業，考取淡水初中。

一九五六年

- 淡水初中畢業，考取臺北市建國中學夜間部。寄居臺北三舅家。

一九五八年

- 一月底，與母親隨祖父母、伯父全家搬至臺北市南京西路圓環附近，全家經濟陷入黑暗期。轉入建國中學日間部三年級。

一九五九年

- 臺北建國高級中學畢業，考取國立政治大學邊政學系。

一九六〇年

- 轉入政治大學政治學系。加入國民黨。

一九六三年

- 政治大學畢業，考取中國文化學院政治研究所，保留學籍入伍服役。

一九六四年

• 擔任國防部總政治作戰部三民主義巡迴教育教官。退伍後進入中國文化學院政治研究所就讀。

一九六六年

• 文化大學研究所畢業，碩士論文為〈連雅堂民族思想之研究〉。擔任中國文化學院共同科講師一年，同時負責訓導處課外活動組行政工作。

一九六七年

• 擔任臺北縣三重市清傳商職高一國文老師；晚上到教育部歐語中心（設置於臺大校園內）補習法語，積極準備留學歐洲。

一九六八年

• 進入比利時天主教魯汶大學政治社會研究所政治學部留學。

一九七〇年

• 與比利時臺灣同學共同發起「比利時臺灣同鄉互助會」，負責總務工作。翌年發行《鄉訊》月刊，擔任主編。

一九七一年

• 當選「魯汶中國同學會」會長，積極參與同學會「比利時保釣委員會」之「保釣運動」，帶領臺灣留學生到日本和美國駐比利時大使館（荷蘭語：Amerikaanse ambassade〔Brussel〕）抗議。

• 臺灣意識澈底覺醒，廣泛接觸臺灣獨立運動刊物，確立反對國民黨並投身臺灣民主運動之志向；年底開始與臺獨左派領導人史明通信。

一九七二年

• 四月前往法國巴黎，結識陳郁秀女士，暫緩回臺灣計畫。

• 就讀於法國巴黎第十大學社會科學高等研究學院，繼續攻讀博士學位，將「日據時代臺灣共產黨史：一九二八—一九三二」訂為論文題目。

一九七三年

• 於夏季回臺北蒐集博士論文資料；過境東京與史明首次會面。

一九七四年

• 與留歐臺獨運動活躍人士張維嘉等人於巴黎成立祕密組織「臺灣協志會」，化名「王鈍」。九月二十三日，在巴黎與陳郁秀女士結婚。

一九七五年

• 博士論文研究告一段落，決定偕同夫人陳郁秀女士返臺工作。擔任中國文化學院共同科副教授。

一九七六年

- 長女盧佳慧出生。擔任中國文化學院政治系副教授及推廣教育中心主任。

一九七七年

- 擔任中國文化學院夜間部行政管理系主任（一九七七—一九八三）。

一九七八年

- 次女盧佳君出生。

一九七九年

- 九月，重返巴黎，撰寫博士論文；十二月因臺灣發生「美麗島事件」，黨外菁英大逮捕，心急如焚，撰寫工作大受影響。

一九八〇年

- 十二月八日，通過口試，完成博士論文〈日據時期臺灣共產黨史：一九二八—一九三二〉，取得法國巴黎第十大學政治學博士學位。

一九八一年

- 長子盧佳德出生。
- 擔任中國文化大學政治學系主任（一九八一—一九八三）。

一九八三年

- 被警備總部及調查局暗中密切監控、蒐證。因臺獨案件（前田光枝案），於一月八日上午遭情治單位逮捕，收押審判後裁定感化教育三年，拘禁於臺北縣土城鄉「臺灣仁愛教育實驗所」。

一九八六年

- 三月一日，服刑期滿。出獄後求職無門，失業賦閒在家，意志面臨艱困之考驗與磨難。

一九八七年

- 二月，獲聘擔任政治大學國關中心特約研究員，撰寫研究報告〈法國第五共和下的左派〉。
- 擔任國立清華大學共同科兼任副教授，講授「中華民國憲法」。

一九八八年

- 二月，加入民進黨，擔任中央黨部政策研究中心研究員；四月出任外交事務部主任，積極推動政黨外交，籌畫民進黨歐洲訪問團，於九月前往七國拜會十二個政黨。

一九八九年

- 加入民進黨新潮流系；被黨部徵召投入年底臺北縣立法委員選舉。

- 三月，赴美參加亞洲學會第四十一屆年會，於研討會中發表論文；於華盛頓會見美國參議院外交委員會主席派爾，親自遞交民進黨主席黃信介之友好信函。
- 以「新國家的建築師」為訴求，十二月獲得第一高票（九萬四五四三票）當選臺北縣選區第一屆增額立法委員。

一九九〇年

- 二月一日，在立法院報到。推動國會全面改選、廢除刑法一百條，參與重要法案包括：大學法修正、反核四興建計畫等。

一九九一年

- 擔任民進黨立院黨團幹事長。
- 獲頒大學教育改革促進會之金蘋果獎，表彰審議大學法之敬業與專業表現。
- 立法院爆發「四一二事件」，民進黨立委因抗議國民黨濫用表決權爆發激烈肢體抗爭，盧修一遭受群警圍毆，四度被「強行抬出」國會議場而終告昏厥，受傷住院。
- 盧修一提攜推薦之李文忠、賴勁麟，皆當選第二屆國大代表。

一九九二年

- 以「正直、專業、清廉的白鷺鷥」為訴求，獲得一一萬九六六一票，高票連任第二屆立法委員。

一九九三年

- 擔任立法院法制委員會召集委員，參與重要法案包括：廢除公務人員甲等特考、「陽光法案」（公職人員財產申報法、政治獻金法）、野生動物保育法、省縣自治法等。
- 與夫人陳郁秀女士共同創立「白鷺鷥文教基金會」，致力推動臺灣本土文化工作。
- 獲得澄社舉辦「國會記者評鑑現任立委報告」第三名。

一九九四年

- 擔任民進黨立院黨團幹事長。

一九九五年

- 舉辦「臺灣音樂一百年」系列活動。發現罹患肺腺癌，進行腫瘤切除手術。
- 以「用心愛臺灣」為訴求，高票連任第三屆立法委員。

一九九六年

- 臺灣首次總統直接民選。

- 擔任立法院內政委員會召集委員及民進黨立法院黨團總召集人。參與重要法案立法包括：著作權法、著作權仲介團體條例、老人福利法、托兒政策等。
- 十月四日，在立法院召開記者會，公開宣布放棄參選臺北縣縣長。領導民進黨臺北縣新潮流系參選公職同志組成「白鷺鷥連線」，以「用心愛臺灣」為宗旨，落實「臺灣第一、人民至上、弱勢優先」之理念。

一九九七年

- 出版《音樂臺灣》專書與「一世紀的音樂歷史說唱」CD專輯。七月登上臺灣最高峰玉山，攻頂成功。
- 十一月二十八日，不顧癌症化療虛弱，親至臺北縣板橋選舉造勢會場，為民進黨縣長候選人蘇貞昌助選，向群眾下跪拜票，感動無數民眾，其「驚天一跪」扭轉選情，民進黨在全國拿下十二縣市首長，非國民黨籍首度過半大獲全勝。

一九九八年

- 病情急遽惡化，二月由醫院發出病危通知，搶救後起死回生，轉入安寧治療階段。
- 八月六日凌晨三時二十七分病逝於和信治癌中心醫院，享年五十七歲。夫人陳郁秀率子女佳慧、佳君、佳德隨侍在側。

二〇〇〇年

- 陳水扁當選總統，臺灣第一次政權和平轉移。盧修一遺孀國立臺灣師範大學藝術學院院長陳郁秀女士獲邀入閣擔任文建會主委，繼承遺志，推動文化臺灣。

※財團法人白鷺鷥文教基金會提供

繼承創辦人盧修一博士「文化臺灣」遺志
財團法人白鷺鷥文教基金會活動大事記*

1999

《創辦人盧修一博士逝世週年紀念》系列活動

4/10~5/15 「我愛白鷺鷥青少年繪畫比賽」
5/21 「白鷺鷥之歌創作音樂發表會」暨「我愛白鷺鷥青少年繪畫比賽頒獎典禮」
5/23 「白鷺鷥自然生態攝影展」暨「我愛白鷺鷥青少年繪畫比賽頒獎典禮」
8/5 「白鷺鷥之歌」慈善音樂會
5/21 《白鷺鷥之歌》&《愛得不得了》盧修一紀念筆記書出版
8/15 《生命的禮讚—盧修一博士紀念文集》出版
《白鷺鷥藝術歌曲集—紀念盧修一博士》樂譜出版
《白鷺鷥之歌》CD 出版

《愛別走開》公益音樂會系列

2/10 「午餐的約會」音樂會（鋼琴陳郁秀，聲樂李靜美、陳榮貴）
3/30 「午餐音樂會：鋼琴與小提琴的對話」（鋼琴陳郁秀，小提琴黃維明）
4/15 「午餐音樂會：鋼琴與小提琴的對話」（鋼琴陳郁秀，小提琴彭廣林）
5/14 「午餐音樂會：鋼琴獨奏會」（鋼琴顏華容）
6/24 「午餐音樂會」（G-Major 木管五重奏）
7/2 「午餐音樂會：鋼琴與小提琴的對話」（鋼琴顏華容，小提琴廖嘉弘）
9/18 「中秋音樂會：陽明醫院」（鋼琴陳郁秀，小提琴廖嘉弘，聲樂李靜美、陳榮貴）
10/25 「午餐音樂會：鋼琴獨奏會」（鋼琴施佳伶）
4/22 「白鷺鷥聯誼會」會員大會

《音樂臺灣》專題演講活動

8/28 美國南加州臺灣人聯合會「臺灣文化之夜」活動
10/23 基督教門諾醫院施桂蘭紀念禮拜堂音樂廳
10/29 「美國榮星文教基金會」專題演講暨九二一集集大地震慈善募款義演（美國洛杉磯）
10/30 「加拿大臺加文化協會臺灣文化節」專題演講暨音樂會演出（加拿大溫哥華）

2000

《穿紅鞋的人生—永懷祖恩的郭芝苑先生》出版

3/13 《張福興—近代臺灣第一位音樂家》出版
4/21 「白鷺鷥聯誼會」會員大會

《與大地共舞》自然生態攝影展系列

4/22~4/30 樹林文林國小
5/1~5/10 三峽國小
5/11~5/20 板橋國小
5/24 白鷺鷥聯誼會文化之旅《臺北金鄉九份知性之旅》

《創辦人盧修一博士逝世兩週年紀念》系列活動

8/1 「盧修一博士新書暨紀念歌謠發表會」
8/1~8/8 「盧修一博士墨寶、收藏暨影像紀念展」
8/1 《盧修一博士影像集紀念系列》出版
《溫馴的背影—盧修一博士紀念歌謠》CD 出版

《音樂會暨藝文座談會》系列

5/23 門諾醫院「臺灣名家演奏系列」文化講座暨音樂會
7/11 「東歐之旅」臺北室內樂管弦樂團行前音樂會
9/6 「孟德爾頌 & 聖桑」音樂會
10/30 二千豐田古典慈善音樂會—名古屋愛管絃樂團
11/16 白鷺鷥聯誼會藝文講座—文建會主委陳郁秀
11/13 《北海岸的文化原鄉—淡水三芝風雅頌》出版

2001

《音樂會暨藝文座談會》系列

1/20 《郭芝苑—沙漠中盛開的紅薔薇》出版
3/18 《音樂臺灣百年歌謠之旅》英文版解說 **CD** 出版

《展覽表演暨藝文座談會》系列

1/20 ～ 4/20 「魔幻達利特展」
3/24 ～ 7/15 「美索不達米亞古文物」特展
3/27 「古典、浪漫、法蘭西之夜」柏林愛樂木管五重奏
4/15 「海的頌讚」音樂會
5/10 「咱的母親咱的夢」音樂會
5/25 ～ 7/22 「黃虎旗的故事」特展
6/22 ～ 7/22 「大器九五 松柏映長青—陳慧坤九五回顧展」
6/24 「舞祭—千載難逢」廖末喜舞蹈劇場
10/03 「胡乃元小提琴獨奏會」
11/11 「關懷大地慈善音樂會」
11/19 「白鷺鷥聯誼會藝文講座—歌仔戲民族藝師廖瓊枝」
12/27 「林昭亮新年音樂會」
12/30 「吾鄉吾土—臺灣民謠交響詩」
4/20 「白鷺鷥聯誼會」會員大會

《新秀音樂會》

6/2 「林孝軒鋼琴獨奏會」
6/15、19、21 「盧佳君鋼琴獨奏會」
8/27 「施佳伶鋼琴獨奏會」

《創辦人盧修一博士紀念活動》

1/1 ～ 1/31 「盧修一博士金寶山墓園紀念碑設比賽」
6/30 《盧修一墨跡選》出版
7/20 「盧修一博士新書暨音樂創作」發表會
10/1 《盧修一博士數位資料庫：浪漫政治家 & 永遠的白鷺鷥》出版
12/10 《琴韻有情天—紀念臺灣鋼琴教育家張彩湘教授》出版

2002

《展覽表演暨藝文座談會》系列

3/8「**2002** 魅力古典新時尚」法國風尚室內樂團
5/14 ～ 26 「政藝風華—中日韓政界人士藝術聯誼展」
5/17 「薩爾茲堡莫札特大會堂管絃團慈善音樂會」
6/17 ～ 7/27 「慧筆乾坤 陳慧坤作品展」
6/24 「慧筆乾坤—陳慧坤創作與教學研討會」暨「交通大學陳慧坤藝術研究中心與畫作典藏簽約儀式」
10/3 「傳統經典 紅樓再現—傳統藝術之夜」
10/13、19、11/10 「沙漠中盛開的紅薔薇—郭芝苑鋼琴暨聲樂作品音樂會」
10/14 「盧佳慧 杜沁雲法國浪漫風情二重奏」

《音樂與研究企畫》

3 月 「白鷺鷥音樂館—臺灣前輩音樂工作者數位資料庫」
6 月 交通大學浩然圖書館「陳慧坤藝術研究中心」簽約
9 月 「呂泉生訪問紀錄—一個臺灣音樂家的口述歷史」
10 月 「樂壇的時代推手鄧昌國」
4/19 「白鷺鷥聯誼會」會員大會
7/13 白鷺鷥聯誼會文化之旅《傳古藝 • 創新意—宜蘭文化之旅》
4/1 《黃虎旗的故事—臺灣民主國文物圖錄 & 臺灣民主歌》出版
11/30 《淡水三芝自然與人文藝術之美系列多媒體光碟》出版

＊白鷺鷥基金會提供
一九九二——九九八年盧修一博士在世期間基金會活動記事詳洽白鷺鷥基金會

2003

《音樂與研究企畫》

4/25 「白鷺鷥聯誼會」會員大會
5/24 「盧修一博士逝世五週年追思紀念會暨紀念墓園揭碑典禮」
6/24 ～ 7/13 「慧照乾坤—陳慧坤回顧展」
9/6 白鷺鷥聯誼會文化之旅《苗栗南庄采風行—古蹟與人文知性之旅》

委託創作

《白鷺鷥的願望》五重奏（馬水龍作曲）
《第二號小提琴協奏曲》（金希文作曲）
《淡水鋼琴協奏曲》（陳建臺作曲）

研究企畫

「薔薇花影—音樂家呂泉生的故事」
「白鷺鷥音樂館—百年臺灣音樂圖像影音數位資料庫」

2004

研究企畫

3/12 「白鷺鷥聯誼會」會員大會
4/24 白鷺鷥聯誼會文化之旅《黃金小鎮采風行—苗栗人文與知性之旅》

《展覽表演暨藝文座談會》系列

4/20、27 西班牙之夜—盧佳君小提琴獨奏會
7/16 美術館之旅：德藝百年—故宮博物院
8/27 美術館之旅：農情楓丹白露—國立歷史博物館

研究企畫

《白鷺鷥人才培育計畫》：
白鷺鷥青年之友會
作曲人才培育計畫
新趨勢計畫—文化藝術人才獎助
《國家文化資料庫數位計畫》：
臺灣音樂—百年圖像資料庫
前輩音樂工作者圖像資料庫

2005

研究企畫
3/25 「白鷺鷥聯誼會」會員大會研究企畫
3/25 「白鷺鷥聯誼會」會員大會

《展覽表演暨藝文座談會》系列
4/23 美術館之旅：荒漠傳奇 璀璨再現—敦煌藝術大展
5/1 古蹟藝術之旅：2005 保生文化祭
5/3 ～ 5 戲話粉墨—話粉墨—戲曲藝術國際研討會
6/25 美術館之旅：地圖臺灣特展發現之旅
6 月 臺灣獎前進威尼斯雙年展（義大利威尼斯）
11 月 盧佳慧、盧佳君鋼琴小提琴二重奏音樂會
4/26、12/16 《愛！別走開！午餐音樂會一和信醫院》
5/15 委託音樂創作《道德經》（張邦彥作曲）世界首演
7/14 《眾彩交響—陳慧坤 99 華誕紀念論文集》出版
9/10 ～ 11 白鷺鷥聯誼會文化之旅《南瀛文學藝術知性之旅》
10/1 《呂泉生的音樂人生》出版
12/21 《臺灣飛羽之美》出版

研究企畫
《小典藏》雙月專欄
臺灣音樂百科辭書
鑽石臺灣—瑰麗多彩的土地：多樣性自然生態篇
走讀臺灣—臺北縣 18 條人文學習路線

2006

4/20 《臺灣美術家名鑑》出版
4/21 「白鷺鷥聯誼會」會員大會
6 月～ 11 月 《百慧藏坤—陳慧坤百歲回顧展》
6/30 《百歲流金—陳慧坤 100 年人生行道》出版
10/28 白鷺鷥聯誼會文化之旅《宜蘭博物館家族知性之旅》
11 月 《走讀臺灣—臺北縣 18 條人文學習路線》出版

《展覽表演暨藝文座談會》系列
9 月 臺灣獎前進威尼斯建築展（義大利威尼斯）
11 月 戲話粉墨國際戲曲藝術研討會（法國巴黎）
11 月 柴可夫斯基之夜

委託創作：《陳慧坤之畫管絃組曲》（劉學軒作曲）
研究企畫
鑽石臺灣—多元歷史與文化
臺灣音樂百科辭書

紀錄片系列
12 月 《百慧藏坤—陳慧坤百歲人生》（李導演、王童導演監製）

2007

紀錄片系列

1/1 《鑽石臺灣—瑰麗多彩的土地：多樣性自然生態篇》出版

4/18 「白鷺鷥聯誼會」會員大會

5月 《**Taiwan: Art & Civilization**》出版

5/26 委託音樂創作《陳慧坤之畫管絃組曲》（劉學軒作曲）世界首演（高雄）

9/15～16 白鷺鷥聯誼會文化之旅《花東縱谷自然與人文知性之旅》

《展覽表演暨藝文座談會》系列

2/15 「琴弦與鍵盤的對話—盧佳君小提琴獨奏會」

3/24 「琴話綿綿—盧佳慧鋼琴獨奏會」

4/14、5/18 「五度音弦樂四重奏年度音樂會」

11/10 「月光 悲愴 奏鳴曲之夜—盧佳慧鋼琴獨奏會」

12月～2008/03 「全民愛臺灣 歡喜走唱團」社區演講列車

2008

《展覽表演暨藝文座談會》系列

1/15 「永恆的生命樂章音樂會」：委託音樂創作《淡水鋼琴協奏曲》（陳建臺作曲）及《第二號小提琴協奏曲》（金希文作曲）世界首演

3/14 「白鷺鷥聯誼會」會員大會

4/10～11 「**2008** 蘆葦與劍研討會—臺灣政治思潮與民主文化運動」

4/25 《白鷺鷥飛過：盧修一和他的時代》出版

5/8 白鷺鷥之歌室內樂之夜—盧修一博士紀念音樂會

7月 委託音樂創作《春江花月鋼琴曲》（陳玫琪作曲）世界首演

7/26 白鷺鷥聯誼會文化之旅《驚夏兩廳院藝術之旅》

9/6～7 白鷺鷥聯誼會文化之旅《臺中南投美術工藝暨桃米社區知性之旅》

《展覽表演暨藝文座談會》系列

3月 南歐風情舞曲之夜—盧佳君小提琴獨奏會

10月、11月 深琴款款—盧佳慧鋼琴獨奏會

10/5～10/26 五度音 **DNA** 之旅—五度音絃樂四重奏 **2008** 巡迴演出

研究企畫

百慧藏坤—陳慧坤教授作品修復與保存合作計畫

紀錄片系列

看見臺灣：**1.** 生態臺灣、**2.** 歷史臺灣、**3.** 時尚臺灣、**4.** 滋味臺灣、**5.** 原色臺灣、**6.** 原音臺灣、**7.** 藝之臺灣：大師篇、**8.** 藝之臺灣：民俗篇、**9.** 慶典臺灣：元宵節、**10.** 慶典臺灣：中元節

2009

2/26《臺灣音樂百科辭書》出版

4 月 《**The Beauty of Performing Arts** 陳建藏簽約儀式》、《臺灣第一、人民至上》出版

4/24 「白鷺鷥聯誼會」會員大會

6/23 **2009** 蘆葦與劍研討會—文化與認同

9/26 ～ 27 白鷺鷥聯誼會文化之旅《臺南鹿港霧峰古蹟與人文知性之旅》

委託創作

《第一號鋼琴協奏曲》（金希文作曲）

《吾鄉印象交響曲》（賴德和作曲）

研究企畫

白鷺鷥基金會檔案數位典藏計畫

鑽石臺灣—多元歷史篇

《展覽表演暨藝文座談會》系列

10/16 經典室內樂系列—五度音絃樂四重奏

10 月～ 11 月 遊藝北縣 **2009** 藝術推廣教育活動—五度音絃樂四重奏校園巡迴音樂會（**10/6** 大埔國小、**10/20** 野柳國小、**10/27** 中角國小、**11/24** 文德國小）

紀錄片系列

5 月 阿里山、塔山四季之美

2010

1 月《珍寶臺灣（法文版）》出版

2/16 《行政法人之評析—兩廳院政策與實務》出版

4/9 「白鷺鷥聯誼會」會員大會

4/24 委託音樂創作《第一號鋼琴協奏曲》（金希文作曲）及《吾鄉印象交響曲》（賴德和作曲）於《聲動 福爾摩沙》音樂會世界首演

4/24、5/2 珍藏經典 盧佳君小提琴獨奏會

5/22 **2010** 蘆葦與劍研討會—文化政策與政策之形成

10/2 ～ 3 白鷺鷥聯誼會文化之旅《高雄人文采風知性之旅》

10 月《珍寶臺灣（中文版）》出版

11 月《鑽石臺灣：多元歷史與族群篇》出版

2011

4/15　「白鷺鷥聯誼會」會員大會
5/10　《珍寶臺灣（英文版）》出版
6/26　**2011** 蘆葦與劍研討會—文化民主化：文化政策論壇

7 月《珍寶臺灣（日文版）》出版
10/22 ～ 23　白鷺鷥聯誼會文化之旅《新竹北埔桃園大溪古蹟與自然生態人文知性之旅》

《展覽表演暨藝文座談會》系列
6/3 ～ 30　寫生：陳慧坤大師文件紀念展
7/1 ～ 8/14　**105** 向陳慧坤教授致敬陶繪邀請展
9/8　琴有獨鍾—盧佳君小提琴獨奏會
9/10 ～ 11/20　翠柏蒼松—陳慧坤教授紀念特展
10/07 ～ 30　萬像—百人百歲慶百年影像展
10/15 ～ 16、10/21 ～ 23　康熙大帝與太陽王路易十四歌劇
12/6　臺藝大弦樂團：盧佳慧、盧佳君協奏曲音樂會

委託創作
《鋼琴協奏曲》（楊嵐茵作曲）
《小提琴協奏曲》（王怡雯作曲）

研究企畫
白鷺鷥基金會檔案數位典藏計畫
鑽石臺灣—多元族群篇

2012

研究企畫
4/20　「白鷺鷥聯誼會」會員大會
5/5 ～ 20　**2012** 法文聲樂大賽
9/23　**2012** 蘆葦與劍研討會—文化、空間與城市
10/1 ～ 12/23　**2012** 尋找臺灣金—集體智慧活動 採金得彩金
10/13 ～ 14　白鷺鷥聯誼會文化之旅《臺東山海慢遊之旅》
10/24　「行腳歷史 揚帆臺灣—國立臺灣歷史博物館圓夢計畫」宣告記者會
11/30　「聲動 福爾摩沙」委託創作錄音 **CD** 出版
12/1　**2012** 蘆葦與劍研討會—文化外交

《展覽表演暨藝文座談會》系列
2/15 ～ 19　女高音 **Anne Rodier** 法文歌劇及藝術歌曲大師班講座
5/25　法國詩情音樂會
7/27　白鷺鷥藝術饗宴《美聲法蘭西音樂會》
8/9　白鷺鷥藝術饗宴《皇家風尚：清代宮廷與西方貴族珠寶特展》
11/25　音響布農感恩音樂會
12/1、14、22、29　舞魅之夜 魔鬼卡門—盧佳慧鋼琴獨奏會

研究企畫
「文化講義」研究出版計畫
「臺灣色彩 臺灣品牌（臺灣紅、臺灣青、臺灣金）」研究出版計畫
「鑽石臺灣—多元族群篇」研究出版計畫

2013

3/3 祈盼一愛與未來公益音樂會
3/24 微圓 關心遠地就醫病童感音音樂會
3/30 「尋找臺灣金一臺灣金艷學術研討會暨展演大會」
4/19 「白鷺鷥聯誼會」會員大會
4 月 「微光行／謝春德 特展」
5 月～ 12/10 「旗麗時代：伊人、衣事、新風尚特展」
5/22 永遠的白鷺鷥一盧修一逝世 **15** 週年追思會
5/24 蘆葦與劍一盧修一文獻捐贈國史館儀式
6/26 《文創大觀 **1**：臺灣文創的第一堂課》新書發表會
6 月～ 12 月 **2013** 蘆葦與劍研討會一新世紀臺南文創大道行動論壇
9/25 「舞・魅・琴一盧佳慧鋼琴演奏專輯」出版
9/25 白鷺鷥之歌一盧修一逝世 **15** 週年紀念音樂會
11/2 ～ 3 白鷺鷥聯誼會文化之旅《宜蘭博物館家族文化采風之旅》
9/4 臺灣的聲音一許遠東先生暨夫人紀念音樂會
9/25 ～ 12/21 「追尋永恆的真理真形一陳慧坤紀念展」（臺灣創價學會高雄鹽埕藝文中心）
12/1 璀璨琴韻一臺南市交響樂團 **2013** 冬季音樂會

公益活動
行腳歷史 揚帆臺灣一國立臺灣歷史博物館圓夢計

2014

2014 **蘆葦與劍研討會一臺南城市願景工作營行動論壇**
1/1 ～ 03/15 「追尋永恆的真理真形一陳慧坤紀念展」（臺灣創價學會臺北至善藝文中心）
1/17 白鷺鷥聯誼會文化參訪「老夫子 **50** 時空叮叮車特展」
1/22 公益活動「行腳歷史 揚帆臺灣一國立臺灣歷史博物館圓夢計畫」年度成果發表會
2/24 ～ 4/18 「臺灣豐彩一信仰土地 永保甜蜜」展覽
3/1 「陳慧坤文獻捐贈國史館典藏儀式」
3/8 ～ 17 **2014** 臺灣國際蘭展 結・金・蘭
3/28 「白鷺鷥聯誼會」會員大會
4/3 「琴韻 • 心聲 • 臺灣頌一白鷺 **2014** 音樂會」
8/15 數位科技與視覺藝術跨界創作「潮／繼承之物」
10/18、**10/25** 白鷺鷥聯誼會文化之旅
12 月 「琴韻 • 心聲 • 臺灣頌一白鷺 **2014** 音樂會」錄影錄音專輯出版

公益活動
行腳歷史 揚帆臺灣一國立臺灣歷史博物館圓夢計畫
二〇一五年活動大事紀

2015

2015 蘆葦與劍研討會—臺南市產業創意行動論壇與總體規畫行動論壇

3/7 ～ 3/16　2015 臺灣國際蘭展　纓絡素履

4/30 《文創大觀 **2**：臺灣品牌來時路》新書發表會

5/1 「白鷺鷥聯誼會」會員大會

10/31、**11/1**　白鷺鷥聯誼會文化之旅

11/20 ～ 22　即時互動多媒體劇場《路》

12/19 ～ 20　《邂逅法國香頌》音樂會

委託創作

《鈴蘭》絃樂四重奏（楊嵐茵作曲）

公益活動

行腳歷史 揚帆臺灣—國立臺灣歷史博物館圓夢計畫

2016

蘆葦與劍研討會—臺中市城中城計畫行動論壇

3/12 ～ 21　2016 臺灣國際蘭展　蘭學堂

4/14 「白鷺鷥聯誼會」會員大會

9/1 「夢鍵愛琴 **-** 盧佳慧鋼琴演奏專輯」出版

9/2、**9/9**、**9/24**　夢鍵愛琴—盧佳慧鋼琴獨奏會

10/16　白鷺鷥聯誼會文化之旅

11/10 ～ 30　臺法乾杯 百年香醇—世界遺產主題交流展系列活動

12/2 ～ 2017/2/5　謝春德平行宇宙系列—勇敢世界特展

12/13 ～ 2017/1/8　蘭姿百態—臺灣彩繪藝術陶盤邀請展

12/17 ～ 18　誠品親子音樂劇場—小米與鰈魚的奇幻旅程

12/31　NSO 跨新年音樂會

公益活動

行腳歷史 揚帆臺灣—國立臺灣歷史博物館圓夢計畫

2017

2/18-19 蘆葦與劍研討會—白鷺鷥創意寫作故事坊
3 月 蘭花文創商品 蘭花彩繪藝術陶盤 及 蘭花圍巾 設計開發
3/4 ～ 13 **2017** 臺灣國際蘭展 - 蘭回鄉
3/18 高雄 **HH** 住宅大樓臺灣館（白鷺鷥之友南臺灣分會）落成
4/1 ～ 30 「寫生－陳慧坤百壹紀念展」
4/21 「白鷺鷥聯誼會」會員大會
4/23 「**2017** 誠品室內樂節—《首席 序曲 **II**》」
5/20 「**2017** 誠品室內樂節—《波希米亞的浪漫微語》」
6/6 「**2017** 誠品室內樂節—《**Emerson** 經典傳承大師班》」
6/10、6/17、6/24 水織火—盧佳慧鋼琴獨奏會
11/25 白鷺鷥聯誼會文化之旅 **2/18-19** 蘆葦與劍研討會—白鷺鷥創意寫作故事坊
3 月 蘭花文創商品 蘭花彩繪藝術陶盤 及 蘭花圍巾 設計開發
3/4 ～ 13 **2017** 臺灣國際蘭展 - 蘭回鄉
3/18 高雄 **HH** 住宅大樓臺灣館（白鷺鷥之友南臺灣分會）落成
4/1 ～ 30 「寫生－陳慧坤百壹紀念展」
4/21 「白鷺鷥聯誼會」會員大會
4/23 「**2017** 誠品室內樂節—《首席 序曲 **II**》」
5/20 「**2017** 誠品室內樂節—《波希米亞的浪漫微語》」
6/6 「**2017** 誠品室內樂節—《**Emerson** 經典傳承大師班》」
6/10、6/17、6/24 水織火—盧佳慧鋼琴獨奏會
11/25 白鷺鷥聯誼會文化之旅

公益活動
行腳歷史 揚帆臺灣—國立臺灣歷史博物館圓夢計畫
青春作伙：有任務的旅行

委託創作
《浪漫政治家—盧修一博士紀念交響曲》（錢南章作曲）

2018

2/10 心有靈犀藝術展 開幕
3/28 《大象跳舞：從設計思考到創意官僚》新書發表會
4/13 「白鷺鷥聯誼會」會員大會
5/8 永遠的白鷺鷥—盧修一博士二十週年紀念追思會
5/9 ～ 28 盧修一與他的時代—盧修一博士二十週年紀念特展（「新國家的建築師」紀念影片）
5/10 《盧修一與他的時代》盧修一博士二十週年紀念專書出版
5/19 誠品室內樂節《雋永的生命之樂》音樂會
10 月 白鷺鷥聯誼會文化之旅
11/17 ～ 18 即時互動多媒體劇場《追》

公益活動
行腳歷史 揚帆臺灣—國立臺灣歷史博物
館圓夢計畫
青春作伙：有任務的旅行

2019

/19　「白鷺鷥聯誼會」會員大會
月～ **12** 月　中央廣播電臺「美麗的臺灣」節目加值再生計畫
0/17 ～ 21　**2019 Art Taipei**「印象臺灣—白鷺鷥文教基金會公益展演」
月～ **12** 月　認識臺灣—切入電競，文化藝術素養教育推廣計畫
1/2　白鷺鷥聯誼會文化之旅
2/20 ～ 21　《浪漫美聲 聖誕樂宴》音樂會

公益活動

亍腳歷史 揚帆臺灣—國立臺灣歷史博物館圓夢計畫

2020

月～ **12** 月　中央廣播電台「美麗的臺灣」節目加值再生計畫
月～ **12** 月　認識臺灣—切入電競，文化藝術素養教育推廣計畫（第二階段）
月～ **12** 月　重建臺灣音樂史—臺灣音樂百科辭書第二版建置計畫（第一階段）
/31　《午後貝多芬》**TSO Classic** 名家系列音樂會
/20　《幻影 光彩 德布西》誠品室內樂節音樂會
月～ **12** 月　白鷺鷥音樂小學堂雲端音樂會
/19、7/28　白鷺鷥聯誼會文化參訪
/24　白鷺鷥聯誼會會員大會
0/22　《蝴蝶蘭》盧佳慧多媒體鋼琴獨奏（**2020 ART TAIPEI** 台北國際藝術博覽會開幕演出）
0/24　白鷺鷥聯誼會文化之旅
2/16　桃園企業聯合會歲末音樂會
月～ **2021/2**　新北市經典音樂推廣計畫 - 音樂編選與錄製

公益活動

亍腳歷史 揚帆臺灣—國立台灣歷史博物館圓夢計畫

致謝受訪者

瞿海源 2016/12/7
陳郁秀 2017/1/20
2017/3/13
2017/5/10
2017/11/13
2018/1/22
2018/4/10
盧佳君 2017/3/18
徐雄彪 2017/3/24
2017/8/29
2017/10/30
2017/12/1
張維嘉 2017/3/24
2017/4/24
2017/11/10
2017/12/5
詹守忠 2017/3/28
2017/5/10
2017/8/15
2017/11/8
2017/12/25
2017/12/27
陳銘城 2017/3/30
2017/11/9
2017/11/13
鍾佳濱 2017/4/18
戴振耀 2017/4/24
陳增芝 2017/4/24
2017/5/19
2017/9/14
邱萬興 2017/4/26
2017/12/26
2017/12/28
李慶雄 2017/5/2
陳正然 2017/5/8
王金平 2017/5/10
黃主文 2017/5/11
林濁水 2017/5/16
彭百顯 2017/5/18
柯建銘 2017/6/5
陳世榮 2017/6/30
2017/12/12
陳景峻 2017/8/4
姚嘉文 2017/8/16
盧佳慧 2017/9/9
2018/2/11
郭吉仁 2017/9/21
李勝雄 2017/9/21
李文忠 2017/10/3
洪瑞隆 2017/10/6
2017/10/24
蘇貞昌 2017/10/17
林錫耀 2017/10/19
蕭雄淋 2017/10/31
蘇嘉全 2017/11/6
邱斐顯 2017/11/6
葉啟政 2017/11/11
洪奇昌 2017/11/15
陳文治 2017/11/16
2017/11/21
2017/12/20
陳儀深 2017/11/21
王全祿 2017/11/24
賀德芬 2017/12/5
2017/12/29
潘雅惠 2017/12/7
陳師孟 2017/12/7
何榮幸 2017/12/8
江蓋世 2017/12/11
陳水扁 2017/12/16
鄭凱中 2017/12/20
李謀信 2017/12/20
廖江憲 2017/12/23
謝長廷 2017/12/26
陳其邁 2017/12/28
黃武雄 2017/12/29
游堅煜 2018/1/22
郭倍宏 2018/4/10

*時間標註 2017/3/18 者，乃於白鷺鷥高雄分會成立時現場訪談
* 2017/4/6 現場訪談劉初枝、黃華，於景美人權園區
* 2017/12/1 現場訪談吳榮義、吳志中、郭倍宏、何康美、盧佳德，於陳莊金枝壽宴
* 2017/12/2 現場訪談陳儀深、薛化元、邱斐顯、邱萬興，於二二八國家紀念館

參考書目資料／註解

1 陳水扁於二〇一七年十二月十六日在高雄自宅大樓接受筆者訪問時說：「盧仔為蘇貞昌的最後一跪，是當年民進黨贏得十二個縣市長過半席次的關鍵因素。正如二〇一四年太陽花學運讓民進黨取得過半十三個縣市首長的影響一樣。」

2 盧修一被捕之情境引述自陳郁秀於一九八三年二月的受訪記載（資料來源：盧修一著，《出頭天》，盧修一、周慧瑛聯合服務處出版，一九八九年，頁三四至頁四十一）。細節補充自二〇一八年一月陳郁秀接受筆者之訪談。

3 季葉瑪（Prof. Jacques Guillermaz）曾任法國駐北京大使館的武官，專研中國共產黨，立場反共。盧修一的博士論文《日據時代臺灣共產黨史：一九二八－一九三二》指導教授。

4 《戡亂時期懲治叛亂條例》第十條：犯本條例之罪者，軍人由軍事機關審判；非軍人由司法機關審判；其在戒嚴區域犯之者，不論身分，概由軍事機關審判之。

《戡亂時期檢肅匪諜條例》第八條第一項第二款：前條最高治安機關對於被逮捕人得為左列處置；二、情節輕微而有感化必要者，交付感化。

《戡亂時期檢肅匪諜條例》第一條：戡亂時期檢肅匪諜，適用本條例；本條例未規定者，適用其他法令。

《戡亂時期匪諜交付感化辦法》第二條第一項、第二項：感化處分應由軍事審判機關以判決或裁定行之，並應將交付感化人之案情及判決書或裁定書，送由省保安機關轉送感化教育處所，施以感化教育。感化教育期間為三年以下，其處分期間，於為前項之判決或裁定時，諭知之。

《刑法》第三十八條（沒收物）左列之物沒收之：一、違禁物；二、供犯罪所用或供犯罪預備之物。

前項第一款之物，不論屬於犯人與否，沒收之。第一項第二款、第三款之物，以屬於犯人者為限，得沒收之。但有特別規定者，依其規定。

5 盧修一，口述生平紀錄（五），白鷺鷥文教基金會，一九九八年，未出版。

6 盧修一，口述生平紀錄（四），白鷺鷥文教基金會，一九九八年，未出版。

7 盧修一，口述生平紀錄（四），白鷺鷥文教基金會，一九九八年，未出版。

8 摘自盧修一著，《獄中沉思錄》，前衛出版社，一九八九年十一月，初版，頁三〇。

9 引自盧修一著，《獄中沉思錄》，前衛出版社，一九八九年十一月，初版，頁六。

10 盧修一，口述生平紀錄（七），白鷺鷥文教基金會，一九九八年，未出版。

11 摘自盧修一著，《獄中沉思錄》，前衛出版社，一九八九年十一月，初版，頁八八。

12 引述自陳郁秀編著，《蘆葦與劍—臺灣政治運動發展簡史》，時報出版社，二〇〇二年三月，初版，頁四。

13 引述自陳郁秀編著，《蘆葦與劍—臺灣政治運動發展簡史》，時報出版社，二〇〇二年三月，初版，頁四。

14 摘自盧修一著，《獄中沉思錄》，前衛出版社，一九八九年十一月，初版，頁二三九至二四〇。

15 陳郁秀編著，《最愛臺灣》，時報出版社，二〇〇〇年八月，初版，頁一二一。

16 盧修一，口述生平紀錄（九），白鷺鷥文教基金會，一九九八年，未出版。

17 盧修一，口述生平紀錄（九），白鷺鷥文教基金會，一九九八年，未出版。

18 盧修一，口述生平紀錄（九），白鷺鷥文教基金會，一九九八年，未出版。

19 盧修一，口述生平紀錄（九），白鷺鷥文教基金會，一九九八年，未出版。

20 盧修一，口述生平紀錄（九），白鷺鷥文教基金會，一九九八年，未出版。

21 盧修一，口述生平紀錄（九），白鷺鷥文教基金會，一九九八年，未出版。

22 盧修一，口述生平紀錄（九），白鷺鷥文教基金會，一九九八年，未出版。

23 黑名單：詳見下一節。

24 引述自陳郁秀口述、于國華整理撰述，《鈴蘭．清音—陳郁秀的人生行履》，天下文化，二〇〇六年十二月，第一版第二次印行。頁一二三。

25 姚嘉文於二〇一七年八月接受筆者採訪時提到，「美麗島的自白書現在都掀了出來，我的自白書也已經都找到了，一大堆，檔案局都找出來過，我去看過，他們還copy給我。」可見一九八八年時，他們並未想到黨外與民進黨的推波助瀾，將臺灣的民主運動推向高峰，這些重要的檔案資料也在後來陸續公開。

26 引述自陳婉真口述訪談。詳見歐素英、林正慧、黃翔瑜訪問，《海外黑名單相關人物口述訪談錄》，國史館，二〇一四年十二月初版，頁二七六。

27 引述自胡民祥編，《燭火闖關—蔡正隆博士紀念文集》，前衛出版社，一九九九年，頁一〇七。

28 詳見施正鋒、陳銘城等著，《臺灣獨立建國聯盟的故事》，前衛出版社，二〇〇〇年二月，頁八六。

29 詳見李憲榮著，《驚濤裡的精采：李憲榮回憶錄》，翰蘆圖書，二〇一四年五月，頁一二二至一二三。

30 引述自陳婉真著，《啊！黑名單》，前衛出版社，一九九二年八月初版第三刷，頁二二三。

31 李永熾監修，薛化元主編，《臺灣歷史年表：終戰篇III（1979—1988）》，業強出版社，一九九一年七月，頁三三二。

32 詳見歐素英、林正慧、黃翔瑜訪問，《海外黑名單相關人物口述訪談錄》，國史館，二〇一四年十二月初版，頁二七七。

33 詳見歐素英、林正慧、黃翔瑜訪問，《海外黑名單相關人物口述訪談錄》，國史館，二〇一四年十二月初版，頁二七七至頁二八一。

34 引自林文義著，《菅芒離土》，前衛出版社，一九九三年十月新版第一刷，頁二二四至頁二二八。

35 李永熾監修，薛化元主編，《臺灣歷史年表：終戰篇III（1979—1988）》，業強出版社，一九九一年七月，頁三五〇。

36 四一七主權獨立決議文：一九八八年四月十七日舉行之民進黨第二屆全國黨員代表大會決議，「臺灣主權獨立，不屬於以北京為首都之中華人民共和國。任何臺灣國際地位之變更，必經臺灣全體住民自決同意。」「如果國共片面和談；如果國民黨出賣臺灣人民利益；如果中共統一臺灣；如果國民黨不實施真正的民主憲政，則本黨主張臺灣應該獨立。」詳見林濁水著，《路是這樣走出來的》，前衛出版社，一九九五年十月，初版第三刷，頁四五至四七。

37 盧修一，口述生平紀錄（十），白鷺鷥文教基金會，一九九八年，未出版。

38 盧修一，口述生平紀錄（十），白鷺鷥文教基金會，一九九八年，未出版。

39 詳見陳郁秀編著，《蘆葦與劍—臺灣政治運動發展簡史》，時報出版，二〇〇二年三月，初版一刷，頁七四至頁八三。

40 引述自盧修一著，《出頭天》，盧修一、周慧瑛聯合競選總部出版，一九八九。頁十二。

41 引述自〈盧修一與鄭南榕的最後對話〉，《自由時代周刊》，一九八九年四月十六日，頁六六。

42 五一九：五一九綠色行動。乃指一九八六年由鄭南榕發起，於五月十七日發起群眾運動，訴求廢除戒嚴令。一九八七年五月十九日也舉行等。

43 盧修一，口述生平紀錄（二），白鷺鷥文教基金會，一九九八年，未出版。盧修一的博士論文，也如願在鄭南榕自焚當年年底，譯為漢語並出版。

44 陳婉真偷渡的路徑由郭倍宏策畫。郭倍宏甫當選臺灣獨立建國聯盟美國本部主席，受鄭南榕殉道感召而加速「返鄉運動普遍化」攻勢，更加速「臺灣獨立建國聯盟遷臺」的時程，並準備派臺灣獨立建國聯盟中央委員蔡正隆潛回臺灣，參加即將於一九八九年八月在高雄舉行的世臺會第十六屆年會。詳見歐素英、林正慧、黃翔瑜訪問，《海外黑名單相關人物口述訪談錄》，國史館，二〇一四年十二月初版，頁二八三至頁二八八。

45 引述自陳婉真口述訪談。詳見歐素英、林正慧、黃翔瑜訪問，《海外黑名單相關人物口述訪談錄》，國史館，二〇一四年十二月初版，頁二八三至頁二八八。

46 羅莎·盧森堡（Rosa Luxemberg）：德意志帝國時期，馬克思主義思想家、理論家。

47 盧修一，口述生平紀錄（八），白鷺鷥文教基金會，一九九八年，未出版。

48 熟悉盧修一的人皆知，盧修一從未回覆任何有關史明的問題，即使陳郁秀追問，他也從未回答。他與史明之間的過往，就此塵封。續見第二章。

49 一九八八年盧修一籌辦世臺會第十五屆年會，許多同鄉以祕密管道回臺，衝擊國民黨的「威信」。該年會後，國民黨將更多海外同鄉列入「黑名單」，並派軍警特務調查「黑名單」人士在臺灣的親友。殊不知，一九八九年鄭南榕殉道，更使世臺會堅決在臺灣舉辦第十六屆年會，也致使更多「黑名單」人士想方設法闖關回臺。風聲鶴唳中，盧修一仍戮力支援第十六屆年會的籌辦，更出錢出力支持「黑名單」人士，第十六屆年會多位重量級「黑名單」人士現身大振臺灣民主運動士氣。

50 詳見盧修一著，《出頭天》，盧修一、周慧瑛聯合服務處出版，一九八九年，頁七八至頁八三。

51 胡民祥編，《燭火闖關—蔡正隆博士紀念文集》，前衛出版社，一九九九年，頁九六至頁九七。

52 王貴全辦公室編著，《【特】黑名單現場報導》，自立晚報社文化出版部，一九九一年十二月，頁九二至頁九三。

53 胡民祥編，《燭火闖關—蔡正隆博士紀念文集》，前衛出版社，一九九九年，頁九六至頁九七。

54 引述自盧修一，口述生平紀錄（十二），白鷺鷥文教基金會，一九九八年，未出版。

55 引述自《出頭天》，盧修一著，盧修一、周慧瑛聯合競選總部出版，一九八九，頁一至頁三。

56 詳見林文義著，《菅芒離土—郭倍宏傳奇》，前衛出版社，一九九二年十月新版第一刷發行，頁一三三至頁一三五。

57 大衛魔術師：大衛．考菲柏（David Copperfield），世界知名魔術師。曾在眾目睽睽下讓自由女神消失、飛越中國長城等。

58 引述自二〇一八年四月十日，郭倍宏接受筆者採訪之口述。

59 羅益世於十六歲時即全家移民加拿大，擁有雙重國籍。此回，當局乃是非法逮捕並羈押羅益世。一九八九年底，當局依《國安法》將羅益世判刑十個月，並依「叛亂罪」起訴。詳見陳婉真著，《啊！黑名單》，前衛出版社，一九九二年八月初版第三刷，頁二二二至頁二二九。

60 郭倍宏後來平安返美，並於一九八九年十二月九日在美國洛杉磯舉行的「高雄事件十週年紀念會」上現身，並公開向臺灣當局宣布：「我必再度歸來。」

61 引述自盧修一，口述生平紀錄（十二），白鷺鷥文教基金會，一九九八年，未出版。

62 引述自盧修一，口述生平紀錄（十一），白鷺鷥文教基金會，一九九八年，未出版。

63 引述自盧修一，口述生平紀錄（十二），白鷺鷥文教基金會，一九九八年，未出版。盧修一也在該次訪談中提及：「可惜國防部編列預算不是每個單位各別編列，所以找不到這筆預算，無法刪除，深感遺憾，但是幾年之後警備總部終於被撤銷了，仁教所也改為軍管區辦公的地方。」

64 勸退支票：俗稱「李登輝的勸退支票」。乃指國民黨宣稱要在一九九〇年二月一日報到日以前，勸退三十四位老立委，結果卻未兌現承諾。

65 引述自《中時晚報》〈民進黨立院黨團報到，發表聲明〉，一九九〇年二月一日，二版。

66 一九八八年四月十一日，盧修一尚任職於民進黨時，曾與同志一同進入議場要求政治犯釋放、復權。

67 引述自《自由時報》〈學者：體制應速改善〉，一九九〇年二月二日，二版。

68 吳勇雄等二十人之臨時提案主旨為：「由李登輝總統依照《動員戡亂時期臨時條款》宣告終止動員戡亂時期」，以解決二月政爭導致之政局不穩定。

69 陳水扁等十四人的臨時提案主旨是：「為國家因第八任正副總統選舉，執政黨內部鬥爭嚴重，導致社會不安，人心惶惶，爰建請本院立即成立超黨派之『國家危機特別處理委員會』協助國家度過重大憲政危機，是否有當？請公決之。」此提案於三月六日提出，卻遭梁肅戎擱置了三次院會（一個星期），已拖過解決二月政爭的時效。

70 詳見《立法院公報》，第七十九卷，第二十一期，頁四九至頁五一。

71 提案人：盧修一、陳水扁、林志嘉、余政憲、李慶雄、林壽山、王天競、葉菊蘭、馬賴古麥、郁慕明、謝長廷、李子駿、高資敏、蔡奮鬥、黃天生、趙振鵬、林正杰、朱鳳芝、廖福本、黃正一、張俊雄、彭百顯、戴振耀、張博雅、劉國昭、葛雨琴、邱連輝、朱高正、丁守中、林鈺祥、魏耀乾、田再庭、鄭余鎮、吳勇雄。

72 盧修一雖然支持臺灣主權獨立，仍悲天憫人，關懷榮民、推動老兵返鄉。比如一九九〇年三月八日院會審查《戰士授田憑據處理條例草案》，他發言指出，他在黑牢裡與老兵相處，體認其生活痛苦又思鄉的愁緒，主張政府應照顧老兵，但也應對生活優渥的資深軍官加以節制，將人民納稅錢花在刀口上。

73 盧修一著，《獄中沉思錄》，前衛出版社，一九八九年十一月，初版，頁三六、頁三七。

74 李永熾監修，薛化元主編，《臺灣歷史年表Ⅴ（1989—1994）》，業強出版社，一九九八年一月初版，頁八四。

75 主旨是：「陳委員水扁、余委員政憲、彭委員百顯等二十六人臨時提案，為大法官會議釋字第三十一號解釋已因情事變更以及違反國民主權原則有重行解釋之必要；憲法第二十八條第一項及第二項規定之原義是否為國民大會代表之任期應為六年，尚有疑義，故聲請解釋；關於動員戡亂時期臨時條款第六項第二款及第三款之規定，是否違反憲法第二十八條、第六十五條、第九十三條所揭示國會定期改選之憲法精神，故併案聲請大法官會議解釋。對於上述三項憲法之疑義，特依本院議事規則第十一條，提案聲請大法官會議加以解釋，是否有當？請公決案。」

76 提案人有：陳水扁、余政憲、彭百顯、張博雅、邱連輝、葉菊蘭、黃天生、田再庭、鄭余鎮、張俊雄、許國泰、盧修一、謝深山、黃正一、趙少康、王志雄、王聰松、謝長廷、黃主文、李慶雄、戴振耀、吳勇雄、魏耀乾、陳定南、林正杰、劉文雄（第一屆）。

77 指一九九〇年三月召開國民大會選舉中華民國第八任總統。老國代在國民黨的主流和非主流派與鬥爭中汲取自身之權與錢，如延長任期、增加薪酬等條件，引發輿論反彈，並導致三月學運。

78 引述自《立法院公報》，第七十九卷，第二十七期，院會紀錄，頁六四。

79 軍系立委：《中華民國憲法》雖明訂軍人不可擔任文職。但是，國民黨當局仍制定相關規定，讓軍職者可經由考試轉任文官，致大量軍職出身者位居文官體系。軍方並推薦已由軍職轉任文官者擔任立委，俗稱為軍系立委。親非主流派，政治立場傾向統一。

80 見李永熾監修，薛化元主編，《臺灣歷史年表V（1989—1994）》，財團法人張榮發基金會國家政策研究中心授權出版，業強出版社，一九九八年一月，初版，頁八六。

81 若林正丈研究，李登輝當時在國民黨內地位尚不穩固，此舉意在向非主流派妥協，並藉此讓郝柏村釋出調動軍隊的實權。但此舉在當時民主知識分子或民進黨眼中，可謂向保守派靠攏。詳見若林正丈著，《戰後臺灣政治史》，臺大出版中心，二〇一六年，十一月，二版二刷，頁一八九至頁二三六。

82 摘自瞿海源主編，《楊國樞文集第二冊生平紀事》，二〇一七年，十二月，初版，華藝學術出版社，頁二七八至頁二八七。

83 第一屆第八十七會期為一九九一年二月一日至五月三十一日。延會至七月十六日。

84 一九九一年三月二十八日，姚嘉文、林永生赴菲律賓欲參加獨派人士懇談會，因黑名單問題遭菲拒絕入境，盧修一也在同行之列。三月三十日，在美國國會議員與大使館協助下，臺獨聯盟多位幹部順利入境菲律賓召開獨派人士懇談會。四月一日，外交部長錢復表示沒有「黑名單」但有「列註人員」名單。四月一日，針對黑名單問題，行政院長郝柏村表示臺獨分子沒有返鄉自由；外交部部長錢復指出，國安法限制入境適用優先次序超過聯合國人權決議案。四月六日，內政部向各航空公司發出名單，北美臺灣人返鄉團被迫暫緩回臺。

85 張俊雄等十五人臨時提案主旨：要求國防部長等相關官員到立法院對民進黨員在軍中遭列管致人權遭迫害一事說明。盧修一等二十人臨時提案主旨：要求內政部與外交部等相關官員到立法院說明航警隊發函通報航空公司拒載「黑名單」返鄉之事。洪奇昌等二十人臨時提案主旨：要求國防部等相關官員到立法院說明因臺灣阻撓「黑名單」返鄉致使美國欲以人權條款拒絕軍售臺灣一事。

86 當天院會情形，詳見《立法院公報》，第八十卷，第二十九期，院會紀錄。

87 引述自《聯合晚報》〈郭正一大執法：盧修一要算總帳〉，一九九一年四月十一日，二版。

88 一、盡早使未曾改選的中央民意代表退職；二、臺灣省長，臺北市長與高雄市長直選；三、總統民選（非透過國民大會等機構進行選舉）；四、終止動員戡亂時期；五、以臺灣人民福祉為前提的大陸政策。

89 有資深國代醞釀修憲反制，數十位資深國代向監察院陳情要求彈劾做成該項解釋文的十三位大法官。在監察院，監委調查十三位大法官是否違憲。在立法院，資深立委質詢指責二六一號釋憲文「違憲毀憲」云云，儘管《中央日報》在一九九〇年七月二十八日二版〈大法官會議充分發揮了釋憲功能〉專文肯定釋憲案，資深委員仍抵制。

90 李永熾監修，薛化元主編，《臺灣歷史年表V（1989—1994）》，業強出版社，一九九八年一月初版，頁一四四和頁一六二。

91 摘自《楊國樞文集第二冊生平紀事》，瞿海源主編，二〇一七年，十二月，初版，華藝學術出版社，頁二九三。

92 引述自《臺灣時報》〈誰造成議會政治的死亡〉，一九九一年四月十三日，三版。
93 引述自《戴振耀的革命青春》，陳增芝著，玉山社，二〇一七年十月初版，頁四一五。
94 本文引述院會現場，詳見《立法院公報》，第八十卷，第三十期院會紀錄。
95 引述自《中國時報》〈盧修一：我向來就不主張暴力〉，一九九一年四月十三日，二版。
96 引述自《中國時報》〈盧修一：我向來就不主張暴力〉，一九九一年四月十三日，二版。
97 引述自《中國時報》〈梁肅戎：不受威脅而下臺〉，一九九一年四月十四日，三版。
98 該次第一屆國大臨時會之會期為：一九九一年四月八日至四月二十四日。
99 引述自《自立早報》〈民進黨立院黨團宣布暫時退出立院〉，一九九一年四月十七日，四版。
100 引述自《中國時報》〈盧修一：民進黨走回街頭出於無奈〉，一九九一年四月十六日，三版。
101 引述自《中國時報》〈民進黨立委決暫不返回立院〉，一九九一年四月二十二日，一版。
102 此類事件不勝枚舉。例如，盧修一在八十七會期擔任民進黨幹事長，負責與國民黨團協商，一九九一年二月時國民黨立委黨部副書記長王正一希望將中央政府總預算案改為分十組審查，盧修一不同意，後王正一承諾二月二十六日以前會再勸退老立委二十八人，盧修一才同意，並表示希望民進黨取得五、六席程序委員，王正一說要協調黨內意見。結果，二月二十六日開議前，國民黨老立委退職承諾不僅跳票，有些老立委甚至參加了委員會的召集委員選舉。盧修一遂在二月二十四日時停止朝野協商。詳見《中國時報》〈盧修一：不再隨執政黨的節奏跳舞〉，一九九一年二月二十五日，九版。
103 引述自《自由時報》〈民進黨立院黨團決定不回立院，陳水扁強調不能被看扁〉，一九九一年四月二十二日，二版。
104 引述自《一〇〇行動聯盟與言論自由》，張炎憲、陳鳳華訪問，國史館，二〇〇八年初版，頁一七二。
105 陳正然接受筆者採訪提及，後來一位政治受難前輩告訴他，送往地下室的嫌犯會遭到刑求，送到樓上則否。這位前輩還說，陳正然很幸運。
106 一九九三年二月起有九位立委參加，包括：洪奇昌、盧修一、戴振耀、林濁水、翁金珠、廖永來、蘇煥智、黃昭輝、邱垂貞、方來進（退出）。
107 歷屆主任為：林濁水（一九八九年十月至一九九〇年）、張維嘉（一九九〇年至一九九一年）、劉世芳（一九九一年至一九九三年十月）、吳乃仁（一九九三年二月至一九九三年八月）、鍾佳濱（一九九三年二月至一九九三年十月）、許傳盛（一九九三年十一月至一九九四年八月）、蔡淑芳（一九九四年八月至一九九五年一月）、毛榮富（一九九五年二月~）。
108 引述自《自立早報》〈史明不該成為打擊對象〉，一九九一年五月十日，三版。
109 林正杰乃八十七會期的民進黨團副總召集人，違反黨團退出議場之決議，獨自進入議場。其後因統獨爭議，於一九九一年六月三日聲明宣布退黨。於是，該會期民進黨立院黨團三長只剩總召集人鄭余鎮和幹事長盧修一。在林正杰退黨之前，有朱高正於一九九〇年二月立法院開議後不久即退黨。至此，該屆（第一屆第六次增額）民進黨立委由二十一位降為十九位。

110 引述自《中國時報》〈立院決議要求教育部長法務部長到院報告逮捕過程〉，一九九一年五月十一日，三版。

111 引述自《中國時報》〈朝野立委關切〉，一九九一年五月十一日，三版。

112 《臺灣人四百年史》由史明撰寫，一九六四年出版時為日文版，即對掌握歷史書寫全的中國國民黨政府構成批判與威脅。這本左翼史觀的書籍，將荷蘭與鄭氏王朝時期以後的臺灣統治者都視為殖民統治，並以階級角度來看待臺灣民族所受的壓迫。一九八〇年，史明補充史料出版《臺灣人四百年史》增訂版，前往美國巡迴演講。

113 引述自《日據時代臺灣共產黨史：一九二八—一九三二》，盧修一著，前衛出版社，二〇〇六年四月，初版第四刷，頁七。

114 引述自〈日據時代臺灣共產黨史的再閱讀〉，陳芳明著，發表於〈蘆葦與劍—臺灣政治思潮與民主文化運動研討會〉，二〇〇八年四月十日，頁五。

115 引述自《日據時代臺灣共產黨史：一九二八—一九三二》，盧修一著，前衛出版社，二〇〇六年四月，初版第四刷，頁一六一。

116 引述自〈日據時代臺灣共產黨史的再閱讀〉，陳芳明著，發表於〈蘆葦與劍—臺灣政治思潮與民主文化運動研討會〉，二〇〇八年四月十日，頁六。

117 張維嘉接受筆者訪問指出，不少人拜訪過史明之後，就被史明視為獨臺會同志。臺獨運動者江蓋世接受筆者訪問也表示，訪美時曾受史明之邀而見面，事後卻在一份刊物看到兩人的合照，圖說寫著「史明與獨臺會同志江蓋世見面」，但江實未加入獨臺會。自立早報記者陳銘城受訪時也表示，他去東京池袋採訪史明，事後史明也將他視為成員，但陳從未加入。陳銘城認為，「獨臺會只有史明一人，不像一些組織有入會儀式等，因此，史明個人的認知常與當事人有所不同。」

118 引述自《聯合報》〈史明 獨臺會主戰場在臺灣〉，一九九一年五月十日，三版報導。

119 引述自《聯合報》〈盧修一．張維嘉曾是獨臺會成員〉，一九九一年五月十一日，三版。

120 引述自《聯合報》〈盧：理念相同手段不同。張：影響只限臺獨見解〉，一九九一年五月十一日，三版。

121 引述自《聯合報》〈盧：理念相同手段不同。張：影響只限臺獨見解〉，一九九一年五月十一日，三版。

122 張維嘉受訪指出，盧修一入獄後深刻認知到，「史明這種地下鬥爭的方式不可行，應該要公開鬥爭。」「尤其是史明採取的『單線聯絡』，只由史明單線聯繫，被聯繫的人互不知曉，很難稱為組織。」

123 引述自《自立早報》〈盧修一肯定史明的臺獨理念〉，一九九一年五月十日，三版。

124 引述自《彳亍躓頓七十年：恰似末代武士的一生》葉啟政口述，何榮幸執筆，遠流出版社，二〇一三年十一月初版，頁一七六。

125 李永熾監修，薛化元主編，《臺灣歷史年表V（1989—1994）》，業強出版社，一九九八年一月初版，頁一七六。

126 引述自《一〇〇行動聯盟與言論自由》，張炎憲、陳鳳華訪問，國史館，二〇〇八年初版，頁一八。

127 引自李永熾監修，薛化元主編，《臺灣歷史年表V（1989—1994）》，業強出版社，一九九八年一月初版，頁一七八。

128 民進黨團於一九九〇年三月即已提案廢止《刑法》一百條卻遭院會「冷凍」。詳見下一節。

129 民進黨團退出議場與重返議場的峰迴路轉，堪為歷史教訓。詳見下一節。

130 詳見《立法院公報》，第八十卷，第四十二期，頁二至頁五二。

131 由於一九九一年五月十二日時，學生與教授預定在五二〇舉辦大遊行，是以行政院在五月十六日召集有關官員研商，確定廢止《懲治叛亂條例》。換句話說，國民黨立委在五月十七日將此條例廢除，也是配合行政院並執行黨意。詳見：《臺灣時報》〈獨臺會事件學運及廢止懲治叛亂條例重要過程表〉，一九九一年五月十八日，二版。

132 詳見《立法院公報》，第八十卷，第四十期，頁一八至頁四六。

133 知識界反政治迫害聯盟於獨臺會事件後，五月十三日即成立，發起人為臺大社會系教授瞿海源、臺大法律系教授賀德芬、清大社會系教授傅大為等人。宣稱將發動五二〇請願遊行，訴求廢除《懲治叛亂條例》及《刑法》一百條。由於五月十七日立法院已廢除《懲治叛亂條例》，獨臺會事件四青年交保。知盟仍繼續發起此一遊行，訴求廢除《刑法》一百條。

134 連署人包括：陳水扁、彭百顯、葉菊蘭、田再庭、戴振耀、張博雅、盧修一、謝長廷、王聰松、劉文雄、陳定南、吳勇雄、魏耀乾、邱連輝、黃天生、李慶雄、余政憲、林正杰。

135 詳見《臺灣時報》〈執政黨表決，民進黨杯葛〉，一九九〇年十二月十二日，二版。

136 詳見《民眾日報》〈兩黨協商破裂，議場再成戰場〉，一九九〇年十二月十四日，二版。

137 詳見《臺灣時報》〈夜宿學生解散，五二〇落幕〉，一九九一年五月二十二日，一版。

138 詳見《中國時報》〈謝長廷梁肅戎對罵，激烈爭吵〉，一九九一年五月二十二日，二版。

139 引述自《中國時報》〈政治人物對形勢的判斷應該快而精準〉，一九九一年五月二十四日，二版。

140 引述自《聯合晚報》〈林正杰：誰也不服誰是最大危機〉，一九九一年五月二十五日，二版。

141 引述自《中國時報》〈政治人物對形勢的判斷應該快而精準〉，一九九一年五月二十四日，二版。

142 引述自《中國時報》〈盧修一：退出議場當時評估和實際有段距離〉，一九九一年五月八日，二版。

143 詳見《立法院公報》，第八十卷，第四十二期，頁二至頁五十二。

144 引述自若林正丈著，《戰後臺灣政治史》，臺大出版中心，二〇一六年，二版，頁二三〇。

145 引述自盧修一院會提案發言。詳見《立法院公報》，第八十卷，第五十二期院會紀錄，頁十四。

146 提案主旨：本院委員盧修一等十五人臨時提案邀請行政院長率同調查局長、警備總司令、警政署長暨相關情治單位首長到院報告各情治單位在本院活動之情形及目的請公決案。

147 引述自林又新編，《永遠的戰士：郭倍宏、李應元土城書簡》，前衛出版社，一九九三年十月初版，頁三七至頁三八。

148 引述自林又新編，《永遠的戰士：郭倍宏、李應元土城書簡》，前衛出版社，一九九三年十月初版，頁二四七與頁二四八。

149 詳見《中國時報》〈先讓執政黨對廢除刑法一百條作出回應〉一九九一年九月九日。二版。

150 「九八公投大遊行」號召了公民投票促進會、民進黨、臺灣基督長老教會、全學聯、臺灣教授協會、「臺灣人民公共事務協會」逾萬人上街頭，並派代表向總統府祕書長蔣彥士談判，要求以臺灣名義加入聯合國，但談判失敗了。領頭幾位從政者不願上臺宣布解散，從未打算從政的陳師孟登上指揮車宣布遊行解散，說明不得已須解散遊行；為了化解群眾不滿，承諾將在雙十國慶發起反閱兵抗爭。群眾因而漸漸散去。

151 共同發起人還有：臺大歷史系教授張忠棟、臺大法律系教授林山田、臺大社會系教授暨澄社社長瞿海源、客家人公共事務協會理事長兼臺灣筆會會長鍾肇政、關渡療養院院長陳永興、比較法學會理事長與萬國法律事務所負責人陳傳岳、臺灣基督長老教會總幹事楊啟壽、公民投票促進會長蔡同榮、臺灣教授協會祕書長廖宜恩等人。

152 引述自藍麗娟著，《堅定信念：肝病世界權威陳定信的人生志業》，天下雜誌出版，二〇一三年八月，第一版第三次印行，頁三三六。

153 陳定信的岳父許強曾任臺大醫學院內科主任，白色恐怖時期遭槍決。許強即為李鎮源好友。

154 引述自《自立早報》〈一〇〇行動聯盟成立宣言〉，一九九一年九月二十二日，二版。

155 引述自《自立早報》，〈一〇〇行動聯盟成立宣言〉，一九九一年九月二十二日，二版。

156 第一屆第八十八會期為一九九一年九月二十四日至十二月三十一日。延會至一月十七日。

157 一九六九年，黃信介是增額選出的立法委員，任期與資深立委相同。但是黃信介於一九八〇年因美麗島事件遭重判十四年，褫奪公權十年；內政部依《刑法》規定註銷黃信介的名籍。一九九〇年五月二十日，總統李登輝特赦黃信介，罪刑也宣告無效。直至一九九一年八月六日，大法官會議針對特赦的效力做出二八三號解釋，黃信介據此於八月七日向內政部申請復職。九月一日，黃信介已向立法院完成報到手續，並登記國防委員會。黃信介原預定於九月二十四日開議日發表辭職演講，凸顯老立委等國會結構不健全問題，並倡議老立委一起辭職。黃信介此構想，國民黨團在九月十九日的兩黨協商中並未反對，也同意民進黨團之要求，可依程序審理《刑法》一百條。但是在九月二十三日的兩黨協商中，國民黨團卻又表示《刑法》一百條修廢案「免談」，並要求先由郝柏村進行施政報告；在未修改《赦免法》前，黃信介無法恢復立委職權。究其實，國民黨為了不讓黃信介的演講先於郝柏村的施政報告，即使藐視大法官會議二八三號解釋也再所不惜，也達成羞辱黃信介的目的。

158 刑法學專家、臺大法律系教授林山田教授指出，『「著手實行」四字是行為階段的用語，而非客觀構成要件行為。如此不明確的構成要件，極易彈性用法，具有高度濫用的可能性。」他也指出，「著手實行」了什麼行為？根據「罪刑法定原則」，法條必須明文規定什麼樣的行為需處罰。另依「刑法構成要件」理論，任何犯罪條款必須兼顧行為人的主觀犯意與表現於外的客觀行為而作規定，才算符合「罪刑法定原則」；假如只規定了主觀犯意，卻沒有規定客觀行為，就違背了刑法的「構成要件理論」，極可能彈性用法，失去刑法保障人權的機制，致易淪為政治工具。詳見林山田著，《抗爭一〇〇》，自立報系出版，一九九一年十月，頁五一與頁六七。

159 引述自《立法院公報》，第八十卷，第七十八期，頁一九四至一九六。

160 黃信介接受媒體採訪指出，「行政院是見笑轉生氣：我恢復立委身分，前有總統的特赦令，後有大法官會議的釋憲解釋，根本無需《赦免法》就可證明我的立委身分，行政院所提的《赦免法》，完全是在臉上掛不住的情況下，所作的下臺階。」引述自《中時晚報》〈赦免法修正三讀通過毫不領情，黃信介：週五在老委員面前辭職〉，一九九一年九月二十五日，二版。

161 當日院會攻防詳見《立法院公報》，第八十卷，第七十八期，頁一八四至頁一九六。

162 引述自陳師孟於二〇一七年十二月七日接受筆者之專訪。

163 詳見《立法院公報》，第八十卷，第七十九期，頁五至頁八。

164 引述自《立法院公報》，第八十卷，第七十九期，頁一二至頁一八。

165 引述自《聯合晚報》〈盧修一告郝柏村、梁肅戎、饒穎奇、廖福本觸犯內亂罪〉，一九九一年十月一日，二版。

166 當年的《立法院組織法》第二十條規定：「召集委員，委員會十人以下者一人；十一至二十人者兩人，二十一人以上者三人。」

167 盧修一於八十五會期加入預算委員會，八十六到八十九會期共五會期都在法制委員會。

168 八位專家學者分別是：臺大法律系三位教授蔡墩銘、林山田、陳志龍；政大法律系教授蘇永欽，律師公會全國聯合會律師呂傳勝、臺北律師公會律師黃國鐘、一〇〇行動聯盟代表中興大學法律系教授劉幸義，臺大法律研究所研究生楊雲驊。

169 引述自《立法院公報》，第八十卷，第八十一期委員會紀錄，頁二二四至頁二二五。

170 詳見林山田著，《抗爭一〇〇》，自立報系出版，一九九一年十月，頁四〇至頁四三。

171 引述自《立法院公報》，第八十卷，第八十二期委員會紀錄，頁三二九至頁三三一。

172 引述自林山田著，《抗爭一〇〇》，自立報系出版，一九九一年十月，頁一〇七至頁一〇八。

173 引述自《臺灣時報》〈我們支持愛與非暴力行動〉，一九九一年十月九日，二版。

174 引述自林山田著，《抗爭一〇〇》，自立報系出版，一九九一年十月，頁一〇四至頁一〇五。

175 詳見李明瑱、林靜靜合著，《臺灣的良知－李鎮源教授》，商周出版，頁二十三。

176 引述自林山田著，《抗爭一〇〇》，自立報系出版，一九九一年十月，頁一〇八至頁一〇九。

177 這次反閱兵的活動，是國內首度大規模運用簡錫堦與林宗正牧師從國外學習的「愛與非暴力」和平靜坐技巧，先前皆於臺北縣土城的萬佛會進行演練。簡錫堦、羅文嘉等人原本就預訂於十月八日移師閱兵臺前彩排演練。

178 引述自林山田著，《抗爭一〇〇》，自立報系出版，一九九一年十月，頁一〇八至頁一一二。

179 摘要自《臺灣時報》〈盧修一指控郝揆等四人觸犯內亂罪案，高檢署查無證據不起訴〉，一九九一年十月九日，四版。

180 引述自《李鎮源院士百歲冥誕暨一百行動聯盟攝影輯》，臺灣醫界聯盟基金會出版，二〇一五年一月出版，頁六八。

181 引述自：林濁水著，《路是這樣走出來的》，前衛出版社，一九九五年十月初版第三刷，頁八九至九一。

182 引述自若林正丈，《戰後臺灣政治史》，臺大出版中心，二〇一六年二月二刷，頁二二〇至二二一。

183 詳見本章第一節內文註。

184 詳見林濁水著，《路是這樣走出來的》，前衛出版社，一九九五年十月初版第三刷，頁七七至頁八四。

185 數日後遣返出境。

186 詳見李永熾監修，薛化元主編，《臺灣歷史年表V（1989—1994）》，財團法人張榮發基金會國家政策研究中心授權出版，業強出版社，一九九八年一月，初版，頁二〇六至頁二〇八。

187 該證詞文：〈臺灣人民應有選擇獨立的自由〉，收錄於林又新編，《永遠的戰士—郭倍宏、李應元土城書簡》，前衛出版社，一九九三年十月初版，頁二三五至頁二三八。

188 引述自《民眾日報》〈民進黨立院黨團與郝柏村會談過程記要〉，一九九一年十一月五日，三版。

189 詳見《立法院公報》第七十九卷，第四十九期院會紀錄，頁六九至頁七三；《立法院公報》，第七十九卷，第八十五期，院會紀錄，頁五五至頁六〇，《立法院公報》第八十卷，第二十七期，院會紀錄，頁七八至頁八七。

190 引述自《立法院公報》第八十卷，八十六期院會紀錄，頁一八至頁一九。

191 引述自《立法院公報》第八十卷，八十六期院會紀錄，頁二五至頁二六。

192 引述自《立法院公報》第八十卷，八十六期院會紀錄，頁二六。

193 以下盧修一反駁郝柏村之四項說法，引述自《自立早報》〈盧修一：郝揆認知錯誤—未詳讀三項公報一味站在中共立場〉，一九九一年十月二十三日，二版。

194 引述自《自立晚報》〈臺灣關係法國號論，郝柏村盧修一彼此叫陣〉，一九九一年十月二十二日，二版。

195 在此暗示，葉菊蘭在立法院質詢郝柏村，於一九九一兩度召開軍事會議，已經僭越李登輝總統的三軍總帥權。當年引起軒然大波，被輿論批判有政變之嫌。此事也種下李登輝對郝柏村的不信任。

196 以上辯論攻防詳見《立法院公報》，第八十卷，九十一期，院會紀錄，頁三六至頁四四。

197 詳見李永熾監修，薛化元主編，《臺灣歷史年表V（1989—1994）》，財團法人張榮發基金會國家政策研究中心授權出版，業強出版社，一九九八年一月，初版，頁二〇八至頁二一六。

198 摘自《北美洲臺灣婦女會聯誼通訊》第六集，一九九一，頁三至頁四。

199 引述自陳佳宏著，《臺灣獨立運動史》，玉山社，二〇一六年三月，POD版印刷，頁三七三。

200 引自張炎憲、陳鳳華訪問，《一〇〇行動聯盟與言論自由》，國史館，二〇〇八年五月，初版，頁二二二。

201 引述自林又新編，《永遠的戰士—郭倍宏、李應元土城書簡》，前衛出版社，一九九三年十月初版，頁一三一。

202 引述自林又新編，《永遠的戰士—郭倍宏、李應元土城書簡》，前衛出版社，一九九三年十月初版，頁一三三。

203 摘自《立法院公報》，第八十卷，第一百期。頁二四。

204 詳見李永熾監修，薛化元主編，《臺灣歷史年表V（1989—1994）》，財團法人張榮發基金會國家政策研究中心授權出版，業強出版社，一九九八年一月，初版，頁二一〇至頁二一四。

205 引述自《民眾日報》〈民進黨立院黨團與郝柏村會談過程記要〉，一九九一年十一月五日，三版。

206 引述自《自立晚報》〈盧修一促速開法制委會 吳梓不著急〉，一九九一年十一月五日，二版。

207 引自若林正丈著，《戰後臺灣政治史—中華民國臺灣化的歷程》，臺大出版中心，二〇一六年十一月二版二刷，頁二二一。

208 詳見李永熾監修，薛化元主編，《臺灣歷史年表V（1989—1994）》，財團法人張榮發基金會國家政策研究中心授權出版，業強出版社，一九九八年一月，初版，頁二一〇至頁二一四。

209 詳見李永熾監修，薛化元主編，《臺灣歷史年表V（1989—1994）》，財團法人張榮發基金會國家政策研究中心授權出版，業強出版社，一九九八年一月，初版，頁二一四至頁二一六。

210 引述自《聯合晚報》〈臺獨政見問題 官員立院吃癟〉，一九九一年十二月十一日，二版。

211 前段與本段內容，詳見《聯合報》〈盧修一腳踢許桂霖發言臺〉，一九九一年十二月十二日，三版。

212 引述自《聯合報》〈盧修一腳踢許桂霖發言臺〉，一九九一年十二月十二日，三版。

213 十二月十二日，「民主縣市長聯盟」旋即發表共同聲明，辭任縣市選委會主委職務。

214 意指：廢除國民大會，只保留立法院作為單一國會。

215 引述自《聯合報》〈朝野立委肯定政黨政治上軌道〉，一九九一年十二月二十三日，四版。

216 引述自梁肅戎，《大是大非—梁肅戎回憶錄》，天下文化，一九九五年十一月，第一版第一次印行。頁三〇八。

217 引述自《自立晚報》〈謝長廷：肢體抗爭時代應該結束〉，一九九一年十二月二十五日，第二版。

218 引述自林又新編，《永遠的戰士：郭倍宏、李應元土城書簡》，前衛出版社，一九九三年十月初版，頁一二六。

219 詳見李永熾監修，薛化元主編，《臺灣歷史年表V（1989—1994）》，財團法人張榮發基金會國家政策研究中心授權出版，業強出版社，一九九八年一月，初版，頁二三〇至頁二三一。

220 引述自：《自由時報》〈四法案列為政黨協商重點〉，一九九二年二月十八日，四版。

221 詳見李永熾監修，薛化元主編，《臺灣歷史年表V（1989—1994）》，財團法人張榮發基金會國家政策研究中心授權出版，業強出版社，一九九八年一月，初版，頁二三〇。

222 引述自《中時晚報》〈民進黨被解散 危機？轉機？〉，一九九二年二月十八日，二版。

223 引述自《聯合晚報》〈興農山莊論解散 民進黨團意見多〉，一九九二年二月十八日，二版。

224 與會者除了郝柏村，還有立法院長劉松藩、行政院祕書長王昭明、中委會祕書長宋楚瑜、副祕書長徐立德、國民黨立院黨團書記長王金平等人。詳見《聯合晚報》〈人團法三原則 執政黨：可修不可廢〉，一九九二年二月二十日，三版。

225 詳見《聯合晚報》〈人團法三原則 執政黨：可修不可廢〉，一九九二年二月二十日，三版。

226 以下要點整理自《立法院公報》，第八十一卷，第十六期院會紀錄，頁七一至頁七二。

227 詳見《聯合晚報》〈立法院內外一片反核聲〉，一九九二年三月十三日，四版。

228 詳見《聯合報》〈核四預算解凍民進黨立院黨團堅決反對〉，一九九二年三月十一日，第六版。

229 摘要自李慶雄，《臺灣時報》〈從思想戒嚴到無政治犯淨土—刑法第一百條修正過程坎坷多磨〉，一九九二年五月二十一日，三版。

230 引述自陳佳宏著，《臺灣獨立運動史》，玉山社，二〇一六年二月，POD版印刷，頁三七三。

231 詳見《李鎮源院士百歲冥誕暨一百行動聯盟攝影集》，臺灣醫界聯盟基金會出版，二〇一五年十二月四日，初版，頁七七。

232 兩人當日辯論引述自《立法院公報》，第八十一卷，第二十四期院會紀錄，頁二九五至頁三〇二。

233 詳見《綠色年代，臺灣民主運動二十五年》下冊（一九八八至二〇〇〇），財團法人綠色旅行文教基金會，二〇〇〇年十月十二日初版，頁一六八至頁一七二。

234 詳見《立法院公報》，第八十一卷，第三十六期，委員會紀錄，頁三六五至頁三八二。

235 引述自《立法院公報》，第八十一卷，第三十五期，頁六八至頁六九。

236 引述自李慶雄，《臺灣時報》〈從思想戒嚴到無政治犯淨土—刑法第一百條修正過程坎坷多磨〉，一九九二年五月二十一日，三版。

237 引述自：李慶雄，《臺灣時報》〈從思想戒嚴到無政治犯淨土—刑法第一百條修正過程坎坷多磨〉，一九九二年五月二十一日，三版。

238 摘要自：李慶雄，《臺灣時報》〈從思想戒嚴到無政治犯淨土—刑法第一百條修正過程坎坷多磨〉，一九九二年五月二十一日，三版。

239 詳見李永熾監修，薛化元主編，《臺灣歷史年表V（1989—1994）》，財團法人張榮發基金會國家政策研究中心授權出版，業強出版社，一九九八年一月，初版，頁二五〇及頁二五四。

240 盧修一發言整理並引述自《立法院公報》，第八十一卷，第三十九期，院會紀錄，頁一七至頁一九。

241 當日院會攻防摘要自《立法院公報》，第八十一卷，第三十九期院會紀錄，頁三至頁三二。

242 引述自《立法院公報》，第八十一卷，第四十期，院會紀錄，頁六四。

243 審查案：一九九一年十月七日於司法委員會審查通過的條文。詳見前一章。

244 當日院會攻防摘要自《立法院公報》，第八十一卷，第四十期，院會紀錄，頁四二至頁七四。

245 摘要自李慶雄，《臺灣時報》〈從思想戒嚴到無政治犯淨土—刑法第一百條修正過程坎坷多磨〉，一九九二年五月二十一日，三版。

246 引述自《自立早報》〈雖不夠完美，但不得不接受〉，一九九二年五月十六日，二版。

247 引述自《自立早報》〈雖不夠完美，但不得不接受〉，一九九二年五月十六日，二版。

248 引述自劉幸義，〈法學理論與實踐—已修正刑法第一百條內亂罪為例〉，收錄於林山田著，《戰鬥的法律人—林山田教授退休祝賀論文集》，元照出版，一九九四年一月初版第一刷，頁十五。

249 本頁所列之大事紀，整理自李永熾監修，薛化元主編，《臺灣歷史年表V（1989—1994）》，財團法人張榮發基金會國家政策研究中心授權出版，業強出版社，一九九八年一月，初版。

250 引述自：《自立早報》〈特別刑法存廢問題檢討〉，一九九二年六月二十四日，第十四版。

251 引述自：《自立早報》〈特別刑法存廢問題檢討〉，一九九二年六月二十四日，第十四版。

252 盧修一於第一屆立法院八十六會期至九〇會期皆在法制委員會，僅八十五會期在預算委員會。國會全面改選後，擔任第二屆立委時，第一、二會期在法制委員會；第三至第六會期在內政委員會。擔任第三屆立委時，第一會期在內政委員會，第二會期在外交及僑政委員會，第三會期在法制委員會，第四會期在內政及邊政委員會。

253 較為人知者，如盧修一於一九九〇年初就任立委即積極審查的《大學法》；一九九〇年底把關《減刑條例》；一九九一年九月十七日緊急質詢內政部警政署轄下的六大治安黑機關「入出境管理局」、「刑事警察局」、「航空警察局」、「公路警察局」、「空中警察隊」、「國家公園警察隊」，要求內政部應草擬組織法送立法院審議；一九九〇年提出民進黨版《臺灣與中國大陸關係法》等。

254 引述自《立法院公報》，第八十一卷，第三十三期，委員會紀錄，頁八八九至頁八九二。

255 提案主旨：本院委員盧修一等十五人，為行政院人事行政局連續兩年要求舉辦甲等特考，為考試院考選部所拒絕，考試院院會於四月三十日記名表決通過舉辦備受各方爭議的甲等特考，甲等特考的存廢以及有關法律應否修正問題，再度成為國人注目焦點，擬請院會決議由本院法制委員會舉行會議邀請考試院考選部長、行政院人事行政局長，率同有關人員列席專案報告並備質詢，是否有當，敬請公決。提案人：盧修一、李慶雄、葉菊蘭、黃天生、張俊雄、邱連輝、謝長廷、戴振耀、彭百顯、許國泰、葉耀乾、田再庭、陳水扁、鄭余鎮、陳定南。

256 經筆者向盧修一的國會助理求證，在此，盧修一應為口誤，誤將次長口誤為副部長。

257 引述自《立法院公報》，第八十一卷，第三十六期，頁三四至頁三五。

258 詳見《立法院公報》，第八十一卷，第二十八期，委員會紀錄，頁四四六至頁四四七。

259 引述自《聯合報》〈廢除甲等特考，朝野立委支持王作榮〉，一九九二年五月二日，二版。

260 詳見《聯合報》〈廢除甲等特考，朝野立委支持王作榮〉，一九九二年五月二日，二版。

261 後改名為蔣孝嚴。

262 以上王作榮報告內容，整理、引述自《立法院公報》，第八十一卷，第三十八期，委員會紀錄，頁四四一至頁四四四。

263 以上卜達海報告內容，整理、引述自《立法院公報》，第八十一卷，第三十八期，委員會紀錄，頁四四四至頁四四六。

264 以上盧修一說明，整理、引述自《立法院公報》，第八十一卷，第三十八期，委員會紀錄，頁四四六至頁四四八。

265 詳見《自立早報》〈甲等特考是為黑官漂白捷徑？〉，一九九二年五月五日，六版。

266 以上陳定南質詢內容，整理、引述自《立法院公報》，第八十一卷，第三十八期，委員會紀錄，頁四四八至頁四五一。

267 以上陳水扁質詢段落，整理、引述自《立法院公報》，第八十一卷，第三十八期，委員會紀錄，頁四五一至頁四五四。

268 以上吳勇雄質詢段落，整理、引述自《立法院公報》，第八十一卷，第三十八期，委員會紀錄，頁四五四至頁四五六。

269 以上王滔夫質詢段落，整理、引述自《立法院公報》，第八十一卷，第三十八期，委員會紀錄，頁四五八至頁四五八。

270 引述自《立法院公報》，第八十一卷，第三十八期，委員會紀錄，頁四六三。

271 詳見《自由時報》〈甲等特考優待權貴子女〉，一九九二年五月十三日，四版。

272 筆者推測，盧修一後來力促《省縣自治法》、《直轄市自治法》修法，並於一九九四年修法通過，讓各縣市政府一級主管可進用政務官，或許與一九九二年起處理甲等特考議題，思考如何建立完善文官制度並兼顧國家取才有關。

273 以上盧修一與王作榮發言段落，整理、引述自《立法院公報》，第八十一卷，第四十七期，委員會紀錄，頁二一八至頁二二〇。

274 引述自《立法院公報》，第八十一卷，第四十七期，委員會紀錄，頁二二七。

275 詳見《中國時報》〈甲考衝突將再搬上檯面？〉，一九九二年六月二十四日，四版。

276 詳見第二章第六節。

277 引述自王作榮著，《壯志未酬—王作榮自傳》，天下文化，一九九五年五月二十日第一版第十一次印行，頁二六四。

278 詳見《自立早報》〈林金生王作榮有了共識，從嚴辦理甲等特考，試院已在研擬協調修改相關法規〉，一九九二年六月三十日。三版。

279 詳見《中時晚報》〈王作榮說明公務人員考試法修正的精神確立高普考為文官系統骨幹〉，一九九二年七月十二日。二版。

280 詳見《中國時報》〈甲考爭議考試院副院長七位考試委員限期要求孔德成表態〉，一九九二年七月二十八日。四版。

281 詳見《聯合報》〈考試院擬妥甲考喜劇篇，公務人員考試法修正考選部明天聽取地方意見〉，一九九二年七月三十日。六版。

282 引述自王作榮著，《壯志未酬—王作榮自傳》，天下文化，一九九五年五月二十日第一版第十一次印行，頁二六四。

283 詳見《自由時報》〈考試院院會投票通過總統副總統適用陽光法案〉，一九九二年十月二十三日。二版。

284 詳見李永熾監修，薛化元主編，《臺灣歷史年表V（1989—1994）》，財團法人張榮發基金會國家政策研究中心授權出版，業強出版社，一九九八年一月，初版，頁三一二至頁三一四。

285 引述自《立法院公報》，第八十二卷，第七十五期，院會紀錄，頁四四至頁四五。

286 提案連署人包括：盧修一、林濁水、黃爾璇、蘇嘉全、趙綉娃、許添財、許國泰、謝長廷、陳唐山、余玲雅、蔡式淵、葉菊蘭、侯海熊、柯建銘、李慶雄、彭百顯、翁金珠、余政憲、陳定南、李進勇、陳婉真、林光華、陳水扁、謝聰敏、廖大林、顏錦福、邱垂貞、沈富雄、呂秀蓮、張俊宏、蔡同榮、邱連輝等

287 詳見《立法院公報》，第八十二卷，第十七期，院會紀錄，頁一〇七至頁一〇九。

288 詳見《立法院公報》，第八十二卷，第二十二期，委員會紀錄，頁二三一至頁二三四。

289 引述自《立法院公報》，第八十二卷，第二十二期，委員會紀錄，頁二三一至頁二三二。

290 以上蘇嘉全與官員答詢摘述自《立法院公報》，第八十二卷，第二十二期，委員會紀錄。頁二四〇至頁二四一。

291 以上謝長廷與陳桂華答詢摘述自《立法院公報》，第八十二卷，第二十二期，委員會紀錄。頁二四二至頁二四四。

292 陳水扁於四月七日另行召開記者會披露李慶中甲考舞弊案，詳見《中國時報》〈立委陳水扁指七十五年甲等特考有人舞弊〉，一九九三年四月八日，六版。

293 以上陳水扁與王作榮答詢內容，摘述自《立法院公報》，第八十二卷，第二十二期，委員會紀錄，頁二四五至頁二四九。

294 當選時的黨籍為國民黨，一九九三年加入民進黨。

295 以上盧修一與王作榮答詢，摘述自《立法院公報》，第八十二卷，第二十二期，委員會紀錄，頁二六二至頁二六五。

296 盧修一發言摘述自《立法院公報》，第八十二卷，第二十二期，委員會紀錄，頁二七三至頁二七六。

297 提案人：盧修一、謝長廷。連署人：彭百顯、許添財、洪奇昌、姚嘉文、李慶雄、余政憲、謝聰敏、黃煌雄、戴振耀、魏耀乾、張俊雄、顏錦福、侯海熊、陳水扁、柯建銘、廖大林、李進勇、劉文慶、蔡式淵、陳光復、邱連輝、廖永來、邱垂貞、蘇嘉全、陳唐山、沈富雄、陳婉真、蔡同榮、張旭成、蘇煥智、張俊宏、黃爾璇、林濁水、朱星羽、葉耀鵬、翁金珠、洪濬哲、高育仁、李顯榮、林志嘉、洪性榮、吳東昇、陳志彬、洪昭男、賴英芳、吳德美、劉光華、吳耀寬、林國龍、林明義、林源山、林聰明、關中、謝啟大、廖福本、郁慕明、潘維剛、蔡貴聰、郭金生、陳哲男、王顯明、劉炳華、趙少康、陳錫章、高天來、葉憲修、徐成焜、何智輝、嚴啟昌、楊吉雄、陳健民。

298 詳見《立法院公報》，第八十二卷，第二十期，院會紀錄，頁七六至頁七九。

299 詳見《聯合報》〈八十二年度不辦甲等特考〉，一九九三年四月十六日，二版。

300 引述自《立法院公報》，第八十二卷，第二十六期，委員會紀錄，頁四一五至頁四一七。

301 引述自《立法院公報》，第八十二卷，第二十六期，委員會紀錄，頁四一七。

302 當選時為國民黨籍，一九九三年八月加入新黨。

303 以上大體討論與審查會表決等內容，詳見《立法院公報》，第八十二卷，第二十六期，委員會紀錄。頁四一八至頁四三四。

304 詳見《中國時報》〈廢除甲考特殊考生不得加分〉，一九九三年七月二日，六版。

305 邱創煥於一九九三年四月二十四日就任考試院長，一九九六年九月一日卸任。

306 詳見《自立晚報》〈邱創煥不來停審試院法案〉，一九九三年十一月二日，二版。

307 詳見《中央日報》〈表決通過拒審考試院相關法案〉，一九九三年十一月四日，三版。

308 引述自《立法院公報》，第八十二卷，第七十五期，院會紀錄，頁四〇至頁四一。

309 引述自《立法院公報》，第八十二卷，第七十五期，院會紀錄，頁四四至頁四五。

310 院會討論詳見《立法院公報》，第八十二卷，第七十五期，院會紀錄，頁三七至頁四六。

311 詳見《自由時報》〈甲考制度廢除立院三讀通過〉，一九九四年十一月三十日，六版。

312 連署人：廖福本、呂秀蓮、余玲雅、柯建銘、邱垂貞、許國泰、莊金生、李進勇、廖永來、蔡中涵、顏錦福、劉政鴻、翁金珠、黃昭輝、葉憲修、蔡式淵、葉耀鵬、尤宏、謝長廷、趙綉娃、盧修一、方來進、陳婉真、李慶雄、張俊雄、林濁水、陳光復、許添財、沈富雄、高育仁、江偉平、洪昭男、廖大林。

313 條文詳見上文。
314 條文詳見上文。
315 復議案三讀過程詳見《立法院公報》，第八十四卷，第二期，院會紀錄，頁九〇至頁九二。
316 引述自《自由時報》〈甲考制度廢除立院三讀通過〉，一九九四年十二月三十日，六版。
317 詳見《中國時報》〈考試法修正案通過廢除甲考條文〉，一九九四年十二月三十日，七版。
318 直至一九九五年十二月二十六日，考試院版的《公務人員考試法》修正案三讀通過。不過，王作榮在傳記中指出，他提出的改進觀念與想法送到考試院並經審查修改通過再送立法院時，已離他的構想甚遠，但若干基本改革之點仍在。但在立法院審查時受到國民黨軍系立委反對，最後對軍方有所讓步，但尚不至於損害原送立法院修正案的基本精神，過去漏洞可說有九成被消除。詳見王作榮著，《壯志未酬—王作榮自傳》，天下文化，一九九五年五月二十日第一版第十一次印行，頁二六七至頁二六八。
319 王作榮著，《壯志未酬—王作榮自傳》，天下文化，一九九五年五月二十日第一版第十一次印行，頁二六五。
320 引述自王作榮著，《壯志未酬—王作榮自傳》，天下遠見出版公司，一九九五年五月二十日第一版第十一次印行，頁二六一。
321 王作榮曾在〈哲人其萎〉一文（收錄於《生命的禮讚——盧修一博士紀念文集》，頁一九一，時報出版，二〇〇〇年八月初版一刷）中提及，一九九七年時王作榮已轉任監察院長，在立法院提出《監察院組織法》修正案亦獲得盧修一強力支持，「修正案通過時，盧委員病情已十分嚴重，但仍然抱病坐鎮會中，一再疾言及運用會議技術，終於使該修正案大致照原案通過。此種為國家利益及支持一公正官員之精神與作為，不僅使我終生不忘，亦更顯現出盧委員之人格與政治家風範。」
322 引述自《自立早報》〈盧修一公布夫妻倆財產〉，一九九二年十二月十日，十三版。
323 詳見立法院議案關係文書，院總第一五五七號，委員提案第五四六號，頁四至頁五。
324 引述自《自立早報》〈民代官員利用職務圖利風氣盛，公布財產有必要〉，一九九二年一月二十二日・五版。
325 引述自《自立早報》〈民代官員利用職務圖利風氣盛，公布財產有必要〉，一九九二年一月二十二日・五版。
326 引述自《自立早報》〈民代官員利用職務圖利風氣盛，公布財產有必要〉，一九九二年一月二十二日・五版。
327 引述自《自由時報》〈四法案，列為政黨協商重點〉，一九九二年二月十八日。四版。
328 引述自《立法院公報》，第八十二卷，第二十二期院會紀錄，頁八一至頁八二。
329 引述自《立法院公報》，第八十二卷，第二十二期院會紀錄，頁八一至頁八二。
330 引述自《立法院公報》，第八十二卷，第十五期院會紀錄，頁四〇四至頁四〇五。
331 引述自《立法院公報》，第八十二卷，第十五期院會紀錄，頁四〇八。
332 引述自《立法院公報》，第八十二卷，第十五期院會紀錄，頁四〇八。

333 引述自《立法院公報》，第八十二卷，第十五期院會紀錄，頁四〇九。
334 引述自《立法院公報》，第八十二卷，第十五期院會紀錄，頁四〇九至頁四一〇。
335 引述自《立法院公報》，第八十二卷，第十五期院會紀錄，頁四一〇。
336 引述自《立法院公報》，第八十二卷，第十五期院會紀錄，頁四一〇。
337 引述自《立法院公報》，第八十二卷，第十五期院會紀錄，頁四一〇。
338 引述自《立法院公報》，第八十二卷，第十五期院會紀錄，頁四一二。
339 引述自《立法院公報》，第八十二卷，第十五期院會紀錄，頁四一三。
340 引述自《立法院公報》，第八十二卷，第十五期院會紀錄，頁四一三。
341 引述自《立法院公報》，第八十二卷，第十五期院會紀錄，頁四二四。
342 引述自《立法院公報》，第八十二卷，第十五期院會紀錄，頁四四九。
343 引述自《立法院公報》，第八十二卷，第二十二期院會紀錄，頁八一至頁八二。
344 引述自《立法院公報》，第八十二卷，第二十二期院會紀錄，頁八一至頁八二。
345 引述自《自立晚報》〈執政黨要翻掉公職人員財產申報法草案〉，一九九三年四月九日，三版。
346 引述自《自立晚報》〈執政黨要翻掉公職人員財產申報法草案〉，一九九三年四月九日，三版。
347 引述自《自立晚報》〈執政黨要翻掉公職人員財產申報法草案〉，一九九三年四月九日，三版。
348 引述自《自立晚報》〈執政黨要翻掉公職人員財產申報法草案〉，一九九三年四月九日，三版。
349 引述自《立法院公報》，第八十二卷，第二十二期院會紀錄，頁八一。
350 引述自《立法院公報》，第八十二卷，第二十二期院會紀錄，頁八一至頁八二。
351 盧修一深感國會議事效率與品質有待改善與提升，一九九四年擔任民進黨團幹事長時，就在黨團協商中建議立法院成立「內規研修小組」並率先加入，致力於國會制度完整性，這是「國會五法」的濫觴。可惜在他過世後隔年，「國會五法」才三讀通過。詳見《立法院公報》，第八十三卷，第十二期，院會紀錄，頁二三。
352 引述自《立法院公報》，第八十二卷，第二十二期院會紀錄，頁一〇三至頁一〇四。
353 引述自《中國時報》〈公職人員財產申報法草案，朝野達協議，列最優先法案〉，一九九三年四月三十日，九版。
354 引述自《聯合晚報》〈陽光法案，朝野立委激辯〉，一九九三年四月二十九日，十一版。
355 引述自《臺灣時報》〈新潮流系立委率先公布財產〉，一九九三年五月十七日，一版。
356 引述自《中國時報》〈民進黨立委絕於下月十八日集體公布財產〉，一九九三年五月二十三日，四版。
357 引述自《中國時報》〈民進黨立委決於下月十八日集體公布財產〉，一九九三年五月二十三日，四版。
358 引述自《中國時報》〈不能以沒有信託法作為反對藉口〉，一九九三年五月二十五日，三版。
359 引述自《自由時報》〈民進黨欣慰，自詡成主流〉，一九九三年六月九日，二版。

360 引述自《民眾日報》〈盧修一：政院懼怕倒閣，變相覆議〉，一九九三年六月十八日，四版。

361 行政院其後提出部分條文的修正案，並在一九九四年七月、一九九五年七月年三讀通過。其時盧修一已轉任內政委員會，主攻其他法案。

362 陽光工程繼續鋪路，六月十七日，盧修一新國會研究室的洪奇昌、林濁水兩位立委共同提出《政治獻金法》草案。

363 一九九三年七月，國會觀察基金會邀請專家學者，針對立法院第二屆立委第一會期的總質詢打分數，選出表現理想的朝野立委共十二人，盧修一名列其中。無獨有偶，一九九三年八月，澄社公布了二十二社運團體對第一會期立委表現的評鑑報告，盧修一名列被推薦立委名單。

364 原載於《滬尾街》季刊第六期，一九九二年九月。本文引用自《白鷺鷥之歌—盧修一的性情世界》〈不要懷念白鷺鷥〉，盧修一立法委員後援會，一九九五年九月三十日出版，頁一四〇。

365 原載於《滬尾街》季刊第六期，一九九二年九月。本文引用自《白鷺鷥之歌—盧修一的性情世界》〈不要懷念白鷺鷥〉，盧修一立法委員後援會，一九九五年九月三十日出版，頁一四〇。

366 詳見https://tamsui.dils.tku.edu.tw/wiki/index.php/滬尾文史工作室。

367 原載於《滬尾街》季刊第二期，一九九〇年十月。本文引用自《白鷺鷥之歌—盧修一的性情世界》〈白樓！淡水！思想起！〉，盧修一立法委員後援會，一九九五年九月三十日出版，頁一二八至頁一四三。

368 臺北市中山足球場面積約五萬五千平方公尺，十三行遺址比五分之四個中山足球場還大。

369 詳見盧修一，《自立晚報》〈歷史只有一次，怎堪後世摧毀〉，一九九一年六月十六日。

370 報告書全名為：《臺灣省臺北近郊衛生下水道建設計畫環境影響評估報告書》。

371 詳見《立法院公報》，第八十卷，第三十五期，院會紀錄，頁一五八至頁一五九。

372 詳見《立法院公報》，第八十卷，第三十七期，院會紀錄，頁一三一。

373 《文化資產保存法》（一九八二年五月二十六日公布施行）第十七條（無主古物）：

埋藏地下、沉沒水中或由地下暴露地面之無主古物，概歸國家所有。前項古物之發見人，應即報告當地警察機關轉報或逕報地方政府指定保管機構採掘收存；對發見人獎勵辦法，由教育部定之。

對於珍貴稀有之古物，地方政府應函請教育部指定公立古物保管機構收存保管。

第十八條：公私工程於施工中發現古物時，應即停止工程之進行，並依前條之規定處理。主管機關認為有必要時得繼續發掘古物，惟對於工程延誤或其他損失應酌予補償。

374 引述自盧修一，《自立晚報》〈歷史只有一次，怎堪後世摧毀〉，一九九一年六月十六日。

375 詳見《立法院公報》，第八十卷，第八十三期，院會紀錄，頁九二至頁九三。

376 引述自《立法院公報》，第八十五卷，第三十六期，委員會紀錄，頁二三四。

377 引述自《白鷺鷥之歌—盧修一的性情世界》〈弦歌琴聲下鄉去—白鷺鷥推動文化入民間〉，盧修一立法委員後援會，一九九五年九月三十日出版，頁一四三。

378 引述自《白鷺鷥的呼喚—歷史歌謠話臺灣》小冊，白鷺鷥基金會出版，頁四四，一九九七年。

379 詳見《立法院公報》，第八十三卷，第八十一期，院會紀錄，頁二三二。

380 引述自陳郁秀編著，《浪漫政治家》，時報出版公司，二〇〇二年三月三十日，初版第一刷，頁二〇四至二〇五。

381 引述自《白鷺鷥之歌—盧修一的性情世界》，盧修一立法委員後援會，一九九五年九月三十日出版，封底。

382 引述自《白鷺鷥之歌—盧修一的性情世界》〈感恩的心〉，盧修一立法委員後援會，一九九五年九月三十日出版，頁三。

383 詳見下一節。

384 詳見《中國時報》〈盧修一將辦公聽會釐清臺灣歌謠亂象〉，一九九六年三月九日，二十三版。

385 詳見《中國時報》〈終結臺灣音樂著作權亂象〉，一九九六年六月十六日，二十四版。

386 詳見《中國時報》〈終結臺灣音樂著作權亂象〉，一九九六年六月十八日，二十四版。

387 由於盧修一對著作權議題極為關注，筆者推測可能是《著作權法》修正草案要修正的條文過多，而修正草案不僅有行政院版本，還有國民黨林壽山委員提出的修正版本；由於審查過程將極為繁雜，勢必難以在本會期內完成審查，因此盧修一先排定審查《著作權仲介團體條例》草案。

388 一元化：在此指的是同類僅成立一個仲介團體，而非同類成立多個團體互相競爭。

389 以上公聽會之各方發言內容，引述、整理自《立法院公報》，第八十五卷，第三十六期，委員會紀錄。頁二一三至頁二三九。

390 一九九三年四月二十二日修正公布的《著作權法》第三十六條：著作財產權得全部或部分讓與他人或與他人共有。著作財產權讓與之範圍依當事人之約定；其約定不明之部分，推定為未讓與。各類著作財產權之讓與價格及使用報酬，不得低於主管機關公告之標準。主管機關每年應依國民所得額之成長幅度適時調整。

391 草案第三條第一項第一款：「著作權仲介團體（以下簡稱仲介團體）：指由同類著作之著作財產權人依照本條例組織登記成立……」陳其邁認為，同一著作有很多種不同類別的權能，建議將「同類著作之著作財產權人」改為「同類著作之『同類』著作財產權人」以求精確。詳見《立法院公報》，第八十五卷，第三十六期，委員會紀錄，頁二三五至頁二六六。

392 在此指陳其邁先前發言質疑，若外國公司也想成立一個仲介團體，主管機關是否予以同意。詳見《立法院公報》，第八十五卷，第三十六期，委員會紀錄，頁二七五。

393 草案第一項：「仲介團體之設立，應由發起人檢具申請書，連同下列事項向主管機關申請許可：」其中第四款條文為：「使用報酬率及管理費之費率或金額。」

394 行政院版的草案第五條：有下列情事之一者，不得為仲介團體之發起人。一、無行為能力人或限制行為能力人。

二、受破產宣告尚未復權者。三、曾犯詐欺、背信、侵占罪或違反著作權法之罪，經受有期徒刑六個月以上刑之宣告，執行完畢未逾兩年；其為法人，曾犯違反著作權法之罪，經判刑確定，執行完畢未逾兩年者。

395 一九九三年四月二十二日修正公布的《著作權法》第十一條：法人之受雇人，在法人之企畫下，完成其職務上之著作，以該受雇人為著作人。但契約約定以法人或其代表人為著作人者，從其約定。

396 一九九三年四月二十二日修正公布的《著作權法》第十二條：受聘人在出資人之企畫下完成之著作，除前條情形外，以該受聘人為著作人。但契約約定以出資人或其代表人為著作人者，從其約定。

397 引述自：《音樂臺灣－一世紀的音樂歷史說唱》封面文案，白鷺鷥基金會出版，一九九六年。

398 詳見《民眾日報》〈盧修一退選，綠旗誰來扛？〉，一九九六年十月五日，二版。

399 詳見《自立早報》〈退選臺北縣長？參選南投縣長？盧修一、彭百顯今開記者會說明〉，一九九六年十月四日，第二版。

400 引述自《自立早報》〈打一場有限的戰爭，盧修一不是輸家〉，一九九六年十二月一日，四版。

401 引述自《臺灣日報》〈盧修一退選效應 張國龍蘇貞昌繼之而起〉，一九九六年十月五日，九版。

402 引述自《臺灣日報》〈盧修一退選效應 張國龍蘇貞昌繼之而起〉，一九九六年十月五日，九版。

403 引述自《自立早報》〈打一場有限的戰爭，盧修一不是輸家〉，一九九六年十二月一日，四版。

404 引述自《白鷺鷥之歌—盧修一的性情世界》〈感恩的心〉，盧修一立法委員後援會，一九九五年九月三十日出版，頁三。

405 引述自《自立早報》〈打一場有限的戰爭，盧修一不是輸家〉，一九九六年十二月一日，四版。

406 詳見《經濟日報》〈李登輝：速審法案儘快加入ＷＴＯ〉，一九九六年十月三日，二版。

407 引述自《經濟日報》〈在野黨反對包裹立法 希望國民黨拿出誠意協商〉，一九九六年十月三日，二版。

408 行政院草案第八十三條：擅自以重製之方法侵害他人之著作財產權者，處六月以上三年以下有期徒刑，得併科新臺幣二十萬以下罰金；代為重製者亦同。

意圖銷售或出租而擅自以重製之方法侵害他人之著作財產權者，處六月以上五年以下有期徒刑，得併科新臺幣三十萬以下罰金。

409 詳見《立法院公報》，第八十五卷，第六十九期，委員會紀錄。頁二六一。

410 詳見《立法院公報》，第八十五卷，第六十九期，委員會紀錄。頁二六二。

411 詳見《立法院公報》，第八十五卷，第六十九期，委員會紀錄。頁二六四至頁二七〇。

412 詳見《立法院公報》，第八十五卷，第六十九期，委員會紀錄。頁二八〇。

413 詳見《中國時報》〈三巨頭考慮合併〉，一九九六年十二月二十九日，二十四版。

414 引述自《中國時報》〈陳郁秀盧修一發表音樂臺灣〉，一九九七年一月十七日，二十五版。

415 引述自《白鷺鷥的呼喚—歷史歌謠話臺灣》〈讓音樂打開臺灣歷史的門窗，延接希望的春光！〉，白鷺鷥文教基金會出版，一九九七年十二月。

416 詳見《聯合報》〈公職人員財產申報對象將擴增為十四萬人〉，一九九七年四月二十四日，四版。

417 引述自蕭雄淋，《生命的遐思—一個律師的人文思索》〈行修一儒俠—憶盧修一委員〉，二〇〇二年六月五日，初版一刷，頁二〇一。

418 詳見《立法院公報》，第八十六卷，第二十九期，院會紀錄，頁三三至頁四二。

419 引述自蕭雄淋，《生命的遐思—一個律師的人文思索》〈行修一儒俠—憶盧修一委員〉，二〇〇二年六月五日，初版一刷，頁二〇〇至頁二〇一。

420 引述自《立法院公報》，第八十六卷，第五十六期，院會紀錄，頁六〇至頁六一。

421 分別是立委陳漢強等三十八人對二讀通過的《著作權法》第九條及第五十四條提請復議案，和立委謝聰敏、蘇煥智等三十四人對二讀通過的《著作權法》第七十五條等部分條文提請復議案。

422 詳見《立法院公報》，第八十六卷，第四十五期，院會紀錄。頁三〇。

423 當時朝野協商並未制度化。直至一九九九年起，朝野協商才制度化，若一個月內尚未朝野協商，則院會可定期立法。

424 詳見《立法院公報》，第八十六卷，第五十六期，院會紀錄，頁五九。

425 引述自《立法院公報》，第八十六卷，第五十六期，院會紀錄，頁六〇至頁六一。

426 陳其邁在此意指，雖然《著作權仲介團體條例》已在一九九七年十月九日三讀通過，但母法《著作權法》在其後三讀通過，那麼，立委應提案再修訂《著作權仲介團體條例》使與《著作權法》一致。

427 陳郁秀主編，《生命的禮讚—盧修一博士紀念文集》，白鷺鷥文教基金會出版，一九九九年，八月，頁二二五。

428 引述自王作榮〈哲人其萎〉，收錄於《生命的禮讚—盧修一博士紀念文集》，頁一九〇，時報出版，二〇〇〇年八月初版一刷。王作榮亦在文中緬懷一九九七年，《監察院組織法》修正案亦獲得盧修一強力支持，並抱病通過法案。

429 下文引述之受訪者回憶乃依受訪日期排序，特此聲明。另因篇幅有限，僅摘錄盧修一擔任立委時的同事之訪談內容。

430 戴振耀（一九四八—二〇一七）：盧修一過世時未擔任公職。歷任第一、第二、第四屆立委。筆者訪談戴振耀時，罹癌的戴振耀由盧修一至交張維嘉及資深媒體人陳增芝陪同。戴振耀為同志盧修一而抱病受訪，令人敬佩。孰料戴振耀卻於二〇一七年十一月十九日逝世，令人不忍。

431 李慶雄：盧修一過世時未任公職。歷任第一、二屆、第四屆立委。

432 王金平：盧修一過世時任立法院長。歷任第一至第九屆立委。

433 黃主文：盧修一過世時任內政部長。歷任第一至第三屆國民黨籍立委。臺聯黨創辦人。

434 林濁水：盧修一過世時任民進黨籍立法委員。歷任第二至第六屆立委。

435 彭百顯：盧修一過世時任南投縣長。歷任第一屆至三屆立委。

436 澎湖菜瓜「雜唸」：澎湖菜瓜品種的紋路比臺灣本島常見品種較為綿密，由於臺語發音與囉嗦（讀音：雜唸）相同，故有此俚語。

437 柯建銘：盧修一過世時任立法委員。歷任第二屆至九屆立委。現任民進黨立法院黨團總召集人。

438 國會五法：簡而言之，就是規範立法院的五部法律。包括《立法院組織法》、《立法院各委員會組織法》、《立法院議事規則》、《立法院職權行使法》、《立法委員行為法》。盧修一過世後，遲至一九九九年一月十二日第三屆立法院最後一次院會中修正三讀通過（一九九九年一月七日，提案將國會五法逕付二讀的提案人：國民黨立委曾永權與民進黨立委黃爾璇）。不過，國會五法的主要研修時間乃一九九八年時，其時盧修一已病重不克參與，但主要議題都是盧修一率先提出（最早可追溯至一九九三年三月二日成立的「立法院內規研修小組」），諸如：朝野協商制度化、立法計畫、法案清倉等。

439 姚嘉文：盧修一過世時未任公職。曾任第二屆立委、考試院長。現任總統府資政。

440 蘇貞昌：盧修一過世時任臺北縣長。曾任第二、三屆立委。現任行政院長。

441 洪奇昌：盧修一過世時任民進黨立法委員。歷任第一至六屆立委。

442 蘇嘉全：盧修一過世時任民進黨立法委員。歷任第二、三、九屆立委、立法院長。

443 陳其邁：盧修一過世時任民進黨立法委員。歷任第三、四、五、八、九屆立委、行政院副院長。現任高雄市長。

444 陳水扁：盧修一過世時任臺北市長。歷任第一、二、三屆立委，第十、十一任總統。

445 筆者註解：這項法令修訂是廢除甲等特考，改革國家文官法制的配套措施之一，且借調來的人不占事務官的缺，使文官晉升正常化。

446 這場訪談中，陳水扁細數：「我要尋求臺北市長連任是因為林義雄的關係，因為一九九七年我去東京訪問時接到訊息說林義雄要選黨主席，我馬上就做了政治決定，既然我不能選黨主席，二〇〇〇年總統大選一定是林義雄要選總統；因為一九九六年彭明敏、許信良、林義雄、尤清爭取代表民進黨選總統，全民調分兩階段初選，林義雄和尤清第一階段就被刷下來，林義雄一九九六年就要選了，二〇〇〇年總統大選想再爭取黨內初選是很正常的事。」

447 謝長廷：盧修一過世時任民進黨中評委主委。歷任第一、二、三屆立委，高雄市長、行政院長。現任臺北駐日經濟文化代表處代表。

國家圖書館出版品預行編目資料

為前進而戰：盧修一的國會身影 / 藍麗娟著. -- 初版. -- 臺北市：
遠流出版事業股份有限公司, 2021.05
688 面；17 × 23 公分
ISBN 978-957-32-9080-3（精裝）

1. 盧修一 2. 臺灣傳記

783.3886 110005315

為前進而戰：盧修一的國會身影

策畫：陳郁秀
製作：財團法人白鷺鷥文教基金會
指導贊助：國家人權博物館 NATIONAL HUMAN RIGHTS MUSEUM
特別感謝：新光合成纖維股份有限公司吳東昇董事長、
奇美食品股份有限公司宋光夫董事長、台新金控吳東亮董事長

作者：藍麗娟
審訂：向陽
執行主編：周奕君
封面設計：張培音
內頁排版：極翔企業有限公司
校對：陳郁秀・謝翠玉・藍麗娟・周奕君・賴淑惠・詹守忠
圖片提供：財團法人白鷺鷥文教基金會

出版發行：遠流出版事業股份有限公司
發行人：王榮文
主編：曾淑正
企畫：葉玫玉
地址：臺北市中山北路一段11號13樓
劃撥帳號：0189456-1
電話：（02）25710297 傳真：（02）25710197
著作權顧問：蕭雄淋律師
2021年5月22日 初版一刷
售價：新臺幣750元
缺頁或破損的書，請寄回更換

ISBN 978-957-32-9080-3（精裝）

YLib.com 遠流博識網 http://www.ylib.com
E-mail: ylib@ylib.com